Kohlhammer

Die Autorin

PD Dr. phil. Mary Princip ist Fachpsychologin für Psychotherapie und seit 2021 Leiterin des Forschungszweigs der Klinik für Konsiliarpsychiatrie und Psychosomatik am Universitätsspital Zürich (Schweiz). Ihre wissenschaftliche Arbeit fokussiert sich auf die Psychokardiologie und stressassoziierte Erkrankungen. Parallel dazu ist sie in der direkten Patientenversorgung in diesen Bereichen tätig und führt zusätzlich eine eigene psychotherapeutische Praxis. Ihre Expertise vermittelt sie in Weiterbildungen und Workshops im In- und Ausland, durch Fachpublikationen sowie praxisorientierte Ratgeber.

Mary Princip

Psychokardiologie

Werkzeuge für die psychokardiologische Sprechstunde und Therapie

Mit Beiträgen von Claudia Hackl-Zuccarella, Joëlle Gut, Sarah Holzgang, Katharina Ledermann, Rebecca Langraf-Meister, Rahel Diethelm, Kathleen Schwarzkopf, Stefanie Stauber, Fiorenza Wyssen und Lukas Trachsel

Mit einem Geleitwort von Roland von Känel

Verlag W. Kohlhammer

1. Auflage 2026

Gesamtherstellung: W. Kohlhammer GmbH, Heßbrühlstr. 69, 70565 Stuttgart
produktsicherheit@kohlhammer.de

Print:
ISBN 978-3-17-040208-9

E-Book-Formate:
pdf: ISBN 978-3-17-040209-6
epub: ISBN 978-3-17-040210-2

Geleitwort

Die Schnittstelle zwischen Kardiologie und Psychologie ist ein zunehmend bedeutendes Themenfeld in der modernen medizinischen Versorgung. Das vorliegende Buch »Psychokardiologie« stellt einen wesentlichen Beitrag zu diesem interdisziplinären Austausch dar und bietet wertvolle Einsichten für Fachleute, die sowohl in der Kardiologie als auch in der Psychologie tätig sind. Es erläutert die komplexen Wechselwirkungen zwischen Herz-Kreislauf-Erkrankungen und psychischen Aspekten umfassend und liefert praxisorientierte Ansätze zur Behandlung von Herzpatienten[1].

Ein herausragendes Merkmal des Buches ist sein klarer, systematischer Aufbau. Jedes Kapitel beginnt mit einer prägnanten Zusammenfassung der Kernaussagen, die den Lesern sofort einen Überblick über die wesentlichen Inhalte verschaffen. Diese Struktur erleichtert den Zugang zu den komplexen Themen und hilft, die Inhalte in der klinischen Praxis anzuwenden. Merksätze, Praxistipps, Arbeitsblätter und Fallbeispiele, die durch das gesamte Buch hindurch wiederkehren, unterstützen das Verständnis und verdeutlichen, wie die theoretischen Konzepte im klinischen Alltag genutzt werden können.

Neben den psychischen Begleiterkrankungen, die häufig mit Herz-Kreislauf-Erkrankungen einhergehen, befasst sich das Buch mit einer Vielzahl von weiteren wichtigen Themen aus der Psychokardiologie. Es werden umfassende Einblicke in die kardiale Rehabilitation gegeben, wobei die Bedeutung der Förderung der Krankheitsverarbeitung und der Einbeziehung von Angehörigen hervorgehoben wird. Dies unterstreicht die Notwendigkeit, die Patienten nicht nur in ihrer körperlichen, sondern auch in ihrer emotionalen und sozialen Genesung zu unterstützen.

Ein zentrales Thema des Buches ist zudem die Förderung der Therapieadhärenz. Die Autorin und die Beiträger bieten wertvolle Empfehlungen zur Verbesserung der Adhärenz bei Herzpatienten, da eine enge Zusammenarbeit zwischen Ärzten, Patienten und Angehörigen oft über den Erfolg der Behandlung entscheidet. Die Integration von Ansätzen wie dem Motivational Interviewing zeigt, wie Patienten dazu ermutigt werden können, aktiver an ihrer eigenen Genesung mitzuwirken und Veränderungen im Lebensstil nachhaltig umzusetzen.

Das Buch bietet zudem fundierte praktische Empfehlungen zur Therapie von Herzpatienten. Es werden verschiedene psychotherapeutische Methoden vorge-

---

1 Im Buch wird das generische Maskulinum verwendet, um die Lesbarkeit zu erhöhen. Hierbei sind stets alle Geschlechter angesprochen, auch wenn nur die männliche Form verwendet wird.

stellt, darunter die kognitive Verhaltenstherapie und die Psychoedukation, die dabei helfen, den Patienten die notwendigen Werkzeuge an die Hand zu geben, um mit den physischen und psychischen Herausforderungen ihrer Erkrankung umzugehen.

Neben psychotherapeutischen und körperorientierten Maßnahmen wird auch die medikamentöse Therapie berücksichtigt. Hierzu werden insbesondere pharmakologische Optionen zur Unterstützung der Behandlung von Herzpatienten vorgestellt, ohne dabei die Wechselwirkungen mit anderen kardiologischen Medikamenten zu übersehen. Die Autorin und die Beiträger betonen, wie wichtig es ist, dass sowohl die in der somatischen Medizin tätigen Fachärzte als auch die Psychologen in enger Zusammenarbeit mit Psychiatern die geeignete medikamentöse Behandlung für ihre Patienten wählen, um eine optimale leitliniengerechte Versorgung sicherzustellen.

Ein weiteres wertvolles Element des Buches ist die Präsentation von diagnostischen Verfahren, die bei der frühzeitigen Identifikation von psychischen Störungen bei Herzpatienten helfen. Der Einsatz standardisierter Screening-Instrumente wie dem PHQ-9 oder der Hospital Anxiety and Depression Scale (HADS) wird als wichtiger Bestandteil der frühzeitigen Diagnose und damit der erfolgreichen Behandlung psychischer Begleiterkrankungen hervorgehoben.

Durch die prägnante Darstellung der verschiedenen therapeutischen Optionen und die praxisorientierten Fallbeispiele wird dem Leser ein tiefes Verständnis für die Bedeutung der Psychokardiologie in der klinischen Versorgung von Herzpatienten vermittelt.

Abschließend lässt sich sagen, dass das vorliegende Werk »Psychokardiologie« eine wertvolle Ressource für Ärzte, Psychologen und alle Fachkräfte ist, die in der Behandlung von Patienten mit Herz-Kreislauf-Erkrankungen tätig sind. Es bietet nicht nur fundierte theoretische Grundlagen, sondern auch praxisnahe Empfehlungen, die es den Lesern ermöglichen, ihre Patienten auf eine ganzheitliche bio-psycho-soziale Weise zu betreuen. Die enge Verzahnung von kardiologischen und psychologischen Aspekten fördert eine umfassende und effektive Behandlung von Herzpatienten, die sowohl ihre körperliche als auch ihre psychische Gesundheit berücksichtigt. Dieser Zugang soll ermöglichen, dass Patienten mit einer Herz-Kreislauf-Erkrankung eine umfassende und individuell abgestimmte Behandlung erhalten, die alle Aspekte ihrer Erkrankung berücksichtigt und damit sowohl die Lebensqualität als auch die Krankheitsprognose nachhaltig verbessert.

Zürich, im Frühjahr 2025

Prof. Dr. med. Roland von Känel
Direktor der Klinik für Konsiliarpsychiatrie und Psychosomatik,
Universitätsspital Zürich und Universität Zürich

Inhalt

Übersicht über das elektronische Zusatzmaterial

Den Weblink, unter dem die Zusatzmaterialien zum Download verfügbar sind, finden Sie ganz hinten in diesem Buch unter Kap. »Zusatzmaterial zum Download«.

- Screening-Fragebogen »Psychosoziale Risikofaktoren (PSRFs)«
- Screening-Fragebogen »Psychosoziale Schutzfaktoren (PSSFs)«
- Arbeitsblatt »Hypertensive Krise«
- Arbeitsblatt »Weißkittelhypertonie«
- Information »Übersicht Blutdruck-Apps«
- Arbeitsblatt »Nachsorge Herzeingriff»«
- Arbeitsblatt »Herzinsuffizienz: Frühwarnzeichen«
- Arbeitsblatt »Herzinsuffizienz: Symptomtagebuch«
- Information »Herzinsuffizienz: Medikamente«
- Information »Angehörige von Patienten mit Herzerkrankung«
- Information »Digitale Anwendungen«
- Arbeitsblatt »Verhaltensänderung«
- Arbeitsblatt »Therapieadhärenz«
- Arbeitsblatt »Psychoedukation: Depression bei Herzpatienten«
- Arbeitsblatt »Goal Attainment Scale«
- Arbeitsblatt »Selbstmitgefühl trainieren«
- Arbeitsblatt »Schuldkuchen«
- Information »Somatische Belastungsstörung«
- Arbeitsblatt »Metaphern«
- Arbeitsblatt »Aufbau einer Tagesstruktur«
- Arbeitsblatt »5–4–3–2–1-Übung«
- Arbeitsblatt »Tagebuch Medikamenteneinnahme«
- Information »Psychoedukation: Psychopharmaka«
- Arbeitsblatt »Belastungsfaktoren«
- Arbeitsblatt »Checkliste Präventionsstrategien«
- Arbeitsblatt »Anamnese: Lebensdimensionen«

Abkürzungsverzeichnis

ACh	Acetylcholin
ACS	Akutes Koronarsyndrom
ACT	Acceptance and Commitment Therapy
ACTH	Adrenocorticotropes Hormon
AHF	Angeborener Herzfehler
ANS	Autonomes Nervensystem
AP	Angina pectoris
ARNI	Angiotensin-Rezeptor-Neprilysin-Inhibitor
ASD	Atriumseptumdefekt (Vorhofseptumdefekt)
AV	Atrio-ventrikulär
AV-Block	Erregungsleitungsstörung zwischen Vorhof und Kammer
AV-Knoten	Atrio-Ventrikularknoten
BD	Blutdruck
BDI	Beck-Depressions-Inventar
B-IPQ-R	Brief Illness Perception Questionnaire – Revised
BLS	Bilaterale Stimulation
BMI	Body-Mass-Index
BNP	B-Typ natriuretisches Peptid
bpm	beats per minute (Schläge pro Minute)
CAPS	Clinician-Administered PTSD Scale
CBASP	Cognitive Behavioral Analysis System of Psychotherapy
CBI	Copenhagen Burnout Inventory
CBT-I	Cognitive Behavioral Therapy for Insomnia
CCS	Chronisches Koronarsyndrom
CO_2	Kohlendioxid
COM-B	Capability, Opportunity, Motivation – Behavior-Modell
CRH	Corticotropin-Releasing-Hormon (Kortikoliberin)
CRP	C-reaktives Protein
CRT	Kardiale Resynchronisationstherapie
CSM	Common-Sense-Modell (Selbstregulationsmodell nach Leventhal)
DGK	Deutsche Gesellschaft für Kardiologie
DGPPN	Deutsche Gesellschaft für Psychiatrie, Psychotherapie und Nervenheilkunde
DGPR	Deutsche Gesellschaft für Prävention und Rehabilitation von Herz-Kreislauferkrankungen
DIPS	Diagnostisches Interview bei psychischen Störungen

DOAK	Direkter oraler Antikoagulans
DS-14	Typ-D-Persönlichkeit-Skala
DSM-5	Diagnostic and Statistical Manual of Mental Disorders, 5. Auflage
EKG	Elektrokardiogramm
EMAH	Erwachsene mit angeborenem Herzfehler
EMDR	Eye Movement Desensitization and Reprocessing
EPU	Elektrophysiologische Untersuchung
ESC	European Society of Cardiology
EAS	European Atherosclerosis Society
EST	Enduring Somatic Threat
FEVER	Fragebogen zur Erfassung der Veränderungsbereitschaft in der Verhaltensprävention
FKG	Fragebogen zu Körper und Gesundheit
GAD	Generalisierte Angststörung
GAD-7	Generalized Anxiety Disorder Scale
GAS	Goal Attainment Scale
GKV	Gesetzliche Krankenversicherung
HADS	Hospital Anxiety and Depression Scale
HbA1c	Langzeitblutzuckerwert
HDL	High Density Lipoprotein (gutes Cholesterin)
HF	Herzfrequenz
HFmrEF	HI mit mid-range Ejektionsfraktion
HFpEF	HI mit erhaltener Ejektionsfraktion
HFrEF	HI mit reduzierter Ejektionsfraktion
HI	Herzinsuffizienz
HKE	Herz-Kreislauf-Erkrankung
HKS	Herz-Kreislauf-System
HPA-Achse	Hypothalamus-Hypophysen-Nebennierenrinden-Achse
HRST	Herzrhythmusstörung
HRV	Herzfrequenzvariabilität
IAS	Illness Attitude Scale
ICD	Implantierbarer Kardioverter-Defibrillator
ICD-10	International Classification of Diseases, 10. Revision
ICD-11	International Classification of Diseases, 11. Revision
IDS-SR	Inventory of Depressive Symptoms – Self-Rating
IL-6	Interleukin-6
INR	International Normalized Ratio
KHK	Koronare Herzkrankheit
KI-PTBS	Kardial-induzierte Posttraumatische Belastungsstörung
KVT	Kognitive Verhaltenstherapie
LCX	Left Circumflex Artery (Ramus circumflexus)
LDL	Low Density Lipoprotein
M.I.N.I	Mini International Neuropsychiatric Interview
MAO-Hemmer	Monoaminooxidase-Hemmer
MBI	Maslach Burnout Inventory
MBSR	Mindfulness-Based Stress Reduction

MI	Myokardinfarkt
mmHg	Millimeter Quecksilbersäule
MRA	Mineralokortikoidrezeptorantagonist (Aldosteronantagonist)
MRT	Magnetresonanztomografie
NO	Stickstoffmonoxid
NSAR	Nichtsteroidale Antirheumatika
NT-proBNP	N-terminales pro-BNP
NYHA	New York Heart Association (Stadieneinteilung der HI)
O_2	Sauerstoff
OLBI	Oldenburg Burnout Inventory
OR	Odds Ratio (Quotenverhältnis)
PCL-5	PTSD Checklist for DSM-5
PDA	Persistierender Ductus arteriosus
PHQ-9	Patient Health Questionnaire – 9 Items
PMR	Progressive Muskelrelaxation
PQ-Intervall	Intervall zwischen P-Welle und QRS-Komplex im EKG
PSRF	Psychosozialer Risikofaktor
PSS	Perceived Stress Scale
PSSF	Psychosozialer Schutzfaktor
PTBS	Posttraumatische Belastungsstörung
PTG	Posttraumatisches Wachstum
PTGI	Posttraumatic Growth Inventory
QRS-Komplex	Komplex im EKG, der die Kammererregung abbildet
QTc	Frequenzkorrigiertes QT-Intervall
RAAS	Renin-Angiotensin-Aldosteron-System
RCA	Right Coronary Artery (rechte Koronararterie)
RCT	Randomisierte kontrollierte Studie
RF	Risikofaktor
RIVA/LAD	Ramus interventricularis anterior/Left Anterior Descending Artery
RR-Intervall	Abstand zwischen zwei R-Zacken im EKG
SCID	Strukturiertes Klinisches Interview
SCORE	Systematic Coronary Risk Estimation
SGLT2	Natrium-Glukose-Transporter-2-Inhibitoren
SMBM	Shirom-Melamed Burnout Measure
SNRI	Serotonin-Noradrenalin-Wiederaufnahmehemmer
SSD	Somatic Symptom Disorder
SSRI	Selektive Serotonin-Wiederaufnahmehemmer
STEMI	ST-Hebungsinfarkt
ST-Strecke	Abschnitt im EKG zwischen dem Ende des QRS-Komplexes und der T-Welle
SVES	Supraventrikuläre Extrasystolen
SVF	Stressverarbeitungsfragebogen
SVT	Supraventrikuläre Tachykardie
TAVI	Transkatheter-Aortenklappenimplantation
TdP	Torsade de Pointes

TIA	Transitorische ischämische Attacke
TICS	Trierer Inventar zum chronischen Stress
TNF-α	Tumornekrosefaktor alpha
TTS	Takotsubo-Syndrom
T-Welle	Teil des EKG, der die Repolarisation der Kammern zeigt
TZA	Trizyklische Antidepressiva
UAW	Unerwünschte Arzneimittelwirkung
VAS	Visuelle Analogskala
VES	Ventrikuläre Extrasystolen
VHF	Vorhofflimmern
VSD	Ventrikelseptumdefekt
WHO	Weltgesundheitsorganisation

Vorwort

»Warum ich? Warum gerade jetzt?« Eine Herzerkrankung führt für Betroffene und ihre Angehörigen häufig zu tiefgreifenden Veränderungen. Was bedeutet es, am Herzen zu erkranken? Was bedeutet es, wenn der »Lebensmotor« nicht mehr intakt ist? Oftmals bedeutet es den Verlust von Sicherheit und das Gefühl, dem eigenen Körper nicht mehr trauen zu können. Es bedeutet häufig, mit realen Ängsten konfrontiert zu sein, dem eigenen Tod plötzlich ganz nahe gewesen zu sein und zahlreiche Arzttermine zu haben, die teilweise unangenehm, schmerzhaft und belastend sein können und an das Ereignis zurückerinnern. Es bedeutet oft, Abschied von alten Gewohnheiten, von Wünschen und Zielen, von der körperlichen Unversehrtheit und dem körperlichen Vertrauen zu nehmen. Es bedeutet, das Leben umzukrempeln und manchmal sogar, um das Leben zu kämpfen. Es bedeutet, sich manchmal in Watte gepackt oder allein gelassen zu fühlen, und unsicher darüber zu sein, wie viel man noch tun kann und darf. Es bedeutet oft, sich im eigenen Körper fremd zu fühlen. Teilweise bedeutet es, die Herzklappe konstant wie ein Ticken der Uhr zu hören, sich Sorgen zu machen, einzuschlafen, aus Angst, nicht mehr aufzuwachen. Es bedeutet, Angst zu haben, dass der Defibrillator plötzlich schockt. Es bedeutet, sich bewusst zu sein, dass zu viel Stress schädlich ist, und sich dadurch noch gestresster zu fühlen. Manchmal bedeutet es, sich gereizter, dünnhäutiger und weinerlicher zu fühlen. Es bedeutet, die Arbeit, die berufliche Zukunft, die eigenen Werte, die Freizeit, die Partnerschaft, die sozialen Engagements und vieles mehr zu hinterfragen. Oft bedeutet es, mit Gefühlen von Kontrollverlust und Hilflosigkeit konfrontiert zu sein, ständig eine Bedrohung zu empfinden und sich in einem dauerhaften Anpassungsprozess zu befinden – begleitet von der anhaltenden Angst, dass der eigene Körper versagen könnte. Es bedeutet für Angehörige oft, sich nicht ausreichend aufgeklärt zu fühlen, sich allein gelassen zu fühlen, sich Sorgen zu machen, den Betroffenen schonen zu wollen und manchmal das Thema nicht mehr hören zu können. Es bedeutet, nachts wach zu liegen und zu überprüfen, ob der Partner noch atmet. Als Eltern eines Kindes mit einem angeborenen Herzfehler bedeutet es häufig wochenlange Krankenhausaufenthalte, schlaflose Nächte, Zukunftsängste und Sorgen. Manchmal heißt es auch, das Leid des Kindes mitansehen zu müssen und sich zu wünschen, man könne mit ihm tauschen. Oft bedeutet es zudem, auszuhalten, dass das Kind nicht so unbeschwert leben kann wie andere: dass es nicht jede Sportart ausüben darf, sich manchmal schlechter konzentrieren kann, körperlich eingeschränkt ist und je nach Schwere des Herzfehlers auch mit einer eingeschränkten Lebenserwartung oder späteren Einschränkungen bei eigenen Lebensplänen wie dem Kinderwunsch rechnen muss. Das alles bedeutet oft viel Leid, Schmerz, Angst, Trauer, Wut und Verzweiflung, oft auch Gefühle von Hilflosigkeit, Schuld und tiefer Erschöpfung.

Eine Herzerkrankung kann aber auch bedeuten, Dankbarkeit zu empfinden, daran zu wachsen, das Leben bewusst zu verändern, neue Motivation zu finden und achtsamer mit den eigenen Bedürfnissen umzugehen.

Es kann bedeuten, neue Kontakte zu knüpfen, sich zu rehabilitieren, regelmäßig an Herzgruppen teilzunehmen und sich verbunden zu fühlen. Es kann bedeuten, sich durch das im Herzen implantierte Gerät geschützt zu fühlen. Es bedeutet, Lebensqualität zu gewinnen. Auch bedeutet es, Antworten auf Fragen zu haben, die man sich früher gestellt hat. Es bedeutet, die eigene Verletzlichkeit anzunehmen, die Kontrolle loszulassen und wieder Vertrauen in das eigene Herz zu fassen.

Auf diesem Weg zurück zu diesem Vertrauen soll das Buch dabei helfen, eine kardiologische Erkrankung ganzheitlich zu erfassen und dieses Verständnis an Betroffene und Angehörige weiterzugeben. Es soll helfen, die Fragen nach dem *Was* und besonders nach dem *Wie* zu klären. Es soll Betroffene und Angehörige auf ihrem individuellen Weg begleiten, dabei helfen, Ressourcen zu (re-)aktivieren, die Lebensqualität und das Wohlbefinden zu verbessern, die Krankheit in ihr Leben zu integrieren und neue Perspektiven zu entwickeln.[2]

> »Die Wolken ziehen am Himmel vorbei und die Zeit verrinnt, die Vergangenheit lässt du hinter dir, die Zukunft steht dir bevor, doch die Gegenwart bestimmt.« Çetin Kaplan (1997)

Ich danke allen Patientinnen, Patienten und ihren Angehörigen, die mir durch ihre Offenheit und das Teilen ihrer Gefühle den Weg zu diesem Buch eröffnet haben. Ihre Geschichten und ihr Vertrauen haben es getragen und ihm sein Herz gegeben.
Meiner Familie – meinen Kindern Ayden und Ryan, meinem Ehemann Tom, meinen Eltern Elisabeth und Pero sowie meinen Geschwistern Christina und Marko – danke ich von Herzen für ihre Geduld, ihre Unterstützung und ihre Zuversicht. Auch meinen Freundinnen und Freunden danke ich für ihre Ermutigung und den Rückhalt auf diesem Weg.
Allen Mitwirkenden dieses Buches gilt mein besonderer Dank: Mit Herzblut, unermüdlichem Einsatz, wertvollem Austausch und eurer Expertise habt ihr dazu beigetragen, dass dieses Werk entstehen konnte.
DANKE!

Zürich, 2026
Mary Princip

---

2 *Anmerkung:* Aufgrund der Komplexität und Breite des Fachgebiets konnten nicht alle relevanten Themen der Psychokardiologie in diesem Werk in ihrem gesamten Umfang berücksichtigt werden. Einige Aspekte mussten zugunsten einer fokussierten Darstellung gekürzt oder ausgelassen werden. Eine vertiefte Darstellung der Psychokardiologie findet sich in weiterführender Fachliteratur (z. B. in Herrmann-Lingen C, Albus C, Titscher G, Hrsg. Psychokardiologie. Berlin: Springer; 2019.).

1 Einführung in die Grundlagen der Psychokardiologie

1.1 Psychokardiologie – die Interaktion zwischen Herz und Psyche

Kernaussagen

- Psychische Belastungen wie Stress, Angst und Depression können die Herzgesundheit beeinträchtigen, während Herzerkrankungen umgekehrt das psychische Wohlbefinden erheblich belasten.
- Aufgrund der engen Verbindung zwischen psychischen und kardiovaskulären Erkrankungen hat sich die Psychokardiologie als ein medizinisches Fachgebiet entwickelt, das biologische, psychische und soziale Einflussfaktoren in der Herzmedizin berücksichtigt.

Fallbeispiel

Stellen Sie sich vor, Sie sitzen in einer Theateraufführung und spüren, wie sich ein Unwohlsein in Ihrem Körper ausbreitet. Der Versuch, tief einzuatmen, scheitert. Ihnen wird schlecht, der Kiefer verspannt sich. Unruhig wechseln Sie Ihre Körperposition, versuchen, sich auf den Atem zu konzentrieren. Auf der Stirn spüren Sie, wie kalter Schweiß am Haaransatz klebt. Der Beginn einer Grippe? Schon heute früh hatten Sie das Gefühl, kaum aus dem Bett gekommen zu sein und der Kaffee am Morgen schmeckte bitterer als sonst. Die Schmerzen im Oberbauch werden unerträglich. »Was ist nur mit mir los?«, fragen Sie sich. Der Versuch, sich auf das Theater zu konzentrieren, erstickt im Keim. Hilflosigkeit macht sich breit. Plötzlich überkommt Sie das Gefühl, sich übergeben zu müssen, Sie wollen nur noch raus. Frische Luft! Sie tippen Ihrer Freundin auf dem Stuhl nebenan auf die Schulter und zeigen an, dass Sie aufstehen wollen. Sie schaut Sie mit einem besorgten Gesichtsausdruck an und lässt Sie an sich vorbei gehen. Noch drei Schritte, dann erreichen Sie die Türe. Nur noch raus! Ihre Beine zittern und fühlen sich an wie Blei. Noch einen Schritt – der Raum verschwimmt und Sie haben das Gefühl, von einem schwarzen Sog in die Tiefe gezogen zu werden. Ist das der Tod? Dann wird alles Schwarz.

Wie aus dem Beispiel hervorgeht, stehen Herz, Psyche und soziale Umwelt in einem engen Wechselspiel. Diese Erkenntnisse wurden schon in vorchristlichen

Zeiten vermutet. Im Alten Ägypten galt das Herz als so bedeutsam, dass es als einziges inneres Organ mit ins Grab gelegt wurde (1). In der griechischen Antike betrachtete Aristoteles (384–322 v. Chr.) das Herz als den »Sitz der Seele« und den Ursprung von Gedanken, Empfindungen und Bewegungen, während er dem Gehirn lediglich die Aufgabe zuschrieb, das Blut zu kühlen (2). Über die Jahrhunderte hinweg inspirierte das Herz Kunst und Literatur zahlreicher Kulturen. William Shakespeare (1564–1616) betonte seine emotionale Bedeutung: »Der Kummer, der nicht spricht, nagt am Herzen, bis es bricht« (3). Das Herz gilt als universelles Symbol für Liebe, Verbundenheit, Moral und persönliche Werte (1).

Erst in den 1970er Jahren begann die Wissenschaft, diese enge Verbindung zwischen Herz und Psyche systematisch zu erforschen: Die Psychokardiologie entwickelte sich als interdisziplinäres Feld und hat seither einen deutlichen Aufschwung erlebt (4). Sie untersucht die Wechselwirkung zwischen Herz, Psyche und sozialer Umwelt und stützt sich auf das bio-psycho-soziale Modell, nach dem Gesundheit nicht nur von biologischen, sondern auch von psychologischen und sozialen Faktoren beeinflusst wird (5). Die Relevanz der Psychokardiologie zeigt sich nicht nur in ihrem interdisziplinären Ansatz, sondern auch in den aktuellen gesundheitlichen Herausforderungen. Die Zusammenhänge und Wechselwirkungen zwischen Herz, Psyche und sozialer Umwelt rückten unter anderem deshalb in den Vordergrund, weil Herz-Kreislauf-Erkrankungen (HKEs) in der westlichen Bevölkerung die häufigste Todesursache darstellen und für rund 10 % aller Krankenhauseinweisungen verantwortlich sind. Allein im Jahre 2023 verstarben in Deutschland insgesamt 348.312 Menschen an einer HKE. Zudem gewinnen die Prävention und Behandlung kardiovaskulärer Erkrankungen angesichts des demografischen Wandels und ihrer zunehmenden Häufigkeit im höheren Lebensalter kontinuierlich an Bedeutung (6).

Die Framingham-Studie, die 1948 ins Leben gerufen wurde und bis heute fortgeführt wird, gilt als eine der ersten umfassenden medizinischen Untersuchungen zu den Ursachen von Herzerkrankungen. Sie identifizierte Risikofaktoren (RFs) wie Rauchen, arterielle Hypertonie und Diabetes mellitus, die die Grundlage für moderne Präventionsstrategien und -richtlinien bildeten (7). In ähnlicher Weise brachte die INTERHEART-Studie, eine weltweit durchgeführte Fall-Kontroll-Studie aus den späten 1990er Jahren, wichtige Erkenntnisse. Sie bestätigte nicht nur die RFs der Framingham-Studie, sondern hob auch die Bedeutung psychosozialer Belastungen hervor, die als drittwichtigster RF für Myokardinfarkte (MI) identifiziert wurden (8).

HKEs sind häufig mit erheblicher psychischer Belastung verbunden – sowohl für die Betroffenen selbst als auch für deren Angehörige. Dabei betrifft dies nicht nur eine einzelne Diagnose, sondern ein breites Spektrum kardialer Erkrankungen, medizinischer Eingriffe und kritischer Ereignisse. So zeigen sich etwa nach einem akuten Koronarsyndrom (ACS) erhöhte Raten für Depressionen (23,6 %), Angststörungen (12,0 %) und Posttraumatische Belastungsstörung (PTBS) (10,3 %) (9). Bei bestimmten Personengruppen traten Depression und Angst deutlich häufiger auf – darunter Frauen (29,9 %), Personen mit arterieller Hypertonie oder Diabetes mellitus (jeweils 25,0 %) oder Hyperlipidämie (29,0 %), sowie Raucher (25,2 %). Die höchsten Depressionsraten fanden sich bei unverheirateten Personen (35,4 %) und besonders bei Menschen mit einer früheren depressiven Episode (57,4 %) (9). Auch bei Herzinsuffizienz (HI) sind depressive Symptome mit einer Prävalenz von 41,9 % weit verbreitet (10). Patienten mit implantierbarem Kardioverter-Defibrillator (ICD) erleben vermehrt psychische Belastungen – insbesondere nach Schockabgaben – mit deutlich erhöhten Raten für Angst (22,6 %), Depression (15,4 %) und PTBS (12,4 %) (11). Früh identifizierbare Prädiktoren für die Entwicklung einer PTBS in dieser Population sind weibliches Geschlecht, eine ausgeprägte peritraumatische Dissoziation und depressive Symptome. Für einen chronischen Verlauf gelten insbesondere ein niedriger Bildungsstand sowie das frühe Vorliegen von PTBS-Symptomen als bedeutsame RFs (12). Ähnliche psychische Reaktionen zeigen sich nach Reanimationen bzw. Herzstillstand – mit Prävalenzen von etwa 19 % für Depressionen, 26 % für Angststörungen und rund 20 % für PTBS (13) – sowie nach komplexen Eingriffen wie Bypass- oder Herzklappenoperationen, wobei postoperativ etwa ein Drittel der Patienten klinisch relevante Depressions- oder Angstsymptome aufweist und bis zu 44 % Anzeichen einer PTBS entwickeln können (14–15). Auch Patienten mit angeborenen Herzfehlern (AHF) oder Patienten nach Herztransplantationen weisen ein ähnlich hohes Risiko für psychische Komorbiditäten auf (16). Diese psychischen Folgeerscheinungen können wiederum das Auftreten von kardialen Erkrankungen wie z. B. einem akuten MI oder Herzrhythmusstörungen (HRSTs) begünstigen, die den Krankheitsverlauf erheblich verschlechtern, zur längeren Hospitalisationsdauer führen und die Sterblichkeit erhöhen (17). Als Folge des Wissenszuwachses resultierten ein besseres Verständnis und die Möglichkeit für eine ganzheitliche Behandlung für Betroffene. Mittlerweile sind psychosoziale Faktoren fester Bestandteil der Leitlinien zur Prävention und Behandlung kardiovaskulärer Erkrankungen und spielen eine zentrale Rolle in der herzmedizinischen Therapie (18).

Merke

Die Psychokardiologie ist ein Teilgebiet der Psychosomatik. Sie beruht auf dem bio-psycho-sozialen Modell und untersucht die Wechselwirkung zwischen dem Herzen und der Psyche (▶ Abb. 1.1).

▶ Abb. 1.1 zeigt die Herz-Psyche-Interaktionen mit den verschiedenen bio-psycho-sozialen Faktoren, die eine HKE begünstigen können. Auf die RFs wird im Kapitel 2 (▶ Kap. 2.1) näher eingegangen. Eine HKE kann einerseits durch die vernichtenden Schmerzen und den lebensbedrohlichen Zustand zu einem Verlust des Herzvertrauens, zu Ängsten, einem Gefühl anhaltender Bedrohung und starkem Kontrollverlust führen, was wiederum die Entwicklung einer psychischen Erkrankung wie etwa einer affektiven Störung oder einer Traumafolgestörung begünstigen kann. Andererseits wirkt sich eine psychische Erkrankung wiederum ungünstig durch biologische, verhaltensbezogene und soziale Vermittlungswege auf die kardiovaskuläre Erkrankung aus. Durch diese Kardiotoxizität können eine verfrühte Mortalität, erhöhte Morbidität und Komplikationen sowie ein schlechterer Krankheitsverlauf verzeichnet werden (20).

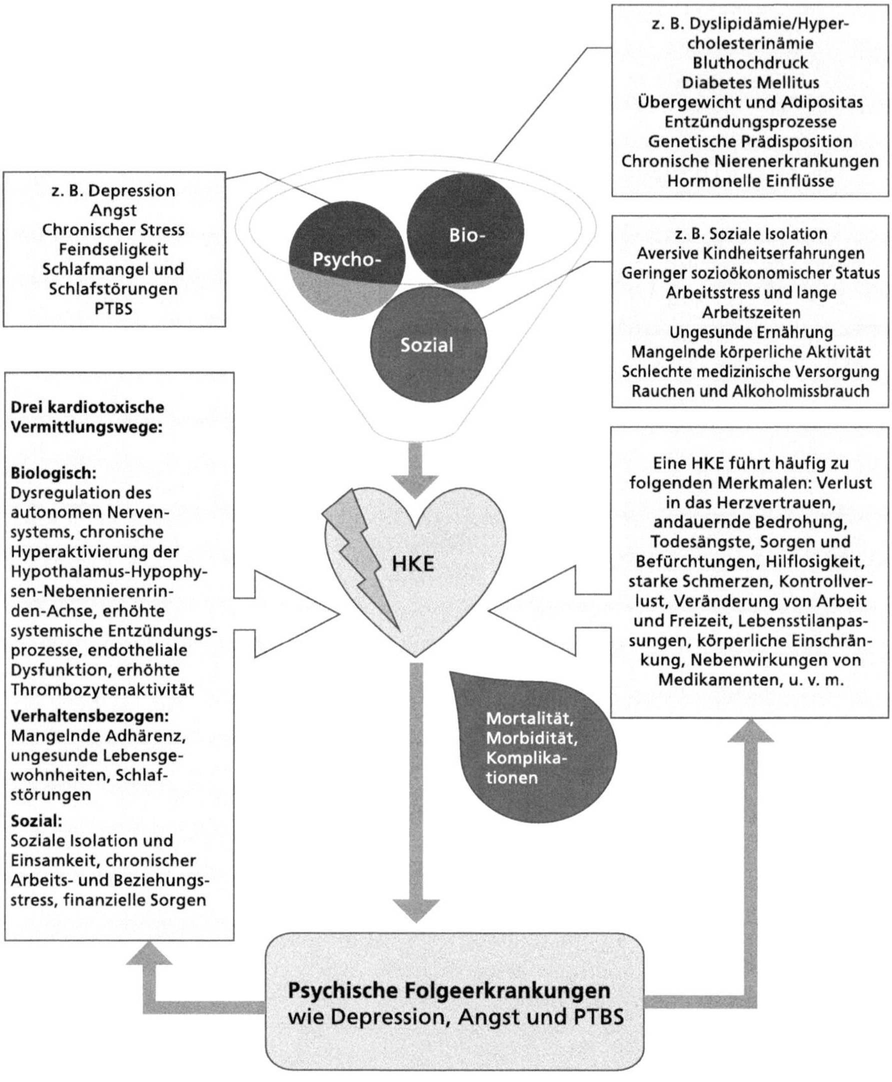

Abb. 1.1: Herz-Psyche-Interaktion (HKE = Herz-Kreislauf-Erkrankung, PTBS = Posttraumatische Belastungsstörung) (18)

1.2 Einführung in das Herz-Kreislauf-System

Kernaussagen

- Das Herz arbeitet als zentrale Druck- und Saugpumpe und gewährleistet durch kontinuierliche Kontraktion die Aufrechterhaltung des systemischen und pulmonalen Blutkreislaufs. So wird die bedarfsgerechte Versorgung aller Organe mit Sauerstoff und metabolischen Substraten sichergestellt.
- Die autonome Aktivität des Herzens basiert auf der Erregungsbildung und -leitung im Myokard (Sinusknoten, AV-Knoten etc.), wird jedoch über das vegetative Nervensystem moduliert – mit sympathischer Stimulation (z. B. Frequenzsteigerung) und parasympathischer Hemmung (z. B. Frequenzsenkung) über den Nervus vagus.

Die zentrale Rolle des Herzens zeigt sich in seiner Funktion als Motor der systemischen Zirkulation. Bei einem Herzstillstand setzt die Blutzirkulation sofort aus, wodurch die betroffene Person nach wenigen Sekunden das Bewusstsein verliert. Bleibt eine Behandlung aus, entstehen bereits nach drei bis acht Minuten dauerhafte Sauerstoffmangel- und Durchblutungsstörungen im Gehirn, die in der Regel tödlich verlaufen. Auch subakute und chronische Herzerkrankungen können die Blutzirkulation deutlich beeinträchtigen und schwerwiegende gesundheitliche Folgen verursachen (19).

Da psychokardiologische Fragestellungen auf kardiovaskulären Krankheitsprozessen aufbauen, werden zunächst die anatomischen und physiologischen Grundlagen des Herz-Kreislauf-Systems (HKS) vermittelt, bevor spezifische Erkrankungen und deren Therapie betrachtet werden.

1.2.1 Anatomie des Herzens

Das Herz eines Erwachsenen ist ungefähr faustgroß und wiegt rund 300 Gramm. Etwa zwei Drittel befinden sich links und ein Drittel rechts vom Brustbein. Direkt hinter dem Brustbein und den Rippen gelegen wird es dadurch vor Stößen und Verletzungen geschützt. Es besteht aus einem hohlen Muskel und ist durch eine Scheidewand in eine rechte und eine linke Hälfte unterteilt. Das Herz besteht aus zwei Ventrikeln (Herzkammern) und zwei Atrien (Vorhöfen). Die Atrien befinden sich im oberen Teil des Herzens und dienen als Sammelräume für das Blut. Die Ventrikel liegen im unteren Teil des Herzens und sind für die Pumpleistung verantwortlich. ► Abb. 1.2 zeigt die wichtigsten anatomischen Merkmale des Herzens (21).

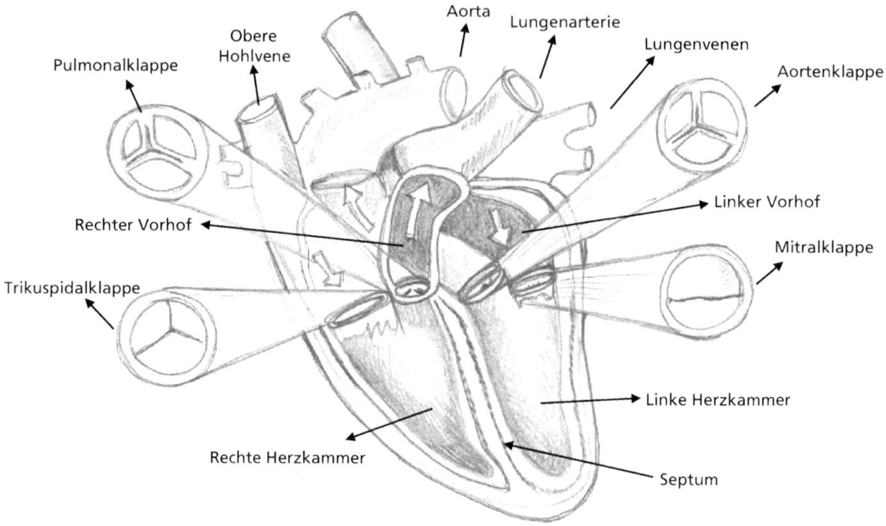

Abb. 1.2: Anatomie des Herzens (21) (gezeichnet von Emi Meyer im März 2025)

1.2.2 Funktion des Herzens

Im Durchschnitt schlägt das Herz eines Menschen rund 100.000-mal am Tag und pumpt dabei etwa 7.000 Liter Blut durch den Körper. Dabei versorgt es den Körper mit Sauerstoff und lebenswichtigen Nährstoffen, die über das Blut transportiert werden. Dazu gehören insbesondere Glukose und Fettsäuren, die als Hauptenergiequellen für die Zellen dienen, sowie Aminosäuren, die für den Zellaufbau und Reparaturprozesse benötigt werden. Zudem versorgt das Blut die Organe mit Vitaminen wie B-Vitaminen, die für den Energiestoffwechsel relevant sind, und Mineralstoffen wie Eisen, das für die Sauerstoffbindung im Hämoglobin notwendig ist, sowie Kalium, Magnesium und Natrium, die für die Funktion von Nerven und Muskeln, einschließlich des Herzmuskels, benötigt werden. Auch Hormone und Enzyme, die verschiedene Stoffwechselprozesse steuern, werden durch das HKS zu den Zielorganen transportiert. Damit gewährleistet das Herz nicht nur die Sauerstoffversorgung, sondern auch eine optimale Verteilung aller Substanzen, die für den Zellstoffwechsel und die Funktionsfähigkeit des gesamten Körpers notwendig sind (23).

1.2.3 Blutkreislauf

Der Blutkreislauf gliedert sich in den systemischen (»großen«) Kreislauf und den pulmonalen (»kleinen«) Kreislauf. Eine uneingeschränkte Durchblutung ist nur möglich, wenn die Gefäße nicht durch Atherosklerose verengt sind und ihre Elastizität erhalten bleibt (23).

Der systemische Kreislauf und der pulmonale Kreislauf

Der *systemische Kreislauf* beginnt mit der Systole des linken Ventrikels, bei der sauerstoffreiches Blut über die Aortenklappe in die Aorta gepumpt wird. Von dort aus verzweigen sich die Arterien in immer kleinere Arteriolen, die den Blutfluss zu den Kapillaren in den verschiedenen Organen und Geweben leiten. In den Kapillarnetzen erfolgt der gasaustauschabhängige Stoffwechselaustausch, bei dem Sauerstoff (O_2) und Nährstoffe wie Glukose, Fettsäuren, Aminosäuren, Elektrolyte und Vitamine aus dem Blut in die Gewebezellen diffundieren (verteilen). Gleichzeitig werden Kohlendioxid (CO_2) und Stoffwechselendprodukte aus den Zellen in das Blut aufgenommen.

Nach dem Kapillaraustausch fließt das nun *sauerstoffarme*, kohlendioxidreiche Blut über die Venolen in größere Venen zurück. Diese münden schließlich in die beiden großen Hohlvenen, die Vena cava superior (führt Blut aus Kopf, Hals und oberen Extremitäten) und die Vena cava inferior (führt Blut aus den unteren Körperregionen). Beide Venen transportieren das venöse Blut zurück in den rechten Vorhof des Herzens, wo der *pulmonale Kreislauf* beginnt. Von dort wird das Blut über die Lungenarterien in die Lunge gepumpt, wo Kohlendioxid abgegeben und Sauerstoff aufgenommen wird. Anschließend gelangt das mit Sauerstoff angereicherte Blut über die Lungenvenen zurück in den linken Vorhof zum systemischen Kreislauf (26).

Merke

Der linke Ventrikel ist stärker als der rechte. Er muss das Blut mit hoher Kraft durch den gesamten Körper pumpen, während der rechte Ventrikel nur die Lunge versorgt (21).

1.2.4 Herzkranzgefäße

Zur Aufrechterhaltung seiner Funktion benötigt das Herz eine ausreichende Blutversorgung. Diese wird durch die Herzkranzgefäße, die sogenannten Koronararterien, gewährleistet, die aus der Aorta abgehen und den Herzmuskel mit Sauerstoff und Nährstoffen versorgen. Wichtige Koronararterien sind folgende:

- *Rechte Koronararterie (RCA)* – versorgt vor allem die rechte Herzhälfte und Teile der Hinterwand
- *Ramus interventricularis anterior (RIVA/LAD)* – Ast der linken Koronararterie, der eine zentrale Rolle in der Versorgung der Vorderwand und der Spitze des Herzens spielt
- *Ramus circumflexus (RCX/LCX)* – Ast der linken Koronararterie, der seitliche und hintere Abschnitte des Herzens versorgt

Zwischen den Vorhöfen und Ventrikeln sowie den Ventrikeln und den großen Gefäßen des Herzens befinden sich besondere Verschlusseinrichtungen: die Herzklappen (21).

1.2.5 Herzklappenfunktion

Das Herz verfügt über vier Klappen (► Abb. 1.2), die wie Ventile wirken und den Blutstrom nur in eine Richtung passieren lassen. Die Segelklappen (Trikuspidal- und Mitralklappe) sind über Chordae tendineae (sehnenartige Fäden aus Bindegewebe) und Papillarmuskeln fixiert und sichern so den Rückfluss in die Vorhöfe ab, während die Taschenklappen (Pulmonal- und Aortenklappe) durch halbmondförmige Taschenklappenränder den Rückstrom aus den großen Arterien verhindern. Ihr Öffnen und Schließen erfolgt passiv über Druckunterschiede zwischen den Herzhöhlen und den Gefäßen. Pathologische Veränderungen wie Stenosen oder Insuffizienzen können den Blutfluss erheblich beeinträchtigen und zählen zu den häufigsten Ursachen für eine Klappenchirurgie.

Merke

Jede Herzklappe kann von Krankheiten betroffen sein, wobei die Aorten- und Mitralklappe am häufigsten erkranken (24).

1.2.6 Entstehung und Regulation des Blutdrucks

Der Blutdruck (BD) bezeichnet den Druck, mit dem das Blut auf die Wände der arteriellen Blutgefäße wirkt. Er entsteht durch die Kontraktion des linken Ventrikels, die eine Druckwelle erzeugt und das Blut durch die Arterien treibt. Für eine optimale Durchblutung des Körpers ist ein bestimmter Druck notwendig, der von der Gefäßweite, der Herzleistung und dem Blutvolumen abhängt.

Die kleineren Blutgefäße, die Arteriolen, stellen dem Blut einen Widerstand entgegen, wodurch der BD in zwei Werte unterteilt wird:

- *Systolischer BD:* entsteht, wenn sich das Herz zusammenzieht (Kontraktion)
- *Diastolischer BD:* entsteht, wenn sich das Herz entspannt

Die Regulation des BD erfolgt vor allem über das vegetative Nervensystem, insbesondere durch den Sympathikus, der durch Hormone wie Noradrenalin und Adrenalin den Druck beeinflusst (► Kap. 1.2.9). Zusätzlich tragen Barorezeptoren im Karotissinus und im Aortenbogen zur kurzfristigen Anpassung bei, indem sie Druckänderungen registrieren und reflektorisch Herzfrequenz (HF) und Gefäßtonus regulieren. Langfristig ist der BD eng an den Wasser- und Elektrolythaushalt gekoppelt, wobei das Renin-Angiotensin-Aldosteron-System (RAAS) eine zentrale Rolle spielt. Ein gesunder BD beträgt im Ruhezustand etwa 120/80 mmHg. Werte ab 140/90 mmHg gelten als arterielle Hypertonie (Bluthochdruck). Ein erheblicher

Abfall des BD führt zu einer kritischen Unterversorgung lebenswichtiger Organe wie Niere, Gehirn und Darm und tritt häufig im Rahmen einer schweren, akuten HI auf (► Kap. 3.1) (25). Der BD wird im Wesentlichen durch drei Faktoren bestimmt: die Gefäßweite, die Herzleistung und das Blutvolumen. Die Gefäßweite, vor allem auf Ebene der Arteriolen, reguliert den Strömungswiderstand des Blutes: Engstellen (Vasokonstriktionen) erhöhen den Widerstand und damit den BD, während Gefäßerweiterungen (Vasodilatationen) den Druck senken. Die Herzleistung wiederum ergibt sich aus dem Schlagvolumen und der HF; beide Faktoren bestimmen das Herzzeitvolumen, das direkt den arteriellen Druck beeinflusst. Schließlich spielt auch das Blutvolumen eine zentrale Rolle: Ein erhöhtes Blutvolumen, etwa durch Flüssigkeitsretention, steigert den Druck in den Gefäßen, während ein vermindertes Volumen, beispielsweise bei Blutverlust oder Dehydratation, zu einem Abfall des BD führt.

Merke

Der BD hängt von drei Faktoren ab: Gefäßweite, Herzleistung und Blutvolumen (25).

1.2.7 Entstehung des Herzschlags – das natürliche Schrittmachersystem des Herzens

Der Herzschlag beruht auf der Fähigkeit des Herzmuskels zur Automatie, d. h. der Eigenschaft spezialisierter Zellen, spontan rhythmische Aktionspotenziale zu generieren. Der Sinusknoten, ein kleiner Zellverband in der Wand des rechten Vorhofs nahe der oberen Hohlvene, fungiert dabei als primärer Schrittmacher. Er steuert den normalen Herzrhythmus mit einer Frequenz von 60–80 Schlägen pro Minute. Seine Zellen depolarisieren sich aufgrund eines langsamen Einstroms von Natrium- und Kalziumionen selbsttätig, bis ein Schwellenwert erreicht und ein Aktionspotenzial ausgelöst wird.

Von hier breitet sich die elektrische Erregung über die Vorhöfe aus und erreicht den Atrioventrikularknoten (AV-Knoten). Dort wird die Erregung kurz verzögert, sodass die Vorhöfe ihre Kontraktion abschließen und die Ventrikel optimal füllen können. Anschließend wird das Signal über das His-Bündel, die Tawara-Schenkel und das Purkinje-Fasernetz rasch in die Ventrikel geleitet. Diese gleichzeitige Erregung der Ventrikel führt zu einer kräftigen und synchronen Kontraktion, die das Blut in die großen Gefäße auswirft.

Die Plateauphase des Aktionspotenzials in den Ventrikelzellen, die durch ein Gleichgewicht zwischen Kalziumeinstrom und Kaliumausstrom entsteht, verlängert die Erregung und erzeugt eine lange Refraktärzeit. Dadurch wird das Herz vor unkoordinierten Dauererregungen geschützt und ein gleichmäßiger Rhythmus gewährleistet.

Fällt der Sinusknoten aus, können der AV-Knoten (40–60 Schläge/min) oder das ventrikuläre Erregungsleitungssystem (20–40 Schläge/min) die Schrittmacherfunktion übernehmen. Diese Ersatzrhythmen sind jedoch meist nicht ausreichend, um eine stabile Kreislauffunktion zu sichern, sodass in solchen Fällen eine Schrittmachertherapie notwendig sein kann (25).

Natürliche Schwankungen des Herzrhythmus

Eine leichte, atembedingte Schwankung der HF ist vollkommen normal. Dies wird als respiratorische Sinusarrhythmie bezeichnet:

- Beim Einatmen beschleunigt sich der Herzschlag.
- Beim Ausatmen verlangsamt sich der Herzschlag.

Diese Anpassung ist bei Kindern und Jugendlichen besonders ausgeprägt und völlig harmlos.

Damit das Herz nicht unkontrolliert auf jede elektrische Erregung reagiert, gibt es eine Schutzphase, die sogenannte Refraktärzeit. Während dieser Zeit kann das Herz nur eingeschränkt oder gar nicht auf neue Reize reagieren. Man unterscheidet zwischen zwei Arten der Refraktärzeit:

- *Absolute Refraktärzeit:* Das Herz ist in dieser Phase völlig unerregbar und kann keine neuen Signale weiterleiten. Dies verhindert, dass das Herz auf jede kleine Störung reagiert und sich selbst überfordert.
- *Relative Refraktärzeit:* Das Herz ist in dieser Phase nur eingeschränkt erregbar. Ein sehr starkes Signal kann das Herz dennoch zur Kontraktion bringen, allerdings kann dies zu HRSTs führen.

Merke

Bestimmte Medikamente gegen HRSTs (Antiarrhythmika) wirken, indem sie die Refraktärzeit verlängern. Dadurch wird das Herz vor zu schnellen oder unkontrollierten Erregungen geschützt (26).

Elektrokardiogramm

Die elektrischen Impulse des Herzschlags werden mithilfe von auf der Hautoberfläche platzierten Elektroden erfasst und in der Regel in Form eines 12-Kanal-Elektrokardiogramms abgeleitet. Dieses umfasst Extremitäten- und Brustwandableitungen, die eine räumliche Beurteilung der kardialen Erregung ermöglichen.

Ein normales Elektrokardiogramm (EKG) besteht aus einer charakteristischen Abfolge von Wellen, dem sogenannten QRS-Komplex (► Abb.1.3):

- *P-Welle:* stellt die Erregung der Vorhöfe dar, folglich die Depolarisation der Vorhofmuskulatur vor der Kontraktion.

- *PQ-Intervall:* zeigt die Erregungsüberleitung von den Vorhöfen zu den Ventrikeln über den AV-Knoten. Eine Verzögerung an dieser Stelle ist normal und sorgt für eine koordinierte Pumpfunktion.
- *QRS-Komplex:* beschreibt die Erregungsausbreitung in den Ventrikeln. Die Ventrikel kontrahieren kurz nach diesem Signal.
- *ST-Strecke:* spiegelt die vollständige Erregung der Ventrikelmuskulatur wider und gibt Hinweise auf eine mögliche Durchblutungsstörung (z. B. MI).
- *T-Welle:* steht für die Erregungsrückbildung (Repolarisation) der Ventrikel nach der Kontraktion.

► Abb. 1.3 zeigt einen Herzschlag (QRS-Komplex) mit der Beschriftung der Wellen (25;27).

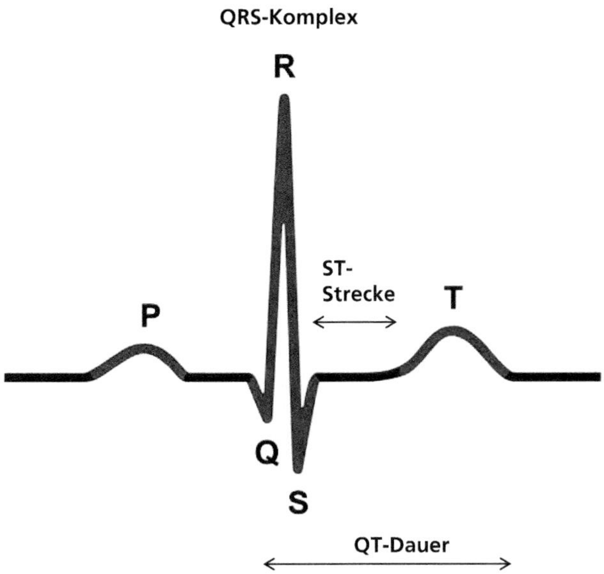

Abb. 1.3: QRS-Komplex (Quelle: Adobe Stock, modifiziert)

Normale HF:

- Regelmäßige Abstände zwischen den einzelnen Herzschlägen
- Charakteristische P-Welle, QRS-Komplex und T-Welle sind klar erkennbar
- HF liegt im Bereich von 60–100 Schlägen pro Minute (bpm)

Tachykardie (zu schneller Herzrhythmus):

- Regelmäßige, aber verkürzte Abstände zwischen den Herzschlägen
- HF liegt über 100 bpm

- Kann durch körperliche Anstrengung, Stress oder Herzerkrankungen ausgelöst werden

Arrhythmie (unregelmäßiger Herzrhythmus):

- Unregelmäßige Abstände zwischen den Herzschlägen
- HF kann variieren (zu langsam oder zu schnell)
- Kann auf Vorhofflimmern (VHF) oder andere Rhythmusstörungen hinweisen

Bradykardie (zu langsamer Herzrhythmus):

- Regelmäßige, aber verlängerte Abstände zwischen den Herzschlägen
- HF ist unter 60 bpm
- Kann durch Erkrankungen des Reizleitungssystems oder Medikamente verursacht werden

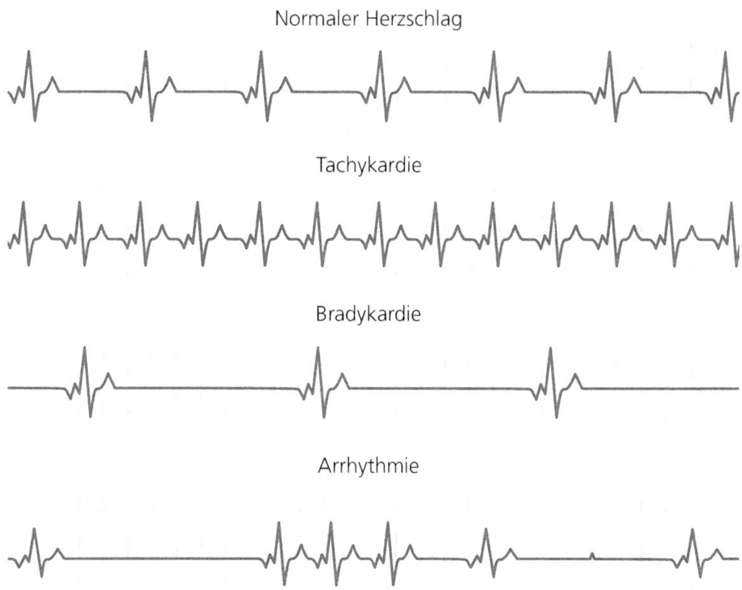

Abb. 1.4: Verschiedene Herzfrequenzen (Quelle: Adobe Stock, 27)

1.2.8 Herzfrequenzvariabilität

Die Herzfrequenzvariabilität (HRV) beschreibt die Schwankung der Zeitintervalle zwischen aufeinanderfolgenden Herzschlägen (RR-Intervalle) in Millisekunden. Diese Variabilität ist ein physiologischer Parameter, der die Anpassungsfähigkeit des ANS an verschiedene innere und äußere Reize widerspiegelt. Eine hohe HRV unter Ruhebedingungen wird als Zeichen einer gesunden Regulation des HKS betrachtet, während eine verringerte HRV mit einem erhöhten Risiko für Herzerkrankungen und Stressbelastung in Verbindung steht (28) (▶ Abb. 1.5).

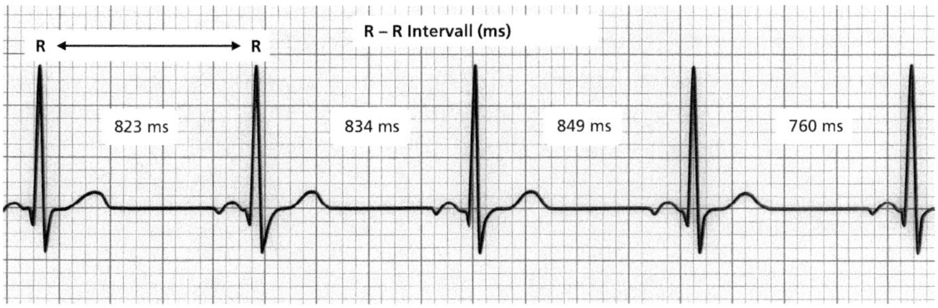

Abb. 1.5: Herzfrequenzvariabilität (Quelle: shutterstock, modifiziert)

1.2.9 Autonomes Nervensystem und Regulation des Herzens

Das autonome Nervensystem (ANS) steuert die Herzaktivität autonom und reguliert HF, Kontraktionskraft und BD. Es setzt sich aus drei Hauptbestandteilen zusammen: *Sympathikus*, *Parasympathikus* und *enterisches Nervensystem.*

Der Sympathikus bereitet den Körper auf Aktivität vor, indem er die HF und den BD erhöht, die Bronchien erweitert, um mehr Sauerstoff aufzunehmen, und gleichzeitig die Verdauung hemmt. Im Gegensatz dazu sorgt der Parasympathikus für Ruhe und Erholung, indem er die HF und den BD senkt, die Verdauung und Regeneration fördert und die Muskeln entspannt. Der Vagusnerv (lat. *nervus vagus*, »der Umherschweifende«), als zehnter Hirnnerv der längste und funktionell bedeutendste Anteil des parasympathischen Nervensystems, spielt eine zentrale Rolle in der autonomen Steuerung kardiovaskulärer, respiratorischer und gastrointestinaler Funktionen. Über seine afferenten und efferenten Bahnen ist er wesentlich an der neurokardialen Regulation beteiligt, moduliert HF, BD und Entzündungsprozesse und stellt eine wichtige Schnittstelle zwischen zentralem Nervensystem und peripheren Organen dar. Darüber hinaus beeinflusst er die Stressantwort und gilt als entscheidender Faktor in der Balance zwischen Sympathikus und Parasympathikus, wodurch er auch für psychokardiologische Fragestellungen von besonderer Relevanz ist. Das enterische Nervensystem, das als »Darmgehirn« bekannt ist, reguliert unabhängig die Verdauungsprozesse.

Die Nervenbahnen beider Systeme entspringen dem zentralen Nervensystem und bestehen aus zwei hintereinandergeschalteten Nervenzellen. Das präganglionäre Neuron leitet Signale vom Gehirn zu einem Nervenknoten (Ganglion), während das postganglionäre Neuron die Reize an das jeweilige Zielorgan weiterleitet. Im Sympathikus erfolgt die Umschaltung der Nerven in Ganglien, die weiter vom Zielorgan entfernt liegen. Der präganglionäre Neurotransmitter ist dabei Acetylcholin (ACh), während der postganglionäre Neurotransmitter Noradrenalin (NA) ist. Im Gegensatz dazu liegt die Umschaltung des Parasympathikus in Ganglien, die nahe oder direkt am Zielorgan platziert sind. Hier wird ACh sowohl als prä- als auch als postganglionärer Neurotransmitter verwendet.

Eine zentrale Schnittstelle zwischen dem Nervensystem und dem Hormonsystem bildet das *Nebennierenmark*. Es besteht aus spezialisierten Nervenzellen, die direkt vom Sympathikus aktiviert werden. Anstatt Signale an Organe weiterzuleiten, setzt das Nebennierenmark die Stresshormone Adrenalin und NA direkt ins Blut frei. Diese Hormone verstärken die Wirkung des Sympathikus, indem sie die HF und den BD erhöhen sowie die Energiebereitstellung steigern (21).

Stressreaktionen

Bei Stress setzt der Körper eine Kaskade unwillkürlicher Reaktionen in Gang, die vom ANS und dem endokrinen System gesteuert werden (22). ► Abb. 1.6 veranschaulicht diese körperliche Stressreaktion. Dabei werden zwei Hauptmechanismen der Stressantwort dargestellt: die kurzfristige, schnelle Reaktion über das Nebennierenmark sowie die langfristige, langsamere Reaktion über die Hypothalamus-Hypophysen-Nebennierenrinden-(HPA-)Achse.

Ein Stressreiz aktiviert zunächst den Hypothalamus, der als zentrale Steuerungseinheit des vegetativen Nervensystems und des Hormonsystems fungiert. Der Hypothalamus setzt daraufhin Kortikoliberin (CRH) frei, welches den Hypophysenvorderlappen stimuliert. Infolgedessen setzen die corticotropen Zellen des Hypophysenvorderlappens das adrenocorticotrope Hormon (ACTH) durch Exozytose (Ausschleusen gespeicherter Vesikelinhalte nach außen) in den Blutkreislauf frei, von wo es die Nebennierenrinde erreicht und dort vor allem die Sekretion von Cortisol sowie in geringerem Ausmaß von Aldosteron anregt.

Parallel dazu aktiviert der Sympathikus direkt das Nebennierenmark, welches die Stresshormone Adrenalin und NA freisetzt. Diese kurzfristige Stressantwort sorgt dafür, dass der Körper sich auf eine »Kampf- oder Flucht«-Reaktion vorbereitet. Durch den Abbau von Glykogen wird der Blutzuckerspiegel erhöht, um schnell verfügbare Energie bereitzustellen. Gleichzeitig kommt es zu einem Anstieg von HF und BD, wodurch die Durchblutung der Muskeln und lebenswichtiger Organe verbessert wird. Zudem wird die Atmung durch eine Erweiterung der Bronchien erleichtert, um mehr Sauerstoff aufzunehmen. Die veränderte Durchblutung führt auch zu einer erhöhten Aufmerksamkeit, während weniger wichtige Körperfunktionen wie Verdauung und Nierenaktivität reduziert werden, um Energie zu sparen.

Wenn der Stress anhält, setzt die HPA-Achse eine längerfristige Reaktion in Gang. Die Freisetzung von ACTH aus der Hypophyse stimuliert die Nebennierenrinde, vermehrt Cortisol und Aldosteron zu produzieren. Diese Hormone bewirken eine erhöhte Natrium- und Wasserresorption in den Nieren, was das Blutvolumen und damit den BD steigert. Gleichzeitig sorgt Cortisol für einen anhaltend erhöhten Blutzuckerspiegel, indem es den Abbau von Proteinen und Fetten zu Glukose fördert. Darüber hinaus kann Cortisol das Immunsystem unterdrücken, um Energie für andere körperliche Prozesse bereitzustellen.

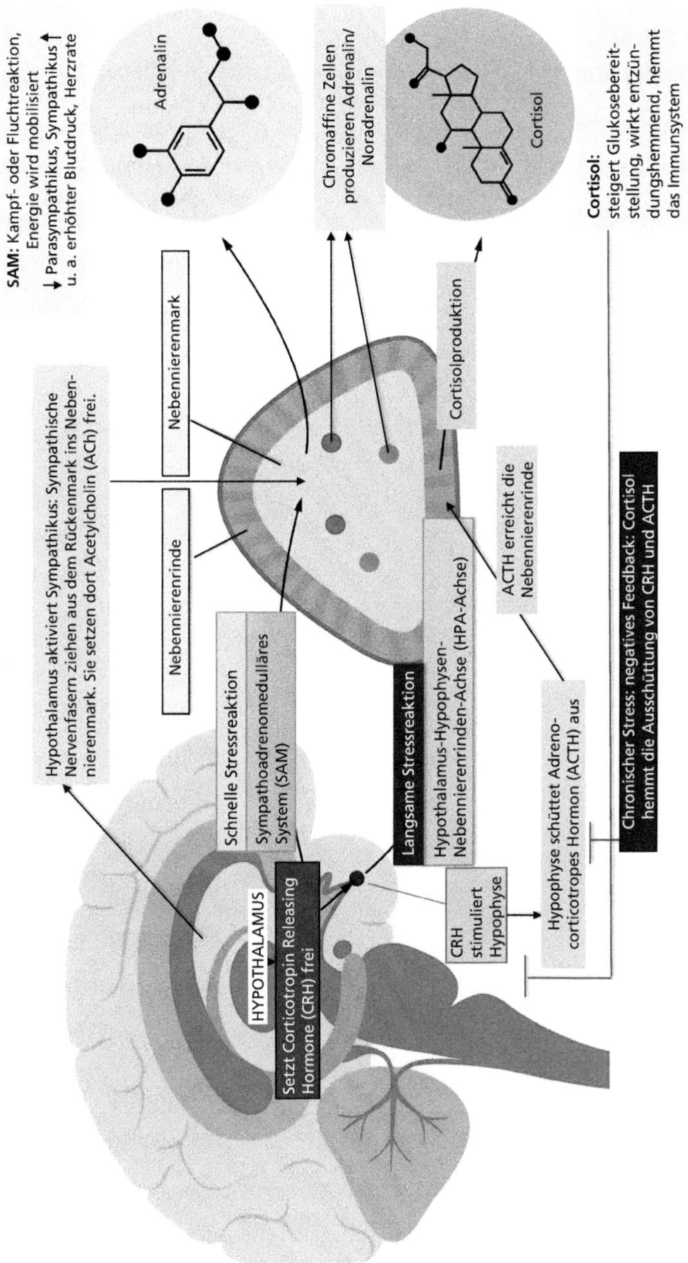

Abb. 1.6: Stressreaktion (22)

Eine persistierende Aktivierung neuroendokriner Stressachsen beeinträchtigt das kardiovaskuläre System durch verschiedene pathophysiologische Mechanismen.

Eine chronische arterielle Hypertonie z. B. führt zu einer dauerhaften Belastung der Gefäßwände, die sogenannte Remodeling-Prozesse auslöst, also Umbau- und Anpassungsvorgänge der Gefäßwand: Sie verdickt sich, verliert an Elastizität und verhärtet zunehmend. Diese Veränderungen begünstigen eine Endotheldysfunktion und die Entwicklung von Atherosklerose, wodurch das Risiko für einen MI oder Schlaganfall steigt. Darüber hinaus fördert eine stressinduzierte Insulinresistenz die Manifestation des metabolischen Syndroms mit Hyperglykämie, Dyslipidämie und Adipositas, wodurch die Entstehung und Progression einer HKE zusätzlich unterstützt wird. Eine geschwächte Immunabwehr mit proinflammatorischer Aktivierung kann zudem entzündliche Prozesse in den Gefäßen verstärken und die Plaquebildung beschleunigen. Zusammengenommen resultiert hieraus eine deutlich erhöhte kardiovaskuläre Morbidität und Mortalität.

1.3 Literatur

1. Høystad OM. Kulturgeschichte des Herzens: Von der Antike bis zur Gegenwart. Böhlau Verlag; 2006.
2. Gross CG. Aristotle on the Brain. *The Neuroscientist.* 1995;1(4):245–250. doi:10.1177/107385849500100408
3. Shakespeare W. Shakespeare – Gesammelte Werke. Köln: Anaconda Verlag; 2013.
4. von Känel R. Psychobiologische Mechanismen und Risikofaktoren von kardiovaskulären Erkrankungen. In: Egle UT, Heim C, Strauß B, von Känel R, editors. Psychosomatik – neurobiologisch fundiert und evidenzbasiert. 2nd ed. Stuttgart: W. Kohlhammer; 2024. p. 277–290.
5. Engel GL. The need for a new medical model: a challenge for biomedicine. *Science.* 1977;196(4286):129–136. doi:10.1126/science.847460
6. Statistisches Bundesamt (Destatis). Todesursachen in Deutschland 2023. *Statistischer Bericht.* Verfügbar unter: https://www.destatis.de/DE/Themen/Gesellschaft-Umwelt/Gesundheit/Todesursachen/Publikationen/Downloads-Todesursachen/statistischer-bericht-todesursachen-2120400237005.html (abgerufen am 29. 03. 2025)
7. Mahmood SS, Levy D, Vasan RS, Wang TJ. The Framingham Heart Study and the epidemiology of cardiovascular disease: a historical perspective. Lancet. 2014 Mar 15;383(9921):999–1008. doi: 10.1016/S0140–6736(13)61752–3. 6736(13)61752–3.
8. Yusuf S, Hawken S, Ounpuu S, Dans T, Avezum A, Lanas F, McQueen M, Budaj A, Pais P, Varigos J, Lisheng L; INTERHEART Study Investigators. Effect of potentially modifiable risk factors associated with myocardial infarction in 52 countries (the INTERHEART study): case-control study. Lancet. 2004 Sep 11–17;364(9438):937–52. doi: 10.1016/S0140–6736(04)17018–9. PMID: 15364185.
9. Chong RJ, Hao Y, Tan EWQ, Mok GJL, Sia CH, Ho JSY, Chan MYY, Ho AFW. Prevalence of Depression, Anxiety and Post-Traumatic Stress Disorder (PTSD) After Acute Myocardial Infarction: A Systematic Review and Meta-Analysis. *J Clin Med.* 2025 Mar 7;14(6):1786. doi: 10.3390/jcm14061786.
10. Moradi M, Doostkami M, Behnamfar N, Rafiemanesh H, Behzadmehr R. Global Prevalence of Depression among Heart Failure Patients: A Systematic Review and Meta-Analysis. Curr Probl Cardiol. 2022 Jun;47(6):100848. doi: 10.1016/j.cpcardiol.2021.100848. Epub 2021 Mar 30. PMID: 34006389.
11. Ghezzi ES, Sharman RLS, Selvanayagam JB, Psaltis PJ, Sanders P, Astley JM, Knayfati S, Batra V, Keage HAD. Burden of mood symptoms and disorders in implantable cardio-

verter defibrillator patients: a systematic review and meta-analysis of 39 954 patients. Europace. 2023 Jun 2;25(6):euad130. doi: 10.1093/europace/euad130. PMID: 37311667; PMCID: PMC10264222.
12. von Känel R, Baumert J, Kolb C, Cho EY, Ladwig KH. Chronic posttraumatic stress and its predictors in patients living with an implantable cardioverter defibrillator. J Affect Disord. 2011 Jun;131(1–3):344–52. doi: 10.1016/j.jad.2010.12.002.
13. Yaow CYL, Teoh SE, Lim WS, Wang RSQ, Han MX, Pek PP, Tan BY, Ong MEH, Ng QX, Ho AFW. Prevalence of anxiety, depression, and post-traumatic stress disorder after cardiac arrest: A systematic review and meta-analysis. *Resuscitation.* 2022 Jan;170:82–91. doi: 10.1016/j.resuscitation.2021.11.023. Epub 2021 Nov 23. PMID: 34826580.
14. Botzet K, Dalyanoglu H, Schäfer R, Lichtenberg A, Schipke JD, Korbmacher B. Anxiety and Depression in Patients Undergoing Mitral Valve Surgery: A Prospective Clinical Study. Thorac Cardiovasc Surg. 2018 Oct;66(7):530–536. doi: 10.1055/s-0037-1604461. Epub 2017 Aug 6. PMID: 28780764.
15. Rawashdeh R, Al Qadire M, Alshraideh J, Al Omari O. Prevalence of post-traumatic stress disorder and its predictors following coronary artery bypass graft surgery. *Br J Nurs.* 2021 Jul 8;30(13):794–800. doi: 10.12968/bjon.2021.30.13.794. PMID: 34251851.
16. Loh AZH, Tan JSY, Tam JKC, Zhang MW, Ho CSH, Ho RC. Postoperative psychological disorders among heart transplant recipients: a meta-analysis and meta-regression. *Psychosom Med.* 2020;82(7):651–660. doi:10.1097/PSY.0000000000000833. PMID: 3254154
17. Kindermann I, Köllner V, Albus C, et al. Bedeutung von psychosozialen Faktoren in der Kardiologie – Update 2024. *Kardiologie.* 2024;18:412–443. doi:10.1007/s12181-024-00708-6.
18. Visseren FLJ, Mach F, Smulders YM, Carballo D, Koskinas KC, Bäck M, Benetos A, Biffi A, Boavida JM, Capodanno D, Cosyns B, Crawford C, Davos CH, Desormais I, Di Angelantonio E, Franco OH, Halvorsen S, Hobbs FDR, Hollander M, Jankowska EA, Michal M, Sacco S, Sattar N, Tokgozoglu L, Tonstad S, Tsioufis KP, van Dis I, van Gelder IC, Wanner C, Williams B; ESC National Cardiac Societies; ESC Scientific Document Group. 2021 ESC Guidelines on cardiovascular disease prevention in clinical practice. *Eur Heart J.* 2021 Sep 7;42(34):3227–3337. doi: 10.1093/eurheartj/ehab484. Erratum in: Eur Heart J. 2022 Nov 7;43(42):4468. doi: 10.1093/eurheartj/ehac458. PMID: 34458905.
19. Aust G, Engele J, Kirsch J, Mayerhofer A, Mense S, Salvetter J et al. *Duale Reihe Anatomie.* 6. Aufl. Stuttgart: Thieme; 2024.
20. Gaffey AE, Gathright EC, Fletcher LM, Goldstein CM. Screening for Psychological Distress and Risk of Cardiovascular Disease and Related Mortality: A SYSTEMATIZED REVIEW, META-ANALYSIS, AND CASE FOR PREVENTION. J Cardiopulm Rehabil Prev. 2022 Nov 1;42(6):404–415. doi: 10.1097/HCR.0000000000000751. Erratum in: *J Cardiopulm Rehabil Prev.* 2023 Jan 1;43(1):73. doi: 10.1097/HCR.0000000000000767. PMID: 36342683; PMCID: PMC9646240.
21. Schuenke M, Schulte E, Schumacher U. , Voll M, Wesker K. *PROMETHEUS LernAtlas der Anatomie – Allgemeine Anatomie und Bewegungssystem.* 6th ed. Stuttgart: Thieme; 2022.
22. Brandes R, Lang F, Schmidt RF (Hrsg). *Physiologie des Menschen: mit Pathophysiologie.* 32th ed. Berlin; Springer; 2019.
23. Silbernagl S, Despopoulos A., Draguhn. *Taschenatlas Physiologie.* 9th ed. Stuttgart: Thieme; 2018.
24. Baumgartner H, Falk V, Bax JJ, De Bonis M, Hamm C, Holm PJ, Iung B, Lancellotti P, Lansac E, Rodriguez Muñoz D, Rosenhek R, Sjögren J, Tornos Mas P, Vahanian A, Walther T, Wendler O, Windecker S, Zamorano JL; ESC Scientific Document Group. 2017 ESC/EACTS Guidelines for the management of valvular heart disease. *Eur Heart J.* 2017 Sep 21;38(36):2739–2791. doi: 10.1093/eurheartj/ehx391. PMID: 28886619.
25. Larsen R. Physiologie des Herzens und des Kreislaufs. Anästhesie und Intensivmedizin für die Fachpflege. 2016 Jun 14:646–63. *German.* doi: 10.1007/978-3-662-50444-4_47. PMCID: PMC7531329.
26. Freissmuth M, Offermanns S, Böhm S. Pharmakologie und Toxikologie: von den molekularen Grundlagen zur Pharmakotherapie. 4th ed. Berlin: Springer; 2025.

27. https://stock.adobe.com/ch_de/search?k=qrs-komplex&asset_id=505489062 (erworben am 29.03.2025)
28. Lohninger A. *Herzratenvariabilität: Das HRV-Praxis-Lehrbuch.* 2. Auflage. Wien: Facultas; 2021. ISBN: 978-3-7089-2140-2.

2 Risikofaktoren für kardiovaskuläre Erkrankungen

Die Weltgesundheitsorganisation (WHO) identifiziert mehrere etablierte RFs, die maßgeblich zur Entstehung und Progression von HKEs beitragen (1). Diese lassen sich in modifizierbare und nicht modifizierbare Faktoren unterteilen. Das vorliegende Kapitel behandelt hier zuerst die RFs, welche nicht auf psychosozialer Ebene beruhen, und behandelt im ► Kap. 2.2 die psychosozialen RFs separat.

2.1 Etablierte Risikofaktoren (exkl. psychosoziale Risikofaktoren)

Kernaussage

Etablierte Risikofaktoren (RFs) wie Rauchen, arterielle Hypertonie und erhöhte Plasmalipide sowie psychosoziale Risikofaktoren (PSRFs) wie Depression, Angst, soziale Isolation und beruflicher Stress sind gleichermaßen entscheidend für die Entstehung und das Fortschreiten von HKEs.

Die Mehrheit der RFs sind modifizierbar und können durch präventive Strategien positiv beeinflusst werden (Ernährungsumstellung, geeignete Medikation, physische Aktivität oder Rauchstopp), um HKEs zu verhindern (2). Die nachfolgende Tabelle (► Tab. 2.1) (3–8) zeigt etablierte RFs ohne die psychosozialen RFs für HKEs, beginnend mit den stärksten Einflussfaktoren:

Tab. 2.1: Etablierte Risikofaktoren ohne psychosoziale Risikofaktoren (3–8); KHK = Koronare Herzkrankheit

Risikofaktor	Mechanismus der Krankheitsentstehung	Kardiotoxische Grenzwerte	Modifizierbar
Rauchen	• Fördert Arteriosklerose durch oxidative Zellschädigung, Entzündungsprozesse und Endothelschädigung • Erhöht zudem die Blutgerinnung, was das Risiko für Gefäßverschlüsse steigert	Jede Form des Rauchens erhöht das Risiko (kein sicherer Schwellenwert)	Ja
Erhöhte Blutfettwerte (Hypercholesterinämie)	• Überschüssiges LDL-Cholesterin lagert sich in den Gefäßwänden ab, was zur Plaquebildung und Gefäßverengung führt. • HDL-Cholesterin schützt vor KHK, indem es überschüssiges Cholesterin entfernt.	• LDL: < 115 mg/dl (3,0 mmol/l), < 70 mg/dl (1,8 mmol/l) bei Hochrisikopatienten; < 55 mg/dl (1,4 mmol/l) bei sehr hohem Risiko • HDL: Männer: < 40 mg/dl (1,0 mmol/l), Frauen: < 50 mg/dl (1,3 mmol/l) • Gesamtcholesterin: > 190 mg/dl (5,0 mmol/l)	Ja
Bluthochdruck (arterielle Hypertonie)	• Erhöhter Druck in den Arterien schädigt die Gefäßinnenwände und fördert die Ablagerung von Cholesterin, wodurch sich die Arterien verengen und verhärten. • Zudem belastet Bluthochdruck das Herz und erhöht die Gefahr für Infarkte.	• Optimal: < 120 mmHg systolisch und < 80 mmHg diastolisch • Normal: < 120–129/70–79 mmHg • Erhöhter BD: 130–139/80–89 mmHg • arterielle Hypertonie: ≥ 140/≥90 mmHg • Hypertensive Krise: ≥ 180/110 mmHg	Ja
Diabetes mellitus	Chronisch hohe Blutzuckerwerte schädigen Blutgefäße und Nerven. Dies fördert Entzündungen, Gefäßverengungen und das Fortschreiten der Arteriosklerose.	• Nüchternblutzucker: ≥ 126 mg/dl (7,0 mmol/l) • HbA1c-Wert: ≥ 6,5 % (48 mmol/mol) • 2-h-Glukosetoleranztest ≥ 200 mg/dl (11,1 mmol/l)	Ja
Bewegungsmangel	• Reduziert die Kapazität des HKS, fördert Übergewicht, arterielle Hypertonie und Fettstoffwechselstörungen. • Körperliche Aktivität stärkt das Herz und verbessert die Gefäßfunktion.	• Empfehlung: ≥ 150 min moderate oder ≥ 75 min intensive Aktivität/Woche • Erhöhtes Risiko: < als 500–1000 kcal/Woche durch Bewegung verbrannt	Ja

Tab. 2.1: Etablierte Risikofaktoren ohne psychosoziale Risikofaktoren (3–8); KHK = Koronare Herzkrankheit – Fortsetzung

Risikofaktor	Mechanismus der Krankheitsentstehung	Kardiotoxische Grenzwerte	Modifizierbar
Ungesunde Ernährung	• Hoher Konsum von gesättigten Fettsäuren, Zucker und Salz fördert Übergewicht, arterielle Hypertonie und Fettstoffwechselstörungen. • Eine ballaststoffarme Ernährung trägt zur Gefäßverkalkung bei.	• Gesättigte Fettsäuren: < 10 % der täglichen Energiezufuhr • Transfette: < 1 % • Salz: < 5 g/Tag (1 TL) • Ballaststoffe: ≥ 30 g/Tag	Ja
Übergewicht und Adipositas	• Fördert arterielle Hypertonie, Diabetes mellitus und Fettstoffwechselstörungen. • Das Fettgewebe setzt entzündungsfördernde Substanzen frei, die Arteriosklerose begünstigen.	• BMI: 18,5–24,9 kg/m^2 (normal) • Übergewicht: 25–29,9 kg/m^2 • Adipositas: ≥ 30 kg/m^2 • Taillenumfang: Männer > 102 cm, Frauen > 88 cm	Ja
Alkoholüberkonsum	• Erhöht den BD, beeinflusst die Blutfettwerte negativ und kann direkt toxisch auf das Herz wirken. • Zudem steigert Alkohol das Risiko für Herzrhythmusstörungen.	• Männer: < 20 g Alkohol/Tag (~0,5 l Bier) • Frauen: < 10 g Alkohol/Tag (~0,3 l Bier) • Risiko für arterielle Hypertonie: > 30 g Alkohol/Tag • Exzessiver Konsum: > 60 g Alkohol/Tag	Ja
Genetische Veranlagung	Familiäre Häufung von KHK deutet auf genetische Prädisposition hin, die sich durch vererbte Fettstoffwechselstörungen, arterielle Hypertonie oder Diabetes mellitus äußern kann.	KHK in Verwandten ersten Grades: Männer < 55 Jahre, Frauen < 65 Jahre	Nein
Alter	Mit fortschreitendem Alter nimmt die Elastizität der Gefäße ab, während ihre Fähigkeit zur Regeneration eingeschränkt ist. Dadurch entwickelt sich die Arteriosklerose weiter.	Erhöhtes Risiko ab: • Männer: > 45 Jahre • Frauen: > 55 Jahre oder nach der Menopause	Nein
Geschlecht	Männer sind vor den Wechseljahren stärker von Herz-Kreislauf-Erkrankungen betroffen als Frauen. Nach der Menopause erhöht sich jedoch auch	• Vor den Wechseljahren wirkt das Hormon Östrogen bei Frauen schützend auf das HKS.	Nein

Tab. 2.1: Etablierte Risikofaktoren ohne psychosoziale Risikofaktoren (3–8); KHK = Koronare Herzkrankheit – Fortsetzung

Risikofaktor	Mechanismus der Krankheitsentstehung	Kardiotoxische Grenzwerte	Modifizierbar
	bei Frauen das Risiko, da der schützende Effekt des Östrogens abnimmt.	• Mit dem Eintritt in die Menopause fällt dieser Schutz weg, sodass ihr Erkrankungsrisiko dem der Männer entspricht.	

2.2 Psychosoziale Risikofaktoren

Kernaussagen

- PSRFs – wie Stress, Depression, Angst, bestimmte Persönlichkeitsmerkmale und ein belastetes soziales Umfeld – erhöhen unabhängig von klassischen Risikofaktoren das Risiko für HKEs
- Die Wirkung von PSRFs vermittelt sich über direkte biologische Mechanismen, darunter eine Dysregulation des autonomen Nervensystems, Aktivierung der HPA-Achse, proinflammatorische Prozesse und endotheliale Dysfunktion, sowie über indirekte Verhaltenswege wie Rauchen, Bewegungsmangel, ungesunde Ernährung und mangelnde Adhärenz. PSRFs sind in den europäischen Leitlinien verankert; empfohlen wird, sie systematisch zu erfassen, bei der individuellen Risikoeinschätzung zu berücksichtigen und integrativ im Präventions- und Behandlungsmanagement zu adressieren.

Im Jahr 2003 fanden psychologische sowie verhaltensbezogene Einflüsse erstmals Eingang in die offiziellen europäischen Empfehlungen zur Vorbeugung kardiovaskulärer Erkrankungen. Bereits ein Jahr später bestätigte die INTERHEART-Studie – basierend auf Daten von 15.152 MI-Patienten und 14.820 Kontrollpersonen aus 52 verschiedenen Ländern (siehe ► Kap. 1.1) – die große Bedeutung dieser RFs. Die Studie ergab, dass PSRFs das Risiko für einen MI verdoppeln können – und zwar unabhängig von den klassischen RFs (2). Analysen der INTERHEART-Daten zeigten zudem, dass psychosozialer Stress in der Rangfolge aller RFs für MIs an dritter Stelle steht, direkt nach Rauchen und Dyslipidämie. Seither wurden die europäischen Leitlinien zur Prävention kardiovaskulärer Erkrankungen kontinuierlich weiterentwickelt, wobei psychologische Faktoren als *Risikomodifikatoren* hervorgehoben werden. Diese Faktoren sollen bei der individuellen Risikoabschätzung und im Präventionsmanagement systematisch berücksichtigt und integrativ behandelt werden (3; 8).

PSRFs lassen sich drei zentralen Bereichen zuordnen: dem sozialen Kontext, individuellen Persönlichkeitsausprägungen sowie negativen emotionalen Zuständen. Häufig treten sie kumulativ auf; so stehen Depressionen beispielsweise oft im Zusammenhang mit geringer sozialer Unterstützung oder anhaltender Erschöpfung und Typ-D-Persönlichkeit.

Soziales Umfeld

Das soziale Umfeld beeinflusst das Risiko für Herzerkrankungen in vielfacher Weise. Ein niedriger sozioökonomischer Status, belastende Lebensereignisse, familiärer Stress, Arbeitsstress sowie geringe soziale Unterstützung gehören zu den relevanten Faktoren.

- Ein *niedriger sozioökonomischer Status*, gekennzeichnet durch geringes Einkommen, niedrige Bildung und geringe berufliche Stellung, erhöht das Risiko für HKEs. Menschen aus sozial schwächeren Schichten erleben oft mehr Stress aufgrund eingeschränkter Autonomie und reduzierter sozialer Teilhabe. Besonders auffällig ist, dass Länder mit großen Einkommensunterschieden die höchste Sterblichkeitsrate durch HKEs aufweisen. Dies deutet darauf hin, dass der soziale Vergleich und wahrgenommene Ungleichheit entscheidende Faktoren sein könnten (9).
- *Belastende Lebensereignisse*, wie der Verlust eines nahestehenden Menschen, schwere Krankheiten, Scheidung, Umzug oder Naturkatastrophen, können das psychische Wohlbefinden erheblich beeinträchtigen und das Risiko für HKEs erhöhen. Auch negative Kindheitserfahrungen, einschließlich Missbrauch und Vernachlässigung, erhöhen sowohl das Risiko für psychische als auch für kardiometabolische Erkrankungen um das Doppelte (10). Andererseits zeigen neuere Studien, dass positive Kindheitserfahrungen mit einem besseren kardiovaskulären Profil einhergehen. Insbesondere der Schlaf, das Gesundheitsverhalten (mehr Bewegung und weniger Substanzmissbrauch) konnten verzeichnet werden (11).
- *Familiärer Stress* durch eheliche Probleme oder die Pflege kranker Angehöriger kann ebenfalls ein PSRF für HKEs darstellen. Frauen, die wöchentlich mindestens neun Stunden Pflegearbeit für ihren erkrankten Ehepartner leisten, haben ein nahezu doppeltes Risiko, innerhalb von vier Jahren eine HKE zu entwickeln (12). Besonders die Pflege von Alzheimer-Patienten ist mit hohem Stress verbunden (13). Frauen, die in Partnerschaftskonflikten regelmäßig nachgeben und ihre eigenen Bedürfnisse unterdrücken, haben ein signifikant erhöhtes Risiko für HKEs (14).
- *Arbeitsstress* ist ein weit verbreiteter RF für HKEs. Neben wahrgenommener Ungerechtigkeit am Arbeitsplatz spielen zwei theoretische Modelle eine wichtige Rolle: Das *Anforderungs-Kontroll-Modell* besagt, dass hohe Arbeitsanforderungen gepaart mit geringer Autonomie eine hohe Stressbelastung verursachen. Ein Mangel an sozialer Unterstützung durch Kollegen oder Vorgesetzte verstärkt diese Belastung zusätzlich (15). Das *Modell der beruflichen Gratifikationskrise* beschreibt die Belastung, die entsteht, wenn ein Missverhältnis zwischen Arbeitsaufwand und den erhaltenen Belohnungen (z. B. Gehalt, Anerkennung, Karrierechancen) besteht (16–17) (▶ Kap. 6).
- Ein weiterer unabhängiger Prädiktor für die Entwicklung einer HKE ist eine *niedrige soziale Unterstützung*. Alleinlebende Patienten hatten in einer Untersuchung ein um 54 % erhöhtes Risiko für kardiale Ereignisse nach einem MI (18). Soziale Unterstützung wird in zwei Hauptbereiche unterteilt: die *strukturelle* und die *funktionale Unterstützung*. Die strukturelle Unterstützung beschreibt die Merkmale des sozialen Netzwerks einer Person – etwa die Anzahl und Häufigkeit sozialer Kontakte oder die Einbettung in soziale Strukturen (z. B. Partnerschaft, Freundeskreis). Die funktionale Unterstützung bezieht sich auf die Qualität der erlebten Hilfe und lässt sich weiter untergliedern, z. B. in instrumentelle (praktische Hilfe im Alltag) und emotionale Unterstützung (Zuwendung, das Gefühl, geliebt und verstanden zu werden). Insbesondere die funk-

tionale Unterstützung hat sich als kardioprotektiv erwiesen (19). Es bestehen komplexe Wechselwirkungen zwischen sozialer Unterstützung und anderen PSRFs. Beispielsweise profitieren feindselige Personen oder depressive Patienten, die sich sozial zurückziehen, weniger von stresspuffernden unterstützenden Umgebungen. Dadurch reagieren sie möglicherweise stärker auf Stress, was ihr kardiovaskuläres Risiko zusätzlich erhöht (20).

Persönlichkeitsausprägungen

Bestimmte Persönlichkeitsmerkmale und psychische Störungen können als chronische Stressbelastung wirken und dadurch sowohl das Verhalten als auch biologische Prozesse beeinflussen, die sich negativ auf das HKS auswirken.

- *Feindseligkeit und Ärgerbereitschaft* sind bedeutende RFs für Herzerkrankungen. Während Feindseligkeit durch eine misstrauisch-zynische Grundhaltung gegenüber anderen Menschen gekennzeichnet ist, umfasst Ärger eine Bandbreite emotionaler Reaktionen – von leichter Gereiztheit bis hin zu intensiver Wut. Empirische Befunde aus einer prospektiven Untersuchung legen nahe, dass insbesondere geringe Ärgerkontrolle und zynisches Misstrauen relevante psychosoziale RFs für kardiovaskuläre Erkrankungen darstellen. Andere Formen des Ausdrucks von Ärger, wie etwa verbale Aggression, standen dagegen nicht in einem nachweisbaren Zusammenhang mit dem Erkrankungsrisiko (21).
- Die *Typ-D-Persönlichkeit*, auch als *Distressed Personality* bekannt, ist durch zwei zentrale Merkmale gekennzeichnet: negative Affektivität und soziale Inhibition. Menschen mit dieser Persönlichkeitsstruktur erleben häufiger negative Emotionen wie Angst, Ärger und Depression, während sie gleichzeitig Schwierigkeiten haben, ihre Emotionen auszudrücken und soziale Kontakte zu knüpfen (22). Während eine Typ-D-Persönlichkeit mit einer signifikant schlechteren Krankheitsprognose assoziiert ist, fehlen eindeutige Belege für einen ursächlichen Zusammenhang mit der Entstehung von HKEs (23). Gleichwohl weisen empirische Befunde darauf hin, dass die Typ-D-Persönlichkeit nicht nur mit einer schlechteren Prognose, sondern auch mit einer erhöhten Belastung durch komorbide psychische Symptome verbunden ist. So zeigte sich bei Patienten mit ICD ein deutlich erhöhtes Risiko für depressive und Angstsymptome, unabhängig von klinischen Parametern. Zur Erfassung der Typ-D-Persönlichkeit wird in der Forschung und klinischen Praxis häufig die Type-D-Scale (DS-14) eingesetzt. Dabei handelt es sich um einen kurzen Selbstbeurteilungsfragebogen mit insgesamt 14 Aussagen, die zwei Dimensionen abbilden: negative Affektivität und soziale Inhibition. Jede Dimension umfasst sieben Items, die auf einer fünfstufigen Skala (0 = trifft überhaupt nicht zu bis 4 = trifft völlig zu) eingeschätzt werden. Ein Wert von jeweils ≥ 10 Punkten auf beiden Subskalen gilt als Hinweis auf das Vorliegen einer Typ-D-Persönlichkeit (22).
- Eine aktuelle Multi-Kohortenstudie zeigte, dass Persönlichkeitsmerkmale wie *Gewissenhaftigkeit* und *emotionale Stabilität* mit einem verringerten Risiko für kardiovaskuläre Mortalität assoziiert sind – unabhängig davon, ob eine kardiovaskuläre Vorerkrankung vorlag (24).

- Auch ein starkes *berufliches Überengagement* kann gesundheitlich belastend sein – insbesondere dann, wenn es mit überhöhten Arbeitsanforderungen, fehlenden Erholungsphasen und mangelnden Stressbewältigungsstrategien einhergeht. Berufliches Überengagement als intrinsische Stresskomponente des ERI-Modells ist mit einem moderat erhöhten Risiko für KHK (ca. 20–40 %) assoziiert und wirkt insbesondere in Kombination mit hoher beruflicher Belastung kardiovaskulär ungünstig (16;25). Das Anforderungs-Kontroll-Modell nach Karasek und Theorell beschreibt psychosozialen Stress am Arbeitsplatz als Funktion hoher psychischer Anforderungen bei gleichzeitig geringem Entscheidungsspielraum (»high strain«). In einer großen Metaanalyse individueller Daten aus 13 europäischen Kohorten mit 197.473 Teilnehmenden und 2.358 koronaren Ereignissen zeigte sich, dass Personen mit Job-Strain ein 23 % erhöhtes Risiko für die KHK aufwiesen. Die Assoziation blieb auch nach Adjustierung für klassische RFs wie Rauchen, arterielle Hypertonie oder Dyslipidämie bestehen, wenn auch in abgeschwächter Form (15). Das von Siegrist entwickelte Effort-Reward-Imbalance-(ERI-)Modell ergänzt dieses Konzept, indem es das Prinzip der Reziprozität im Erwerbsleben in den Mittelpunkt stellt: Ein Missverhältnis von hoher beruflicher Anstrengung bei gleichzeitig geringen Belohnungen (z. B. Anerkennung, Aufstiegsmöglichkeiten, Arbeitsplatzsicherheit) führt zu einer Gratifikationskrise. In einer Metaanalyse von 45 prospektiven Studien mit mehr als 600.000 Beschäftigten konnte gezeigt werden, dass eine hohe ERI das Risiko für KHK um 16 % und für MI um 29 % erhöht (16; 25). Auch hier blieb die Assoziation nach Adjustierung für traditionelle RFs bestehen.
- *Neurotizismus* bezeichnet die Neigung, negative Emotionen wie Angst und Depression besonders intensiv zu erleben. Personen mit ausgeprägtem Neurotizismus zeigen eine erhöhte Stressreaktivität, was mit einem gesteigerten Risiko für HKEs einhergeht. Eine aktuelle genetische Analyse lieferte zudem Hinweise auf einen kausalen Zusammenhang zwischen Neurotizismus und dem Auftreten kardiovaskulärer Erkrankungen sowie Schlaganfällen (26).

Negative emotionale Zustände

Der dritte Bereich der PSRFs umfasst psychische Erkrankungen wie Depression, Angststörungen, Anpassungsstörungen, PTBS und Schizophrenie. Auch affektive Zustände wie Erschöpfung, Hilflosigkeit und Trauer konnten als PSRFs eruiert werden.

- Psychiatrische Erkrankungen sind nicht nur psychische, sondern auch somatische Risikokonstellationen, und erhöhen das Risiko kardiovaskulärer Ereignisse unabhängig von genetischen oder familiären Einflüssen (27). Eine internationale Studie mit nahezu 48.000 Teilnehmenden aus 17 Ländern belegte zudem, dass das gleichzeitige Vorliegen mehrerer psychischer Störungen das Risiko für somatische Erkrankungen zusätzlich verstärkt (28).
- *Depression* gilt als einer der am besten untersuchten PSRFs für HKEs (▶ Kap. 5.2) (29). Etwa 5 % der Allgemeinbevölkerung leiden an einer Depression. Bei Patienten nach einem MI ist die Prävalenz dreimal höher (28). Besonders deutlich ist

der Zusammenhang bei Patienten mit schweren Depressionen, die nach einem akuten kardialen Ereignis häufiger ungünstige Verläufe und eine verfrühte Mortalität aufweisen (30). Körperlich-somatische Symptome einer Depression – etwa Erschöpfung, Schlafstörungen oder diffuse Schmerzen – scheinen eine stärkere Belastung für das Herz darzustellen als rein emotionale Symptome wie Schuldgefühle oder Interessenverlust. Vermutet wird, dass diese Beschwerden über entzündliche Prozesse in den Blutgefäßen mit einem erhöhten kardiovaskulären Risiko in Verbindung stehen (31).

- *Angststörungen* erhöhen das Risiko für HKEs um das 1,3- bis 1,5-fache. Besonders ausgeprägt ist der Zusammenhang bei Panikstörungen, die mit einem 1,6-fachen erhöhten Risiko für kardiovaskuläre Ereignisse und Herz-Kreislauf-Mortalität assoziiert sind (▶ Kap. 5.1) (32).
- *Vitale Erschöpfung* ist gekennzeichnet durch anhaltende Müdigkeit, einen Mangel an Antrieb und ein Gefühl emotionaler Erschöpfung. Eine Metaanalyse zeigt, dass vitale Erschöpfung mit einem um rund 50 % erhöhten Risiko für kardiovaskuläre Ereignisse sowie mit einer etwa ebenso starken Zunahme der Gesamtmortalität verbunden war. Darüber hinaus zeigte sich ein Trend zu einem rund 45 % höheren Schlaganfallrisiko (33). *Hilflosigkeit* beschreibt den Zustand, sich den äußeren Umständen ausgeliefert zu fühlen, was mit einer beschleunigten Entwicklung von Atherosklerose in Verbindung steht. Das Erleben entsprechender emotionaler Zustände erhöht das Risiko für kardiovaskuläre Erkrankungen um das Doppelte (34).
- *Trauer* und der *Verlust eines geliebten Menschen* begünstigen kardiovaskuläre Erkrankungen wobei die ersten Wochen nach dem Ereignis das höchste Risiko bergen, unabhängig davon, ob der Tod erwartet oder unerwartet eintrat, und bei Männern wie Frauen aller Altersgruppen. Fehlende soziale Unterstützung, gesteigerter psychischer Stress und ungünstige Verhaltensänderungen können in Kombination mit physiologischen Veränderungen als Auslöser kardiovaskulärer Ereignisse wirken, insbesondere bei vulnerablen Personen. (35).
- *Burnout ist ein Risikozustand,* gekennzeichnet durch emotionale Erschöpfung, Depersonalisierung und reduzierter Leistungsfähigkeit. Eine Metaanalyse mit 26.916 Teilnehmenden zeigte, dass Burnout das Risiko für kardiovaskuläre Erkrankungen insgesamt um etwa 21–27 % erhöht (36). Eine aktuelle Beobachtungsstudie ergab, dass Burnout und chronischer Arbeitsstress bei männlichen Ärzten in unterschiedlicher Weise mit der koronaren mikrovaskulären Endothelfunktion assoziiert sind. Während Burnout mit einer verbesserten koronaren Durchblutung und einer gesteigerten myokardialen Perfusionsantwort verbunden war, zeigten erhöhter chronischer Arbeitsstress sowie Überengagement gegenteilige Effekte und waren mit einer Verschlechterung dieser Parameter verknüpft (▶ Kap. 6) (37). Das könnte darauf hindeuten, dass Burnout und arbeitsbedingter Stress zwar oft gemeinsam auftreten, aber unterschiedliche physiologische Mechanismen auslösen können. Burnout könnte eine Art kompensatorische Hyperreaktion des Gefäßsystems widerspiegeln, die kurzfristig eine gesteigerte Perfusionsreserve ermöglicht, während chronischer Arbeitsstress und Überengagement eher mit endothelialer Dysfunktion und einer Verschlechterung der Mikrozirkulation einhergehen. Langfristig ist jedoch unklar,

ob die beobachtete »günstige« Wirkung von Burnout nicht nur ein Übergangsphänomen ist, das in spätere Erschöpfung und Funktionsverschlechterung münden kann, weshalb prospektive Studien notwendig sind, um diese Zusammenhänge besser zu verstehen.

2.2.1 Vermittlungswege von psychosozialen Risikofaktoren und Herz-Kreislauf-Erkrankungen

Psychosoziale Faktoren beeinflussen HKEs über direkte und indirekte Vermittlungswege.

Direkte biologische Wege

Veränderungen im ANS und ihre Auswirkungen auf die kardiovaskuläre Gesundheit

Anhaltender Stress kann eine Dysregulation des ANS zur Folge haben, die sich in einer übermäßigen sympathischen Aktivität und einer gestörten Balance zwischen Sympathikus und Parasympathikus äußert. Dies manifestiert sich unter anderem in:

- erhöhter Ruhe-HF,
- verminderter HRV,
- veränderter nächtlicher Blutdruckabsenkung
- reduzierter Baroreflexsensitivität.

Bei chronischem Stress kann nicht nur eine übermäßige Aktivierung, sondern auch eine Erschöpfung der Stressachsen beobachtet werden. Dies kann sich in einer paradox reduzierten HRV bei Belastung äußern (38–39). Dieses Muster entspricht dem Konzept der Allostase: Zunächst führt wiederholter Stress zu einer kompensatorischen Überaktivierung des ANS und der HPA-Achse. Wird die Belastung jedoch chronisch, entsteht eine allostatische Last, die mit einer Erschöpfung dieser Systeme und einer verminderten kardiovaskulären Anpassungsfähigkeit einhergeht (40). Neuere Studien zeigen, dass die Amygdala, ein zentrales Areal des limbischen Systems und wesentlich an der Verarbeitung von Stressreizen beteiligt, in ihrer Stoffwechselaktivität gemessen werden kann. Eine gesteigerte Aktivität der Amygdala steht dabei in engem Zusammenhang mit einem erhöhten Risiko für spätere Herz-Kreislauf-Ereignisse. Über ihre Verbindungen zum Hypothalamus aktiviert die Amygdala sowohl die HPA-Achse als auch das sympathische Nervensystem und begünstigt damit die Ausschüttung von Cortisol und Katecholaminen. Der zugrunde liegende Mechanismus wurde als Kaskade beschrieben: Eine verstärkte Amygdala-Aktivität führt zu einer erhöhten Aktivität des Knochenmarks mit vermehrter Produktion von Immunzellen. Diese begünstigen eine Entzündung in den Gefäßwänden, was schließlich das Risiko für Atherosklerose und kardiovaskuläre Ereignisse wie MI oder Schlaganfall steigert (41).

Endokrine Mechanismen: Die Bedeutung von Cortisol und anderen Hormonen

Das endokrine System, insbesondere die HPA-Achse, spielt eine zentrale Rolle bei der Stressregulation. Cortisol, das wichtigste Effektorhormon dieser Achse, folgt unter physiologischen Bedingungen einem ausgeprägten zirkadianen Rhythmus mit einem Konzentrationsmaximum in den frühen Morgenstunden und einem Minimum am Abend. Bei chronischer Stressbelastung kommt es jedoch häufig zu einer Fehlregulation dieser Achse. Studien zeigen, dass die Cortisolsekretion je nach Stadium der Belastung unterschiedlich verändert ist: In frühen Stressphasen überwiegt oft ein Hypercortisolismus, während in fortgeschrittenen Stadien eine verminderte Cortisolantwort bis hin zum Hypocortisolismus auftreten kann. Unabhängig von der spezifischen Ausprägung ist eine Fehlregulation der HPA-Achse – sei es als Hypercortisolismus, Hypocortisolismus oder abnorme Stressreaktivität – mit autonomer Dysregulation, gestörter Endothelfunktion und einem gesteigerten Risiko für kardiovaskuläre Erkrankungen sowie erhöhter Mortalität verbunden (42).

Leptin und Adiponektin sind Hormone, die im Fettgewebe gebildet werden und den Stoffwechsel sowie die Funktion des HKS beeinflussen. Leptin reguliert vor allem das Hungergefühl und den Energieverbrauch, wirkt aber auch auf den BD und die Gefäße. In normalen Mengen unterstützt es die Erweiterung der Gefäße und die Energieversorgung des Herzmuskels. Bei dauerhaft hohen Spiegeln, wie sie häufig bei Adipositas auftreten, kann Leptin jedoch das sympathische Nervensystem übermäßig aktivieren, Entzündungen fördern und so arterielle Hypertonie, Gefäßschäden und Herzmuskelveränderungen begünstigen. Adiponektin verbessert die Empfindlichkeit gegenüber Insulin, wirkt entzündungshemmend und schützt die Gefäße. Es fördert die Gefäßerweiterung, schützt vor Atherosklerose und senkt oxidativen Stress im Herzmuskel, sodass es insgesamt eine stabilisierende und schützende Wirkung auf das HKS entfaltet. Die Entdeckung dieser Botenstoffe hat gezeigt, dass Fettgewebe ein aktives endokrines Organ ist, das in engem Austausch mit anderen Organen steht. Normale Mengen an Leptin und Adiponektin sind entscheidend, um Herz und Kreislauf gesund zu halten. Ein Mangel an ihrer Wirkung führt zu Funktionsstörungen, während ein Ungleichgewicht – etwa zu viel Leptin oder zu wenig Adiponektin – das Risiko für Erkrankungen des HKS deutlich erhöht. Auffällig ist jedoch ein Paradoxon: Auch sehr hohe Werte beider Hormone können mit der Entstehung solcher Erkrankungen verbunden sein (43).

Das Neuropeptid Oxytocin, das im Hypothalamus gebildet wird, rückt zunehmend in den Fokus kardiovaskulärer Forschung. Es beeinflusst zentrale RFs der Atherosklerose wie Entzündung, Gewichtszunahme, Nahrungsaufnahme und Insulinresistenz. Obwohl Oxytocin zunächst im Zusammenhang mit Geburt und Milchbildung untersucht wurde, ist heute bekannt, dass es auch in soziale Bindungsprozesse, Lernen, Gedächtnis und Stressregulation eingebunden ist. Studien an Tiermodellen und erste klinische Daten beim Menschen zeigen, dass Oxytocin vielversprechende Effekte auf das HKS entfalten kann. Dazu zählen die Senkung von Fettmasse und Entzündungsmediatoren, die Verbesserung der Glukosetoleranz, blutdrucksenkende Wirkungen sowie angstlösende Effekte. Darüber hinaus spielt Oxytocin eine wichtige Rolle in der Kommunikation der Darm-Gehirn

Achse, was es auch für die Behandlung von Adipositas und Typ-2-Diabetes interessant macht. Seine Rezeptoren sind in Zellen des Herz- und Gefäßsystems vorhanden, was die direkte Wirkung auf kardiovaskuläre Strukturen erklärt (44–45).

Immunologische Mechanismen: Entzündungsprozesse als Verbindung zwischen Stress und Herzerkrankungen

Das Immunsystem spielt eine entscheidende Rolle bei der Wechselwirkung zwischen psychischem Stress und kardiovaskulärer Gesundheit. Studien zeigen, dass Stress:

- die Ausschüttung proinflammatorischer Zytokine (CRP, IL-6, TNF-α) fördert,
- die Produktion von Monozyten und Leukozyten verstärkt sowie
- eine erhöhte Aktivität der Amygdala induziert, die das Knochenmark stimuliert und dadurch zu einer entzündlichen Gefäßinfiltration führt (46–47).

Indirekte verhaltensbezogene Wege

Psychosozialer Stress begünstigt gesundheitsschädliche Verhaltensweisen wie Rauchen, eine ungesunde Ernährung und Bewegungsmangel. Darüber hinaus neigen betroffene Personen dazu, ihre Medikamente unregelmäßig einzunehmen, Behandlungen abzubrechen oder bei medizinischen Notfällen sowie Krankenhausaufenthalten zögerlich zu handeln. Eine unausgewogene Ernährung, vor allem der übermäßige Konsum von fettreichen, zuckerhaltigen Nahrungsmitteln und Alkohol, fördert ebenfalls die Entstehung von HKEs. Chronische Schlafstörungen, insbesondere Schlafmangel oder obstruktive Schlafapnoe, führen zudem zu einer erhöhten Sympathikusaktivität, steigern den Cortisolspiegel und erhöhen das Risiko für arterielle Hypertonie, Insulinresistenz und HRSTs (48).

2.2.2 Einfluss auf Symptomatik und medizinische Versorgung

Neben der Entstehung einer KHK können PSRFs auch den Krankheitsverlauf sowie die Nutzung medizinischer Angebote beeinflussen.

Menschen mit niedrigerem sozioökonomischem Status, Frauen und ältere Personen neigen eher dazu, Symptome eines ACS zu unterschätzen oder zu ignorieren, wodurch sie häufig erst verzögert medizinische Hilfe in Anspruch nehmen (49). Umgekehrt zeigen Patienten mit einer HKE und psychischen Komorbiditäten oft eine verstärkte Nutzung des Gesundheitssystems, was mit höheren Behandlungskosten verbunden ist (50).

Vor diesem Hintergrund gewinnt die Differenzierung zwischen psychisch bedingten Beschwerden und tatsächlichen kardialen Symptomen besondere Bedeutung. Angst, Depression oder somatische Belastungsstörungen können klinisch ähnliche Beschwerden hervorrufen wie eine kardiale Erkrankung, was das Risiko von Überdiagnosen oder inadäquaten Therapien erhöht (51).

2.3 Psychosoziale Schutzfaktoren

Kernaussagen

- Psychosoziale Schutzfaktoren wie Optimismus, positive Emotionen, Lebenszufriedenheit, Resilienz und soziale Unterstützung stehen in enger Verbindung mit einer besseren kardiovaskulären und psychischen Gesundheit; sie fördern gesundheitsbewusstes Verhalten, reduzieren Stressreaktionen und wirken über günstige biologische Mechanismen wie niedrigere Entzündungsaktivität und verbesserte Herzfrequenzvariabilität.
- Positive psychologische Interventionen wie die Förderung von Dankbarkeit, Achtsamkeit oder optimistischen Einstellungen zeigen vielversprechende Effekte nach kardiovaskulären Ereignissen, da sie depressive Symptome und Angst reduzieren, gesundheitsförderliches Verhalten stärken und somit zur Prävention wie auch zum Management beitragen können.

Psychosoziale Schutzfaktoren (PSSFs) zum Erhalt der sowohl mentalen als auch kardiovaskulären Gesundheit gewinnen zunehmend an Bedeutung.

Zu den wichtigsten PSSFs, die mit verbesserter kardiovaskulärer Gesundheit in Verbindung stehen, gehören *positive Emotionen* (52), *Lebenszufriedenheit* (53) und *Optimismus* (54). Diese Faktoren wurden mit einer besseren mentalen Gesundheit, günstigen kardiovaskulären Risikoprofilen und einer verbesserten Erholung nach kardiovaskulären Ereignissen assoziiert. Laut metaanalytischen Untersuchungen ist positiver Affekt in gesunden Bevölkerungsgruppen mit einer um 16 % reduzierten Gesamtmortalität (55) und einer um 29 % verringerten kardiovaskulären Mortalität assoziiert (56). Bei Patienten mit bestehenden HKEs konnte jedoch kein Einfluss von positivem Affekt auf die Sterblichkeit nachgewiesen werden. Eine aktuelle Untersuchung zeigte jedoch, dass Patienten mit KHK, die eine optimistische Einstellung gegenüber ihrer Krankheitsbewältigung hatten, über einen Zeitraum von 15 Jahren eine deutlich geringere Gesamt- und kardiovaskuläre Sterblichkeit aufwiesen, unabhängig von der Schwere der Erkrankung, des Vorhandenseins von Depressionen und der sozialen Unterstützung (57). Die protektive Wirkung positiven Affekts besteht unabhängig vom Vorhandensein negativer Affekte. Dies spricht dafür, dass positiver Affekt nicht nur das Gegenteil von negativem Affekt darstellt, sondern vielmehr als eigenständiges, weitgehend unabhängiges affektives System betrachtet werden sollte (58).

2.3.1 Resilienz

Resilienz, definiert als die psychische Widerstandsfähigkeit, wird zunehmend als wichtiger Faktor für die kardiovaskuläre Gesundheit erkannt. Eine systematische Übersichtsarbeit und Metaanalyse aus dem Jahr 2021 untersuchte den Zusammenhang zwischen Resilienzfaktoren auf individueller, zwischenmenschlicher und nachbarschaftlicher Ebene und HKEs. Diese Analyse umfasste 13 prospektive Kohortenstudien mit insgesamt 310.906 Teilnehmern (59). Höhere Werte an individuellen Resilienzfaktoren, wie Optimismus, waren mit einer geringeren Inzidenz von kardiovaskulären Ereignissen verbunden. Darüber hinaus war ein umfangreicheres soziales Netzwerk mit einem reduzierten Risiko für eine KHK assoziiert. Auch positive Wahrnehmungen der sozialen Kohäsion und Stabilität in der Wohngegend waren mit einer geringeren Wahrscheinlichkeit für Schlaganfälle verbunden (59).

▶ Tab. 2.2 fasst die wichtigsten PSRFs und PSSFs zusammen.

Tab. 2.2: Zusammenfassung von psychosozialen Risikofaktoren (PSRFs) und psychosozialen Schutzfaktoren (PSSFs) (6–59)

Faktoren/Strategien	PSRF	PSSF
Psychische Faktoren	Depression, Angst, vitale Erschöpfung, Trauer, Wut, Hilflosigkeit und psychische Erkrankungen	Optimismus, Lebenszufriedenheit, positiver Affekt, emotionale Stabilität, positive Energie
Soziale Faktoren	Soziale Isolation, Einsamkeit, geringe funktionale soziale Unterstützung, Konflikte, niedriger sozioökonomischer Status, belastende Lebensereignisse, familiärer Stress	Starke soziale Netzwerke, funktionale Unterstützung, soziale Verbundenheit, harmonische Partnerschaft, positive Kindheitserfahrungen, soziale Kohäsion
Berufliche Faktoren	Arbeitsstress, hohe Arbeitsanforderungen bei geringer Kontrolle, hohe Verausgabung gegenüber fehlender Anerkennung, Mobbing, Burnout, Unsicherheit bezüglich der Arbeitsstelle	Gerechte Arbeitsbedingungen, unterstützendes Arbeitsumfeld, Reduktion von Arbeitszeiten, Wertschätzung und Anerkennung, gute Work-Life-Integration, Sinnhaftigkeit der Arbeit
Persönlichkeit und Einstellung	Typ-D-Persönlichkeit, Neurotizismus, Pessimismus, Feindseligkeit und Ärgerbereitschaft	Sinnhaftigkeit im Leben, realistische Zukunftsperspektiven, Selbstwirksamkeit, Gewissenhaftigkeit, Achtsamkeit, hohe Flexibilität, Resilienz, Dankbarkeit

Tab. 2.2: Zusammenfassung von psychosozialen Risikofaktoren (PSRFs) und psychosozialen Schutzfaktoren (PSSFs) (6–59) – Fortsetzung

Faktoren/Strategien	PSRF	PSSF
Bewältigungsstrategien	Emotionsorientierte Bewältigung, Verdrängung, dysfunktionale Bewältigungsstrategien wie übermäßiges Essen und Substanzmissbrauch	Problemorientierte Bewältigung, kognitive Umstrukturierung, Suchen sozialer Unterstützung, Akzeptanz, achtsamkeitsbasierte Techniken

2.3.2 Wirkung von psychosozialen Schutzfaktoren auf die kardiovaskuläre Gesundheit

PSSFs können über mehrere Ebenen kardiovaskuläre Erkrankungen günstig beeinflussen.

- Stärkung *gesundheitsfördernder Verhaltensweisen:* Menschen mit PSSFs zeigen eine höhere Wahrscheinlichkeit, sich regelmäßig körperlich zu betätigen, eine gesunde Ernährung beizubehalten und medizinische Anweisungen einzuhalten (60).
- *Verbesserung der Krankheitsbewältigung bei bestehenden HKEs:* Patienten mit PSSFs berichten über eine bessere Krankheitskontrolle, weniger psychische Belastungen und eine verbesserte Anpassung an kardiovaskuläre Erkrankungen (61).
- *Reduktion von Stress und negativen Emotionen:* PSSFs können helfen, die Wahrnehmung und Verarbeitung von Stress zu regulieren. Dies führt zu einer geringeren Aktivierung der stressassoziierten physiologischen Achsen, wie der HPA-Achse, die bei chronischer Aktivierung zur Entwicklung von HKEs beitragen kann (62).
- *Positive Auswirkungen auf biologische Marker:* Einige Studien zeigen, dass PSSFs mit günstigen Biomarkern assoziiert sind; darunter finden sich eine niedrigere Entzündungsaktivität und eine verbesserte HRV (63–64). Bei Patienten mit positivem Affekt wurden bis zu zwölf Monate nach einem MI günstigere Lipidprofile beobachtet (65).
- *Förderung der psychischen Gesundheit und sozialer Unterstützung:* PSSFs stehen in Verbindung mit einer stärkeren sozialen Unterstützung und positiveren psychologischen Ressourcen wie Optimismus und Resilienz, die wiederum die Herzgesundheit fördern (66).

Die folgende grafische Darstellung (▶ Abb. 2.1) zeigt die einzelnen Komponenten der Risiko- und Schutzfaktoren für die kardiovaskuläre Gesundheit, mögliche Mechanismen und Bewältigungsstrategien.

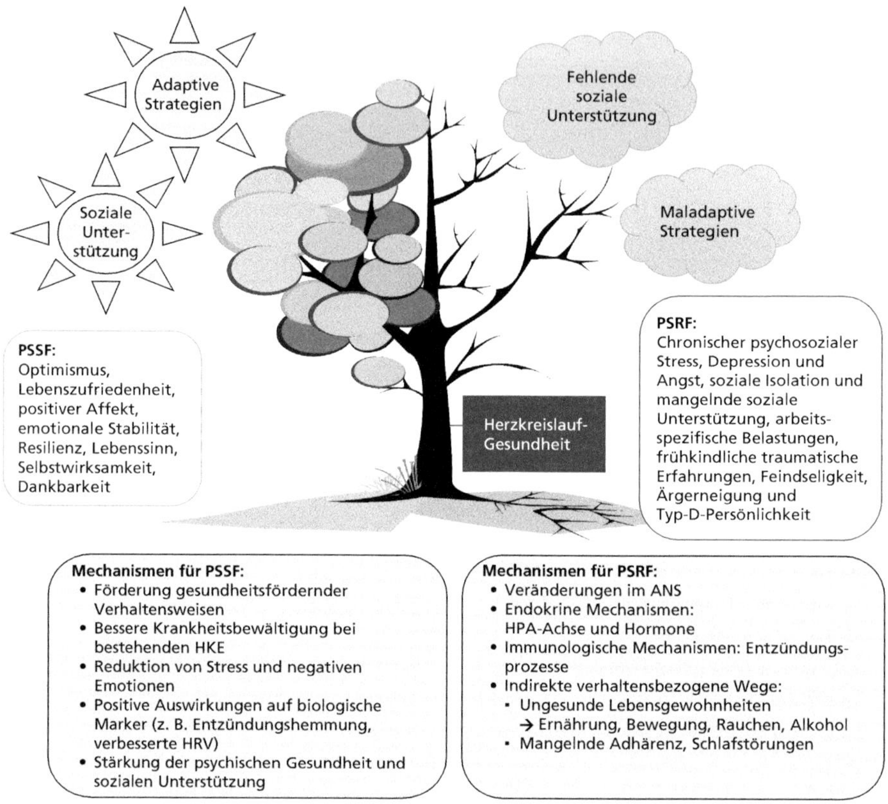

Abb. 2.1: Grafische Darstellung von psychosozialen Risikofaktoren (PSRFs) und Schutzfaktoren (PSSFs), Mechanismen und Bewältigungsstrategien (6–59; Quelle: shutterstock, modifiziert)

Praxistipp

► Abb. 2.1 kann in Gesprächen mit Patienten genutzt werden, um individuelle Schutzfaktoren zu identifizieren und sie gezielt als Grundlage für ressourcenorientierte Techniken einzusetzen.

2.3.3 Positive psychologische Interventionen

»Glück ist viel mehr als die Abwesenheit von Leid und Schmerz.« (Martin Seligman)

Maßnahmen, die auf die Förderung von Optimismus, Dankbarkeit und positiven Emotionen abzielen, zeigen vielversprechende Effekte auf die psychische Verfassung und funktionalen Fähigkeiten von Betroffenen. Insbesondere Personen nach einem ACS profitieren von solchen Interventionen durch eine Reduktion von depressiven Symptomen und Angstzuständen sowie einer Zunahme positiver Affekte. Zusätzlich können diese Ansätze die körperliche Aktivität fördern und wirken sich günstig auf physiologische Parameter wie Entzündungswerte und die HRV aus (68–70). Auch der Einsatz von Dankbarkeitstagebüchern hat einen positiven Effekt auf kardiovaskuläre Biomarker, insbesondere durch eine verbesserte autonome Regulation und reduzierte Entzündungsprozesse (71).

Praxistipp

Eine Dankbarkeitsübung besteht darin, sich bewusst auf positive Aspekte des eigenen Lebens zu konzentrieren und diese wertzuschätzen. Zum Beispiel können jeden Abend drei Dinge notiert werden, für die Dankbarkeit besteht, z. B. »Ich bin dankbar für das gemeinsame Abendessen mit der Familie«. Ergänzend lässt sich überlegen, welchen eigenen Beitrag es zu diesen positiven Erfahrungen gab (z. B. »Ich habe beim Kochen geholfen«) und welche Schritte hilfreich sein könnten, damit ähnliche Situationen erneut entstehen (z. B. »regelmäßige Zeitpunkte für gemeinsames Essen vereinbaren«). Durch die regelmäßige Fokussierung auf das Positive verschiebt sich die Aufmerksamkeit von Belastungen hin zu stärkenden Erfahrungen, was langfristig Wohlbefinden und Zufriedenheit fördert.

Ergänzend dazu deuten Ergebnisse aus Programmen mit achtsamkeitsbasierter kognitiver Therapie im Rahmen der kardiologischen Rehabilitation auf eine gesteigerte Lebensqualität und psychische Stabilisierung hin (70). Schließlich konnte ein kombiniertes Vorgehen aus positiver Psychologie und motivierender Gesprächsführung die Adhärenz und gesundheitsförderliches Verhalten nach einem ACS-Ereignis deutlich verbessern (72–73).

Merke

Zusammenfassend legen aktuelle Forschungsergebnisse nahe, dass die Förderung von PSSFs einen vielversprechenden Ansatz zur Prävention und zum Management kardiovaskulärer Erkrankungen darstellt.

2.3.4 Screening auf psychosoziale Risikofaktoren

Seit 2004 wird empfohlen, bei kardialen Patienten auch psychosoziale Faktoren wie Depression, Angst, Schlafprobleme und soziale Unterstützung zu erfassen (74). Später sprach sich die *American Heart Association* für ein routinemäßiges Depressionsscreening bei KHK aus – mit Einbindung psychokardiologischer Weiterbetreuung (75). Allerdings bestehen Zweifel am Nutzen flächendeckender Screenings, da sie bisher keinen nachgewiesenen Einfluss auf Behandlungsergebnisse zeigen. Kritisiert werden mögliche Fehldiagnosen, unnötige Therapien und ineffiziente Ressourcennutzung (76–78). Eine Alternative ist die gezielte Anamnese mit zwei kurzen Fragen, die laut Studien eine Major Depression mit hoher Sensitivität (90 %) und moderater Spezifität (69 %) erkennen können (78). Der *Screening-Fra-*

gebogen »Psychosoziale Risikofaktoren (PSRFs)« für Fachkräfte beinhaltet neben den anderen relevanten PSRFs auch die beiden gezielten Anamnesefragen zur Depressivität und Angst (abrufbar unter Kap. »Zusatzmaterial zum Download«). Fragen zur PSSFs (siehe *Screening-Fragebogen »Psychosoziale Schutzfaktoren (PSSFs)«*, ebenfalls abrufbar unter Kap. »Zusatzmaterial zum Download«) können ebenfalls erhoben werden.

2.3.5 Interventionen von psychosozialen Risikofaktoren

Zur Behandlung von Depressionen bei Patienten mit KHK zählen Psychotherapie, der Einsatz von Antidepressiva sowie bewegungsorientierte Maßnahmen zu den zentralen therapeutischen Ansätzen (79). Interventionen zur Reduktion von Ärger und Feindseligkeit zeigen positive Effekte auf die emotionale Befindlichkeit, insbesondere hinsichtlich der Stimmungslage. Ein klarer Einfluss auf die kardiovaskuläre Mortalität konnte jedoch bislang nicht nachgewiesen werden (80). Allerdings deuten Studien darauf hin, dass psychologische Maßnahmen die Gesamtmortalität verringern können – vor allem dann, wenn die Interventionen nicht unmittelbar nach dem kardiovaskulären Ereignis, sondern erst mit zeitlichem Abstand, also einige Wochen später, einsetzen. Diese Wirkungen sind bei Männern besonders ausgeprägt (81). Langzeituntersuchungen über einen Zeitraum von acht Jahren legen zudem nahe, dass geschlechtsspezifisch angepasste Bewältigungsstrategien sowohl tödliche als auch nicht tödliche kardiovaskuläre Ereignisse wirksam reduzieren können (80–81). Als besonders effektiv erweisen sich dabei multimodale Programme, die psychologische und körperliche Therapieansätze kombinieren (83–84). Effektive psychosoziale Programme enthalten typischerweise:

- kognitive Verhaltenstherapie (KVT), bevorzugt in Gruppensitzungen,
- Training sozialer und emotionaler Kompetenzen zur besseren Stressbewältigung,
- Entspannungsverfahren, etwa zur Stabilisierung des vegetativen Nervensystems,
- Integration von Bewegungstherapie zur Förderung der körperlichen und psychischen Gesundheit sowie
- langfristige Rehabilitationselemente, die depressive Symptome über Jahre hinweg stabil verbessern (82).

2.4 Literatur

1. World Health Organization. Cardiovascular diseases (CVDs): Fact sheet. Geneva: World Health Organization; 2021. Abgerufen am 29.03.2025: https://www.who.int/news-room/fact-sheets/detail/cardiovascular-diseases-(cvds)
2. Yusuf S, Hawken S, Ounpuu S, Dans T, Avezum A, Lanas F, McQueen M, Budaj A, Pais P, Varigos J, Lisheng L; INTERHEART Study Investigators. Effect of potentially modifiable

risk factors associated with myocardial infarction in 52 countries (the INTERHEART study): case-control study. *Lancet.* 2004 Sep 11–17;364(9438):937–52. doi: 10.1016/S0140-6736(04)17018-9. PMID: 15364185.

3. Visseren FLJ, Mach F, Smulders YM, Carballo D, Koskinas KC, Bäck M, Benetos A, Biffi A, Boavida JM, Capodanno D, Cosyns B, Crawford C, Davos CH, Desormais I, Di Angelantonio E, Franco OH, Halvorsen S, Hobbs FDR, Hollander M, Jankowska EA, Michal M, Sacco S, Sattar N, Tokgozoglu L, Tonstad S, Tsioufis KP, van Dis I, van Gelder IC, Wanner C, Williams B; ESC National Cardiac Societies; ESC Scientific Document Group. 2021 ESC Guidelines on cardiovascular disease prevention in clinical practice. *Eur Heart J.* 2021 Sep 7;42(34):3227–3337. doi: 10.1093/eurheartj/ehab484. Erratum in: Eur Heart J. 2022 Nov 7;43(42):4468. doi: 10.1093/eurheartj/ehac458. PMID: 34458905.
4. McEvoy JW, McCarthy CP, Bruno RM, Brouwers S, Canavan MD, Ceconi C, Christodorescu RM, Daskalopoulou SS, Ferro CJ, Gerdts E, Hanssen H, Harris J, Lauder L, McManus RJ, Molloy GJ, Rahimi K, Regitz-Zagrosek V, Rossi GP, Sandset EC, Scheenaerts B, Staessen JA, Uchmanowicz I, Volterrani M, Touyz RM; ESC Scientific Document Group. 2024 ESC Guidelines for the management of elevated blood pressure and hypertension. Eur Heart J. 2024 Oct 7;45(38):3912–4018. doi: 10.1093/eurheartj/ehae178. Erratum in: *Eur Heart J.* 2025 Apr 7;46(14):1300. doi: 10.1093/eurheartj/ehaf031. PMID: 39210715.
5. Deutsche Gesellschaft für Kardiologie – Herz- und Kreislaufforschung e. V. (DGK). Pocket-Leitlinie: Prävention von Herz-Kreislauf-Erkrankungen (Version 2024). *Leitlinienprogramm der DGK.* 2024. Zuletzt abgerufen am 29.03.2025: https://leitlinien.dgk.org/files/mpll_01_2024_master_pocket_leitlinien_ambulante_versorgung_version_2024.pdf
6. Mach F, Baigent C, Catapano AL, Koskinas KC, Casula M, Badimon L, Chapman MJ, De Backer GG, Delgado V, Ference BA, Graham IM, Halliday A, Landmesser U, Mihaylova B, Pedersen TR, Riccardi G, Richter DJ, Sabatine MS, Taskinen MR, Tokgozoglu L, Wiklund O; ESC Scientific Document Group. 2019 ESC/EAS Guidelines for the management of dyslipidaemias: lipid modification to reduce cardiovascular risk. Eur Heart J. 2020 Jan 1;41(1):111–188. doi: 10.1093/eurheartj/ehz455. Erratum in: *Eur Heart J.* 2020 Nov 21;41(44):4255. doi: 10.1093/eurheartj/ehz826. PMID: 31504418.
7. Marx N, Federici M, Schütt K, Müller-Wieland D, Ajjan RA, Antunes MJ, Christodorescu RM, Crawford C, Di Angelantonio E, Eliasson B, Espinola-Klein C, Fauchier L, Halle M, Herrington WG, Kautzky-Willer A, Lambrinou E, Lesiak M, Lettino M, McGuire DK, Mullens W, Rocca B, Sattar N; ESC Scientific Document Group. 2023 ESC Guidelines for the management of cardiovascular disease in patients with diabetes. Eur Heart J. 2023 Oct 14;44(39):4043–4140. doi: 10.1093/eurheartj/ehad192. Erratum in: Eur Heart J. 2023 Dec 21;44(48):5060. doi: 10.1093/eurheartj/ehad774. Erratum in: *Eur Heart J.* 2024 Feb 16;45(7):518. doi: 10.1093/eurheartj/ehad857. PMID: 37622663.
8. Vrints C, Andreotti F, Koskinas KC, Rossello X, Adamo M, Ainslie J, Banning AP, Budaj A, Buechel RR, Chiariello GA, Chieffo A, Christodorescu RM, Deaton C, Doenst T, Jones HW, Kunadian V, Mehilli J, Milojevic M, Piek JJ, Pugliese F, Rubboli A, Semb AG, Senior R, Ten Berg JM, Van Belle E, Van Craenenbroeck EM, Vidal-Perez R, Winther S; ESC Scientific Document Group. 2024 ESC Guidelines for the management of chronic coronary syndromes. Eur Heart J. 2024 Sep 29;45(36):3415–3537. doi: 10.1093/eurheartj/ehae177. Erratum in: *Eur Heart J.* 2025 Apr 22;46(16):1565. doi: 10.1093/eurheartj/ehaf079. PMID: 39210710.
9. Baruwa OJ, Alberti F, Onagbiye S, Guddemi A, Odone A, Ricci H, Gaeta M, Daniela S, Ricci C. Are socio-economic inequalities related to cardiovascular disease risk? A systematic review and meta-analysis of prospective studies. *BMC Cardiovasc Disord.* 2024 Nov 27;24(1):685. doi: 10.1186/s12872-024-04248-5. Erratum in: *BMC Cardiovasc* Disord. 2025 Jan 10;25(1):13. doi: 10.1186/s12872-024-04418-5. PMID: 39604897; PMCID: PMC11603974.
10. Felitti VJ, Anda RF, Nordenberg D, Williamson DF, Spitz AM, Edwards V, Koss MP, Marks JS. Relationship of childhood abuse and household dysfunction to many of the leading causes of death in adults: the Adverse Childhood Experiences (ACE) Study. *Am J Prev Med.* 1998;14(4):245–258. doi:10.1016/S0749-3797(98)00017-8.

11. Tollit J, Wray J. Adverse and positive experiences in childhood and improving cardiovascular health – A challenge for us all. *Int J Cardiol.* 2024 Nov 15;415:132367. doi: 10.1016/j.ijcard.2024.132367. Epub 2024 Jul 25. PMID: 39025134.
12. Lee S, Colditz GA, Berkman LF, Kawachi I. Caregiving and risk of coronary heart disease in U.S. women: a prospective study. *Am J Prev Med.* 2003 Feb;24(2):113–9. doi: 10.1016/s0749–3797(02)00582–2. PMID: 12568816.
13. von Känel R, Mausbach BT, Patterson TL, Dimsdale JE, Aschbacher K, Mills PJ, Grant I. Increased Framingham Coronary Heart Disease Risk Score in dementia caregivers relative to non-caregiving controls. *Gerontology.* 2008;54(3):131–137. doi:10.1159/000122825. PMID: 18408382
14. Whisman MA, Uebelacker LA, Tolejko N, Chatav Y, McKelvie M. Marital discord and well-being in older adults: is the association confounded by personality? Psychol Aging. 2006 Sep;21(3):626–31. doi: 10.1037/0882–7974.21.3.626. PMID: 16953724.
15. Kivimäki M, Nyberg ST, Batty GD, Fransson EI, Heikkilä K, Alfredsson L, Bjorner JB, Borritz M, Burr H, Casini A, Clays E, De Bacquer D, Dragano N, Ferrie JE, Geuskens GA, Goldberg M, Hamer M, Hooftman WE, Houtman IL, Joensuu M, Jokela M, Kittel F, Knutsson A, Koskenvuo M, Koskinen A, Kouvonen A, Kumari M, Madsen IE, Marmot MG, Nielsen ML, Nordin M, Oksanen T, Pentti J, Rugulies R, Salo P, Siegrist J, Singh-Manoux A, Suominen SB, Väänänen A, Vahtera J, Virtanen M, Westerholm PJ, Westerlund H, Zins M, Steptoe A, Theorell T; IPD-Work Consortium. Job strain as a risk factor for coronary heart disease: a collaborative meta-analysis of individual participant data. Lancet. 2012 Oct 27;380(9852):1491–7. doi: 10.1016/S0140–6736(12)60994–5. Epub 2012 Sep 14. PMID: 22981903; PMCID: PMC3486012.
16. Siegrist J. Adverse health effects of high-effort/low-reward conditions. *J Occup Health Psychol.* 1996;1(1):27–41. doi:10.1037/1076–8998.1.1.27. PMID: 9547031
17. Feng MY, Wang HX, Zhuo LB, Yao W, Hao CF, Pei JJ. Work-Related Stress and Occurrence of Cardiovascular Disease: A 13-Year Prospective Study. J Occup Environ Med. 2022 Nov 1;64(11):927–933. doi: 10.1097/JOM.0000000000002645. Epub 2022 Jul 28. PMID: 35902362.
18. Case RB, Moss AJ, Case N, McDermott M, Eberly S. Living alone after myocardial infarction. Impact on prognosis. JAMA. 1992 Jan 22–29;267(4):515–9. PMID: 1729573.
19. Barth J, Schneider S, von Känel R. Lack of social support in the etiology and the prognosis of coronary heart disease: a systematic review and meta-analysis. Psychosom Med. 2010 Apr;72(3):229–38. doi: 10.1097/PSY.0b013e3181d01611. Epub 2010 Mar 11. PMID: 20223926.
20. von Känel R. Psychosocial stress and cardiovascular risk – current opinion. *Swiss Med Wkly.* 2012;142:w13502. doi:10.4414/smw.2012.13502.
21. Haukkala A, Konttinen H, Laatikainen T, Kawachi I, Uutela A. Hostility, anger control, and anger expression as predictors of cardiovascular disease. Psychosom Med. 2010 Jul;72(6):556–62. doi: 10.1097/PSY.0b013e3181dbab87. Epub 2010 Apr 21. PMID: 20410251.
22. Denollet J. DS14: standard assessment of negative affectivity, social inhibition, and Type D personality. *Psychosom Med.* 2005;67(1):89–97. doi:10.1097/01.psy.0000149256.81953.49.
23. Grande G, Romppel M, Barth J. Association between type D personality and prognosis in patients with cardiovascular diseases: a systematic review and meta-analysis. Ann Behav Med. 2012 Jun;43(3):299–310. doi: 10.1007/s12160–011–9339–0. PMID: 22237826.
24. Jokela M, Pulkki-Råback L, Elovainio M, Batty GD, Kivimäki M. Personality and cardiovascular mortality risk: a multi-cohort analysis in individuals with and without pre-existing cardiovascular disease. *J Behav Med.* 2025;48(1):111–119. doi:10.1007/s10865–024–00528–9.
25. Dragano N, Siegrist J, Nyberg ST, Lunau T, Fransson EI, Alfredsson L, Bjorner JB, Borritz M, Burr H, Erbel R, Fahlén G, Goldberg M, Hamer M, Heikkilä K, Jöckel KH, Knutsson A, Madsen IEH, Nielsen ML, Nordin M, Oksanen T, Pejtersen JH, Pentti J, Rugulies R, Salo P, Schupp J, Singh-Manoux A, Steptoe A, Theorell T, Vahtera J, Westerholm PJM, Westerlund H, Virtanen M, Zins M, Batty GD, Kivimäki M; IPD-Work consortium. Effort-Reward Imbalance at Work and Incident Coronary Heart Disease: A Multicohort Study of

90,164 Individuals. Epidemiology. 2017 Jul;28(4):619–626. doi: 10.1097/EDE.0000000000000666. PMID: 28570388; PMCID: PMC5457838.

26. Zhang F, Baranova A, Zhou C, Cao H, Chen J, Zhang X, Xu M. Causal influences of neuroticism on mental health and cardiovascular disease. Hum Genet. 2021 Sep;140(9):1267–1281. doi: 10.1007/s00439-021-02288-x. Epub 2021 May 11. Erratum in: Hum Genet. 2021 Sep;140(9):1283. doi: 10.1007/s00439-021-02306-y. PMID: 33973063.
27. Shen Q, Mikkelsen DH, Luitva LB, Song H, Kasela S, Aspelund T, Bergstedt J, Lu Y, Sullivan PF, Ye W, Fall K, Tornvall P, Pawitan Y, Andreassen OA, Buil A, Milani L, Fang F, Valdimarsdóttir U. Psychiatric disorders and subsequent risk of cardiovascular disease: a longitudinal matched cohort study across three countries. EClinicalMedicine. 2023 Jun 22;61:102063. doi: 10.1016/j.eclinm.2023.102063. PMID: 37425374; PMCID: PMC10329128.
28. Scott KM, Lim C, Al-Hamzawi A, Alonso J, Bruffaerts R, Caldas-de-Almeida JM, Florescu S, de Girolamo G, Hu C, de Jonge P, Kawakami N, Medina-Mora ME, Moskalewicz J, Navarro-Mateu F, O'Neill S, Piazza M, Posada-Villa J, Torres Y, Kessler RC. Association of Mental Disorders With Subsequent Chronic Physical Conditions: World Mental Health Surveys From 17 Countries. JAMA Psychiatry. 2016 Feb;73(2):150–8. doi: 10.1001/jamapsychiatry.2015.2688. PMID: 26719969; PMCID: PMC5333921.
29. Cao H, Zhao H, Shen L. Depression increased risk of coronary heart disease: A meta-analysis of prospective cohort studies. Front Cardiovasc Med. 2022 Aug 30;9:913888. doi: 10.3389/fcvm.2022.913888. PMID: 36110417; PMCID: PMC9468274.
30. Thombs BD, Bass EB, Ford DE, Stewart KJ, Tsilidis KK, Patel U, Fauerbach JA, Bush DE, Ziegelstein RC. Prevalence of depression in survivors of acute myocardial infarction. J Gen Intern Med. 2006;21(1):30–38. doi:10.1111/j.1525-1497.2005.00269.x. Circulation. 2014;129(12):1350–1369. doi:10.1161/CIR.0000000000000019.
31. Hare DL, Toukhsati SR, Johansson P, Jaarsma T. Depression and cardiovascular disease: a clinical review. Eur Heart J. 2014 Jun 1;35(21):1365–72. doi: 10.1093/eurheartj/eht462. Epub 2013 Nov 25. PMID: 24282187.
32. Emdin CA, Odutayo A, Wong CX, Tran J, Hsiao AJ, Hunn BH. Meta-Analysis of Anxiety as a Risk Factor for Cardiovascular Disease. Am J Cardiol. 2016 Aug 15;118(4):511–9. doi: 10.1016/j.amjcard.2016.05.041. Epub 2016 May 28. PMID: 27324160.
33. Cohen R, Bavishi C, Haider S, Thankachen J, Rozanski A. Meta-Analysis of Relation of Vital Exhaustion to Cardiovascular Disease Events. Am J Cardiol. 2017 Apr 15;119(8):1211–1216. doi: 10.1016/j.amjcard.2017.01.009. Epub 2017 Jan 25. PMID: 28215416.
34. Smallheer BA, Vollman M, Dietrich MS. Learned helplessness and depressive symptoms following myocardial infarction. *Clin Nurs Res.* 2018 Jun;27(5):597–616. doi:10.1177/1054773816689752.
35. Buckley T, McKinley S, Tofler G, Bartrop R. Cardiovascular risk in early bereavement: a literature review and proposed mechanisms. Int J Nurs Stud. 2010 Feb;47(2):229–38. doi: 10.1016/j.ijnurstu.2009.06.010. Epub 2009 Aug 8. PMID: 19665709.
36. John A, Bouillon-Minois JB, Bagheri R, Pélissier C, Charbotel B, Llorca PM, Zak M, Ugbolue UC, Baker JS, Dutheil F. The influence of burnout on cardiovascular disease: a systematic review and meta-analysis. Front Psychiatry. 2024 Feb 19;15:1326745. doi: 10.3389/fpsyt.2024.1326745. PMID: 38439796; PMCID: PMC10909938.
37. von Känel R, Princip M, Holzgang SA, Garefa C, Rossi A, Benz DC, Giannopoulos AA, Kaufmann PA, Buechel RR, Zuccarella-Hackl C, Pazhenkottil AP. Coronary microvascular function in male physicians with Burnout and job stress: an observational study. BMC Med. 2023 Dec 1;21(1):477. doi: 10.1186/s12916-023-03192-z. Erratum in: BMC Med. 2024 Feb 16;22(1):71. doi: 10.1186/s12916-024-03290-6. PMID: 38041159; PMCID: PMC10693019.
38. Thayer JF, Lane RD. A model of neurovisceral integration in emotion regulation and dysregulation. J Affect Disord. 2000 Dec;61(3):201–16. doi: 10.1016/s0165-0327(00)00338-4. PMID: 11163422.
39. Lucini D, Di Fede G, Parati G, Pagani M. Impact of chronic psychosocial stress on autonomic cardiovascular regulation in otherwise healthy subjects. Hypertension. 2005

Nov;46(5):1201–6. doi: 10.1161/01.HYP.0000185147.32385.4b. Epub 2005 Oct 3. PMID: 16203875.
40. McEwen BS. Stress, adaptation, and disease. Allostasis and allostatic load. Ann N Y Acad Sci. 1998 May 1;840:33–44. doi: 10.1111/j.1749–6632.1998.tb09546.x. PMID: 9629234.
41. Dar T, Radfar A, Abohashem S, Pitman RK, Tawakol A, Osborne MT. Psychosocial Stress and Cardiovascular Disease. Curr Treat Options Cardiovasc Med. 2019 Apr 26;21(5):23. doi: 10.1007/s11936–019–0724–5. PMID: 31028483; PMCID: PMC6568256.
42. Crawford AA, Soderberg S, Kirschbaum C, Murphy L, Eliasson M, Ebrahim S, Davey Smith G, Olsson T, Sattar N, Lawlor DA, Timpson NJ, Reynolds RM, Walker BR. Morning plasma cortisol as a cardiovascular risk factor: findings from prospective cohort and Mendelian randomization studies. Eur J Endocrinol. 2019 Oct;181(4):429–438. doi: 10.1530/EJE-19–0161. PMID: 31325907; PMCID: PMC6733337.
43. Zhao S, Kusminski CM, Scherer PE. Adiponectin, Leptin and Cardiovascular Disorders. Circ Res. 2021 Jan 8;128(1):136–149. doi: 10.1161/CIRCRESAHA.120.314458. Epub 2021 Jan 7. PMID: 33411633; PMCID: PMC7799441.
44. Reiss AB, Glass DS, Lam E, Glass AD, De Leon J, Kasselman LJ. Oxytocin: Potential to mitigate cardiovascular risk. Peptides. 2019 Jul;117:170089. doi: 10.1016/j.peptides.2019.05.001. Epub 2019 May 18. PMID: 31112739.
45. Light KC, Grewen KM, Amico JA. More frequent partner hugs and higher oxytocin levels are linked to lower blood pressure and heart rate in premenopausal women. Biol Psychol. 2005 Apr;69(1):5–21. doi: 10.1016/j.biopsycho.2004.11.002. Epub 2004 Dec 29. PMID: 15740822.
46. Abboud FM, Singh MV. Autonomic regulation of the immune system in cardiovascular diseases. Adv Physiol Educ. 2017 Dec 1;41(4):578–593. doi: 10.1152/advan.00061.2017. PMID: 29138216; PMCID: PMC6105770.
47. Wirtz PH, von Känel R. Psychological Stress, Inflammation, and Coronary Heart Disease. Curr Cardiol Rep. 2017 Sep 20;19(11):111. doi: 10.1007/s11886–017–0919-x. PMID: 28932967.
48. Barbaresko J, Rienks J, Nöthlings U. Lifestyle Indices and Cardiovascular Disease Risk: A Meta-analysis. Am J Prev Med. 2018 Oct;55(4):555–564. doi: 10.1016/j.amepre.2018.04.046. PMID: 30241617.
49. Jackson MN, McCulloch BJ. ›Heart attack‹ symptoms and decision-making: the case of older rural women. Rural Remote Health. 2014;14:2560. Epub 2014 May 5. PMID: 24793837.
50. Qu C, Liao S, Zhang J, Cao H, Zhang H, Zhang N, Yan L, Cui G, Luo P, Zhang Q, Cheng Q. Burden of cardiovascular disease among elderly: based on the Global Burden of Disease Study 2019. Eur Heart J Qual Care Clin Outcomes. 2024 Mar 1;10(2):143–153. doi: 10.1093/ehjqcco/qcad033. PMID: 37296238; PMCID: PMC10904724.
51. Kindermann I, Köllner V, Albus C, et al. Bedeutung von psychosozialen Faktoren in der Kardiologie – Update 2024 Kardiologie 2024 18:412–443 https://doi.org/10.1007/s12181-024-00708-6
52. Davidson KW, Mostofsky E, Whang W. Don't worry, be happy: positive affect and reduced 10-year incident coronary heart disease: The Canadian Nova Scotia Health Survey. Eur Heart J. 2010 May;31(9):1065–70. doi:10.1093/eurheartj/ehp603.
53. Natt Och Dag Y, Engström G, Rosvall M. Life satisfaction and coronary atherosclerosis: The SCAPIS study. J Psychosom Res. 2022 Jan;152:110663. doi: 10.1016/j.jpsychores.2021.110663. Epub 2021 Nov 7. PMID: 34798453.
54. Amonoo HL, Celano CM, Sadlonova M, Huffman JC. Is Optimism a Protective Factor for Cardiovascular Disease? Curr Cardiol Rep. 2021 Oct 1;23(11):158. doi: 10.1007/s11886–021–01590–4. PMID: 34599386.
55. Okely JA, Weiss A, Gale CR. The interaction between stress and positive affect in predicting mortality. J Psychosom Res. 2017 Sep;100:53–60. doi: 10.1016/j.jpsychores.2017.07.005. Epub 2017 Jul 8. PMID: 28789793; PMCID: PMC5555349.
56. Boehm JK, Soo J, Chen Y, Zevon ES, Hernandez R, Lloyd-Jones D, Kubzansky LD. Psychological Well-being's Link with Cardiovascular Health in Older Adults. Am J Prev

Med. 2017 Dec;53(6):791–798. doi: 10.1016/j.amepre.2017.06.028. Epub 2017 Aug 22. PMID: 28844346; PMCID: PMC5833990.
57. Rozanski A, Bavishi C, Kubzansky LD, Cohen R. Association of Optimism With Cardiovascular Events and All-Cause Mortality: A Systematic Review and Meta-analysis. JAMA Netw Open. 2019 Sep 4;2(9):e1912200. doi: 10.1001/jamanetworkopen.2019.12200. PMID: 31560385; PMCID: PMC6777240.
58. Weinstein SM, Mermelstein RJ, Hankin BL, Hedeker D, Flay BR. Longitudinal Patterns of Daily Affect and Global Mood During Adolescence. J Res Adolesc. 2007 Sep;17(3):587–600. doi: 10.1111/j.1532–7795.2007.00536.x. PMID: 18461148; PMCID: PMC2373258.
59. Park JW, Mealy R, Saldanha IJ, Loucks EB, Needham BL, Sims M, Fava JL, Dulin AJ, Howe CJ. Multilevel resilience resources and cardiovascular disease in the United States: A systematic review and meta-analysis. Health Psychol. 2022 Apr;41(4):278–290. doi: 10.1037/hea0001069. Epub 2021 Jun 17. PMID: 34138614; PMCID: PMC8678382.
60. Rodriguez-Ayllon M, Cadenas-Sánchez C, Estévez-López F, Muñoz NE, Mora-Gonzalez J, Migueles JH, Molina-García P, Henriksson H, Mena-Molina A, Martínez-Vizcaíno V, Catena A, Löf M, Erickson KI, Lubans DR, Ortega FB, Esteban-Cornejo I. Role of Physical Activity and Sedentary Behavior in the Mental Health of Preschoolers, Children and Adolescents: A Systematic Review and Meta-Analysis. Sports Med. 2019 Sep;49(9):1383–1410. doi: 10.1007/s40279–019–01099–5. PMID: 30993594.
61. Karademas EC, Barouxi E, Mavroeides G. Positive and negative affect and well-being in cardiac patients and their spouses: the mediating role of illness representations. Psychol Health. 2019 Mar;34(3):289–305. doi: 10.1080/08870446.2018.1525490. Epub 2018 Dec 27. PMID: 30588842.
62. Troy AS, Willroth EC, Shallcross AJ, Giuliani NR, Gross JJ, Mauss IB. Psychological Resilience: An Affect-Regulation Framework. Annu Rev Psychol. 2023 Jan 18;74:547–576. doi: 10.1146/annurev-psych-020122–041854. Epub 2022 Sep 14. PMID: 36103999.
63. Steptoe A, Wardle J. Positive affect and biological function in everyday life. Neurobiol Aging. 2005 Mar;26 Suppl 1:108–12. doi:10.1016/j.neurobiolaging.2005.08.016.
64. Stellar JE, John-Henderson N, Anderson CL, Gordon AM, McNeil GD, Keltner D. Positive affect and markers of inflammation: discrete positive emotions predict lower levels of inflammatory cytokines. Emotion. 2015 Apr;15(2):129–33. doi: 10.1037/emo0000033. Epub 2015 Jan 19. PMID: 25603133.
65. Princip M, von Känel R, Sivakumar S, Jellestad L, Pazhenkottil AP, Langraf-Meister RE, Znoj H, Schmid JP, Barth J, Schnyder U, Zuccarella-Hackl C. Longitudinal association between positive affect and blood lipids in patients following acute myocardial infarction. PLoS One. 2023 Nov 2;18(11):e0287166. doi: 10.1371/journal.pone.0287166. PMID: 37917632; PMCID: PMC10621864.
66. Lee S, Ryu J, Heo J. Leisure and Social Supports in Relation to Positive Affect Among Older Adults. J Appl Gerontol. 2022 Feb;41(2):551–559. doi: 10.1177/0733464821990485. Epub 2021 Feb 4. PMID: 33541189.
67. Bolier L, Haverman M, Westerhof GJ, Riper H, Smit F, Bohlmeijer E. Positive psychology interventions: a meta-analysis of randomized controlled studies. BMC Public Health. 2013 Feb 8;13:119. doi:10.1186/1471–2458–13–119.
68. Wang X, Song C. The impact of gratitude interventions on patients with cardiovascular disease: a systematic review. Front Psychol. 2023 Sep 21;14:1243598. doi: 10.3389/fpsyg.2023.1243598. PMID: 37809310; PMCID: PMC10551131.
69. Kirk U, Axelsen JL. Heart rate variability is enhanced during mindfulness practice: A randomized controlled trial involving a 10-day online-based mindfulness intervention. PLoS One. 2020 Dec 17;15(12):e0243488. doi: 10.1371/journal.pone.0243488. PMID: 33332403; PMCID: PMC7746169.
70. Griffiths K, Camic PM, Hutton J. Participant experiences of a mindfulness-based cognitive therapy group for cardiac rehabilitation. J Health Psychol. 2009 Sep;14(5):675–85. doi:10.1177/1359105309104911.
71. Redwine LS, Henry BL, Pung MA, Wilson K, Chinh K, Knight B, Jain S, Rutledge T, Greenberg B, Maisel A, Mills PJ. Pilot Randomized Study of a Gratitude Journaling Intervention on Heart Rate Variability and Inflammatory Biomarkers in Patients With

Stage B Heart Failure. Psychosom Med. 2016 Jul-Aug;78(6):667–76. doi: 10.1097/PSY.0000000000000316. PMID: 27187845; PMCID: PMC4927423.

72. Celano CM, Albanese AM, Millstein RA, Mastromauro CA, Chung WJ, Campbell KA, Legler SR, Park ER, Healy BC, Collins LM, Januzzi JL, Huffman JC. Optimizing a Positive Psychology Intervention to Promote Health Behaviors After an Acute Coronary Syndrome: The Positive Emotions After Acute Coronary Events III (PEACE-III) Randomized Factorial Trial. Psychosom Med. 2018 Jul/Aug;80(6):526–534. doi: 10.1097/PSY.0000000000000584. PMID: 29624523; PMCID: PMC6023730.
73. Huffman JC, Feig EH, Millstein RA, Freedman M, Healy BC, Chung WJ, Amonoo HL, Malloy L, Slawsby E, Januzzi JL, Celano CM. Usefulness of a Positive Psychology-Motivational Interviewing Intervention to Promote Positive Affect and Physical Activity After an Acute Coronary Syndrome. Am J Cardiol. 2019 Jun 15;123(12):1906–1914. doi: 10.1016/j.amjcard.2019.03.023. Epub 2019 Mar 19. PMID: 30979409; PMCID: PMC6529259.
74. De Backer G, Ambrosioni E, Borch-Johnsen K, Brotons C, Cifkova R, Dallongeville J, Ebrahim S, Faergeman O, Graham I, Mancia G, Manger Cats V, Orth-Gomér K, Perk J, Pyorälä K, Rodicio JL, Sans S, Sansoy V, Sechtem U, Silber S, Thomsene T, Wood D; European Association for the Study of Diabetes (EASD); International Diabetes Federation Europe (IDF-Europe); European Atherosclerosis Society (EAS); European Heart Network (EHN); European Society of Caridiology (ESC); European Society of Hypertension (ESH); International Society of Behavioural Medicine (ISBM); European Society of General Practice/Family Medicine (ESGP/FM). European guidelines on cardiovascular disease prevention in clinical practice. Third Joint Task Force Of European and other societies on cardiovascular disease prevention in clinical practice (constituted by representatives of eight societies and by invited experts). Arch Mal Coeur Vaiss. 2004 Oct;97(10):1019–30. PMID: 16008181.
75. Lichtman JH, Bigger JT Jr, Blumenthal JA, Frasure-Smith N, Kaufmann PG, Lespérance F, Mark DB, Sheps DS, Taylor CB, Froelicher ES. AHA science advisory. Depression and coronary heart disease. Recommendations for screening, referral, and treatment. A science advisory from the American Heart Association Prevention Committee to the Council on Cardiovascular Nursing, Council on Clinical Cardiology, Council on Epidemiology and Prevention, and Interdisciplinary Council on Quality of Care Outcomes Research. Endorsed by the American Psychiatric Association. Prog Cardiovasc Nurs. 2009 Mar;24(1):19–26. doi: 10.1111/j.1751-7117.2009.00028.x. PMID: 19261139.
76. Hasnain M, Vieweg WV, Lesnefsky EJ, Pandurangi AK. Depression screening in patients with coronary heart disease: a critical evaluation of the AHA guidelines. J Psychosom Res. 2011 Jul;71(1):6–12. doi: 10.1016/j.jpsychores.2010.10.009. Epub 2010 Dec 16. PMID: 21665006.
77. Thombs BD, Ziegelstein RC. Does depression screening improve depression outcomes in primary care? BMJ. 2014 Feb 4;348:g1253. doi: 10.1136/bmj.g1253. PMID: 24496211.
78. Thombs BD, Ziegelstein RC, Whooley MA. Optimizing detection of major depression among patients with coronary artery disease using the patient health questionnaire: data from the heart and soul study. J Gen Intern Med. 2008 Dec;23(12):2014–7. doi: 10.1007/s11606-008-0802-y. Epub 2008 Sep 25. PMID: 18815842; PMCID: PMC2596499.
79. Dickens C, Cherrington A, Adeyemi I, Roughley K, Bower P. Characteristics of psychological interventions that improve depression in people with coronary heart disease: a systematic review and meta-analysis. Psychosom Med. 2013 Jan;75(2):211–21. doi:10.1097/PSY.0b013e31827ac009.
80. Whalley B, Rees K, Davies P, Bennett P, Ebrahim S, Liu Z, West R, Moxham T, Thompson DR, Taylor RS. Psychological interventions for coronary heart disease. Cochrane Database Syst Rev. 2011 Aug 10;(8):CD002902. doi: 10.1002/14651858.CD002902.pub3. Update in: Cochrane Database Syst Rev. 2017 Apr 28;4:CD002902. doi: 10.1002/14651858.CD002902.pub4. PMID: 21833943.
81. Linden W, Stossel C, Maurice J. Psychosocial interventions for patients with coronary artery disease: a meta-analysis. Arch Intern Med. 1996 Apr 8;156(7):745–52. Erratum in: Arch Intern Med 1996 Nov 11;156(20):2302. PMID: 8615707.

82. Dibben GO, Faulkner J, Oldridge N, Rees K, Thompson DR, Zwisler AD, Taylor RS. Exercise-based cardiac rehabilitation for coronary heart disease: a meta-analysis. Eur Heart J. 2023 Feb 7;44(6):452–469. doi: 10.1093/eurheartj/ehac747. PMID: 36746187; PMCID: PMC9902155.
83. Blumenthal JA, Babyak MA, Hinderliter A, Watkins LL, Craighead L, Lin PH, Caccia C, Johnson J, Waugh R, Sherwood A. Effects of the DASH diet alone and in combination with exercise and weight loss on blood pressure and cardiovascular biomarkers in men and women with high blood pressure: the ENCORE study. Arch Intern Med. 2010 Jan 25;170(2):126–35. doi: 10.1001/archinternmed.2009.470. PMID: 20101007; PMCID: PMC3633078.
84. Chen B, Wen J, You D, Zhang Y. Implication of cognitive-behavioral stress management on anxiety, depression, and quality of life in acute myocardial infarction patients after percutaneous coronary intervention: a multicenter, randomized, controlled study. Ir J Med Sci. 2024 Feb;193(1):101–109. doi: 10.1007/s11845–023–03422–6. Epub 2023 Jun 23. PMID: 37351826; PMCID: PMC10808172.

3 Die häufigsten kardiologischen Krankheitsbilder

Unter Mitarbeit von Lukas Trachsel

Dieses Kapitel widmet sich den häufigsten kardialen Erkrankungen mit besonderem Fokus auf die wichtigsten kardiologischen Grundlagen, die klinische Bedeutung und die therapeutischen Herausforderungen. Zunächst wird die arterielle Hypertonie als der häufigste kardiovaskuläre RF bearbeitet, gefolgt von der KHK und deren möglichen Komplikationen wie Angina Pectoris (AP) und Myokardinfarkt (MI). Anschließend werden die Themen Herzinsuffizienz (HI) inkl. des Takotsubo-Syndroms (TTS) und Herzrhythmusstörungen (HRST) sowie Herzklappenfehler behandelt. Zum Abschluss befasst sich das Kapitel mit angeborenen Herzfehlern (AHF).

Dieses Kapitel widmet sich bewusst diesen spezifischen Herzerkrankungen, da sie oft in Zusammenhang mit psychischen Erkrankungen stehen. Zahlreiche weitere Erkrankungen, wie die spontane Koronararteriendissektion oder der Schlaganfall, konnten aufgrund der begrenzten Darstellungsbreite in diesem Rahmen nicht behandelt werden. Im Werk von Herrmann-Lingen et al. (2019) finden sich ausführliche und vertiefende Darstellungen der Krankheitsbilder einschließlich ihrer Epidemiologie sowie der jeweiligen Behandlungsmöglichkeiten und psychosomatischen Beleuchtung.

3.1 Bluthochdruck (arterielle Hypertonie)

Kernaussagen

- Die ESC/DGK-Leitlinie 2024/25 führt die Kategorie *»erhöhter Blutdruck«* ein und weist darauf hin, dass das kardiovaskuläre Risiko bereits bei systolischen Werten von 120–139 mmHg bzw. diastolischen Werten von 70–89 mmHg steigt.
- Viele Betroffene bemerken die Erkrankung erst bei Komplikationen, was die Bedeutung einer frühzeitigen Diagnostik besonders unterstreicht.
- Ernährung, Bewegung und Stressmanagement können arterielle Hypertonie häufig vorbeugen und diese behandeln.

3.1.1 Einteilung

Die arterielle Hypertonie wird traditionell in eine primäre (essenzielle) und eine sekundäre Form unterschieden. In etwa 90 % der Fälle liegt keine spezifische Ursache vor, weshalb diese Form als primäre oder essenzielle arterielle Hypertonie bezeichnet wird. Ihre Entstehung ist multifaktoriell bedingt und involviert genetische, hormonelle und neurogene Mechanismen. Etwa 60 % des Erkrankungsrisikos werden genetischen Faktoren zugeschrieben. Besonders häufig tritt die primäre arterielle Hypertonie im Zusammenhang mit dem metabolischen Syndrom auf, das Adipositas, Insulinresistenz sowie gestörte Glukose- und Fettstoffwechselparameter umfasst. Bewegungsmangel und ungesunde Ernährung verstärken dieses Risiko zusätzlich. Weitere relevante verhaltensbezogene RFs sind Rauchen, chronischer Stress sowie ein hoher Salz- und Alkoholkonsum.

Die sekundäre arterielle Hypertonie tritt seltener auf (etwa 5–10 %) und ist Folge klar identifizierbarer Ursachen. Hierzu gehören unter anderem Nierenerkrankungen, endokrine Störungen wie Hyperaldosteronismus oder Phäochromozytom, das obstruktive Schlafapnoesyndrom sowie bestimmte Medikamente (z. B. NSAR, Kortikosteroide, Ovulationshemmer). Sekundäre Formen werden häufiger im jüngeren Alter diagnostiziert und erfordern eine gezielte Abklärung und kausale Therapie (1).

Ein wesentliches Novum der aktuellen ESC/DGK-Leitlinie 2024/25 ist die Einführung der Kategorie »erhöhter Blutdruck«. Damit wird verdeutlicht, dass das kardiovaskuläre Risiko nicht erst ab 140/90 mmHg ansteigt, sondern bereits bei Werten im Bereich von 120–139 mmHg systolisch bzw. 70–89 mmHg diastolisch zunimmt. Dieser Ansatz löst die frühere Dreiteilung in »normal«, »hochnormal« und »Hypertonie Grad I–III« zunehmend ab. Die Diagnose soll dabei bevorzugt durch wiederholte Messungen außerhalb der Praxis (Heim- oder 24-Stunden-Blutdruckmessungen) bestätigt werden (2–5). Die RFs, eingeteilt in modifizierbare und nicht modifizierbare RFs (▶ Tab. 3.1), tragen maßgeblich zu einer Erhöhung des arteriellen BD und schließlich zu einem erhöhten kardiovaskulären Risiko bei (1–6).

Tab. 3.1: Modifizierbare und nicht modifizierbare Risikofaktoren (1–6)

Nicht modifizierbar	Modifizierbar
Männliches Geschlecht (höheres Risiko in jüngeren Jahren)	• Adipositas BMI ≥ 30 kg/m² • abdominelle Adipositas Taillenumfang: Männer ≥ 102 cm; Frauen ≥ 88 cm (bei Kaukasiern)
Alter: Männer ≥ 55 Jahre; Frauen ≥ 65 Jahre	Bewegungsmangel: weniger als 2,5 Stunden moderat-intensive körperliche Aktivität pro Woche oder weniger als 1,25 Stunden hochintensive körperliche Aktivität

Tab. 3.1: Modifizierbare und nicht modifizierbare Risikofaktoren (1–6) – Fortsetzung

Nicht modifizierbar	Modifizierbar
Positive Familienanamnese: Kardiovaskuläre Erkrankungen in der Familie (Männer < 55 Jahre; Frauen < 65 Jahre)	Chronischer Stress, psychische Belastungen
	• Hoher Salzkonsum: > 5 g Salz pro Tag • Hoher Alkoholkonsum: Männer > drei Standardgläser Alkohol pro Tag (ein Standardglas enthält ca. 10 g reinen Alkohol, was 3 dl Bier oder 1 dl Wein entspricht); Frauen > zwei Standardgläser pro Tag
	Rauchen
	Diabetes mellitus (Typ 2)
	Dyslipidämie: • Gesamtcholesterin > 4,9 mmol/l (190 mg/dl) • LDL > 3 mmol/l (115 mg/dl) • HDL < 1 mmol/L (40 mg/dl) bei Männern, < 1,2 mmol/l (46 mg/dl) bei Frauen • Triglyceride > 1,7 mmol/l (150 mg/dl)

Sekundäre arterielle Hypertonie

Die sekundäre arterielle Hypertonie kann als Folge anderer bestehender Krankheiten oder aufgrund klar identifizierbarer Ursachen auftreten. Sie wird häufig schon im Kindesalter diagnostiziert.

Mögliche Ursachen

- Obstruktives Schlafapnoesyndrom (ca. 3–5 %): fehlender nächtlicher BD-Abfall durch apnoebedingte Erregungen und Sympathikus-Aktivierung
- Nierenerkrankungen (ca. 3–5 %): Störungen der Nierenfunktion oder der Nierendurchblutung, z. B. bei Nierenarterienstenose
- Medikamente (ca. 2 %): Nebenwirkungen von z. B. NSAR, Ovulationshemmern, Kortison oder Psychopharmaka
- Endokrine Störungen (ca. 1 %): Erkrankungen wie das Conn-Syndrom (Aldosteron-produzierender Tumor), Hyperthyreose oder Phäochromozytom

Merke

Nicht zur chronischen arteriellen Hypertonie zählen *vorübergehende* BD-Erhöhungen, die durch Medikamente, Drogen, Schwangerschaft oder akuten Stress ausgelöst werden. Die aktuelle Leitlinie betont, dass das kardiovaskuläre Risiko kontinuierlich mit dem BD ansteigt. Bereits im Bereich des erhöhten BD sollten konsequente Lebensstilmaßnahmen zur Prävention und Risikoreduktion ergriffen werden. Eine medikamentöse Therapie ist spätestens ab einem Praxis-BD von ≥ 140/90 mmHg indiziert, kann aber bei hohem kardiovaskulärem Risiko bereits ab 130/80 mmHg erwogen werden, wenn Lebensstilinterventionen nicht ausreichen.

► Tab. 3.2 veranschaulicht die Einteilung der arteriellen Hypertonie in verschiedene Schweregrade anhand systolischer und diastolischer BD-Werte (2).

Tab. 3.2: Einteilung der arteriellen Hypertonie nach Blutdruckwerten (2); BD = Blutdruck

Kategorie	Systolischer Wert (mmHg)	Diastolischer Wert (mmHg)
Optimaler BD	< 120	< 70
Normaler BD	120–129	70–79
Erhöhter BD	130–139	80–89
arterielle Hypertonie	≥ 140	≥ 90

Hinweis: Für Heimblutdruckmessungen (HBPM) gelten leicht niedrigere Grenzwerte (≥ 135/85 mmHg), für 24-Stunden-Blutdruckmessungen (ABPM) ≥ 130/80 mmHg. Die frühere Einteilung in »leichte, mäßige und schwere Hypertonie« tritt zunehmend in den Hintergrund und wird durch eine risikoadaptierte Beurteilung ersetzt (3).

3.1.2 Prävalenz

Arterielle Hypertonie zählt zu den häufigsten chronischen Erkrankungen in industrialisierten Gesellschaften und betrifft ungefähr ein Viertel der erwachsenen Bevölkerung. Aufgrund des oftmals symptomarmen Verlaufs bleibt ein großer Teil der Betroffenen über Jahre unerkannt. Epidemiologische Schätzungen gehen weltweit von über einer Milliarde Erkrankten aus (4).

Geschlechtsspezifisch zeigt sich eine höhere Prävalenz bei Männern, während bei Frauen insbesondere nach der Menopause ein deutlicher Risikoanstieg zu verzeichnen ist, der zudem sozial bedingt verstärkt auftreten kann. Trotz verfügbarer diagnostischer und therapeutischer Möglichkeiten bestehen weiterhin erhebliche Defizite in der Erkennung und leitliniengerechten Behandlung (1–2).

3.1.3 Symptome

Arterielle Hypertonie verläuft oft symptomlos, insbesondere in frühen Stadien. Bei moderat erhöhtem BD können folgende Symptome auftreten:

- Kopfschmerzen
- Schwindel

- Nasenbluten
- Müdigkeit und Schlafstörungen

Bei stark erhöhtem BD sind Symptome wie Brustschmerzen, Herzrasen, Sehstörungen, Übelkeit und Angstzustände möglich. In schweren Fällen kann es zu Kurzatmigkeit und Verwirrtheit kommen. Bei Menschen mit bestehender arterieller Hypertonie lässt sich häufig eine gesteigerte BD-Reaktivität beobachten, wodurch akute BD-Anstiege auf dem Hintergrund bereits erhöhter Ausgangswerte im Extremfall in eine hypertensive Krise mit Werten über 230/130 mmHg übergehen können (► Kap. 3.1.5) (2–3).

3.1.4 Folgen

Chronischer Druckanstieg führt zur Hypertrophie der glatten Muskelzellen in der Media (mittlere Gefäßschicht), wodurch sich das Risiko für kardiovaskuläre Komplikationen erhöht. Häufige Folgeerkrankungen sind:

- Atherosklerose
- KHK
- Hypertensive Herzerkrankung
- Herz- und Niereninsuffizienz
- Bauchaorten-Aneurysma
- Schlaganfälle und Hirninfarkte
- Periphere arterielle Verschlusskrankheit
- HRSTs
- Hypertensive Nephropathie
- Demenz

Über den gesamten BD-Bereich besteht eine dosisabhängige Beziehung zwischen BD-Niveau und vaskulärer Mortalität, wobei bereits ab etwa 115/75 mmHg ein Risikoanstieg einsetzt und eine Erhöhung um 20/10 mmHg bei 40- bis 69-Jährigen mit einer mehr als verdoppelten vaskulären Sterblichkeit assoziiert ist.

Merke

Während bei jüngeren Menschen auch der diastolische BD prognostisch bedeutsam ist, gilt ab dem 50. Lebensjahr der systolische BD als der wichtigste Prädiktor für Endorganschäden und kardiovaskuläre Ereignisse. Studien deuten darauf hin, dass der kombinierte Mittelwert aus systolischem und diastolischem BD eine leicht höhere prognostische Relevanz aufweist, in der klinischen Praxis hat sich jedoch die systolische Messung als zentraler Parameter etabliert (7).

3.1.5 Hypertensive Krise

Eine hypertensive Krise ist ein plötzlicher und drastischer Anstieg des BD auf Werte über 230/130 mmHg. Dieser Zustand stellt einen medizinischen Notfall dar und erfordert eine sofortige Behandlung, da er zu lebensbedrohlichen Komplikationen führen kann.

Hypertensive Krisen treten meist bei Personen mit bereits bekannter, unzureichend kontrollierter arterieller Hypertonie auf. Häufige Auslöser sind das plötzliche Absetzen antihypertensiver Medikamente, starker körperlicher oder emotionaler Stress, hormonelle Störungen wie ein Phäochromozytom, Nierenerkrankungen sowie Drogen- oder Alkoholkonsum. Auch akute Schmerzen oder Angstzustände können eine Krise begünstigen.

Die *Symptome* variieren, umfassen aber häufig starke Kopfschmerzen, Sehstörungen, Übelkeit, Brustschmerzen, Atemnot, Schwindel oder Bewusstseinsveränderungen. In schweren Fällen kann es zu Krampfanfällen kommen. Unbehandelt kann eine hypertensive Krise *lebensbedrohliche Komplikationen* wie Schlaganfälle, Lungenödeme, ACS, Aortendissektionen, Nierenversagen oder Sehverlust verursachen. Die *Therapie* richtet sich nach dem Vorliegen von Organschäden: Bei hypertensiven Notfällen erfolgt eine rasche, kontrollierte Senkung des BD mit intravenösen Medikamenten. Liegt keine akute Organschädigung vor, genügt meist eine langsame BD-Senkung mit oraler Medikation (1;3;5).

Praxistipp

Betroffene mit bestehender arterieller Hypertonie sollten mögliche Symptome einer Krise frühzeitig erkennen und rechtzeitig medizinische Hilfe suchen (siehe *Arbeitsblatt »Hypertensive Krise«*, abrufbar unter Kap. »Zusatzmaterial zum Download«).

3.1.6 Weißkittelhypertonie

Unter Weißkittelhypertonie versteht man eine Konstellation, bei der in der Praxis wiederholt erhöhte BD-Werte gemessen werden (≥ 140/90 mmHg), während Heim- oder 24-Stunden-Messungen normale Werte zeigen. Die Prävalenz liegt bei etwa 10–20 % der in der Praxis auffälligen Patienten. Lange Zeit galt sie als eher harmlos, mittlerweile ist jedoch klar, dass sie mit einem leicht erhöhten Risiko für kardiovaskuläre Ereignisse und mit einer höheren Wahrscheinlichkeit des Übergangs in eine manifeste Hypertonie verbunden ist.

Die aktuelle Leitlinie der European Society of Cardiology (ESC) und der Deutschen Gesellschaft für Kardiologie (DGK) 2024/25 empfiehlt daher, bei Verdacht auf Weißkittelhypertonie konsequent Heim- oder 24-Stunden-Blutdruckmessungen einzusetzen. Eine sofortige medikamentöse Behandlung wird nicht empfohlen, wohl aber eine regelmäßige Verlaufskontrolle sowie eine konsequente Umsetzung von Lebensstilmaßnahmen (3;5).

Differenzialdiagnostisch abzugrenzen ist die Weißkittelhypertonie von der maskierten Hypertonie, der labilen Hypertonie und panikbedingten BD-Anstiegen. Die maskierte Hypertonie ist dadurch charakterisiert, dass die Praxiswerte unauffällig bleiben, während Heim- oder 24-Stunden-Messungen erhöhte BD-Werte zeigen. Diese Form ist prognostisch ungünstig und mit einem ähnlich hohen Risiko für kardiovaskuläre Ereignisse verbunden wie eine manifeste Hypertonie. Sie wird daher therapeutisch wie eine echte Hypertonie behandelt.

Davon abzugrenzen ist die labile Hypertonie, die sich durch wechselnde, teils deutliche BD-Schwankungen auszeichnet, die häufig in Abhängigkeit von Belastungen oder emotionalem Stress auftreten. Auch wenn nicht jede Episode einer labilen Hypertonie unmittelbare pathologische Bedeutung hat, kann ein solches Muster langfristig in eine persistierende Hypertonie übergehen.

Schließlich gibt es panik- oder angstbedingte BD-Anstiege, die typischerweise anfallsartig auftreten und mit vegetativen Symptomen wie Palpitationen, Schwindel oder Schweißausbrüchen einhergehen. Diese BD-Spitzen sind in der Regel kurzlebig, erfordern jedoch eine sorgfältige Abklärung, um sie von sekundären Hypertonieursachen oder paroxysmalen Erkrankungen (z. B. Phäochromozytom) abzugrenzen (1–7).

Merke

Die Weißkittelhypertonie ist ein klinisch relevantes Phänomen mit potenziellen Langzeitrisiken. Eine adäquate Diagnostik mittels 24-Stunden-Messung oder Heimblutdruckmessung ist bedeutsam, um unnötige medikamentöse Therapien zu vermeiden und betroffene Patienten dennoch angemessen zu überwachen.

Praxistipp

Zur Unterstützung im Umgang mit Weißkittelhypertonie kann das gleichnamige Arbeitsblatt wertvolle Tipps und Empfehlungen liefern (siehe *Arbeitsblatt »Weißkittelhypertonie«*, abrufbar unter Kap. »Zusatzmaterial zum Download«).

3.1.7 Diagnostik

Die initiale Abklärung eines Patienten mit arterieller Hypertonie sollte drei zentrale Ziele verfolgen: erstens die gesicherte Diagnose einer arteriellen Hypertonie, zweitens die Identifikation möglicher sekundärer Ursachen und drittens die umfassende Einschätzung des kardiovaskulären Gesamtrisikos – einschließlich der Erfassung von Endorganschäden und begleitenden Erkrankungen (2). Die Diagnose der arteriellen Hypertonie erfolgt durch wiederholte BD-Messungen unter standardisierten Bedingungen, meist im Sitzen nach einer Ruhezeit von fünf Minuten und an beiden Armen bei der Erstkonsultation. Da der BD stark von psychischen und umweltbezogenen Faktoren abhängt, wie etwa Stress oder Arztbesuchen, sind situative Schwankungen häufig.

Für eine umfassende Abklärung sind verschiedene diagnostische Maßnahmen erforderlich. Dazu gehören die Messung des BD, eine detaillierte Eigen- und Familienanamnese sowie eine gründliche körperliche Untersuchung. Eine detaillierte Beschreibung findet sich in den Leitlinien (5) unter https://leitlinien.dgk.org/2025/pocket-leitlinie-erhoehter-blutdruck-und-hypertonie-version-2024/.

Merke

Die Praxisblutdruckmessung bleibt der Goldstandard für die Diagnose, sollte jedoch durch ambulante 24-Stunden- oder häusliche Blutdruckmessung ergänzt werden, insbesondere bei Verdacht auf Weißkittel- oder maskierte Hypertonie.

3.1.8 Behandlung

Das primäre Ziel der Behandlung von Hypertonikern besteht laut Leitlinien in der Reduktion des kardiovaskulären Gesamtrisikos. Dies schließt nicht nur die Senkung der arteriellen Hypertonie, sondern auch die Erkennung und Behandlung weiterer RFs wie Diabetes mellitus, Dyslipidämie und Adipositas ein (1).

Blutdruckziele

Gemäß den aktuellen europäischen Leitlinien (ESC/DGK 2024/25) gelten folgende Zielblutdruckwerte (3):

- Allgemein: systolisch 120–129 mmHg und diastolisch 70–79 mmHg (sofern gut verträglich)
- Patienten > 65 Jahre: systolische Werte zwischen 130–139 mmHg
- Sehr alte, gebrechliche oder orthostatisch symptomatische Patienten: individuell weniger strikte Zielwerte
- Hochrisikopatienten (z. B. Diabetes mellitus, chronische Niereninsuffizienz, manifeste kardiovaskuläre Erkrankung): ebenfalls Zielbereich 120–129/70–79 mmHg, soweit verträglich

Allgemeines Therapieziel

- Angestrebter systolischer Zielbereich: 120–129 mmHg (sofern gut verträglich)
- Angestrebter diastolischer Zielbereich: 70–79 mmHg
- Überprüfung: spätestens nach drei Monaten soll beurteilt werden, ob das Therapieziel erreicht ist

Niedriges bis mittleres Risiko/erhöhter Blutdruck (120–139/70–89 mmHg)

- Zunächst Lebensstiländerungen (Gewichtsreduktion, Bewegung, salzarme Ernährung, Alkoholreduktion etc.)
- BD-Kontrolle und Reevaluation nach ca. drei Monaten
- Bei weiterhin erhöhten Werten und erhöhtem Risiko → Beginn medikamentöser Therapie

Hohe Werte (≥ 140/90 mmHg, Praxisblutdruck)

- Sofortiger Beginn einer medikamentösen Therapie plus Lebensstiländerungen
- Bestätigung der Diagnose durch Heim- oder 24-Stunden-Messung empfohlen

Hohes kardiovaskuläres Risiko (z. B. Diabetes mellitus, Niereninsuffizienz, manifeste kardiovaskuläre Erkrankung)

- Bereits bei »erhöhtem Blutdruck« (≥ 130/80 mmHg) nach drei Monaten Lebensstiländerungen medikamentöse Therapie indiziert, falls keine ausreichende Besserung

Nicht medikamentöse Behandlung

Nicht medikamentöse Ansätze spielen eine zentrale Rolle in der Behandlung der arteriellen Hypertonie und können die Wirkung von Medikamenten ergänzen oder in einigen Fällen sogar ersetzen. Sie umfassen:

- *Körperliche Aktivität:* regelmäßiges Ausdauertraining wie Walking, Radfahren oder Schwimmen
- *Gewichtsreduktion:* Eine Abnahme des Körpergewichts um 7 kg kann den systolischen BD um etwa 10 mmHg senken.
- *Salzreduktion:* Einschränkung des Kochsalzkonsums auf weniger als 5 g pro Tag und vermehrter Verzehr von Obst, Gemüse und Fisch; Verzicht auf gesättigte Fette
- *Alkoholkonsum einschränken:* Begrenzung auf weniger als 30 g Alkohol/Tag bei Männern (max. zwei Standardgläser) und weniger als 20 g/Tag bei Frauen (max. ein Standardglas)
- *Stressmanagement:* Reduktion von Stress- und Lärmbelastungen durch Entspannungsverfahren wie Meditation oder Yoga
- *Rauchstopp:* Verbesserung der Gefäßfunktion
- Evtl. *Kaliumzufuhr* erhöhen (z. B. bei postmenopausalen Frauen oder älteren Menschen mit geringem Kalziumstatus)

Effektivität nicht medikamentöser Maßnahmen

Nicht medikamentöse Maßnahmen können ähnliche Effekte wie eine Monotherapie mit Medikamenten erzielen. In einigen Fällen machen sie eine medikamentöse Therapie sogar überflüssig. Allerdings erfordert dies eine konsequente und langfristige Umsetzung durch die Patienten.

Medikamentöse Therapie

Bei Patienten mit hohem oder sehr hohem Risiko (z. B. BD-Werte über 180/110 mmHg oder Begleiterkrankungen wie Diabetes mellitus oder Endorganschäden) erfolgt der sofortige Beginn einer medikamentösen Therapie. Diese sollte gemäß den aktuellen ESC/DGK-Leitlinien (3;5) bevorzugt mit einer niedrig dosierten Zweifachkombination (möglichst als Single-Pill-Kombination[3]) erfolgen; eine Monotherapie bleibt besonderen Konstellationen wie sehr alten oder gebrechlichen Patienten vorbehalten (3).

Zur Behandlung der arteriellen Hypertonie stehen mehrere Wirkstoffgruppen zur Verfügung. Als Erstlinientherapeutika gelten insbesondere ACE-Hemmer und AT1-Blocker, die über eine Hemmung des Renin-Angiotensin-Systems nicht nur den BD senken, sondern auch einen protektiven Effekt auf Herz, Niere und Gefäße haben. Bei Unverträglichkeit gegenüber ACE-Hemmern, etwa bei Reizhusten oder Angioödemen, stellen Sartane wie Candesartan oder Valsartan eine gleichwertige Alternative dar. Ebenfalls erstliniengerecht sind die dihydropyridinen Kalziumantagonisten, etwa Amlodipin, die sich durch eine ausgeprägte gefäßerweiternde Wirkung auszeichnen und insbesondere bei Patienten mit AP oder zerebrovaskulären Vorerkrankungen von Vorteil sein können. Eine weitere zentrale Säule bilden die Diuretika; hier empfehlen die aktuellen Leitlinien bevorzugt thiazidartige Substanzen wie Chlortalidon oder Indapamid, während Hydrochlorothiazid weiterhin eingesetzt wird, jedoch prognostisch weniger günstig bewertet ist.

Betablocker spielen in der modernen Hypertoniebehandlung nicht mehr die Rolle von Substanzen der ersten Wahl, haben jedoch eine zentrale Bedeutung bei Patienten mit KHK, HI, reduzierter Ejektionsfraktion oder bestimmten Arrhythmien. Alpha-1-Blocker und zentral wirkende Antisympathotonika werden dagegen vor allem als Reservemedikamente eingesetzt, wenn die Standardtherapeutika nicht ausreichend wirksam oder nicht verträglich sind. Eine besondere Stellung nehmen die Mineralokortikoid-Rezeptorantagonisten Spironolacton und Eplerenon ein, die sich sowohl in der Behandlung des primären Hyperaldosteronismus als auch als wirksame Add-on-Therapie bei resistenter arterieller Hypertonie bewährt haben (3).

---

3 Unter einer Single-Pill-Kombination (SPC) versteht man die Kombination von zwei oder mehr antihypertensiven Wirkstoffen in einer einzigen Tablette. Dieses Vorgehen erleichtert die Einnahme, verbessert die Therapietreue und ermöglicht durch niedrigere Einzeldosen der enthaltenen Substanzen eine effektivere BD-Kontrolle bei gleichzeitig geringerer Nebenwirkungsrate.

Therapie bei therapierefraktärer Hypertonie

Bei therapieresistenter arterieller Hypertonie oder fehlender nächtlicher BD-Absenkung (Non-Dipper) sollten sekundäre Ursachen wie Schlafapnoe oder ein Conn-Syndrom ausgeschlossen werden. Die Wirksamkeit antihypertensiver Therapie wird häufig durch mangelnde Adhärenz eingeschränkt – Studien zeigen, dass etwa die Hälfte der Betroffenen ihre Medikation nicht wie empfohlen einnimmt. Interventionsverfahren bei therapieresistenter arterieller Hypertonie wie die renale Denervation oder Barorezeptorstimulation können helfen, jedoch sind die Langzeiteffekte noch nicht abschließend untersucht (8–9).

Herausforderungen in der Behandlung

Die Behandlung von arterieller Hypertonie stellt unterschiedliche Herausforderungen dar:

- Schwierigkeit bei der individuellen Anpassung der Medikation
- Nebenwirkungen von BD-senkenden Medikamenten
- Langfristige Adhärenz der Patienten bei Lebensstiländerungen
- Erkennung und Behandlung sekundärer Hypertonie-Ursachen

Schwierigkeit bei der individuellen Anpassung der Medikation und Nebenwirkungen

Die Wahl BD-senkender Medikamente erfordert eine individuelle Anpassung, da Patienten unterschiedlich reagieren. Für den Therapieerfolg sind regelmäßige Selbstmessungen und ärztliche Kontrollen entscheidend. Nebenwirkungen wie Müdigkeit oder Schwindel können zur unregelmäßigen Einnahme führen, weshalb ein strukturierter Umgang mit diesen Problemen besonders wichtig ist (10). Dies schließt Folgendes mit ein:

- Regelmäßige Dokumentation der Symptome
- Besprechung mit dem Arzt, um alternative Medikamente oder Anpassungen der Dosierung zu erwägen
- Ergänzende Maßnahmen wie eine angepasste Ernährung und körperliche Aktivität

Langfristige Adhärenz der Patienten bei Lebensstiländerungen

Lebensstiländerungen sind ein zentraler Bestandteil der Therapie von arterieller Hypertonie, jedoch für viele Patienten schwer umzusetzen. Um die langfristige Einhaltung zu fördern, sollten folgende Strategien angewendet werden:

- *Patientenschulung:* verständliche Informationen über die Auswirkungen von arterieller Hypertonie
- *Individuelle Zielsetzungen:* realistische und umsetzbare Veränderungen in der Ernährung, Bewegung und Stressbewältigung (▶ Kap. 4.3)
- *Motivationsförderung:* Unterstützung durch Angehörige oder digitale Gesundheitsanwendungen (▶ Kap. 4.3)

Zur besseren Kontrolle des BD gibt es verschiedene mobile Anwendungen, die die Dokumentation erleichtern. In der *Information »Übersicht Blutdruck-Apps«* (abrufbar unter Kap. »Zusatzmaterial zum Download«) sind einige Applikationen aufgeführt.

Die Auswahl digitaler Gesundheitsanwendungen sollte stets unter Berücksichtigung datenschutzrechtlicher Vorgaben und evidenzbasierter medizinischer Validität erfolgen. Die Deutsche Hochdruckliga bietet ein Prüfsiegel für BD-Apps an, das bei der Orientierung helfen kann (https://www.hochdruckliga.de/).

Praxistipp

Applikationen zur Messung des BD ersetzen nicht die Messung mit zertifizierten BD-Messgeräten und regelmäßigen Arztbesuchen.

Erkennung und Behandlung sekundärer Hypertonie-Ursachen

Nicht jede arterielle Hypertonie ist essenziell, sondern kann auf eine andere Grunderkrankung zurückzuführen sein (z. B. Nierenerkrankungen, hormonelle Störungen). Die regelmäßige ärztliche Untersuchung, Labortests und gegebenenfalls bildgebende Verfahren sind notwendig, um solche Ursachen frühzeitig zu erkennen. Falls eine sekundäre arterielle Hypertonie festgestellt wird, muss die Behandlung an die zugrunde liegende Erkrankung angepasst werden.

3.2 Koronare Herzkrankheit

Kernaussagen

- Die KHK entsteht durch arteriosklerotische Veränderungen (Plaquebildung), die zu einer Verengung oder Blockade der Koronararterien führen und eine Minderdurchblutung des Herzmuskels verursachen.
- Die Erkrankung bleibt oft über Jahre symptomfrei und äußert sich erst bei einer kritischen Gefäßverengung (ab 70 %) durch Beschwerden wie AP oder ein ACS.

- Frauen zeigen häufig unspezifische Beschwerden wie Atemnot, Müdigkeit oder Übelkeit, was die Diagnose erschwert und dazu führt, dass die KHK bei Frauen oft erst spät erkannt wird.
- Psychosoziale Faktoren wie Stress, soziale Isolation, Arbeitsbelastung und depressive Verstimmungen sind signifikant mit der Entstehung und Progression einer KHK verbunden. Die Leitlinien der ESC empfehlen daher ein Screening auf PSRFs in der Primär- und Sekundärprävention.

3.2.1 Definition

Die koronare Herzkrankheit (KHK) ist eine chronisch fortschreitende Erkrankung, die durch atherosklerotische Veränderungen der Koronararterien entsteht. Dabei bilden sich in der inneren Schicht der Gefäßwand sogenannte Plaques, die aus eingelagerten Fetten (vor allem LDL-Cholesterin), entzündlichen Zellen, eingewanderten glatten Muskelzellen, Bindegewebsbestandteilen sowie – insbesondere in fortgeschrittenen Stadien – auch aus Kalziumeinlagerungen bestehen. Diese Ablagerungen führen zu einer Verdickung und Verhärtung der Arterienwand sowie zur Einengung des Gefäßlumens, die als Koronarstenosen bezeichnet werden. Dadurch wird die Sauerstoff- und Nährstoffversorgung des Herzmuskels eingeschränkt, was je nach Ausmaß und Stabilität der Plaques klinisch zu stabiler AP, einem ACS oder chronischer Myokardischämie führen kann (11).

3.2.2 Prävalenz

Die KHK stellt nach wie vor eine der bedeutendsten Volkskrankheiten weltweit dar und zählt weiterhin zu den führenden Ursachen für Morbidität und Mortalität in der westlichen Welt. In Deutschland sind rund 4,7 Millionen Erwachsene betroffen, mit jährlich über 100.000 kardiovaskulären Todesfällen infolge der KHK. Auch in der Schweiz und in Österreich gehören kardiovaskuläre Erkrankungen – insbesondere die KHK – zu den häufigsten Todesursachen und machen jeweils rund ein Drittel der Gesamtmortalität aus. Schätzungen zufolge leiden in Deutschland rund 4,7 Millionen Erwachsene über 30 Jahre an einer diagnostizierten KHK, was etwa 8,1 % dieser Bevölkerungsgruppe entspricht. Pro Jahr versterben etwa 126.000 Menschen an den Folgen der KHK, darunter 46.600 allein im Jahr 2022 infolge eines akuten MI. Oft treten gleichzeitig weitere RFs wie arterielle Hypertonie, Diabetes mellitus oder Fettstoffwechselstörungen auf (13).

3.2.3 Geschlechts- und Altersunterschiede

Männer erkranken im Durchschnitt häufiger und früher an einer KHK. Frauen sind bis zur Menopause durch Östrogene teilweise geschützt. Nach dem Wegfall dieses Schutzes steigt ihr Risiko deutlich an: Bei über 65-Jährigen liegt die Prävalenz bei etwa 20 % der Männer und 10–15 % der Frauen; lebenslang erkranken rund 30 % der Männer und 15 % der Frauen.

Neben klassischen RFs wie arterielle Hypertonie, Diabetes mellitus, Adipositas und Rauchen spielen bei Frauen zusätzliche geschlechtsspezifische Faktoren eine Rolle. Hierzu zählen das Menarche- und Menopausenalter, das polyzystische Ovar-Syndrom, Schwangerschaftskomplikationen und Infertilität. Auch frauenspezifisch häufige Erkrankungen wie Autoimmunerkrankungen, Migräne oder Depression erhöhen das Risiko.

Die Berücksichtigung dieser Faktoren neben den traditionellen RFs ermöglicht eine präzisere Einschätzung des kardiovaskulären Risikos bei Frauen und unterstützt gezielte Präventionsstrategien, von Lebensstilmaßnahmen bis hin zur medikamentösen Therapie (15–16;18).

3.2.4 Ursachen

Atherosklerose

Die KHK entsteht in den meisten Fällen durch eine Atherosklerose. Dabei lagern sich über viele Jahre hinweg Fett, Cholesterin, Kalzium und Bindegewebe in den Koronararterien ab. Diese Ablagerungen bilden sogenannte Plaques, die die Koronararterien nach und nach verengen. Dadurch erhält der Herzmuskel weniger Blut und somit auch weniger Sauerstoff.

Der Krankheitsprozess entwickelt sich Schritt für Schritt. Zunächst wird die innere Schicht der Gefäßwand (Intima) durch RFs wie Rauchen, arterielle Hypertonie, Diabetes mellitus oder Dyslipidämie geschädigt (1). An diesen verletzlichen Stellen können sich Cholesterinpartikel, vor allem das sogenannte LDL-Cholesterin, ablagern und eine Entzündung auslösen (2). Abwehrzellen des Immunsystems, die sogenannten Makrophagen, nehmen dieses Cholesterin auf, verwandeln sich in Schaumzellen und setzen entzündungsfördernde Botenstoffe wie Interleukin-1, Interleukin-6 und Tumornekrosefaktor-alpha frei. Zudem werden Chemokine wie MCP-1 (Monocyte Chemoattractant Protein-1) ausgeschüttet, ein Signalstoff, der gezielt weitere Abwehrzellen aus dem Blut anzieht. Gleichzeitig setzen die Zellen PDGF (Platelet Derived Growth Factor) frei, einen Wachstumsfaktor, der bewirkt, dass Muskelzellen aus der Intima in den betroffenen Bereich einwandern und sich dort vermehren (3). Diese Stoffe sorgen dafür, dass die Entzündung bestehen bleibt und die Plaques größer und instabiler werden können.

Mit der Zeit lagern sich zusätzlich Bindegewebe und Kalzium ein, sodass feste Plaques entstehen, welche die Koronararterien weiter verengen (4). Solange das Herz in Ruhe ist, kann die Durchblutung noch ausreichen. Unter körperlicher Belastung jedoch entsteht ein Ungleichgewicht zwischen Sauerstoffbedarf und Sauerstoffangebot, was zu Beschwerden wie Brustschmerz oder AP führt (5).

Besonders gefährlich sind instabile Plaques. Wenn ihre Oberfläche aufreißt, tritt ihr Inneres in Kontakt mit dem Blut. Das führt dazu, dass Thrombozyten aktiviert werden und ein Thrombus entsteht, der die Koronararterien verschließen kann (6) und in der Folge zu einem ACS führt (11).

Stadien der Gefäßverengung

- *Frühe Phase:* Die großen Koronargefäße (Makroangiopathie) sind betroffen, wodurch zunächst die inneren (endokardnahen) Schichten des Herzmuskels schlechter durchblutet werden.
- *Fortgeschrittene Phase:* Sobald der Durchmesser eines Koronargefäßes um mehr als 70 % reduziert ist, treten erste belastungsabhängige Beschwerden wie AP auf.
- *Endstadium:* Eine vollständige Durchblutungsstörung führt zur Myokardischämie und kann in einem MI resultieren (11).

Merke

Die KHK bleibt oft über Jahre symptomlos und wird meist erst dann erkannt, wenn die Gefäßverengung über 70 % beträgt.

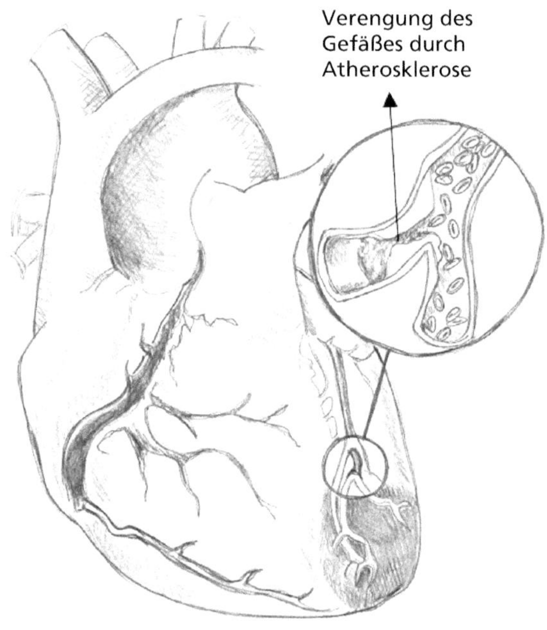

Abb. 3.1: Koronare Herzkrankheit (11) (gezeichnet von Emi Meyer, im März 2025)

► Abb. 3.1 zeigt das menschliche Herz mit einer schematischen Vergrößerung einer Arterie, in der eine durch Plaque verursachte Verengung (Atherosklerose) dargestellt ist.

Hauptrisikofaktoren

Die nachfolgende ▸ Tab. 3.3 enthält zentrale Faktoren, die die Entstehung und das Fortschreiten der KHK begünstigen.

Tab. 3.3: Modifizierbare und nicht modifizierbare Risikofaktoren für Atherosklerose (11;16–17)

Risikofaktoren	Beschreibung	Modifizierbar	Maßnahmen
Metabolisches Syndrom	Kombination aus Risikofaktoren: Insulinresistenz oder Typ-2-Diabetes, arterielle Hypertonie, Dyslipidämie (erhöhte Triglyzeride, erhöhtes LDL-Cholesterin, erniedrigtes HDL-Cholesterin), abdominelle Adipositas (Taille > 102 cm Männer, > 88 cm Frauen)	Ja	Gesunde Ernährung, regelmäßige Bewegung, ggf. medikamentöse Therapie
Psychische Faktoren	Chronischer psychosozialer Stress (z. B. Arbeitsplatzbelastung, Pflege von Angehörigen), Depression, soziale Isolation, Schlafstörungen	Ja	Stressmanagement, Entspannungstechniken (z. B. Yoga, Meditation), Psychotherapie
Rauchen	Fördert Atherosklerose durch Endothelschädigung, oxidativen Stress, Entzündungsreaktionen und erhöhtes Thromboserisiko	Ja	Raucherentwöhnung, Programme und medikamentöse Unterstützung
Biochemische Faktoren	Erhöhtes Lipoprotein(a) (atherogen), erhöhtes hs-CRP (Marker für chronische Entzündung, Hinweis auf Endotheldysfunktion), erhöhtes Homocystein (oxidativer Stress, Intimaschädigung), erhöhtes Fibrinogen (fördert Thrombosebildung), Mikroalbuminurie (Marker für beginnende Endothelschädigung)	Teilweise	Regelmäßige Blutwertkontrollen, gezielte Therapie bei Auffälligkeiten
Lebensstilfaktoren	Bewegungsmangel, ungesunde Ernährung (z. B. hoher Anteil gesättigter Fette), Übergewicht, übermäßiger Alkoholkonsum	Ja	Regelmäßige körperliche Aktivität, gesunde Ernährung, Gewichtsmanagement
Höheres Alter	Risiko steigt mit zunehmendem Alter; deutlich bei Männern ab etwa 40 Jahren, bei Frauen nach den Wechseljahren ab etwa 50 Jahren	Nein	Regelmäßige ärztliche Kontrollen, gesunder Lebensstil zur Risikoreduktion
Weitere wesentliche Risikofaktoren	Familiäre Vorbelastung (KHK bei Männern < 55 J., Frauen < 65 J.), männliches Geschlecht (höheres Risiko, frühere Manifestation)	Nein	Früherkennung durch Gesundheitschecks, gesunder Lebensstil

Psychosoziale Risikofaktoren

Psychosoziale Faktoren spielen eine wesentliche Rolle bei der Entstehung und Progression der KHK. Insbesondere anhaltender Stress kann über neuroendokrine Mechanismen entzündliche Prozesse im Körper fördern, welche die Gefäßgesundheit beeinträchtigen und zur Atherosklerose beitragen. Darüber hinaus zeigen Studien, dass belastende Erlebnisse in der Kindheit langfristige Auswirkungen auf das kardiovaskuläre System haben und das Risiko für KHK im Erwachsenenalter erhöhen können (► Kap. 2.1) (18–22).

Psychische Komorbiditäten

Auch psychische Komorbiditäten treten bei KHK-Patienten gehäuft auf und beeinflussen sowohl die Prognose und den Heilungsverlauf als auch die Lebensqualität (15). Nach einem MI zeigen aktuelle Daten formaler psychiatrischer Diagnosen eine Prävalenz von 23,6 % für Depression, 12,0 % für Angststörungen und 10,3 % für PTBS. Die Depressionsraten sind höher in den ersten drei Monaten und sinken nach drei Monaten (14,9 %), wobei besonders Frauen (29,9 %), Personen mit arterieller Hypertonie (25,0 %), Diabetes mellitus (25,0 %), Hyperlipidämie (29,0 %) oder Rauchen (25,2 %) betroffen sind. Das höchste Risiko tragen Patienten mit einer vorbestehenden depressiven Erkrankung (57,4 %) sowie unverheiratete Personen (35,4 % vs. 28,6 % bei Verheirateten) (23).

3.2.5 Diagnostik

Die Diagnostik der KHK umfasst folgende Schritte:

- *Anamnese und klinische Untersuchung:* Symptome wie belastungsabhängige AP oder Dyspnoe geben erste Hinweise. Zudem werden RFs wie Rauchen und Diabetes mellitus erhoben.
- *Belastungs-EKG:* Ischämische Veränderungen im EKG unter Belastung deuten auf eine KHK hin.
- *Bildgebung:* Myokardszintigrafie, Kardio-Magnetresonanztherapie und Kardio-Computertomografie liefern detaillierte Informationen über die Durchblutung und Struktur der Koronararterien.
- *Linksherzkatheter:* Dieses invasive Verfahren ist der Goldstandard zur genauen Beurteilung von Koronarstenosen und ermöglicht gleichzeitig therapeutische Maßnahmen wie die perkutane Koronarintervention (PCI) mit Stent-Implantation.

Einteilung des kardiovaskulären Risikos

Die Zuordnung zu einer der oben genannten Risikokategorien erfolgt anhand des SCORE2-Systems (Systematic Coronary Risk Estimation), das zur Abschätzung des

Herz-Kreislauf-Risikos bei asymptomatischen Personen zwischen 40 und 70 Jahren dient. Zusätzlich werden bereits bestehende HKEs oder andere Vorerkrankungen berücksichtigt (24).

Praxistipp

Der SCORE2-Algorithmus kann online angewendet werden (https://www.escardio.org/Education/Practice-Tools/CVD-prevention-toolbox/SCORE-Risk-Charts).

Screening von psychosozialen Risikofaktoren

Das Screening psychosozialer Faktoren ist ein integraler Bestandteil der Versorgung von Patienten mit KHK. Laut den aktuellen Leitlinien sollten PSRFs systematisch erfasst werden, da sie das Krankheitsrisiko erhöhen und die Prognose beeinflussen können (siehe *Screening-Fragebogen »Psychosoziale Risikofaktoren (PSRFs)«*, abrufbar unter Kap. »Zusatzmaterial zum Download«) (17).

Schweregrade der Koronarstenose (nach Gefäßverengung)

► Tab. 3.4 umfasst die unterschiedlichen Schweregrade der Koronarstenose.

Tab. 3.4: Unterschiedliche Schweregrade der Koronarstenose (11)

Schweregrad	Durchmesserreduktion des Gefäßes	Bedeutung
Grad I	25–49 %	Leichte Verengung, keine Symptome
Grad II	50–74 %	Signifikante Stenose, erste Symptome möglich
Grad III	75–99 %	Kritische Stenose, stark eingeschränkte Durchblutung

Eine Stenose von mehr als 70 % führt zu einer reduzierten Koronarreserve – das bedeutet, dass das Herz unter Belastung nicht mehr ausreichend mit Blut versorgt werden kann (11).

Strukturelle Einteilung der KHK

Die KHK kann nach der Anzahl der verengten (stenosierten) Hauptgefäße klassifiziert werden. Dabei unterscheidet man zwischen folgenden Stadien:

- *1-Gefäß-Erkrankung:* Eine einzelne Hauptkoronararterie ist betroffen.
- *2-Gefäß-Erkrankung:* Zwei der drei Hauptgefäße weisen eine signifikante Verengung auf.
- *3-Gefäß-Erkrankung:* Alle drei Hauptkoronararterien sind betroffen.

3.2.6 Symptome und Verläufe

Die KHK bleibt häufig über Jahre oder Jahrzehnte symptomfrei, bis es zu einer kritischen Einengung der Koronararterien kommt. In vielen Fällen manifestiert sich die Erkrankung plötzlich durch ein akutes Ereignis, wie einen MI. Das zentrale Leitsymptom der KHK ist die AP, die sich als Druck, Engegefühl oder Schmerz hinter dem Brustbein äußert. Diese Beschwerden können in den linken Arm, die Schultern, den Oberbauch oder den Kiefer ausstrahlen. Ihre Intensität reicht von leichten Beschwerden bis hin zu starken, krampfartigen Schmerzen (11;18).

Symptome der KHK bei Frauen

Bei Frauen äußert sich die KHK häufig mit unspezifischen, atypischen Symptomen, was die frühzeitige Diagnose erschwert. Während Männer typischerweise über den klassischen Brustschmerz (AP) klagen, berichten Frauen häufiger über Beschwerden wie Oberbauch-, Nacken- oder Rückenschmerzen, Atemnot, Übelkeit, Erbrechen, anhaltende Erschöpfung, Schwindel oder ein brennendes Gefühl in der Brust. Diese Symptome werden oft verkannt, was eine Diagnosestellung verzögert (11; 15–16).

3.2.7 Verlauf

Die Symptome treten häufig bei körperlicher Belastung, emotionalem Stress oder Kälteeinwirkung auf. Diese Situationen erhöhen den Sauerstoffbedarf des Herzmuskels, der jedoch durch die verengten Gefäße nicht gedeckt werden kann. Die Beschwerden verschwinden meist wenige Minuten nach Beendigung der Belastung. Eine instabile AP, bei der die Symptome auch in Ruhe auftreten, kann auf ein drohendes ACS hindeuten.

Unterschiede zwischen chronischem und akutem Koronarsyndrom

Die KHK kann sich in zwei Hauptformen äußern: dem *chronischen Koronarsyndrom (CCS)* und dem *ACS*. Während das CCS durch eine langfristige, meist stabile Gefäßverengung gekennzeichnet ist, treten beim ACS plötzlich lebensbedrohliche Durchblutungsstörungen auf, die sofortige medizinische Maßnahmen erfordern.

Chronisches Koronarsyndrom

Das CCS beschreibt verschiedene Krankheitszustände, die eine langfristige Durchblutungsstörung des Herzmuskels widerspiegeln. Die *ESC* führte den Begriff ein, um zu verdeutlichen, dass die KHK kein starrer Zustand ist, sondern sich im Krankheitsverlauf verändern kann. Durch eine Kombination aus *Lebensstiländerungen*, *Medikamenten* und gegebenenfalls *Revaskularisationen (Gefäßerweiterungen)* kann die Krankheit stabilisiert werden. Dennoch bleibt das Risiko für kardiovaskuläre Komplikationen bestehen (17;25).

Akutes Koronarsyndrom

Zu den *Formen des ACS* gehören:

- *Instabile AP:* plötzliche Verschlechterung der AP mit unvorhersehbaren Schmerzen, die auch in Ruhe auftreten können
- *NSTEMI (Nicht-ST-Hebungsinfarkt):* Akuter MI, der ohne persistierende ST-Streckenhebung im EKG auftritt, aber durch Nachweis einer Myokardschädigung (Troponin-Anstieg und -Abfall über den Grenzwert der 99. Perzentile) sowie typische klinische Symptome (z. B. AP, Dyspnoe) gekennzeichnet ist.
  - EKG-Befunde: häufig ST-Streckensenkungen, T-Wellen-Inversionen oder unspezifische Veränderungen; aber keine ST-Hebung
  - Pathophysiologie: meist verursacht durch einen partiellen Verschluss einer Koronararterie (häufig rupturierter Plaque mit Thrombusbildung)
- *STEMI (ST-Hebungsinfarkt):* Akuter MI mit persistierender ST-Streckenhebung im EKG oder neu aufgetretenem Linksschenkelblock plus Nachweis einer Myokardschädigung (Troponin-Anstieg/-Abfall).
  - EKG-Befunde: typische ST-Hebungen
  - Pathophysiologie: in der Regel ein akuter, kompletter Verschluss einer Koronararterie durch Plaqueruptur mit Thrombusbildung, was zu einer kompletten Durchblutungsunterbrechung des abhängigen Myokardareals führt

3.2.8 Behandlung

Primärprävention

Die Entwicklung einer Atherosklerose kann durch gezielte Maßnahmen positiv beeinflusst werden. ► Tab. 3.5 zeigt die wichtigsten RFs und die empfohlenen Zielwerte zur Prävention kardiovaskulärer Erkrankungen (17;25).

Tab. 3.5: Primärprävention der Koronaren Herzkrankheit (KHK) (17;25); HbA1c-Wert = glykiertes Hämoglobin

Risikofaktor	Empfohlene Maßnahmen/Zielwerte
Arterielle Hypertonie	Ziel: systolisch 120–130 mmHg, diastolisch je nach Alter
LDL-Cholesterin	Primäres Ziel in Abhängigkeit vom kardiovaskulären Risiko: < 1,4 mmol/l (< 55 mg/dl) bei sehr hohem Risiko, evtl. < 1,0 mmol/l (< 40 mg/dl) bei extrem hohem Risiko
HDL-Cholesterin und Triglyceride	Kein definierter Zielwert – gelten als sekundär und untergeordnete Zielgrößen; HDL > 1,0 mmol/l wird mit geringerem Risiko assoziiert, aber nicht als eigenständiges Ziel etabliert
Diabetes mellitus (mit Hypertonie)	Blutdruckziel: < 130/80 mmHg, HbA1c < 7,0 % (< 53 mmol/mol), evtl. individuell angepasst je nach Begleiterkrankungen
Körpergewicht/ Adipositas	BMI idealerweise 20–25 kg/m²; Taillenumfang < 94 cm (Männer), < 80 cm (Frauen) – allgemeine Empfehlungen zur Risikosenkung, mediterrane Ernährung und Gewichtsmanagement
Rauchen	Vollständiger Verzicht auf Nikotin
Körperliche Aktivität	Mindestens 150 min moderate Bewegung pro Woche (z. B. zügiges Gehen, Radfahren, Schwimmen)
Psychosoziale Belastungen/Stress	Förderung von Stressbewältigung, psychosozialer Beratung oder Therapie; wird in Leitlinien oft genannt, aber keine quantifizierbaren Zielwerte definiert

LDL-Zielwerte in Abhängigkeit vom kardiovaskulären Risiko

Die empfohlenen LDL-Cholesterin-Zielwerte variieren je nach individuellem kardiovaskulärem Risiko. Dabei gilt: Je höher das Risiko für HKEs, desto niedriger sollte der LDL-Wert eingestellt werden (17). ▶ Tab. 3.6 illustriert die empfohlenen LDL-Zielwerte (17;25).

Tab. 3.6: Einteilung der LDL-Zielwerte (17;25)

Kardiovaskuläres Risiko	Empfohlener LDL-Zielwert
Sehr hoch	< 55 mg/dl (< *1,4 mmol/l*) und eine Reduktion um mindestens 50 % vom Ausgangswert
Hoch	< 70 mg/dl (< *1,8 mmol/l*) und eine Reduktion um mindestens 50 % vom Ausgangswert
Moderat	< 100 mg/dl (< *2,6 mmol/l*)
Niedrig	< 116 mg/dl (< *3,0 mmol/l*)

Medikamentöse Therapie

- Statine: senken das LDL-Cholesterin und stabilisieren Plaques
- Betablocker: reduzieren den Sauerstoffbedarf des Herzens und schützen vor HRSTs
- ACE-Hemmer: verbessern die Gefäßfunktion und senken den BD
- Thrombozytenaggregationshemmer: verringern das Risiko von Thrombosen und einem erneuten ACS

Interventionelle und chirurgische Verfahren

- Percutaneous Coronary Intervention (PCI): Mithilfe eines Ballonkatheters und Stents werden verengte Gefäße erweitert.
- Koronare Bypass-Operation: Bei komplexen Verläufen wird die Durchblutung durch Bypässe aus körpereigenem Gewebe wiederhergestellt.

Praxistipp

Planen Sie mit den Patienten nach invasiven Eingriffen eine strukturierte Nachsorge, um Komplikationen und Rezidive zu vermeiden. Das *Arbeitsblatt »Nachsorge Herzeingriff«* (abrufbar unter Kap. »Zusatzmaterial zum Download«) kann eingesetzt werden.

Langfristige Betreuung und psychologische Unterstützung

Die langfristige Prognose der KHK hängt stark von der Adhärenz der Patienten gegenüber medizinischen Empfehlungen und der Lebensstiländerung ab. Viele Patienten profitieren von strukturierten Rehabilitationsprogrammen, die medizinische, psychologische und soziale Aspekte integrieren. Multimodale Therapiekonzepte, die körperliche Aktivität, Ernährung, Stressmanagement und psychologische Betreuung kombinieren, sind besonders wirksam (26–27) (▶ Kap. 2.3).

Praxistipp

Bieten Sie Ihren Patienten Zugang zu psychosozialer Unterstützung, z. B. durch kardiologische Rehabilitationsprogramme oder Gesprächstherapien. Einige Internetportale mit einem Überblick über kardiologische Rehabilitationsprogramme finden sich hier (▶ Kap. 4.2):

- Deutsche Gesellschaft für Prävention und Rehabilitation von Herz-Kreislauferkrankungen e. V. (DGPR) (https://www.dgpr.de/home/)

- Deutsche Rentenversicherung (DRV) (https://www.deutsche-rentenversicherung.de/DRV/DE/Home/home_node.html)
- Klinik Kompass (https://www.klinikkompass.com/)

Herausforderungen in der Behandlung

Multimodale Therapieansätze

Die Behandlung der KHK erfordert eine Kombination aus medikamentöser, interventioneller und lebensstilbasierter Therapie. Dieser multimodale Ansatz kann sowohl akute Symptome als auch langfristige Komplikationen vermeiden. Er erfordert aber auch seitens der Fachkräfte genügend Ressourcen für eine psychokardiologische Mitbetreuung (28).

Adhärenz

Viele Patienten haben Schwierigkeiten die langfristige Einnahme von Medikamenten einzuhalten, insbesondere in asymptomatischen Phasen der KHK. Nebenwirkungen wie Muskelbeschwerden bei Statinen oder gastrointestinale Beschwerden bei Thrombozytenaggregationshemmern können die Adhärenz zusätzlich beeinträchtigen. Neben Maßnahmen wie Gewichtsreduktion, Ernährungsumstellung und Raucherentwöhnung ist eine regelmäßige körperliche Aktivität entscheidend, aber oft schwierig umzusetzen. Um diesen Herausforderungen zu begegnen, sind strukturierte Patientenedukation, engmaschige ärztliche Betreuung und motivierende Gesprächsführung (Motivational Interviewing) wirksam. Digitale Begleittools und interdisziplinäre Rehabilitationsmaßnahmen erhöhen die Adhärenz (► Kap. 4.3). Bei Nebenwirkungen sollten, sofern möglich, individuelle Anpassungen der Medikation erfolgen. Insbesondere bei der Raucherentwöhnung sind kombinierte Ansätze aus Verhaltenstherapie und medikamentöser Unterstützung nachweislich wirksam (29).

3.3 Herzinsuffizienz

Kernaussagen

- Die Herzinsuffizienz (HI) ist ein klinisches Syndrom, das durch eine unzureichende Pumpleistung oder Füllung des Herzens gekennzeichnet ist. Sie stellt das Endstadium verschiedener HKEs dar, darunter KHK, arterielle Hypertonie und Kardiomyopathien.

- Etwa 20 % der Menschen in industrialisierten Ländern entwickeln im Laufe ihres Lebens eine HI.
- Bei Patienten mit HI ist die Häufigkeit von Depressionen rund zwei- bis viermal so hoch wie in der Allgemeinbevölkerung. Etwa 30 % der Betroffenen leiden zudem unter Angststörungen.

3.3.1 Definition

Die Herzinsuffizienz (HI), auch als »Herzschwäche« bezeichnet, ist ein klinisches Syndrom, das durch die Unfähigkeit des Herzens gekennzeichnet ist, die vom Körper benötigte Blutmenge und Sauerstoffversorgung bereitzustellen. Dies kann entweder durch eine verminderte Pumpleistung (systolische HI) oder durch eine unzureichende Füllung des Herzens (diastolische HI) bedingt sein. Die daraus resultierende unzureichende Durchblutung führt zu Symptomen wie Atemnot, Müdigkeit und Flüssigkeitseinlagerungen (11).

Die HI stellt keine eigenständige Krankheit dar, sondern das Endstadium verschiedener Herz- und Gefäßerkrankungen wie KHK, arterielle Hypertonie oder Kardiomyopathien[4]. Sie kann sowohl akut als auch chronisch auftreten und betrifft meist ältere Menschen, kann jedoch auch bei jüngeren Erwachsenen oder Kindern vorkommen (11;18).

3.3.2 Prävalenz

Die HI stellt in modernen Gesundheitssystemen ein zentrales klinisches und gesundheitspolitisches Problem dar. Sie gehört zu den häufigsten Gründen für stationäre Behandlungen im internistischen Bereich und trägt in Deutschland wesentlich zur kardiovaskulären Mortalität bei (11;18).

Die Erkrankung betrifft vor allem ältere Bevölkerungsgruppen: Mit zunehmendem Lebensalter steigt die Wahrscheinlichkeit, eine HI zu entwickeln, deutlich an. Während sie im mittleren Erwachsenenalter vergleichsweise selten ist, nimmt ihre Häufigkeit in höheren Altersdekaden stark zu. Insgesamt wird davon ausgegangen, dass sich im Verlauf des Lebens bei einem relevanten Anteil der Bevölkerung eine HI manifestiert; für Deutschland ergibt sich daraus eine geschätzte Zahl

4 Kardiomyopathien sind primäre Erkrankungen des Herzmuskels, die zu strukturellen und funktionellen Veränderungen führen. Zu den Hauptformen zählen die dilatative Kardiomyopathie (DCM) mit Erweiterung und Ausdünnung der Herzkammern und deutlich verminderter Pumpfunktion, die hypertrophe Kardiomyopathie (HCM) als meist genetisch bedingte Verdickung des Herzmuskels mit möglicher Behinderung des Blutausflusses, die restriktive Kardiomyopathie (RCM) mit erhöhter Steifigkeit des Herzmuskels und eingeschränkter Füllung bei oft erhaltener Pumpfunktion sowie die arrhythmogene rechtsventrikuläre Kardiomyopathie (ARVC), bei der Herzmuskel durch Fett- und Bindegewebe ersetzt wird und die mit einem hohen Risiko für Rhythmusstörungen verbunden ist. Zu den Sonderformen gehört die Takotsubo-Kardiomyopathie (»Stress-Kardiomyopathie«), die meist akut auftritt und sich in vielen Fällen wieder zurückbildet.

von mehreren Millionen Betroffenen. Männer sind häufiger betroffen als Frauen (11;18).

Gleichwohl ist die HI keine ausschließlich altersbedingte Erkrankung. Auch bei jüngeren Menschen und Kindern kann sie auftreten, insbesondere im Zusammenhang mit angeborenen Herzfehlern, Kardiomyopathien oder entzündlichen Erkrankungen des Myokards. Unabhängig vom Alter der Betroffenen geht die HI mit erheblichen Einschränkungen der Lebensqualität einher und ist mit einem hohen Versorgungsaufwand verbunden, was ihre Bedeutung für die medizinische Praxis und die Gesundheitssysteme zusätzlich unterstreicht (11;18).

3.3.3 Formen der Herzinsuffizienz

Die klinischen Manifestationen der HI hängen maßgeblich davon ab, welcher Ventrikel betroffen und wie weit die Erkrankung fortgeschritten ist (18).

Unterscheidung nach Lokalisation

Links-HI

- *Leitsymptom:* Kurzatmigkeit (Dyspnoe), zunächst bei körperlicher Belastung, später auch in Ruhe
- *Zusätzliche Symptome:* Husten, Orthopnoe (Atemnot im Liegen) und Flüssigkeitsansammlungen in der Lunge (Lungenödem); Patienten schlafen häufig mit erhöhtem Oberkörper, um die Atemnot zu lindern
- *Akuter Verlauf:* Bei einer akuten Verschlechterung tritt oft ein lebensbedrohliches Lungenödem auf

Rechts-HI

- *Leitsymptom:* periphere Ödeme (Schwellungen), insbesondere an Knöcheln und Füßen
- *Zusätzliche Symptome:* z. B. Gewichtszunahme, vermehrtes Wasserlösen in der Nacht (Nykturie) und Bauchschwellungen durch Flüssigkeitsansammlungen (Aszites)
- *Globale HI*
- Eine Kombination aus Symptomen der Links- und Rechts-HI, die häufig auf eine fortgeschrittene Erkrankung hinweist.

Unterscheidung nach Verlauf

- *Akute HI:* plötzlicher Beginn mit potenziell lebensbedrohlichem Verlauf, oft ausgelöst durch einen MI oder eine akute Klappeninsuffizienz
- *Chronische HI:* entwickelt sich langsam über Monate bis Jahre und zeigt eine schleichende Verschlechterung der Belastbarkeit

Unterscheidung nach Schweregrad

New York Heart Association(NYHA)-Klassifikation:

- NYHA I: keine Beschwerden bei alltäglicher Belastung
- NYHA II: Symptome bei mäßiger Belastung, z. B. beim Treppensteigen
- NYHA III: Beschwerden bereits bei leichter körperlicher Aktivität
- NYHA IV: Beschwerden in Ruhe, stark eingeschränkte Lebensqualität

Merke

Patienten im NYHA-Stadium IV haben eine hohe Sterblichkeitsrate (ca. 36 % innerhalb eines Jahres). Die Lebensqualität und die langfristige Prognose hängen maßgeblich von einer konsequenten Behandlung ab.

Praxistipp

Fördern Sie regelmäßige Kontrollen und die Anwendung von Selbstbeobachtungstools, wie das tägliche Wiegen, um Flüssigkeitseinlagerungen frühzeitig zu erkennen. Die *Arbeitsblätter »Herzinsuffizienz: Symptomtagebuch« und »Herzinsuffizienz: Frühwarnzeichen«* können unterstützend integriert werden (abrufbar unter Kap. »Zusatzmaterial zum Download«).

Nach den *ESC-Leitlinien* (30) unterscheidet man drei Hauptformen:

- HFrEF (Heart Failure with reduced Ejection Fraction):
  Linksventrikuläre Ejektionsfraktion (LVEF) < 40 %
- HFmrEF (Heart Failure with mildly reduced Ejection Fraction):
  LVEF 40–49 %; früher oft als »mid-range« bezeichnet, jetzt eher »mildly reduced«
- HFpEF (Heart Failure with preserved Ejection Fraction):
  LVEF ≥ 50 %; typischerweise ältere Patienten, häufig mit Komorbiditäten wie arterieller Hypertonie, Diabetes mellitus, Adipositas oder VHF

3.3.4 Ursachen

Wie bereits an vorheriger Stelle erwähnt, ist die HI keine eigenständige Erkrankung, sondern das Endstadium einer Vielzahl von HKEs. Das Herz versucht zunächst, sich an die steigenden Anforderungen anzupassen. Dabei aktiviert der Körper verschiedene Notfallmechanismen, um den Blutkreislauf aufrechtzuerhalten. Zwei dieser Mechanismen sind die Aktivierung des RAAS und die Aktivierung des Sympathikus, die dafür sorgen, dass BD und Flüssigkeitsmenge im Körper steigen (11).

Der »Teufelskreis« der HI

1. Reduktion der kardialen Pumpfunktion
   Bei einer HI nimmt die Fähigkeit des Myokards ab, ein adäquates Herzzeitvolumen bereitzustellen. Dadurch werden Organe und Gewebe nicht mehr ausreichend mit Blut und Sauerstoff versorgt.
2. Aktivierung kompensatorischer Mechanismen
   Zur Aufrechterhaltung der Perfusion werden neurohumorale Systeme stimuliert (v.a. der Sympathikus, das RAAS sowie die Ausschüttung des antidiuretischen Hormons [ADH]). Dies führt zu einer Vasokonstriktion, einem Anstieg des BD und einer vermehrten Flüssigkeitsretention.
3. Erhöhte hämodynamische Belastung
   Die gesteigerte Vorlast (durch Volumenretention) und Nachlast (durch Vasokonstriktion) belasten das Herz zusätzlich. Klinisch resultieren daraus Flüssigkeitseinlagerungen (Ödeme, Lungenstauung) und eine weitere Verschlechterung der Symptomatik.
4. Fortschreitende myokardiale Dysfunktion
   Das Herz kann die kompensatorischen Anforderungen nicht mehr erfüllen; strukturelle Veränderungen (Remodelling) und eine zunehmende Einschränkung der Pumpfunktion verstärken die Insuffizienz.
5. Circulus vitiosus
   Die wiederholte Aktivierung derselben Regulationsmechanismen führt zu einer chronischen Überlastung des Herzens, wodurch sich die HI in einem selbstverstärkenden Kreislauf kontinuierlich verschlechtert.

Ursachen der akuten und chronischen Herzinsuffizienz

Die akute HI tritt meist plötzlich auf und wird häufig durch Ereignisse wie einen MI, eine Myokarditis, eine Lungenembolie, eine Hochdruckkrise oder akute Klappeninsuffizienzen ausgelöst. Auch schwere Rhythmusstörungen oder eine Perikardtamponade können zu einer akuten Dekompensation führen.

Die chronische HI entwickelt sich schleichend, überwiegend als Folge einer KHK, arteriellen Hypertonie oder Kardiomyopathie. Auch chronische Herzklappenfehler, strukturelle Herzerkrankungen sowie anhaltende Rhythmusstörungen wie VHF sind häufige Ursachen (11).

3.3.5 Symptome

► Tab. 3.7 beschreibt die Kernsymptome einer HI.

Tab. 3.7: Kernsymptome der Herzinsuffizienz (HI) (30)

Symptom	Beschreibung
Dyspnoe (Atemnot)	Zunächst bei Belastung, später auch in Ruhe; oft verstärkt im Liegen (Orthopnoe)
Leistungsschwäche	Verminderte körperliche Belastbarkeit, schnelle Erschöpfung
Ödeme	Flüssigkeitseinlagerungen: bei der Links-HI in der Lunge, welche zur Dyspnoe führen, und bei der Rechts-HI in den Beinen (bei den Knöcheln startend)
Nykturie	Vermehrtes nächtliches Wasserlassen aufgrund der Umverteilung von Gewebsflüssigkeit
Husten und Rasselgeräusche	Zeichen einer Lungenstauung, besonders bei der Links-HI
Gewichtszunahme	Aufgrund von Flüssigkeitsretention; schnelle Gewichtszunahme kann auf Dekompensation hinweisen
Tachykardie	Erhöhte Herzfrequenz als Kompensationsmechanismus des Körpers
Schwindel und Synkopen	Durch unzureichende Gehirndurchblutung, besonders bei fortgeschrittener Erkrankung
Appetitlosigkeit und Übelkeit	Durch Stauung im Magen-Darm-Trakt bei Rechts-HI
Kognitive Einschränkungen	Konzentrationsstörungen und Verwirrtheit durch unzureichende Sauerstoffversorgung des Gehirns

Geschlechtsunterschiede

Die HI zeigt deutliche Unterschiede zwischen Männern und Frauen, die sich in den Bereichen Prävalenz, Symptomatik, Pathophysiologie und Ansprechen auf Therapien äußern. Diese Unterschiede haben bedeutende Implikationen für die Diagnostik, Behandlung und Prognose. Frauen entwickeln häufiger eine HI mit erhaltener Ejektionsfraktion (HFpEF). Diese Form der HI tritt meist bei älteren Frauen mit Begleiterkrankungen wie arterieller Hypertonie, Adipositas oder Diabetes mellitus auf. Männer hingegen sind häufiger von der HI mit reduzierter Ejektionsfraktion (HFrEF) betroffen, die oft mit einer KHK oder einem MI assoziiert ist (30).

Symptomatik

Frauen berichten häufiger über unspezifische Symptome wie Müdigkeit, Schwindel oder Übelkeit, die die Diagnosestellung erschweren können. Bei Männern stehen dagegen klassische Symptome wie Belastungsdyspnoe, Orthopnoe und periphere Ödeme im Vordergrund. Frauen mit HI klagen häufiger über depressive Symptome und eine stärkere Beeinträchtigung der Lebensqualität.

Therapie und Ansprechen auf Behandlungen

Frauen mit HFrEF profitieren von SGLT2-Hemmern. Männer sprechen besser auf Standardtherapien wie ACE-Hemmer, Betablocker und Aldosteronantagonisten an, die vor allem bei HFrEF eingesetzt werden.

Frauen mit HI haben jedoch insgesamt eine bessere Langzeitprognose als Männer, insbesondere bei HFpEF.

3.3.6 Diagnostik

Typische Beschwerden wie Atemnot, Müdigkeit und Flüssigkeitseinlagerungen sowie RFs wie arterielle Hypertonie oder Diabetes mellitus werden erfasst. Die Ultraschalluntersuchung des Herzens (Echokardiografie) ist der wichtigste Baustein zur Beurteilung der Pumpfunktion, ergänzt durch Laborwerte wie das B-Typ natriuretische Peptid (BNP) oder das N-terminal pro-BNP. Röntgenaufnahmen oder eine Magnetresonanztomografie (MRT) kommen bei Bedarf hinzu. Wichtig ist zudem die Abgrenzung zu anderen Ursachen wie Lungenerkrankungen. Eine frühzeitige Diagnose ist entscheidend für eine wirksame Therapie (11;18).

3.3.7 Behandlung

Die Behandlung der HI basiert auf mehreren wesentlichen Faktoren:

- *Akuität:* Unterscheidung zwischen akuter und chronischer HI sowie Notfallmaßnahmen beim kardiogenen Schock
- *Ursachenbehandlung:* Therapie der Grunderkrankungen wie arterielle Hypertonie, KHK oder Herzklappenerkrankungen
- *Pathophysiologie:* Anpassung der Behandlung in Abhängigkeit davon, ob es sich um eine Links- oder Rechts-HI oder eine Kombination beider handelt
- *Krankheitsstadium:* frühe Maßnahmen zur Verlangsamung der Krankheitsprogression, z. B. durch Medikamente, und intensivere Interventionen im fortgeschrittenen Stadium

Nicht medikamentöse Therapie

Bei HI empfehlen die aktuellen Leitlinien (30) neben der medikamentösen Therapie auch gezielte Lebensstilmaßnahmen. Dazu gehört regelmäßige körperliche Aktivität – idealerweise moderates Ausdauertraining wie Gehen oder Radfahren an fünf Tagen pro Woche für jeweils 20 bis 30 Minuten. Eine salzreduzierte Ernährung mit weniger als 5 bis 6 Gramm Salz pro Tag kann Flüssigkeitseinlagerungen vorbeugen, während bei fortgeschrittener Erkrankung eine Flüssigkeitsbegrenzung auf 1,5 bis 2 Liter täglich sinnvoll ist. RFs wie Rauchen und übermäßiger Alkoholkonsum sollten konsequent vermieden werden. Auch langes Sitzen ist zu reduzieren. Reisen in größere Höhen oder Flugreisen sollten bei schwerer HI nur nach ärztlicher Rücksprache erfolgen (30–31).

Medikamentöse Therapie

Die leitliniengerechte Behandlung (30) der systolischen HI (HFrEF) basiert auf vier zentralen Medikamentengruppen – den sogenannten »Fantastic Four«:

- ACE-Hemmer oder Angiotensin-Rezeptor-Neprilysin-Inhibitoren (ARNIs) zur BD-Senkung und Entlastung des Herzens,
- Betablocker zur Frequenzkontrolle und Leistungsverbesserung,
- Aldosteronantagonisten (MRAs) vornehmlich zur Prognoseverbesserung sowie
- Sodium-Glucose Cotransporter-2(SGLT2-)Inhibitoren, die zusätzlich günstige Effekte auf das Herz haben.

Ergänzend können je nach Krankheitsverlauf Diuretika gegen Ödeme, Ivabradin zur Frequenzsenkung bei unzureichender Wirkung der Betablocker, Vericiguat zur Gefäßerweiterung oder Herzglykoside bei VHF eingesetzt werden. Die Leitlinie empfiehlt, diese vier Substanzklassen möglichst frühzeitig in der Therapie einzusetzen.

Die Therapie orientiert sich zudem am klinischen Stadium: In frühen Stadien (NYHA I–II) stehen Lebensstiländerungen und die Kontrolle von RFs im Vordergrund. Ab Stadium III wird die vollständige medikamentöse Kombinationstherapie eingesetzt. Bei fortgeschrittener HI (NYHA IV) kommen intensivierte Therapien bis hin zu mechanischer Unterstützung oder Transplantation infrage.

Interventionelle und apparative Therapieoptionen

- Kardiale Resynchronisationstherapie (CRT):
  Implantation eines biventrikulären Schrittmachers bei Patienten mit symptomatischer HI (NYHA II–IV), LVEF ≤ 35 %, Sinusrhythmus und QRS-Verbreiterung ≥ 130 ms. Ziel ist die Verbesserung von Pumpfunktion, Symptomen und Prognose.
- Implantierbarer Kardioverter-Defibrillator (ICD):
  Indiziert zur Primärprävention bei HFrEF (LVEF ≤ 35 % trotz ≥ 3 Monate optimaler medikamentöser Therapie, Lebenserwartung > 1 Jahr) sowie zur Sekundärprävention nach überlebtem plötzlichem Herztod oder hämodynamisch relevanter ventrikulärer Arrhythmie.
- Herztransplantation:
  Ultima ratio bei endstadialer HI (NYHA IV), wenn alle etablierten medikamentösen und apparativen Therapien ausgeschöpft sind und eine relevante Organfunktionserhaltung (außer Herz) vorliegt.

Merke

Eine konsequente Lebensstiländerung bei Patienten mit HI ist ebenso wichtig wie die medikamentöse Therapie.

Herausforderungen in der Behandlung

Die Langzeitbehandlung der HI ist komplex und mit zahlreichen Herausforderungen verbunden. Viele Betroffene benötigen eine Kombination aus ACE-Hemmern, Betablockern, Diuretika und Aldosteronantagonisten. Nebenwirkungen wie Hypotonie, Elektrolytstörungen oder Nierenfunktionsverschlechterung erschweren die Therapie und erfordern eine engmaschige Kontrolle. Die Adhärenz zur Therapie ist häufig eingeschränkt, was unter anderem auf kognitive Einschränkungen, mangelndes Krankheitsverständnis oder fehlende intrinsische Motivation zurückgeführt werden kann. Von zentraler Bedeutung ist zudem die frühzeitige Sensibilisierung von Betroffenen und Angehörigen für klinische Warnzeichen, wie rasche Gewichtszunahme oder zunehmende Dyspnoe. Der Einsatz von Telemonitoring kann in diesem Kontext wesentlich dazu beitragen, eine drohende Dekompensation frühzeitig zu identifizieren und therapeutisch gegenzusteuern (31–34).

Psychische und psychosoziale Faktoren

Sowohl bei HI mit reduzierter als auch mit erhaltener Auswurfleistung sind psychische Begleiterkrankungen wie Angststörungen und Depression weit verbreitet. Etwa 20–40 % der Patienten sind depressiv, was einer zwei- bis vierfach höheren Rate im Vergleich zur Normalbevölkerung entspricht; Angststörungen treten bei etwa 30 % der Erkrankten auf. Diese psychischen Komorbiditäten verschlechtern Prognose, Lebensqualität und Therapieadhärenz und sollten daher systematisch erfasst und behandelt werden (35–36). Die negativen Effekte resultieren u. a. aus eingeschränkter Selbstfürsorge, die sich in reduzierter Medikamentenadhärenz, verzögerter Symptomwahrnehmung und inadäquatem Krankheitsmanagement äußert.

Umgekehrt haben Patienten mit Depression laut einer Metaanalyse aus sechs bevölkerungsbasierten Kohortenstudien ein um 23 % erhöhtes Risiko, eine HI zu entwickeln (37).

Kognitive Defizite wie Konzentrationsstörungen, verminderte Aufmerksamkeit und Einschränkungen exekutiver Funktionen können bei *23–50 %* der Patienten mit HI auftreten, in einigen Kohorten werden sogar *30–80 %* berichtet. Als zugrunde liegende Mechanismen gelten insbesondere *zerebrale Hypoperfusion*, strukturelle Gehirnveränderungen sowie Komorbiditäten wie VHF und Niereninsuffizienz. Diese Defizite beeinträchtigen zusätzlich die Selbstwahrnehmung und das

Krankheitsmanagement, mit Nachteilen bei Therapieadhärenz, Symptomverarbeitung und Selbstfürsorge (38).

Screening von Depression

Aufgrund der engen Verknüpfung zwischen HI und psychischen Belastungen wird in den aktuellen Leitlinien empfohlen (30), auf depressive Symptome zu screenen. Der Patient Health Questionnaire (PHQ-9) (39–40) ist ein standardisierter, validierter Fragebogen zur Erhebung depressiver Symptome und kann unentgeltlich heruntergeladen werden (▶ Kap. 5.2).[5]

- *Psychotherapie und Stressbewältigung*
  Die kognitive Verhaltenstherapie (KVT) führt bei Patienten mit HI und zu einer signifikanten Reduktion depressiver Symptome sowie zu einer Verbesserung der Lebensqualität im Vergleich zur Standardversorgung. Effekte auf Selbstmanagement und körperliche Leistungsfähigkeit konnten hingegen nicht nachgewiesen werden (41). Stressmanagement-Programme tragen nachweislich zur Verbesserung depressiver und angstbezogener Symptomatik sowie von Lebensqualität und Krankheitsbewältigung bei, auch wenn die Langzeiteffekte auf somatische Parameter bislang nicht abschließend geklärt sind (30;42).
- *Bewegungstherapie und multimodale Interventionen*
  Körperliche Aktivität wirkt sich nicht nur kardioprotektiv aus, sondern verbessert auch depressive Symptome und die Lebensqualität von HI-Patienten (31). Besonders erfolgreich sind multimodale Programme, die Bewegung und psychotherapeutische Unterstützung kombinieren (43).
- *Soziale Unterstützung und Selbstmanagement*
  Ein Mangel an sozialer Unterstützung verschlechtert die Prognose bei HI erheblich. Psychokardiologische Konzepte zielen daher auf den Einsatz von »Collaborative Care« (▶ Kap. 4.2), dem Aufbau sozialer Netzwerke und die Förderung der Selbstmanagement-Fähigkeiten (44).
- *Wirkung von Antidepressiva bei HI*
  Studien belegen, dass eine Depression bei Patienten mit HI das Risiko für eine erhöhte Mortalität signifikant steigert. Eine aktuelle Metaanalyse konnte darüber hinaus zeigen, dass die Einnahme von Antidepressiva mit einem zusätzlichen Anstieg der Gesamtsterblichkeit assoziiert ist – unabhängig davon, ob eine Depression vorliegt und welcher Substanztyp (SSRI, SNRI, TCA) verwendet wird. Während der Zusammenhang zwischen Antidepressiva-Therapie und Gesamtmortalität konsistent nachweisbar ist, bleibt die Assoziation mit der kardiovaskulären Mortalität kontrovers. Hier besteht weiterhin Forschungsbedarf, um den kausalen Zusammenhang eindeutig zu klären (45). (▶ Kap. 5.5). Die ESC-Leitlinien zur HI empfehlen, psychotherapeutische Ansätze und kör-

---

5 Der PHQ-9 kann unter folgendem Link abgerufen werden: https://www.kvberlin.de/fileadmin/user_upload/vertraege_kv_berlin/fruehbehandlungsstrukturvertrag_aok_nordost/fruehbehandlung_aok_vertrag2015_anl1_modul_depression_fragebogen.pdf

perliche Aktivität als Primärtherapie zu nutzen, bevor Antidepressiva erwogen werden (30).

Die *Information »Herzinsuffizienz: Medikamente«* und das *Arbeitsblatt »Herzinsuffizienz: Frühwarnzeichen« sowie das Arbeitsblatt »Herzinsuffizienz: Symptomtagebuch«* (abrufbar unter Kap. »Zusatzmaterial zum Download«) unterstützen den Umgang mit der Krankheit von HI-Patienten.

3.4 Takotsubo-Syndrom

Kernaussagen

- Emotionale Belastungen wie Verlusterlebnisse, Angststörungen oder Depressionen spielen eine zentrale Rolle bei der Entstehung des Takotsubo-Syndroms; auch positive Stressoren wie z. B. Lottogewinne können Auslöser sein. Darüber hinaus sind auch physische Trigger wie akute medizinische Erkrankungen, Operationen oder schwere körperliche Belastungen häufige Auslöser.
- Möglicherweise führt eine überschießende Ausschüttung von Stresshormonen (Katecholaminen) beim Takotsubo-Syndrom zu einer akuten, reversiblen Funktionsstörung des linken Ventrikels, ohne dass eine relevante koronare Stenose vorliegt. Pathophysiologisch werden dabei Mechanismen wie myokardiale Katecholamin-Toxizität, Mikrozirkulationsstörungen, Koronarspasmen und eine gestörte β-Adrenozeptor-Signalübertragung diskutiert.
- Die Prävalenz des Takotsubo-Syndroms ist besonders hoch bei postmenopausalen Frauen über 65 Jahren, was vor allem auf hormonelle Veränderungen, insbesondere den Rückgang von Östrogen, zurückgeführt wird. Etwa 20–35 % der Patienten entwickeln Komplikationen, die vergleichbar mit denen eines klassischen MI sind.

3.4.1 Definition

Das Takotsubo-Syndrom (TTS), auch als »Stress-Kardiomyopathie« oder »Broken-Heart-Syndrom« bekannt, ist eine akute, meist reversible linksventrikuläre Funktionsstörung, die klinisch einem ACS ähnelt, jedoch ohne das Vorliegen einer relevanten Koronararterienstenose auftritt. Es wird häufig durch ausgeprägte emotionale oder körperliche Stressoren ausgelöst, wie etwa den Verlust einer nahestehenden Person, starke psychische Aufregung oder akute körperliche Belastungen (z. B. Operationen, akute Erkrankungen).

Beim TTS kommt es zu einer vorübergehenden systolischen Dysfunktion des linken Ventrikels, meist mit hypokinetischer bis akinetischer Bewegungsstörung der Herzspitze und gleichzeitiger Hyperkontraktilität der basalen Segmente. Dies führt in der Bildgebung, insbesondere in der Echokardiografie, zu einer charakteristischen ballonartigen Form des linken Ventrikels, die an ein japanisches »Takotsubo«-Tongefäß erinnert – daher die Namensgebung (46–48). Obwohl die Beschwerden beim TTS einem MI ähneln (Brustschmerz, Dyspnoe), zeigen die Koronarangiografien in der Regel keine akuten Gefäßverschlüsse der Koronararterien. Die myokardiale Durchblutung bleibt erhalten, und die linksventrikuläre Funktion normalisiert sich meist innerhalb weniger Wochen vollständig. Allerdings schließt ein negatives Infarktbild das Vorliegen einer KHK nicht aus. In einer großen Kohortenstudie mit 1.016 TTS-Patienten hatten 23 % eine obstruktive KHK und 41 % eine nicht-obstruktive KHK. Bei lediglich 36 % zeigten sich völlig intakte Koronarien. Das gleichzeitige Vorliegen einer KHK beeinflusst sowohl Komplikationsrisiko als auch Prognose deutlich (49).

3.4.2 Prävalenz

Das TTS betrifft vor allem Frauen nach den Wechseljahren, wobei die meisten Betroffenen über 65 Jahre alt sind. Bei Patienten, die mit dem Verdacht auf einen MI untersucht werden, stellt sich in 2–3 % der Fälle heraus, dass es sich stattdessen um ein TTS handelt. Früher galt das TTS als vergleichsweise harmlos. Neuere Studien zeigen jedoch, dass der Verlauf sehr unterschiedlich sein kann. Er reicht von einer raschen und vollständigen Erholung der Herzfunktion bis hin zu schweren Verläufen mit Komplikationen wie kardiogenem Schock, gefährlichen HRSTs oder sogar erhöhter Sterblichkeit (50–52).

3.4.3 Folgen

Etwa 20 bis 35 % der Patienten mit TTS entwickeln schwerwiegende Komplikationen, und in rund 4 % der Fälle verläuft die Erkrankung tödlich. Zu den Komplikationen zählen eine akute linksventrikuläre Pumpschwäche bis hin zum kardiogenen Schock, Rupturen der Ventrikelwand, die Bildung von intraventrikulären Thromben mit konsekutiver Gefahr von systemischen Embolien sowie das Auftreten gefährlicher HRSTs. Die Häufigkeit dieser Komplikationen ist vergleichbar mit jener, die bei einem klassischen MI beobachtet wird (52–54).

3.4.4 Risikofaktoren

Die genaue Pathogenese des TTS ist noch nicht vollständig verstanden, jedoch gibt es bestimmte Faktoren, die das Risiko für die Erkrankung erhöhen können (48):

- Geschlecht und Alter: Frauen nach der Menopause sind besonders häufig betroffen.

- Psychosozialer Stress: Verlusterlebnisse, Angststörungen, Depressionen
- Physische Belastungen: Operationen, akute Erkrankungen, neurologische Ereignisse
- Hormonelle Veränderungen: Die verminderte Östrogenproduktion nach der Menopause scheint eine Rolle zu spielen.
- Genetische Prädisposition: Einzelne Fallberichte deuten auf eine familiäre Häufung hin.

Während emotionale Trigger wie der Verlust eines Angehörigen oder familiäre Konflikte eine hohe Prävalenz haben (26–47 %), können auch positive emotionale Ereignisse wie ein Lottogewinn oder die Geburt eines Enkelkindes ein TTS auslösen. Ebenso spielen physische Stressoren eine Rolle, darunter akute neurologische Erkrankungen, chirurgische Eingriffe und schwere körperliche Betätigungen. In etwa einem Drittel der Fälle lässt sich kein eindeutiger Auslöser identifizieren (52). Eine Metaanalyse stützt die Annahme, dass eine Überreaktivität des sympathischen Nervensystems ein zentraler Mechanismus in der Pathophysiologie des TTS ist. TTS-Patienten zeigen zudem eine stressinduzierte endotheliale Dysfunktion sowie Störungen der Gefäßregulation. Auch treten stressbedingte Durchblutungsstörungen des Herzmuskels bei ihnen häufiger auf als bei gesunden Patienten (51).

3.4.5 Diagnostik

Die Diagnose des TTS basiert auf einer Kombination aus klinischen, laboranalytischen und bildgebenden Verfahren (48):

- EKG: Häufig zeigt sich eine ST-Streckenhebung, T-Wellen-Inversion oder Verlängerung der QT-Zeit.
- Laborwerte: leichte Troponinerhöhung, deutlich erhöhte BNP- oder NT-proBNP-Werte
- Echokardiografie: charakteristische Ballonierung des apikalen oder mittventrikulären Segments des linken Ventrikels
- Koronarangiografie: Ausschluss einer signifikanten Koronarstenose
- Kardiale Magnetresonanztomografie (CMR): Nachweis myokardialer Ödeme ohne ischämische Narben
- Unterscheidung vom MI: Die Herzkatheteruntersuchung bringt schließlich Aufschluss: Dabei findet der Arzt keine verschlossenen Koronararterien, wie sie für einen MI typisch sind.

Die Diagnosestellung fußt traditionell auf den Mayo-Kriterien (temporäre linksventrikuläre Wandbewegungsstörung, Ausschluss signifikanter Koronarstenosen, typische EKG-Veränderungen und moderate Biomarker-Erhöhung sowie der Ausschluss anderer Differenzialdiagnosen). Ergänzend bieten die neueren InterTAK-Diagnosekriterien eine zeitgemäße Perspektive. Sie berücksichtigen vorübergehende regionale Wandbewegungsstörungen (z. B. apikales Ballooning, midventrikuläre oder fokale Muster), das Vorhandensein eines psychischen oder physischen

Stressors (optional), neue EKG-Veränderungen, moderate Markererhöhung sowie den Ausschluss von Myokarditis über Bildgebung (48). Hinsichtlich Diagnostik und Management ordnet die ESC-Leitlinie 2023 zu Kardiomyopathien das TTS in den breiteren Kontext kardialer Dysfunktionen ein und bietet damit einen aktualisierten Rahmen (55).

3.4.6 Behandlung

Die Therapie des TTS ist primär supportiv und richtet sich nach den individuellen Symptomen und Komplikationen, da bislang keine spezifischen evidenzbasierten Behandlungsstrategien existieren.

Akuttherapie:

- Sauerstoffgabe und optimiertes Flüssigkeitsmanagement
- Betablocker zur Kontrolle der sympathischen Überaktivierung (Nutzen auf Mortalität bislang nicht belegt)
- ACE-Hemmer oder AT1-Blocker zur Unterstützung der myokardialen Erholung
- Diuretika bei Lungenstauung oder Ödemen
- Intensivmedizinische Überwachung bei Komplikationen wie Lungenödem, kardiogenem Schock oder ventrikulären Rhythmusstörungen
- Bei kardiogenem Schock sollten Katecholamine möglichst vermieden werden; alternativ können Levosimendan oder mechanische Kreislaufunterstützung erwogen werden.

Langfristige Therapie:

- Behandlung psychischer Komorbiditäten, vorzugsweise durch Psychotherapie und Stressbewältigungsstrategien; Einsatz von Antidepressiva nur nach sorgfältiger Nutzen-Risiko-Abwägung
- Stressmanagement und Vermeidung bekannter Trigger
- Angepasste körperliche Aktivität und strukturierte kardiologische Nachsorge
- Regelmäßige kardiologische Kontrollen zur Früherkennung möglicher Langzeitschäden

Die Behandlung orientiert sich derzeit an den Prinzipien der HI-Therapie, unter anderem mit Betablockern und ACE-Hemmern. Weitere Ansätze wie antientzündliche Substanzen, vorübergehende Antikoagulation bei linksventrikulären Thromben sowie psychotherapeutische Interventionen befinden sich in Diskussion. Experten fordern eine stärkere wissenschaftliche und klinische Aufmerksamkeit für das Syndrom, dessen Häufigkeit und Schwere in der Praxis oft unterschätzt werden (52;55–56).

Merke

Internationale Registerstudien, wie das InterTAK-Register, sammeln systematisch Daten, um RFs zu identifizieren und die Therapie langfristig zu optimieren (53).

Herausforderungen in der Behandlung

Aktuell existiert lediglich begrenzte wissenschaftliche Evidenz zur Wirksamkeit spezifischer psychologischer Interventionen bei TTS. Die BREAKOUT-Studie von Khan und Kollegen (2025) (57) ist die erste randomisierte Untersuchung, die psychologische und körperliche Rehabilitationsmaßnahmen bei Patienten mit TTS geprüft hat. Insgesamt nahmen 76 Betroffene teil, von denen 91 % Frauen waren; das Durchschnittsalter lag bei 66 Jahren. Die Teilnehmenden wurden zufällig einer von drei Gruppen zugeteilt: einer Gruppe mit KVT, einer Trainingsgruppe mit einem strukturierten Bewegungsprogramm oder einer Kontrollgruppe mit Standardversorgung durch die behandelnden Kardiologen. Als primäre Endpunkte wurden die Energieversorgung des Herzmuskels mittels Magnetresonanzspektroskopie sowie die körperliche Belastungsfähigkeit untersucht. Sowohl die psychologische Intervention als auch das Training führten zu deutlichen Verbesserungen. In der Verhaltenstherapiegruppe stieg die zurückgelegte Strecke im sechsminütigen Gehtest im Mittel um 56 Meter, in der Trainingsgruppe um 71 Meter. Auch die maximale Sauerstoffaufnahme nahm signifikant zu, um 15 % in der Verhaltenstherapiegruppe und um 18 % in der Trainingsgruppe. Zudem zeigten sich Hinweise auf eine verbesserte Energiebilanz im Herzmuskel. Die Ergebnisse dieser Studie deuten darauf hin, dass sowohl psychotherapeutische als auch bewegungsorientierte Rehabilitationsprogramme die Genesung nach TTS unterstützen können. Damit eröffnet sich ein neuer Ansatz für die interdisziplinäre Nachsorge, der über die rein kardiologische Versorgung hinausgeht und psychosoziale Aspekte der Erkrankung berücksichtigt.

Achtsamkeitsbasierte Verfahren werden ebenfalls als vielversprechende Ansätze diskutiert, insbesondere zur Stressreduktion und Stärkung der Emotionsregulation – auch wenn konkrete Daten zu TTS noch fehlen. Weiterhin empfehlen Experten explorative Studien zu individuellen Stressprofilen, Entspannungstechniken und psychosozialer Unterstützung, um langfristige Rückfallprävention und Lebensqualität zu verbessern (48).

3.5 Herzrhythmusstörungen

Kernaussagen

- Herzrhythmusstörungen (HRSTs) umfassen alle Abweichungen vom normalen Sinusrhythmus und reichen von harmlosen bis zu lebensbedrohlichen Zuständen.
- In Deutschland treten bei 25 % der Bevölkerung auffällige EKG-Befunde auf, wobei kritische HRSTs unter 1 % liegen. Sie spielen jedoch eine zentrale Rolle beim plötzlichen Herztod (ca. 100.000 Fälle jährlich).
- Bei etwa einem Drittel der Patienten mit HRSTs bestehen psychische Symptome oder manifeste Begleiterkrankungen, besonders häufig finden sich Angst und Depressivität sowie Anpassungsstörungen und Symptome einer PTBS.

3.5.1 Definition

Herzrhythmusstörungen (HRSTs) sind Abweichungen vom normalen Sinusrhythmus des Herzens. HRSTs können harmlos sein, aber auch schwerwiegende klinische Folgen haben, darunter Schwindel, Bewusstseinsverlust, MI oder plötzlicher Herztod (23).

3.5.2 Prävalenz

HRSTs treten insgesamt häufig auf und werden sowohl bei herzgesunden als auch bei strukturell vorerkrankten Personen beobachtet. Elektrokardiografische Auffälligkeiten finden sich bei etwa 20–25 % der Allgemeinbevölkerung, während Extrasystolen bei bis zu 50 % der Menschen auftreten. Diese sind überwiegend benigne, können jedoch bei strukturellen kardialen Erkrankungen prognostische Relevanz erlangen.

Eine der schwerwiegendsten Folgen von HRSTs ist der plötzliche Herztod. In Deutschland werden jährlich etwa 100.000 Todesfälle diesem Ereignis zugeschrieben, wobei in über 90 % der Fälle eine strukturelle Herzerkrankung vorliegt (15;18;58–61).

3.5.3 Einteilung

HRSTs lassen sich in folgende Kategorien unterteilen:

a) Frequenz
   - *Tachykarde HRSTs:* HF > 100/min
   - *Bradykarde HRSTs:* HF < 60/min

b) Ursprung
   - *Supraventrikulär:* oberhalb der Ventrikel (z. B. Vorhöfe)
   - *Ventrikulär:* in den Ventrikeln

c) Klinischer Krankheitswert
   - *Benigne (harmlose) HRSTs:*
     Supraventrikuläre Extrasystolen (SVES) – vorzeitige Schläge aus den Vorhöfen, oft symptomlos oder als »Herzstolpern« wahrgenommen;
     Ventrikuläre Extrasystolen (VES) – vorzeitige Aktionen aus den Kammern. Bei gehäuftem Auftreten können sie beunruhigend wirken, sind jedoch häufig benigne, v. a. bei gesunden Herzen.
   - *Krankheitswertige HRSTs:* mit Symptomen oder Komplikationsrisiken

Merke

In der Praxis stehen bei HRSTs zwei Fragen im Vordergrund: Ist die Rhythmusstörung gefährlich? Ist sie psychisch belastend?

3.5.4 Krankheitswertige Herzrhythmusstörungen

Tachykarde Herzrhythmusstörungen

Bei diesen Störungen schlägt das Herz zu schnell – meist > 100 Schläge pro Minute. Wichtige Formen sind folgende:

- *Supraventrikuläre Tachykardie (SVT)*
  Frequenz 100–200/min, oft plötzliches Herzrasen, häufig mit Angst verbunden
- *Vorhofflimmern/Vorhofflattern*
  Chaotische elektrische Aktivität in den Vorhöfen mit Frequenzen von 300–600/min; die Kammerfrequenz liegt meist bei 100–160/min. Es besteht eine enge Wechselwirkung zwischen körperlichen und psychischen Beschwerden (z. B. Herzrasen, Dyspnoe, Angst), die sich gegenseitig verstärken können (Teufelskreis).
- *Kammertachykardie*
  Sehr schnelle HFs (100–220/min), die von den Ventrikeln ausgehen; kann in Kammerflimmern übergehen und somit tödlich enden.
- *Kammerflimmern*
  Ventrikel schlagen unkontrolliert und mit sehr hoher Frequenz (> 300/min), wodurch keine effektive Pumpleistung mehr möglich ist. Es ist ein akuter Notfall, der unbehandelt innerhalb von Minuten zum Tod führt (58–61).

Bradykarde Herzrhythmusstörungen

Bei dieser Form der HRST schlägt das Herz zu langsam (< 60/min). Diese Formen treten vor allem bei älteren Menschen auf. Die Prävalenz liegt bei < 1 % in der Allgemeinbevölkerung, steigt jedoch mit dem Alter deutlich an.

- *Sinusknotensyndrom (Sick-Sinus-Syndrom)*
  Führt zu intermittierenden oder anhaltenden Pausen im Rhythmus; als Symptome treten Schwindel und Synkopen auf.
- *AV-Blockierungen*
  Störung der Reizweiterleitung zwischen Vorhof und Ventrikel; auch hier kommt es zu Schwindel oder Ohnmachtsanfällen (▶ Tab. 3.8)
- *Bradyarrhythmia absoluta*
  Kombination aus VHF und bradykarder Kammerfrequenz; das *Embolierisiko* ist vergleichbar mit dem der tachykarden Form.

Arten von Erregungsleitungsstörungen

▶ Tab. 3.8 beschreibt die Arten der Erregungsleitungsstörungen (58–59)

Tab. 3.8: Arten der Erregungsleitungsstörungen (58–59)

Grad der Blockade	Beschreibung
Grad I	Verlängerte Überleitungszeit vom Vorhof in die Kammer (PQ-Zeit > 200 ms), aber jedes Vorhofsignal wird noch weitergeleitet.
Grad II (Typ Mobitz 1)	Die Überleitung verlangsamt sich zunehmend (PQ-Zeit wird länger), bis schließlich eine Vorhoferregung nicht mehr auf die Kammer übergeleitet wird (»Ausfall« eines QRS-Komplexes). In der Folge wiederholt sich der Zyklus.
Grad II (Typ Mobitz 2)	Plötzliches, nicht vorhersehbares Ausbleiben der Überleitung einzelner Vorhoferregungen (P-Wellen), ohne dass sich die PQ-Zeit vorher verlängert. Häufig wird nur jede zweite (2:1) Vorhofaktion auf die Kammer übergeleitet. Die Blockade liegt meist distal des AV-Knotens und ist prognostisch ungünstig, sodass ohne Schrittmacher ein hohes Risiko besteht.
Grad III	Keine Überleitung der Vorhoferregung auf die Kammern mehr. Die Vorhöfe schlagen unabhängig von den Kammern (»AV-Dissoziation«). Die Kammern werden durch einen langsameren Ersatzrhythmus (Junktional- oder Ventrikelrhythmus) aktiviert.

3.5.5 Symptome und klinische Bedeutung

Die klinische Symptomatik von HRSTs ist sehr variabel. Sie reicht von völlig asymptomatischen Extrasystolen über Herzrasen, Schwindel, Dyspnoe, Leistungsschwäche, Herzstolpern, Brustschmerzen, Schwitzen und Synkopen bis hin zu lebensbedrohlichen Zuständen wie Kammerflimmern (60).

Praxistipp

Schulen Sie Patienten und Angehörige, die Anzeichen einer lebensbedrohlichen HRST (z. B. plötzlicher Schwindel, Bewusstlosigkeit, Herzrasen) zu erkennen. Stellen Sie sicher, dass betroffene Patienten im Notfall wissen, wie sie handeln müssen (z. B. Notruf absetzen, automatisierten externen Defibrillator [AED] einsetzen).

3.5.6 Ursachen

HRSTs entstehen durch eine gestörte elektrische Signalweiterleitung im Herzen, was zu unregelmäßigen oder ineffizienten Herzschlägen führt. Drei Hauptmechanismen sind dabei zu unterscheiden:

- *Automatie-Störungen* betreffen die Erregungsbildung, meist im Sinusknoten. Eine gestörte Funktion kann zu einer zu schnellen, zu langsamen oder unregelmäßigen HF führen.
- *Reentry-Phänomene* entstehen, wenn elektrische Erregung im Kreis läuft, statt sich geordnet auszubreiten. Dies ist eine häufige Ursache für tachykarde HRSTs wie VHF oder AV-Knoten-Reentry-Tachykardien.
- *Trigger-Aktivierung* beschreibt zusätzliche elektrische Impulse aus Herzmuskelzellen, die zu Extrasystolen oder anhaltenden Rhythmusstörungen führen können.

Auslöser für HRSTs können sowohl *kardial* (z. B. KHK, Kardiomyopathien) als auch *extrakardial* (z. B. Elektrolytstörungen, Medikamente, Stress) sein (23).

1. *Ursachen im Herzen (kardiale Ursachen)*
   HRSTs können durch strukturelle oder funktionelle Probleme des Herzens entstehen. Dazu gehören:
   - *KHK:* Verengte Herzkranzgefäße können die Sauerstoffversorgung des Herzens chronisch beeinträchtigen und HRSTs begünstigen.
   - *MI:* Durch eine akute Mangeldurchblutung kann das Herzgewebe geschädigt werden, was die Weiterleitung der elektrischen Impulse stört.
   - *Herzmuskelentzündung (Myokarditis):* Entzündliche Prozesse können die elektrischen Funktionen des Herzens beeinträchtigen.
   - *Herzmuskelveränderungen (Kardiomyopathien):* Eine krankhafte Veränderung des Herzmuskels kann zu Störungen in der Erregungsbildung und -weiterleitung führen.
   - *Klappenerkrankungen:* Wenn die Herzklappen nicht richtig arbeiten, kann dies langfristig zu einer Belastung des Herzens und in der Folge zu HRSTs führen.

- *Genetische Faktoren:* Angeborene Veränderungen können die Herzaktivität beeinflussen und das Risiko für Arrhythmien erhöhen.

2. *Ursachen außerhalb des Herzens (extrakardiale Ursachen)*
   HRSTs können auch durch Faktoren entstehen, die nicht direkt mit dem Herzen zu tun haben, darunter:
   - *Hormonelle Störungen (z. B. eine Über- oder Unterfunktion der Schilddrüse):* Diese beeinflussen den Herzschlag, indem sie die Stoffwechselaktivität des Körpers regulieren.
   - *Medikamente und toxische Substanzen:* Bestimmte Medikamente oder Substanzen wie Koffein, Alkohol und Drogen können das elektrische System des Herzens beeinflussen.
   - *Elektrolytstörungen (z. B. ein Ungleichgewicht von Kalium, Magnesium oder Natrium):* Diese können die Reizweiterleitung des Herzens verändern.
   - *Psychische Faktoren:* Stress, Angst oder Panikattacken können das ANS aktivieren und so HRSTs auslösen oder verstärken.
   - *Überempfindlicher Karotissinus:* Eine Überreaktion des Druckrezeptors in der Halsschlagader kann zu plötzlichen HF-Abfällen führen (58–61).

3.5.7 Diagnostik

Die Diagnostik einer HRST beginnt mit einer sorgfältigen Anamnese (z. B. Symptomcharakteristik, Auslöser, Dauer, Begleitumstände) und einer körperlichen Untersuchung (z. B. Puls, Auskultation, Zeichen struktureller Herzerkrankungen). Anschließend kommen unterschiedliche apparative Verfahren zum Einsatz.

Nichtinvasive Verfahren

- Ruhe-EKG: Basisdiagnostik, geeignet zum Nachweis anhaltender HRSTs oder typischer Veränderungen (z. B. VHF, Vorhofflattern, Kammertachykardien)
- Langzeit-EKG (24–72 h): zur Erfassung intermittierender, kurzzeitiger Rhythmusstörungen, die im Ruhe-EKG nicht sichtbar sind
- Ergometrie (Belastungs-EKG): dient der Provokation belastungsinduzierter Rhythmusstörungen und zur Abklärung von ischämischen Ursachen
- Event-Recorder: tragbares Gerät mit Langzeitüberwachung (über Wochen bis Monate) bei selten auftretenden Symptomen
- Implantierbarer Loop-Recorder (ILR): bei sehr seltenen, aber klinisch relevanten Ereignissen (z. B. Synkopen unklarer Ursache)

Merke

Langzeit-EKGs und Event-Recorder sind besonders hilfreich bei intermittierenden HRSTs (58–61).

3.5.8 Behandlung

- Medikamentöse Therapie
  - *Antiarrhythmika:* werden zur Kontrolle von tachykarden HRSTs eingesetzt. Beispiele sind: Flecainid, Amiodaron, Sotalol oder Betablocker wie Metoprolol.
  - *Antikoagulation:* wird bei VHF zur Thrombose- bzw. Schlaganfallprophylaxe eingesetzt. Typische Medikamente sind: *direkte orale Antikoagulanzien (DOAKs)* wie *Apixaban*, *Rivaroxaban* oder *Dabigatran*, sowie das klassische *Vitamin-K-Antagonist Phenprocoumon* (z. B. Marcumar).
- Interventionelle Therapie
  - *Schrittmacher:* wird bei symptomatischen bradykarden HRSTs eingesetzt, z. B. bei Sinusknotensyndrom oder AV-Blockierungen. Er übernimmt die elektrische Taktgebung des Herzens, wenn der natürliche Rhythmus zu langsam oder unregelmäßig ist.
  - *ICD (implantierbarer Kardioverter-Defibrillator):* dient dem Schutz vor plötzlichem Herztod, insbesondere bei Patienten mit schwerer HI oder überlebtem Kammerflimmern. Das Gerät erkennt lebensbedrohliche Tachykardien und kann diese durch gezielte Stromstöße beenden.
    Es lassen sich zwei Hauptindikationen unterscheiden: Im Rahmen der Primärprävention (etwa 75 % der Implantationen) erhalten Patienten mit strukturellen Herzerkrankungen oder stark eingeschränkter linksventrikulärer Ejektionsfraktion den ICD zur Vermeidung eines ersten plötzlichen Herztodes. Bei der Sekundärprävention (etwa 25 % der Implantationen) erfolgt die Implantation nach überlebtem Herzstillstand, ventrikulären Tachykardien oder nach einer erfolgreichen Reanimation zur Reduktion des Rezidivrisikos.
  - *Katheterablation:* kausale Therapieform für bestimmte HRSTs, z. B. VHF oder AV-Knoten-Reentry-Tachykardien; dabei werden krankhafte elektrische Leitungsbahnen gezielt verödet, meist über einen venösen Zugang am Herzkatheter (58).
- Lebensstiländerungen
  - Reduktion von RFs wie Stress, Alkohol, Drogen (z. B. Kokain) und Bewegungsmangel
  - Regelmäßige ärztliche Kontrollen (58)

Elektrische Verfahren helfen, den gestörten Herzrhythmus durch gezielte Stromimpulse zu regulieren. ▶ Tab. 3.9 gibt einen Überblick über verschiedene Verfahren und deren Indikation (58–61).

Tab. 3.9: Invasive Verfahren bei Herzrhythmusstörungen (58–61); ICD = Implantierbarer Kardioverter-Defibrillator

Verfahren	Beschreibung	Typische Indikationen
Antitachykarde Stimulation (Overdrive-Pacing)	Schwache, schnelle elektrische Impulse aus einem Schrittmacher oder ICD, die eine tachykarde Rhythmusstörung »überholen« und dadurch beenden	V. a. bei supraventrikulären Tachykardien (z. B. Vorhofflattern) oder bei ventrikulären Tachykardien in Schrittmacher- bzw. ICD-Trägern
Katheterablation	Gezielte Ausschaltung krankhafter elektrischer Leitungsbahnen oder Triggerherde durch Radiofrequenzstrom (Hitze) oder Kryoenergie (Kälte)	Vorhofflimmern, Vorhofflattern, AV-Knoten-Reentry-Tachykardie, akzessorische Leitungsbahnen (WPW-Syndrom), bestimmte ventrikuläre Tachykardien
Elektrische Kardioversion	Abgabe eines synchronisierten Stromimpulses zur Wiederherstellung des Sinusrhythmus	Vorhofflimmern, Vorhofflattern, anhaltende supraventrikuläre und ventrikuläre Tachykardien (bei hämodynamischer Instabilität)
Defibrillation	Abgabe eines unsynchronisierten Stromstoßes bei chaotischer elektrischer Aktivität	Kammerflimmern, pulslos verlaufende ventrikuläre Tachykardie – akute lebensbedrohliche Notfälle
ICD	Dauerhaft implantiertes Gerät, das Herzrhythmus kontinuierlich überwacht und bei gefährlichen ventrikulären Tachykardien oder Kammerflimmern automatisch antitachykarde Stimulation oder Schocktherapie abgibt	Primär- und Sekundärprävention des plötzlichen Herztods bei strukturellen Herzerkrankungen oder nach überlebtem Kammerflimmern
Schrittmachertherapie	Implantiertes Aggregat, das elektrische Impulse an das Herz abgibt, wenn die Eigenfrequenz zu niedrig oder die Überleitung blockiert ist	Symptomatische Bradykardien, höhergradige AV-Blockierungen, Sinusknotensyndrom

Herausforderungen in der Behandlung

HRSTs stehen in enger Wechselwirkung mit psychischen Belastungen wie Stress, Angst und Depression. Akute oder chronische emotionale Auslöser können nicht nur Arrhythmien auslösen, sondern auch bestehende verstärken, insbesondere bei psychisch vulnerablen Patienten. Diese sind oft stressanfälliger, was die autonome Regulation des Herzens beeinflusst und das Risiko für eine HRST erhöht (62–64). Ein typisches Beispiel sind Palpitationen (Herzstolpern), meist in Form von Extrasystolen, die von vielen Betroffenen als bedrohlich wahrgenommen werden. Daraus kann sich ein Teufelskreis entwickeln: Angst verstärkt die Symptomwahrnehmung, was zu noch mehr psychischer Belastung führt (65). Besonders VHF zeigt sich anfällig für psychische Einflüsse. Stress, Depressionen und Traumata gelten als RFs für das Auftreten und Wiederkehren von VHF. Patienten mit psychischen Vorerkrankungen haben auch ein erhöhtes Rezidivrisiko nach Maßnahmen wie Kardioversion oder Ablation (62).

Auch bei ICD-Patienten sind psychische Belastungen häufig: Rund 30 % leiden an Angststörungen oder Depressionen, insbesondere nach Schockabgaben. Diese führen nicht selten zu Vermeidungsverhalten, sozialem Rückzug und reduzierter Lebensqualität (66). Das Risiko für posttraumatische Symptome ist besonders nach unangemessenen oder wiederholten Schocks erhöht (67).

Individuelle Faktoren wie Persönlichkeitsstruktur und soziale Unterstützung beeinflussen, wie gut Patienten mit einem ICD umgehen können. Besonders bei Typ-D-Persönlichkeit ist das Risiko für psychische Folgen deutlich erhöht (68).

Eine aktuelle Übersichtsarbeit mit 21 Studien und insgesamt 2.591 Teilnehmenden konnte zeigen, dass KVT und achtsamkeitsbasierte Verfahren Depressionen und Angstsymptome verringern können und die psychische Lebensqualität verbessern. Auf die körperliche Lebensqualität, die Häufigkeit schwerer Herzereignisse oder die Sterblichkeit hatten sie jedoch keinen klaren Einfluss. Für VHF liegen bislang noch keine belastbaren Studien vor, sodass hier weiterer Forschungsbedarf besteht (69).

Aufgrund der hohen Komorbidität psychischer Belastungen bei HRSTs wird der Einsatz von Fragebögen zur Erfassung des psychischen Wohlbefindens empfohlen. Hierzu bietet der *Screening-Fragebogen »Psychosoziale Risikofaktoren (PSRFs)«* eine Hilfestellung (abrufbar unter Kap. »Zusatzmaterial zum Download«).

3.6 Angeborene Herzfehler

Kernaussagen

- In Deutschland leben ca. 300.000 Erwachsene mit angeborenen Herzfehlern (EMAH).
- Durch medizinische Fortschritte überleben heute über 90 % der betroffenen Kinder bis ins Erwachsenenalter.
- Bis zu 40 % der Eltern von Kindern mit angeborenen Herzfehlern entwickeln Symptome von Angst, Depression und/oder posttraumatischem Stress.
- Lebenslange Nachsorge ist erforderlich, da Risiken für HI, Arrhythmien, Endokarditis und pulmonale Hypertonie bestehen.

3.6.1 Definition

Unter Herzfehlern (Vitien) versteht man strukturelle Abweichungen an Klappen, Septen oder herznahen Gefäßen, die den Blutfluss verändern. Sie können bereits pränatal entstehen oder sich erst im Verlauf entwickeln – etwa durch altersbedingte Klappenverkalkung, als Folge von Infektionen oder als Komplikation anderer Herzerkrankungen (18; 70).

3.6.2 Prävalenz

Angeborene Herzfehler (AHF) zählen zu den häufigsten angeborenen Fehlbildungen und treten bei etwa 8 bis 10 von 1.000 Neugeborenen auf. Dank erheblicher medizinischer Fortschritte überleben heute über 90% der betroffenen Kinder bis ins Erwachsenenalter. In Deutschland leben aktuell ca. 300.000–350.000 Erwachsene mit angeborenen Herzfehlern (EMAH), mit einem jährlichen Anstieg von 5.000–6.000 neuen Erwachsenen durch die Transition aus der pädiatrischen Versorgung. Je nach Komplexität des Herzfehlers benötigen bis zu 50% der EMAH lebenslange kardiologische Betreuung (18; 71).

Aufgrund des unterschiedlichen Schweregrads werden AHFs in drei Gruppen unterteilt (72–74):

- *Einfache Defekte:* Dazu gehören z. B. der Vorhofseptumdefekt (ASD) und ein persistierender Ductus arteriosus (PDA), die oft ohne große gesundheitliche Einschränkungen verlaufen und teilweise spontan verschließen.
- *Mittelschwere Defekte:* Dazu zählt z. B. der Ventrikelseptumdefekt (VSD). Mittelschwere Defekte erfordern in der Regel interventionelle oder chirurgische Korrekturen, können aber durch adäquate Behandlung eine gute Prognose haben.
- *Komplexe Defekte:* Das hypoplastische Linksherzsyndrom oder die Transposition der großen Arterien stellen z. B. schwerwiegende Erkrankungen dar, die oft bereits im Neugeborenenalter intensive medizinische Eingriffe erfordern und lebenslange kardiologische Betreuung notwendig machen.

3.6.3 Häufigste angeborene Herzfehler

Es gibt über 2.000 verschiedene AHFs, die oft individuell auftreten. Häufig treten Kombinationen mehrerer Fehlbildungen auf. In der nachfolgenden Tabelle (► Tab. 3.10) sind häufige AHFs mit einhergehenden Symptomen, Häufigkeiten und Behandlungsansätzen dargestellt (72–74).

Merke

Ein nicht behandelter Herzfehler kann über Jahre hinweg asymptomatisch verlaufen und dennoch langfristig das Risiko für eine HI und HRSTs erhöhen.

Tab. 3.10: Häufige angeborene Herzerkrankungen, Symptome und Behandlungsansätze (54); AHF = Angeborener Herzfehler

Erkrankung	Typische Symptome	Häufigkeit	Behandlung
Vorhofseptumdefekt	Atemnot, Müdigkeit, häufige Infektionen der Atemwege, Belastungsintoleranz	ca. 8–10 % aller AHFs	Katheterbasierter Verschluss (bei geeignetem Defekt) oder chirurgischer Verschluss
Ventrikelseptumdefekt	Herzgeräusch, Gedeihstörung, Dyspnoe; Zyanose nur bei großem Defekt oder Eisenmenger-Syndrom	ca. 20–30 % aller AHFs (häufigster Defekt)	Kleine Defekte oft ohne Therapie, große Defekte chirurgischer Verschluss
Persistierender Ductus arteriosus	Herzgeräusch, Atemnot, häufige Infektionen; oft asymptomatisch bei kleinen Defekten	ca. 5–10 % aller AHFs	Medikamentöse Therapie bei Neugeborenen, Katheterintervention oder chirurgischer Verschluss
Fallot-Tetralogie	Zyanose, Herzgeräusch, Wachstumsverzögerung, »Blue spells«	ca. 3–5 pro 10.000 Lebendgeburten	Komplette operative Korrektur im ersten Lebensjahr
Pulmonalklappenstenose	Belastungsdyspnoe, Zyanose, Rechtsherzbelastung	ca. 5–10 % aller AHFs	Ballonvalvuloplastie oder chirurgischer Klappenersatz
Transposition der großen Arterien	Zyanose unmittelbar nach Geburt, schwere Kreislaufprobleme	ca. 5 % aller AHFs	Arterielle Switch-Operation im Neugeborenenalter
Hypoplastisches Linksherzsyndrom	Schwere Herzschwäche und Zyanose bereits im Neugeborenenalter	ca. 1–2 % aller AHFs	Mehrstufige palliative Operationen (Norwood-, Glenn-, Fontan-Operation), lebenslange Nachsorge

3.6.4 Häufige Fehlbildungen

- *Öffnungen in den Scheidewänden (Shunts):* Diese Verbindungen zwischen rechter und linker Herzhälfte führen zu abnormen Blutflüssen.
- *Verengungen (Stenosen):* Diese betreffen oft Klappen oder große Blutgefäße, was den Blutfluss einschränkt.
- *Abnormale Positionen:* Fehlstellungen von Gefäßen, Herzkammern oder des gesamten Herzens
- *Unterentwickelte Strukturen:* Ventrikel oder Gefäße, die zu klein sind oder fehlen, beeinträchtigen die Funktion erheblich.

3.6.5 Ursachen

Die Ursachen von Herzfehlern lassen sich grob in die folgenden zwei Kategorien einteilen:

- Angeborene Ursachen
  - Genetische Faktoren: Chromosomenanomalien wie Trisomie 21 (Downsyndrom) oder Turner-Syndrom gehen häufig mit Herzfehlern einher (z. B. AV-Septumdefekt bei Downsyndrom, Aortenisthmusstenose bei Turner-Syndrom).
  - Embryonale Schädigungen: Teratogene Einflüsse wie Alkoholkonsum, bestimmte Medikamente oder Infektionen der Mutter (z. B. Röteln in der Frühschwangerschaft) können die normale Herzentwicklung stören.
- Erworbene Ursachen
  - Infektionen: Eine Endokarditis (meist durch Streptokokken oder Staphylokokken) kann zu schweren Klappeninsuffizienzen führen.
  - Rheumatisches Fieber: Immunreaktion nach Streptokokkeninfektion, führt oft zu chronischen Klappenschäden (v. a. Mitral- und Aortenklappe).
  - Degenerative Veränderungen: Verkalkungen der Herzklappen, insbesondere der Aortenklappe, sind die häufigste erworbene Ursache im höheren Lebensalter.
  - Systemische Erkrankungen: Bindegewebserkrankungen, wie das Marfan-Syndrom, begünstigen Aortenaneurysmen oder Klappeninsuffizienzen.

Merke

Eine frühzeitige Diagnose von Endokarditis oder rheumatischem Fieber kann die Entwicklung schwerer Klappenschäden verhindern.

3.6.6 Symptome

Die Symptome von Herzfehlern variieren je nach Typ, Schweregrad und Progression der Erkrankung. Während einige Kinder sofort nach der Geburt auffällige

Beschwerden zeigen, treten die Symptome bei anderen erst später auf. Einige der häufigsten klinischen Manifestationen sind die folgenden (75):

1) Zyanose
   - Bläuliche Verfärbung der Haut, insbesondere an Lippen und Fingernägeln
   - Entsteht durch eine unzureichende Sauerstoffversorgung des Blutes
2) Dyspnoe
   - Zeigt sich häufig bei körperlicher Belastung
   - Tritt durch eine gestörte Herzfunktion auf, die den Sauerstofftransport beeinträchtigt
3) Leistungsschwäche
   - Verminderte körperliche Belastbarkeit im Alltag
   - Säuglinge zeigen dies häufig durch starkes Schwitzen beim Stillen oder Füttern, Trinkschwäche und eine langsame Gewichtszunahme.
4) Herzgeräusche
   - Akustische Signale, die durch abnormale Blutströmungen verursacht werden
   - Können bei der körperlichen Untersuchung festgestellt werden
5) Synkopen/HRST
   - Plötzliche Ohnmachtsanfälle durch vorübergehende Minderdurchblutung des Gehirns
6) HRST
   - Diese können mit Atembeschwerden, Wachstumsstörungen oder einer Lebervergrößerung einhergehen.

Praxistipp

Eltern sollten bei Neugeborenen auf Anzeichen wie ungewöhnliche Atemmuster, Trinkschwäche oder bläuliche Hautverfärbungen achten. Frühzeitiges Handeln kann entscheidend sein.

3.6.7 Diagnostik

Eine frühzeitige Diagnose ist entscheidend, um Komplikationen zu vermeiden und eine geeignete Therapie einzuleiten. Die Diagnostik von Herzfehlern stützt sich auf verschiedene klinische und technische Verfahren (18):

- Echokardiografie
  - Wichtigstes nichtinvasives diagnostisches Verfahren bei AHFs
  - Ermöglicht die Darstellung der Herzanatomie, Blutflüsse (Doppler-Echokardiografie) und der Klappenfunktion
- EKG
  - Zeigt Erregungsleitungsstörungen, HRSTs oder Hinweise auf Kammerhypertrophie und Belastungsmuster

- Herzkatheteruntersuchung
  - Misst Druckverhältnisse und Sauerstoffsättigungen in den einzelnen Herzabschnitten
  - Dient der genauen hämodynamischen Abklärung und wird häufig im Rahmen der Operations- oder Interventionsplanung eingesetzt
- Röntgen-Thorax
  - Liefert ergänzende Hinweise, z. B. auf vergrößerte Herzkonturen, Lungenstauung oder Fehlbildungen der großen Gefäße
  - Heute weniger im Vordergrund, aber noch Teil der Basisdiagnostik
- Blutuntersuchungen
  - Können Entzündungen (z. B. CRP, Leukozyten), Autoimmunprozesse oder Begleiterkrankungen aufdecken
  - Bei AHFs eher ergänzend, nicht primär diagnostisch

Praxistipp

Eine regelmäßige kardiologische Kontrolle ist besonders bei Patienten mit familiärer Vorbelastung wichtig, da viele Herzfehler erst spät im Leben Symptome zeigen.

3.6.8 Behandlung

Während etwa die Hälfte der Herzfehler nicht schwerwiegend sind und teilweise spät erkannt werden, erfordern 25 % der Herzfehler bereits im ersten Lebensjahr eine Behandlung oder sogar chirurgische Eingriffe. Diese Eingriffe führen bei den Eltern zu erheblichen Belastungen und müssen sorgfältig betreut werden (75–76).

Die Therapie von Herzfehlern ist multidisziplinär und umfasst medikamentöse, interventionelle und chirurgische Ansätze.

Chirurgische Eingriffe

- Komplette Korrekturen: z. B. operative Behandlung der Fallot-Tetralogie, arterielle Switch-Operation bei Transposition der großen Arterien oder Korrektur komplexer Septumdefekte
- Palliative Eingriffe: dienen der Überbrückung bis zu einer definitiven Operation (z. B. systemisch-pulmonale Shunts, Pulmonalbanding), um das Überleben und die Stabilität zu sichern

Interventionelle Verfahren

- Katheterbasierte Interventionen: Verschluss von Vorhof- oder Ventrikelseptumdefekten (ASD, VSD, PDA) mit speziellen Okkludern
- Ballonvalvuloplastie/Stentimplantationen: Erweiterung verengter Herzklappen oder Gefäße (z. B. Pulmonalstenose, Aortenisthmusstenose)

Medikamentöse Therapie

- Diuretika: Entlastung des Herzens durch Reduktion von Volumenbelastung, insbesondere bei HI-Symptomen
- Betablocker: zur Rhythmuskontrolle oder Reduktion der Belastung des Herzens (z. B. bei Arrhythmien oder hypertrophen Veränderungen)
- ACE-Hemmer/Angiotensin-Rezeptorblocker (ARBs): zur Unterstützung der Pumpfunktion bei systolischer Dysfunktion.
- Antikoagulation: notwendig bei mechanischen Herzklappen oder bei VHF zur Vermeidung von Thrombosen und Embolien

Herausforderungen in der Behandlung

Menschen mit einem AHF sind nicht nur körperlich, sondern auch psychosozial stark belastet. Sie haben besonders bei komplexen Herzfehlern ein erhöhtes Risiko für Angst, Depressionen und soziale Einschränkungen. Die chronische Erkrankung kann Partnerschaft, Familienplanung und Berufswahl erheblich beeinflussen. Sorgen um die eigene Gesundheit und mögliche Komplikationen beeinträchtigen zusätzlich die Lebensqualität (76–78).

Trotz guter Prognosen bleibt eine lebenslange medizinische Betreuung notwendig. Kinder mit AHF durchlaufen verschiedene Entwicklungsphasen mit speziellen Herausforderungen:

1) *Übergang vom Kleinkind zum Kind:*
   Nachoperationen und medizinische Eingriffe sind häufig. Eltern benötigen Unterstützung im Umgang mit Ängsten und dem Spannungsfeld zwischen Förderung und Überbehütung.
2) *Kindheit bis Pubertät:*
   Hormonelle Veränderungen beeinflussen das HKS. Viele Jugendliche empfinden die Krankheit als belastend oder stigmatisierend. Einschränkungen im Alltag (z. B. Sport, Klassenfahrten) können das Selbstbild und die soziale Integration beeinträchtigen.
3) *Jugendalter bis Erwachsenenleben:*
   Die Auseinandersetzung mit der Erkrankung gewinnt an Bedeutung. Berufswahl und Lebensplanung müssen körperliche Grenzen berücksichtigen. Frauen mit AHF brauchen während der Schwangerschaft eine spezialisierte Betreuung aufgrund erhöhter Komplikationsrisiken für Mutter und Kind.

Langfristige Nachsorge

Die Lebenserwartung von Patienten mit AHF hat sich dank moderner Therapieoptionen deutlich verbessert. Dennoch sind regelmäßige Kontrollen, angepasste körperliche Aktivität und ein strukturiertes Nachsorgekonzept unerlässlich. Die flächendeckende Versorgung bleibt in der Übergangsphase zwischen pädiatrischer und Erwachsenenkardiologie eine Herausforderung (76–78).

Psychosoziale Auswirkungen auf Angehörige

Ein Kind mit einem AHF zu haben, stellt auch für die Eltern und Angehörigen eine große Belastung dar. Etwa 40 % der Eltern entwickeln Ängste oder Depressionen bis hin zu posttraumatischen Symptomen. Besonders belastend sind Angst- und Schuldgefühle, wenn der Herzfehler genetische Ursachen hat (79).

Der Alltag ist oft durch medizinische Termine geprägt, wodurch berufliche Verpflichtungen und soziale Aktivitäten eingeschränkt werden.

Auch die soziale Isolation kann eine Rolle spielen, da die Pflegebedürftigkeit des Kindes und mögliche Einschränkungen im Alltag es für betroffene Familien erschweren, ein normales soziales Leben zu führen. Diese Faktoren machen eine gezielte psychosoziale Unterstützung für betroffene Familien besonders wichtig.

Praxistipp

Selbsthilfegruppen und psychosoziale Beratung bieten Angehörigen Unterstützung, helfen bei der Bewältigung von Sorgen und fördern den Austausch mit anderen betroffenen Familien. Der Verein »Herz ohne Stress – Psychisch belastete Herzpatienten e. V.« richtet sich an Menschen, die nach einem MI, einer Herzoperation oder mit chronischen Herzerkrankungen unter psychischer Belastung leiden. Mehr finden Sie unter: https://herz-ohne-stress.de/herzpatienten/selbsthilfegruppen/.

Psychosoziale Unterstützung

In Deutschland gibt es mehrere Organisationen, die Selbsthilfegruppen und Beratungsangebote für Kinder mit AHF sowie deren Familien anbieten. Die *Information »Angehörige von Patienten mit Herzerkrankung«* bietet einige Tipps und Adressen für Betroffene und Angehörige (abrufbar unter Kap. »Zusatzmaterial zum Download«).

Praxistipps für Eltern, Lehrer und Betreuer

- Kinder mit AHF sollten in ihrer Selbstständigkeit gefördert, für ihre individuellen Stärken gelobt und wo möglich in soziale Aktivitäten einbezogen werden, damit sie trotz gesundheitlicher Einschränkungen ein gesundes Selbstbewusstsein entwickeln können, ohne durch übermäßige Schonung in ihrer Entwicklung gehemmt zu werden. Arbeiten Sie mit Schulen zusammen, um individuelle Anpassungen im Lehrplan und Schulsport zu ermöglichen.
- Nutzen Sie Beratungsstellen und Selbsthilfegruppen für Eltern und Jugendliche, um soziale Isolation zu verhindern.
- Fördern Sie eine offene Kommunikation mit dem Kind und erklären Sie die Erkrankung altersgerecht. In ► Tab. 3.11 sind Literaturtipps für betroffene

Tab. 3.11: Überblick über hilfreiche Literatur für betroffene Kinder und Familienmitglieder

Kategorie	Titel	Autoren	Verlag	ISBN/Quelle	Inhalt/Schwerpunkt
Eltern	Unser Kind ist chronisch krank	Jesper Juul	Kösel Verlag GmbH & Co	3-466-30683-3	Familientherapeut zeigt Wege, wie Eltern eigene Kraftquellen erschließen und Kindern Eigenverantwortung zutrauen können.
	Wer nur auf Löcher starrt, verpasst den Käse	Sabine Zinkernagel	Neuefeld Verlag	987-3-86256-027-1	Erfahrungsbericht über die Herausforderung, die Stärken behinderter Kinder zu entdecken
	Ratgeber angeborene Herzfehler bei Kindern	Ulrike Blum, Hans Meyer, Philipp Beerbaum	Springer Verlag	978-3-662-47877-6	Medizinischer Leitfaden für Eltern und Betreuer mit Aufklärung und Hilfestellung nach AHF-Diagnose
Kinder und Jugendliche	Lea Löwenherz	Regina Nagel	Doris Verlag	978-3-9810623-6-6	Kinderbuch über das Leben mit Herzmuskelerkrankung, Freundschaften und Nachdenken über das Leben
	Jan und Josh	Sigrid Zeevaert	Gerstenberg Verlag	978-3-8369-5218-7	Freundschaftsgeschichte eines Jungen vor seiner nächsten Herzoperation
	Mein kleines dummes Herz	Xavier-Laurent Petit	Dressler	978-3-7915-1614-1	Erzählung über ein Mädchen mit Herzfehler und die Hoffnung auf eine lebensrettende Operation
	Stolperherz	Britta Sabbag	Boje	978-3-414-82381-6	Jugendroman über ein Mädchen mit Herzfehler, das erste Liebe und Selbstfindung erlebt
	Kennst du dein Herz?	Susanne Hahn, Hannes Hüttner	Neptun Verlag Schweiz	3-87405-237-0	Kindgerechtes Sachbuch mit Fragen und Antworten zum Herzen
Geschwister	Ich neben dir – du neben mir	Marlies Winkelheide	Geest Verlag	978-3-86685-045-3	Geschichten von Geschwistern behinderter Menschen aus verschiedenen Generationen
	…und um mich kümmert sich keiner	Ilse Achilles	Reinhardt	978-3-49702373-8	Entwicklung und Herausforderungen von Geschwistern in Familien mit behinderten Kindern
	In der Mitte Maxi	Maria Hageneder	Projekte Verlag Cornelius	978-3-86237-718-3	Kinderbuch über die Sicht eines Geschwisterkindes auf den behinderten Bruder

Eltern, Kinder und Geschwister aufgeführt (https://www.kohki.de/selbsthilfe/literaturtipps/).

3.7 Herzklappenerkrankungen

Kernaussagen

- Herzklappenerkrankungen umfassen Stenosen (Verengungen) sowie Insuffizienzen und betreffen meist die Aorta- und Mitralklappe.
- In schweren Fällen sind chirurgische oder interventionelle Eingriffe notwendig.
- Neben den körperlichen Herausforderungen beeinflusst eine Herzklappenerkrankung auch die psychische Gesundheit der Betroffenen, insbesondere das Hören von Klappengeräuschen oder die Konfrontation mit einem erneuten Eingriff (Klappenersatz).

3.7.1 Definition

Herzklappenfehler sind eine häufige und bedeutende Form der Herzerkrankungen, die sowohl angeboren als auch erworben sein können. Sie betreffen die vier Herzklappen – Mitral-, Aorten-, Trikuspidal- und Pulmonalklappe – und können durch eine Stenose oder eine Insuffizienz gekennzeichnet sein. Diese Störungen beeinträchtigen den Blutfluss im Herzen, da die Ventilfunktion der Klappen nicht mehr richtig gewährleistet ist (61).

3.7.2 Häufigkeit

Herzklappenfehler treten mit zunehmendem Alter häufiger auf. Etwa 4 % der über 75-Jährigen leiden an einer Aortenklappenstenose. Angeborene Klappenfehler sind selten, können jedoch bereits im Säuglingsalter behandelt werden. In industrialisierten Ländern sind degenerative Veränderungen und altersbedingte Verkalkungen die häufigste Ursache. Die häufigsten Formen in westlichen Ländern sind die Aortenklappenstenose im Alter und die Mitralklappeninsuffizienz unabhängig vom Alter (80–81).

3.7.3 Arten von Herzklappenerkrankungen

- *Stenosen:* Verengungen der Klappen, die den Blutfluss behindern
- *Aortenklappenstenose:* häufigste Klappenveränderung bei älteren Patienten, oft durch Verkalkungen verursacht
- *Mitralklappenstenose:* selten, meist Folge rheumatischer Erkrankungen
- *Insuffizienzen:* Klappen schließen nicht vollständig, was zu einem Rückfluss des Blutes führt
- *Mitralklappeninsuffizienz:* häufigste Insuffizienz, oft durch MI oder altersbedingte Veränderungen verursacht
- *Aortenklappeninsuffizienz:* tritt bei Klappenring-Erweiterung oder entzündlichen Prozessen auf

3.7.4 Ursachen

Die Entstehung eines Herzklappenfehlers kann durch verschiedene Faktoren begünstigt werden (80):

- Altersbedingter Verschleiß (degenerative Veränderungen): häufigste Ursache bei älteren Patienten, insbesondere Verkalkungen der Aortenklappe
- Entzündungen:
  - Endokarditis: akute Zerstörung von Klappenstrukturen
  - Rheumatisches Fieber: chronische Klappenverdickung und -versteifung, v.a. Mitralklappe
- HI und strukturelle Herzerkrankungen: führt häufig zu funktionellen Klappeninsuffizienzen, z.B. Mitralklappeninsuffizienz bei dilatativer Kardiomyopathie
- Angeborene Anomalien: klassisches Beispiel ist die bikuspide Aortenklappe, die schon in jüngeren Jahren zu Stenosen oder Insuffizienzen führen kann
- Degenerative Prozesse und RFs: Rauchen, arterielle Hypertonie, Fettstoffwechselstörungen und Bewegungsmangel können arteriosklerotische und degenerative Veränderungen beschleunigen

3.7.5 Symptome und Folgen

Die Symptome hängen vom Schweregrad der Klappenfunktionsstörung ab. Herzklappenerkrankungen verursachen in frühen Stadien oft keine Beschwerden. Mit Fortschreiten der Krankheit treten jedoch folgende Symptome auf (82):

- *Dyspnoe:* besonders bei körperlicher Anstrengung
- *Verminderte Belastbarkeit:* schnelle Erschöpfung bei alltäglichen Aktivitäten
- *HRST:* spürbares Herzstolpern oder Herzrasen
- *Brustschmerzen:* ähnlich wie bei einer AP
- *Bewusstlosigkeit:* besonders bei fortgeschrittenen Erkrankungen
- *Plötzlicher Herztod:* in schweren Fällen

Langfristige Folgen einer unbehandelten Herzklappenerkrankung sind folgende:

- *HI:* Das Herz kann den Körper nicht mehr ausreichend mit Blut versorgen.
- *Strukturelle Veränderungen:* Der Herzmuskel verdickt sich oder dehnt sich aus.
- *Komplikationen:* AP und gefährliche HRSTs

Praxistipp

Nehmen Sie Symptome wie Atemnot, Erschöpfung oder Herzstolpern ernst und lassen Sie diese frühzeitig abklären. Eine rechtzeitige Behandlung kann schwerwiegende Komplikationen verhindern.

3.7.6 Diagnostik

Die Diagnosestellung basiert auf einer gezielten Kombination aus bildgebenden und funktionellen Verfahren (80;83):

- Die *Echokardiografie* ist das wichtigste diagnostische Verfahren. Sie erlaubt eine präzise Darstellung von Klappenstruktur, Blutfluss und Schweregrad der Erkrankung.
- *EKG und Röntgen-Thorax* dienen als wesentliche Basisdiagnostik. Sie liefern wichtige Hinweise auf begleitende Rhythmusstörungen, Herzgrößenveränderungen oder Lungenstauungen.
- Bei nicht eindeutigen Befunden oder operativer Planung bleibt die *Herzkatheteruntersuchung* unverzichtbar. Sie liefert verlässliche Informationen zu Druckverhältnissen und Blutfluss im Herzen.

3.7.7 Behandlung

Medikamentöse Therapie

Medikamente lindern vor allem die Symptome einer Herzklappenerkrankung, während die ursächliche Behandlung in der Regel durch chirurgische oder katheterbasierte Verfahren erfolgt

- Diuretika: reduzieren die Flüssigkeitsansammlung bei HI
- Betablocker: entlasten das Herz und senken die HF
- Antikoagulanzien: verhindern die Bildung von Thromben bei bestimmten Klappenerkrankungen

Chirurgische Eingriffe

- Herzklappenrekonstruktion: Reparatur der beschädigten Klappe
- Herzklappenersatz: Austausch durch mechanische oder biologische Prothesen

Kathetergestützte Verfahren

- TAVI (Transkatheter-Aortenklappenimplantation): minimal-invasive Behandlung von Aortenstenosen
- MitraClip: Behandlung von Mitralklappeninsuffizienzen

Arten von künstlichen Herzklappen

- Mechanische Herzklappen:
  - Bestehen aus langlebigen Materialien wie Metall oder Grafit
  - Vorteile: sehr lange Haltbarkeit
  - Nachteile: erfordern lebenslange Antikoagulation (Blutverdünnung) zur Vermeidung von Gerinnseln; die künstliche Klappe wird häufig als »Ticken« gehört
- Biologische Herzklappen:
  - Hergestellt aus tierischem Gewebe (z. B. Schwein oder Rind) oder menschlichen Spenderklappen
  - Vorteile: benötigen meist keine langfristige Blutverdünnung
  - Nachteile: kürzere Haltbarkeit, besonders bei jüngeren Patienten

Merke

Die Wahl zwischen mechanischen und biologischen Klappen sollte individuell getroffen werden, basierend auf Lebensstil, Alter und medizinischen Bedürfnissen.

Herausforderungen in der Behandlung

Patienten mit künstlicher Herzklappe benötigen eine langfristige Betreuung. Die Wahl zwischen mechanischer und biologischer Klappe beeinflusst sowohl Therapieaufwand als auch Lebensqualität (85). Mechanische Klappen sind langlebig, erfordern jedoch eine lebenslange Antikoagulation mit Vitamin-K-Antagonisten (z. B. Warfarin, Marcoumar) zur Thromboseprophylaxe. Dies bringt ein erhöhtes Blutungsrisiko mit sich und macht regelmäßige International Normalized Ratio(INR)-Kontrollen erforderlich. Biologische Klappen weisen eine begrenzte Haltbarkeit auf, insbesondere bei jüngeren Patienten, wodurch meist nach 10–20 Jahren ein Ersatz notwendig wird. Unabhängig vom Klappentyp besteht ein erhöhtes Risiko für eine bakterielle Endokarditis, vor allem nach medizinischen oder zahnärztlichen Eingriffen. Daher sind regelmäßige Zahnarztbesuche und eine gezielte Antibiotikaprophylaxe wichtig.

Die Implantation einer künstlichen Herzklappe kann psychisch stark belasten. Häufig treten Ängste vor Komplikationen wie Thrombosen oder Klappenversagen sowie depressive Verstimmungen auf. Besonders bei mechanischen Klappen wird das permanente Klappengeräusch von manchen Patienten als störend erlebt und kann zu Unruhe oder Schlafproblemen führen. Auch die lebenslange Antikoagulation kann die Lebensweise in Bezug auf Sport, Freizeit und Beruf einschränken. Das erhöhte Blutungsrisiko erfordert ein gesteigertes Sicherheitsbewusstsein, wozu Beratung und Schulung im Umgang mit Verletzungen und Notfällen hilfreich sind. Zur Förderung der Autonomie haben sich verschiedene Maßnahmen bewährt. Die INR-Selbstmessung unterstützt das Selbstmanagement und kann die Lebensqualität verbessern. Zertifizierte Schulungen vermitteln den sachgerechten Umgang mit dem Gerät. Auch die aktive Einbindung in Therapieentscheidungen (partizipative Entscheidungsfindung) stärkt das Kontrollgefühl.

Ergänzend dazu sind Lebensstilberatung, angepasste Ernährungs- und Bewegungspläne und der bewusste Umgang mit Vitamin-K-haltigen Lebensmitteln wichtig, um den INR-Wert stabil zu halten. Frühzeitige Aufklärung über mögliche Reoperationen – z. B. bei biologischen Klappen – hilft, Ängste abzubauen. Schließlich kann bei körperlich belastenden Berufen eine berufliche Umorientierung oder Anpassung notwendig werden, unterstützt durch gezielte Beratung (83–84).

3.8 Literatur

1. Rosenthal J, Kolloch R, eds. Arterielle Hypertonie, 4th ed. Springer-Verlag, 2014.
2. Bundesärztekammer, Kassenärztliche Bundesvereinigung, AWMF. Nationale VersorgungsLeitlinie Hypertonie – Langfassung, Version 1.0. NVL-Programm; 2023. Zuletzt abgerufen am 29.03.2025: DOI: 10.6101/AZQ/000502. https://www.leitlinien.de/hypertonie
3. McEvoy JW, McCarthy CP, Bruno RM, Brouwers S, Canavan MD, Ceconi C, Christodorescu RM, Daskalopoulou SS, Ferro CJ, Gerdts E, Hanssen H, Harris J, Lauder L, McManus RJ, Molloy GJ, Rahimi K, Regitz-Zagrosek V, Rossi GP, Sandset EC, Scheenaerts B, Staessen JA, Uchmanowicz I, Volterrani M, Touyz RM; ESC Scientific Document Group. 2024 ESC Guidelines for the management of elevated blood pressure and hypertension. Eur Heart J. 2024 Oct 7;45(38):3912–4018. doi: 10.1093/eurheartj/ehae178. Erratum in: Eur Heart J. 2025 Apr 7;46(14):1300. doi: 10.1093/eurheartj/ehaf031. PMID: 39210715.
4. World Health Organization. *Global report on hypertension: the race against a silent killer.* Geneva: World Health Organization; 2023. 120 p. Zuletzt abgerufen am 29.03.2025: https://www.who.int/publications/i/item/9789240081062
5. Kintscher U, Berrisch-Rahmel S, Genth-Zotz S, Halbach M, Mahfoud F, Weil J; Deutsche Gesellschaft für Kardiologie – Herz- und Kreislaufforschung e. V. ESC Pocket Guidelines. Erhöhter Blutdruck und Hypertonie, Version 2024. Grünwald: Börm Bruckmeier Verlag GmbH; 2025. Zuletzt abgerufen am 29.03.2025: https://leitlinien.dgk.org/2025/pocket-leitlinie-erhoehter-blutdruck-und-hypertonie-version-2024/
6. Deutsche Herzstiftung e.V. Bluthochdruck – Alles was Sie wissen müssen. Verfügbar unter: https://herzstiftung.de/ihre-herzgesundheit/gesund-bleiben/bluthochdruck
7. Lewington S, Clarke R, Qizilbash N, Peto R, Collins R; Prospective Studies Collaboration. Age-specific relevance of usual blood pressure to vascular mortality: a meta-analysis of individual data for one million adults in 61 prospective studies. Lancet. 2002 Dec 14;360(9349):1903–13. doi: 10.1016/s0140–6736(02)11911–8. Erratum in: Lancet. 2003 Mar 22;361(9362):1060. PMID: 12493255.

8. Lane D, Lawson A, Burns A, Azizi M, Burnier M, Jones DJL, Kably B, Khunti K, Kreutz R, Patel P, Persu A, Spiering W, Toennes SW, Tomaszewski M, Williams B, Gupta P, Dasgupta I; Endorsed by the European Society of Hypertension (ESH) Working Group on Cardiovascular Pharmacotherapy and Adherence. Nonadherence in Hypertension: How to Develop and Implement Chemical Adherence Testing. Hypertension. 2022 Jan;79(1):12–23. doi: 10.1161/HYPERTENSIONAHA.121.17596. Epub 2021 Nov 5. PMID: 34739765.
9. Al Ghorani H, Kulenthiran S, Lauder L, Recktenwald MJM, Dederer J, Kunz M, Götzinger F, Ewen S, Ukena C, Böhm M, Mahfoud F. Ultra-long-term efficacy and safety of catheter-based renal denervation in resistant hypertension: 10-year follow-up outcomes. Clin Res Cardiol. 2024 Oct;113(10):1384–1392. doi: 10.1007/s00392-024-02417-2. Epub 2024 Mar 7. PMID: 38451261; PMCID: PMC11420252.
10. Burnier M, Egan BM. Adherence in Hypertension. Circ Res. 2019 Mar 29;124(7):1124–1140. doi: 10.1161/CIRCRESAHA.118.313220. PMID: 30920917.
11. Lüscher T, Landmesser U, editors. Herz-Kreislauf. 3rd ed. Berlin: Springer; 2024. ISBN 978-3-662-67717-9.
12. GBD 2019 Diseases and Injuries Collaborators. Global burden of 369 diseases and injuries in 204 countries and territories, 1990–2019: a systematic analysis for the Global Burden of Disease Study 2019. Lancet. 2020 Oct 17;396(10258):1204–1222. doi: 10.1016/S0140-6736(20)30925-9. Erratum in: Lancet. 2020 Nov 14;396(10262):1562. doi: 10.1016/S0140-6736(20)32226-1. PMID: 33069326; PMCID: PMC7567026.
13. Robert Koch-Institut. Koronare Herzkrankheit: Sterblichkeit. Gesundheitsberichterstattung des Bundes. 2024 [zitiert: 30. August 2025] Verfügbar auf https://gbe.rki.de
14. Ladwig KH, Lurz J, Lukaschek K. Herzerkrankungen im Langzeitverlauf: Wie kann die psychosoziale Versorgung verbessert werden? [Long-term course of heart disease: How can psychosocial care be improved?]. Bundesgesundheitsblatt Gesundheitsforschung Gesundheitsschutz. 2022 Apr;65(4):481–487. German. doi: 10.1007/s00103-022-03516-z. Epub 2022 Mar 28. PMID: 35347347; PMCID: PMC8979922.
15. Kindermann I, Köllner V, Albus C, Boer J, Dannberg G, Fritzsche K, Gunold H, Herrmann-Lingen C, Leithäuser B, Meesmann M, Ronel J, Sadlonova M, Weber CS, Waller C, Ladwig KH; Deutsche Gesellschaft für Kardiologie – Herz- und Kreislaufforschung e. V. Bedeutung von psychosozialen Faktoren in der Kardiologie – Update 2024. Kardiologie. 2024;18:412–443. doi:10.1007/s12181-024-00708-6.
16. Rajendran A, Minhas AS, Kazzi B, Varma B, Choi E, Thakkar A, Michos ED. Sex-specific differences in cardiovascular risk factors and implications for cardiovascular disease prevention in women. Atherosclerosis. 2023 Nov;384:117269. doi: 10.1016/j.atherosclerosis.2023.117269. Epub 2023 Sep 4. PMID: 37752027; PMCID: PMC10841060.
17. Vrints C, Andreotti F, Koskinas KC, Rossello X, Adamo M, Ainslie J, Banning AP, Budaj A, Buechel RR, Chiariello GA, Chieffo A, Christodorescu RM, Deaton C, Doenst T, Jones HW, Kunadian V, Mehilli J, Milojevic M, Piek JJ, Pugliese F, Rubboli A, Semb AG, Senior R, Ten Berg JM, Van Belle E, Van Craenenbroeck EM, Vidal-Perez R, Winther S; ESC Scientific Document Group. 2024 ESC Guidelines for the management of chronic coronary syndromes. Eur Heart J. 2024 Sep 29;45(36):3415–3537. doi: 10.1093/eurheartj/ehae177. Erratum in: Eur Heart J. 2025 Apr 22;46(16):1565. doi: 10.1093/eurheartj/ehaf079. PMID: 39210710.
18. Herrmann-Lingen C, Albus C, Titscher G, editors. Psychokardiologie: Ein Praxisleitfaden für Ärzte und Psychologen. 3rd ed. Berlin, Heidelberg: Springer; 2019.
19. Akasaki M, Nicholas O, Abell J, Valencia-Hernández CA, Hardy R, Steptoe A. Adverse childhood experiences and incident coronary heart disease: a counterfactual analysis in the Whitehall II prospective cohort study. Am J Prev Cardiol. 2021 Jun 24;7:100220. doi: 10.1016/j.ajpc.2021.100220. PMID: 34611646; PMCID: PMC8387301.
20. Deschênes SS, Kivimaki M, Schmitz N. Adverse Childhood Experiences and the Risk of Coronary Heart Disease in Adulthood: Examining Potential Psychological, Biological, and Behavioral Mediators in the Whitehall II Cohort Study. J Am Heart Assoc. 2021 May 18;10(10):e019013. doi: 10.1161/JAHA.120.019013. Epub 2021 May 3. PMID: 33938232; PMCID: PMC8200717.

21. Cui C, Liu L, Li H, Qi Y, Song J, Han N, Wang Z, Shang X, Sheng C, Balmer L, Wu Z. Childhood Exposure to Interparental Physical Violence and Adult Cardiovascular Disease. JAMA Netw Open. 2024 Dec 2;7(12):e2451806. doi: 10.1001/jamanetworkopen.2024.51806. PMID: 39705033; PMCID: PMC11662254.
22. von Kaenel, Roland (2020). Psychobiologische Mechanismen und Risikofaktoren von kardiovaskulären Erkrankungen. In: Egle, Ulrich T; Heim, Christian; Strauss, Bernhard; von Kaenel, Roland. Psychosomatik : Neurobiologisch fundiert und evidenzbasiert / Ein Lehr- und Handbuch. Stuttgart: Kohlhammer, 286–300.
23. Chong RJ, Hao Y, Tan EWQ, Mok GJL, Sia CH, Ho JSY, Chan MYY, Ho AFW. Prevalence of Depression, Anxiety and Post-Traumatic Stress Disorder (PTSD) After Acute Myocardial Infarction: A Systematic Review and Meta-Analysis. J Clin Med. 2025 Mar 7;14(6):1786. doi: 10.3390/jcm14061786. PMID: 40142595; PMCID: PMC11943088.
24. SCORE2 working group and ESC Cardiovascular risk collaboration. SCORE2 risk prediction algorithms: new models to estimate 10-year risk of cardiovascular disease in Europe. Eur Heart J 2021; 42: 2439–2454. doi:10.1093/eurheartj/ehab309
25. Vrints C, Andreotti F, Koskinas KC, Rossello X, Adamo M, Ainslie J, et al; ESC Scientific Document Group. 2024 ESC Guidelines for the management of chronic coronary syndromes: developed by the task force for the management of chronic coronary syndromes of the European Society of Cardiology (ESC), endorsed by the European Association for Cardio-Thoracic Surgery (EACTS). Eur Heart J. 2024 Sep 21;45(36):3415–3537. doi:10.1093/eurheartj/ehae177.
26. Nationale VersorgungsLeitlinie Chronische KHK: Bundesärztekammer (BÄK), Kassenärztliche Bundesvereinigung (KBV), Arbeitsgemeinschaft der Wissenschaftlichen Medizinischen Fachgesellschaften (AWMF). Nationale VersorgungsLeitlinie Chronische KHK, 6. Auflage. 2024. Verfügbar unter: https://register.awmf.org/assets/guidelines/nvl-004l_S3_Chronische-KHK_2024-09.pdf
27. Cotie LM, Vanzella LM, Pakosh M, Ghisi GLM. A Systematic Review of Clinical Practice Guidelines and Consensus Statements for Cardiac Rehabilitation Delivery: Consensus, Divergence, and Important Knowledge Gaps. Can J Cardiol. 2024 Mar;40(3):330–346. doi: 10.1016/j.cjca.2023.10.016. Epub 2023 Oct 28. PMID: 38376955.
28. Herrmann-Lingen C. Psychokardiologie – aktuelle Leitlinien und klinische Realität. Psychother Psychosom Med Psychol. 2019 Jun;69(6):237–252. German. doi: 10.1055/a-0870–1420. Epub 2019 Jun 6. PMID: 31170772.
29. Hartmann-Boyce J, Livingstone-Banks J, Ordóñez-Mena JM, Fanshawe TR, Lindson N, Freeman SC, Sutton AJ, Theodoulou A, Aveyard P. Behavioural interventions for smoking cessation: an overview and network meta-analysis. Cochrane Database Syst Rev. 2021 Jan 4;1(1):CD013229. doi: 10.1002/14651858.CD013229.pub2. PMID: 33411338; PMCID: PMC11354481.
30. McDonagh TA, Metra M, Adamo M, Gardner RS, Baumbach A, Böhm M, Burri H, Butler J, Čelutkienė J, Chioncel O, Cleland JGF, Crespo-Leiro MG, Farmakis D, Gilard M, Heymans S, Hoes AW, Jaarsma T, Jankowska EA, Lainscak M, Lam CSP, Lyon AR, McMurray JJV, Mebazaa A, Mindham R, Muneretto C, Francesco Piepoli M, Price S, Rosano GMC, Ruschitzka F, Skibelund AK; ESC Scientific Document Group. 2023 Focused Update of the 2021 ESC Guidelines for the diagnosis and treatment of acute and chronic heart failure. Eur Heart J. 2023 Oct 1;44(37):3627–3639. doi: 10.1093/eurheartj/ehad195. Erratum in: Eur Heart J. 2024 Jan 1;45(1):53. doi: 10.1093/eurheartj/ehad613. PMID: 37622666.
31. Ladwig KH, Baghai TC, Doyle F, Hamer M, Herrmann-Lingen C, Kunschitz E, Lemogne C, Beresnevaite M, Compare A, von Känel R, Sager HB, Kop WJ. Mental health-related risk factors and interventions in patients with heart failure: a position paper endorsed by the European Association of Preventive Cardiology (EAPC). Eur J Prev Cardiol. 2022 May 25;29(7):1124–1141. doi: 10.1093/eurjpc/zwac006. PMID: 35104845.
32. Pressler SJ, Subramanian U, Kareken D, Perkins SM, Gradus-Pizlo I, Sauvé MJ, Ding Y, Kim J, Sloan R, Jaynes H, Shaw RM. Cognitive deficits in chronic heart failure. Nurs Res. 2010 Mar-Apr;59(2):127–39. doi: 10.1097/NNR.0b013e3181d1a747. PMID: 20216015; PMCID: PMC2922920.

33. Wu JR, Moser DK, Lennie TA, Burkhart PV. Medication adherence in patients who have heart failure: a review of the literature. Nurs Clin North Am. 2008 Mar;43(1):133–53; vii-viii. doi: 10.1016/j.cnur.2007.10.006. PMID: 18249229.
34. Scholte NTB, Gürgöze MT, Aydin D, Theuns DAMJ, Manintveld OC, Ronner E, Boersma E, de Boer RA, van der Boon RMA, Brugts JJ. Telemonitoring for heart failure: a meta-analysis. Eur Heart J. 2023 Aug 14;44(31):2911–2926. doi: 10.1093/eurheartj/ehad280. Erratum in: Eur Heart J. 2025 Aug 21:ehaf509. doi: 10.1093/eurheartj/ehaf509. PMID: 37216272; PMCID: PMC10424885.
35. Moradi M, Doostkami M, Behnamfar N, Rafiemanesh H, Behzadmehr R. Global Prevalence of Depression among Heart Failure Patients: A Systematic Review and Meta-Analysis. Curr Probl Cardiol. 2022 Jun;47(6):100848. doi: 10.1016/j.cpcardiol.2021.100848. Epub 2021 Mar 30. PMID: 34006389.
36. Rashid S, Qureshi AG, Noor TA, Yaseen K, Sheikh MAA, Malik M, Malik J. Anxiety and Depression in Heart Failure: An Updated Review. Curr Probl Cardiol. 2023 Nov;48(11):101987. doi: 10.1016/j.cpcardiol.2023.101987. Epub 2023 Jul 19. PMID: 37473952.
37. Cao L, Sheng C, Luo G, Ou J. Depression as a Risk Factor for Developing Heart Failure: A Meta-Analysis of Prospective Cohort Studies. J Cardiovasc Nurs. 2022 Mar-Apr 01;37(2):112–121. doi: 10.1097/JCN.0000000000000760. PMID: 33148960.
38. Pressler SJ, Jung M. Chronic Heart Failure With Memory and Attention Dysfunction: Old Problem, Thinking Anew. JACC Heart Fail. 2018 Jul;6(7):593–595. doi: 10.1016/j.jchf.2018.04.017. Epub 2018 Jun 6. PMID: 29885956; PMCID: PMC11448956.
39. Kroenke K, Spitzer RL, Williams JB. The PHQ-9: validity of a brief depression severity measure. J Gen Intern Med. 2001 Sep;16(9):606–13. doi: 10.1046/j.1525-1497.2001.016009606.x. PMID: 11556941; PMCID: PMC1495268.
40. Löwe B, Spitzer RL, Gräfe K, Kroenke K, Quenter A, Zipfel S, Buchholz C, Witte S, Herzog W. Comparative validity of three screening questionnaires for DSM-IV depressive disorders and physicians' diagnoses. J Affect Disord. 2004 Feb;78(2):131–40. doi: 10.1016/s0165-0327(02)00237-9. PMID: 14706723.
41. Mhanna M, Sauer MC, Al-Abdouh A, Jabri A, Abusnina W, Safi M, Beran A, Mansour S. Cognitive behavioral therapy for depression in patients with heart failure: a systematic review and metanalysis of randomized control trials. Heart Fail Rev. 2023 Sep;28(5):1091–1100. doi: 10.1007/s10741-023-10308-3. Epub 2023 Apr 5. PMID: 37017817.
42. Gathright EC, Salmoirago-Blotcher E, DeCosta J, Donahue ML, Feulner MM, Cruess DG, Wing RR, Carey MP, Scott-Sheldon LAJ. Stress management interventions for adults with heart failure: Systematic review and meta-analysis. Health Psychol. 2021 Sep;40(9):606–616. doi: 10.1037/hea0001084. PMID: 34843321; PMCID: PMC8978308.
43. Ambrosetti M, Abreu A, Corrà U, Davos CH, Hansen D, Frederix I, Iliou MC, Pedretti RFE, Schmid JP, Vigorito C, Voller H, Wilhelm M, Piepoli MF, Bjarnason-Wehrens B, Berger T, Cohen-Solal A, Cornelissen V, Dendale P, Doehner W, Gaita D, Gevaert AB, Kemps H, Kraenkel N, Laukkanen J, Mendes M, Niebauer J, Simonenko M, Zwisler AO. Secondary prevention through comprehensive cardiovascular rehabilitation: From knowledge to implementation. 2020 update. A position paper from the Secondary Prevention and Rehabilitation Section of the European Association of Preventive Cardiology. Eur J Prev Cardiol. 2021 May 14;28(5):460–495. doi: 10.1177/2047487320913379. PMID: 33611446.
44. Katon WJ, Lin EH, Von Korff M, Ciechanowski P, Ludman EJ, Young B, Peterson D, Rutter CM, McGregor M, McCulloch D. Collaborative care for patients with depression and chronic illnesses. N Engl J Med. 2010 Dec 30;363(27):2611–20. doi: 10.1056/NEJMoa1003955. PMID: 21190455; PMCID: PMC3312811.
45. He W, Zhou Y, Ma J, Wei B, Fu Y. Effect of antidepressants on death in patients with heart failure: a systematic review and meta-analysis. Heart Fail Rev. 2020 Nov;25(6):919–926. doi: 10.1007/s10741-019-09850-w. PMID: 31529170.
46. Lyon AR, Citro R, Schneider B, Morel O, Ghadri JR, Templin C, Omerovic E. Pathophysiology of Takotsubo Syndrome: JACC State-of-the-Art Review. J Am Coll Cardiol. 2021 Feb 23;77(7):902–921. doi: 10.1016/j.jacc.2020.10.060. PMID: 33602474.

47. Templin C, Ghadri JR, Diekmann J, Napp LC, Bataiosu DR, Jaguszewski M, Cammann VL, Sarcon A, Geyer V, Neumann CA, Seifert B, Hellermann J, Schwyzer M, Eisenhardt K, Jenewein J, Franke J, Katus HA, Burgdorf C, Schunkert H, Moeller C, Thiele H, Bauersachs J, Tschöpe C, Schultheiss HP, Laney CA, Rajan L, Michels G, Pfister R, Ukena C, Böhm M, Erbel R, Cuneo A, Kuck KH, Jacobshagen C, Hasenfuss G, Karakas M, Koenig W, Rottbauer W, Said SM, Braun-Dullaeus RC, Cuculi F, Banning A, Fischer TA, Vasankari T, Airaksinen KE, Fijalkowski M, Rynkiewicz A, Pawlak M, Opolski G, Dworakowski R, MacCarthy P, Kaiser C, Osswald S, Galiuto L, Crea F, Dichtl W, Franz WM, Empen K, Felix SB, Delmas C, Lairez O, Erne P, Bax JJ, Ford I, Ruschitzka F, Prasad A, Lüscher TF. Clinical Features and Outcomes of Takotsubo (Stress) Cardiomyopathy. N Engl J Med. 2015 Sep 3;373(10):929–38. doi: 10.1056/NEJMoa1406761. PMID: 26332547.
48. Ghadri JR, Wittstein IS, Prasad A, Sharkey S, Dote K, Akashi YJ, Cammann VL, Crea F, Galiuto L, Desmet W, Yoshida T, Manfredini R, Eitel I, Kosuge M, Nef HM, Deshmukh A, Lerman A, Bossone E, Citro R, Ueyama T, Corrado D, Kurisu S, Ruschitzka F, Winchester D, Lyon AR, Omerovic E, Bax JJ, Meimoun P, Tarantini G, Rihal C, Y-Hassan S, Migliore F, Horowitz JD, Shimokawa H, Lüscher TF, Templin C. International Expert Consensus Document on Takotsubo Syndrome (Part II): Diagnostic Workup, Outcome, and Management. Eur Heart J. 2018 Jun 7;39(22):2047–2062. doi: 10.1093/eurheartj/ehy077. PMID: 29850820; PMCID: PMC5991205.
49. Napp LC, Cammann VL, Jaguszewski M, Szawan KA, Wischnewsky M, Gili S, Knorr M, Heiner S, Citro R, Bossone E, D'Ascenzo F, Neuhaus M, Franke J, Sorici-Barb I, Noutsias M, Burgdorf C, Koenig W, Kherad B, Sarcon A, Rajan L, Michels G, Pfister R, Cuneo A, Jacobshagen C, Karakas M, Pott A, Meyer P, Arroja JD, Banning A, Cuculi F, Kobza R, Fischer TA, Vasankari T, Airaksinen KEJ, Hauck C, Paolini C, Bilato C, Imori Y, Kato K, Kobayashi Y, Opolski G, Budnik M, Dworakowski R, MacCarthy P, Kaiser C, Osswald S, Galiuto L, Dichtl W, Chan C, Bridgman P, Beug D, Delmas C, Lairez O, El-Battrawy I, Akin I, Gilyarova E, Shilova A, Gilyarov M, Horowitz JD, Polednikova K, Tousek P, Widimský P, Winchester DE, Galuszka J, Ukena C, Poglajen G, Carrilho-Ferreira P, Di Mario C, Prasad A, Rihal CS, Schulze PC, Bianco M, Crea F, Borggrefe M, Maier LS, Pinto FJ, Braun-Dullaeus RC, Rottbauer W, Katus HA, Hasenfuß G, Tschöpe C, Pieske BM, Thiele H, Schunkert H, Böhm M, Felix SB, Münzel T, Bax JJ, Bauersachs J, Braunwald E, Lüscher TF, Ruschitzka F, Ghadri JR, Templin C. Coexistence and outcome of coronary artery disease in Takotsubo syndrome. Eur Heart J. 2020 Sep 7;41(34):3255–3268. doi: 10.1093/eurheartj/ehaa210. PMID: 32484517.
50. Singh K, Carson K, Usmani Z, Sawhney G, Shah R, Horowitz J. Systematic review and meta-analysis of incidence and correlates of recurrence of takotsubo cardiomyopathy. Int J Cardiol. 2014 Jul 1;174(3):696–701. doi: 10.1016/j.ijcard.2014.04.221. Epub 2014 Apr 26. PMID: 24809923.
51. von Känel R, Usseglio J, Rojas DA, David ML, Khan I, Goyal P, Edmondson D, Kronish IM, Birk JL. Peripheral physiologic responses to acute psychological stress in Takotsubo syndrome: A systematic review and meta-analysis. Neurosci Biobehav Rev. 2025 May;172:106129. doi: 10.1016/j.neubiorev.2025.106129. Epub 2025 Mar 28. PMID: 40158555.
52. Templin C, Napp LC, Ghadri JR. Takotsubo Syndrome: Underdiagnosed, Underestimated, but Understood? J Am Coll Cardiol. 2016 Apr 26;67(16):1937–40. doi: 10.1016/j.jacc.2016.03.006. PMID: 27102509.
53. Kato K, Di Vece D, Kitagawa M, Yamamoto K, Miyakoda K, Aoki S, Goto H, Kitahara H, Kobayashi Y, Templin C. Clinical characteristics and outcomes in takotsubo syndrome -Review of insights from the InterTAK Registry. J Cardiol. 2025 Apr;85(4):263–267. doi: 10.1016/j.jjcc.2025.01.009. Epub 2025 Jan 30. PMID: 39892867.
54. Pelliccia F, Pasceri V, Patti G, Tanzilli G, Speciale G, Gaudio C, Camici PG. Long-Term Prognosis and Outcome Predictors in Takotsubo Syndrome: A Systematic Review and Meta-Regression Study. JACC Heart Fail. 2019 Feb;7(2):143–154. doi: 10.1016/j.jchf.2018.10.009. Epub 2019 Jan 2. PMID: 30611720.
55. Arbelo E, Protonotarios A, Gimeno JR, Arbustini E, Barriales-Villa R, Basso C, Bezzina CR, Biagini E, Blom NA, de Boer RA, De Winter T, Elliott PM, Flather M, Garcia-Pavia P,

Haugaa KH, Ingles J, Jurcut RO, Klaassen S, Limongelli G, Loeys B, Mogensen J, Olivotto I, Pantazis A, Sharma S, Van Tintelen JP, Ware JS, Kaski JP; ESC Scientific Document Group. 2023 ESC Guidelines for the management of cardiomyopathies: Developed by the task force on the management of cardiomyopathies of the European Society of Cardiology (ESC). Eur Heart J. 2023 Oct 1;44(37):3503–3626. doi: 10.1093/eurheartj/ehad194. PMID: 37797327.

56. Raposeiras-Roubin S, Santoro F, Arcari L, Vazirani R, Novo G, Uribarri A, Enrica M, Lopez-Pais J, Guerra F, Alfonso F, Pätz T, Fernandez-Cordon C, Montisci R, Corbi-Pascual M, Marchetti MF, Almendro M, Cacciotti L, Vedia O, El-Battrawy I, Blanco-Ponce E, Brunetti ND, Akin I, Martinez-Sellés M, Thiele H, Stiermaier T, Eitel I, Nuñez-Gil IJ; GEIST Researchers. Beta-Blockers and Long-Term Mortality in Takotsubo Syndrome: Results of the Multicenter GEIST Registry. JACC Heart Fail. 2025 May;13(5):815–825. doi: 10.1016/j.jchf.2024.11.015. Epub 2025 Feb 5. PMID: 39918532.
57. Khan H, Gamble DT, Rudd A, Dospinescu C, Creaney C, Horgan G, Holme A, Wilson HM, Newby DE, Gray SR, Krishnadas R, Williams C, Waiter G, Dawson DK. Takotsubo syndrome: cognitive behavioural therapy, physical training, and brain function recovery in the BREAKOUT trial. Eur Heart J. 2025 Aug 7:ehaf441. doi: 10.1093/eurheartj/ehaf441. Epub ahead of print. PMID: 40795129.
58. Zeppenfeld K, Tfelt-Hansen J, de Riva M, Winkel BG, Behr ER, Blom NA, Charron P, Corrado D, Dagres N, de Chillou C, Eckardt L, Friede T, Haugaa KH, Hocini M, Lambiase PD, Marijon E, Merino JL, Peichl P, Priori SG, Reichlin T, Schulz-Menger J, Sticherling C, Tzeis S, Verstrael A, Volterrani M; ESC Scientific Document Group. 2022 ESC Guidelines for the management of patients with ventricular arrhythmias and the prevention of sudden cardiac death. Eur Heart J. 2022 Oct 21;43(40):3997–4126. doi: 10.1093/eurheartj/ehac262. PMID: 36017572.
59. Van Gelder IC, Rienstra M, Bunting KV, Casado-Arroyo R, Caso V, Crijns HJGM, De Potter TJR, Dwight J, Guasti L, Hanke T, Jaarsma T, Lettino M, Løchen ML, Lumbers RT, Maesen B, Mølgaard I, Rosano GMC, Sanders P, Schnabel RB, Suwalski P, Svennberg E, Tamargo J, Tica O, Traykov V, Tzeis S, Kotecha D; ESC Scientific Document Group. 2024 ESC Guidelines for the management of atrial fibrillation developed in collaboration with the European Association for Cardio-Thoracic Surgery (EACTS). Eur Heart J. 2024 Sep 29;45(36):3314–3414. doi: 10.1093/eurheartj/ehae176. Erratum in: Eur Heart J. 2025 Jul 07:ehaf306. doi: 10.1093/eurheartj/ehaf306. PMID: 39210723.
60. Deutsche Herzstiftung. Vorhofflimmern: Häufigkeit, Symptome und Behandlung [Internet]. Frankfurt am Main: Deutsche Herzstiftung e.V.; [zitiert 2025 Aug 30]. Verfügbar unter: https://herzstiftung.de/infos-zu-herzerkrankungen/herzrhythmusstoerungen/vorhofflimmern
61. Deutsche Gesellschaft für Kardiologie. S3-Leitlinie Vorhofflimmern – Version 1 [Internet]. Deutsche Gesellschaft für Kardiologie – Herz- und Kreislaufforschung e. V.; 11 Feb 2025 [zitiert 2025 Aug 30]. Verfügbar unter: https://register.awmf.org/assets/guidelines/019-014l_S3_Vorhofflimmern_2025-07.pdf register.awmf.org+14
62. Polikandrioti M, Koutelekos I, Vasilopoulos G, Gerogianni G, Gourni M, Zyga S, Panoutsopoulos G. Anxiety and Depression in Patients with Permanent Atrial Fibrillation: Prevalence and Associated Factors. Cardiol Res Pract. 2018 Feb 19;2018:7408129. doi: 10.1155/2018/7408129. PMID: 29670767; PMCID: PMC5836417.
63. Wu H, Li C, Li B, Zheng T, Feng K, Wu Y. Psychological factors and risk of atrial fibrillation: A meta-analysis and systematic review. Int J Cardiol. 2022 Sep 1;362:85–92. doi: 10.1016/j.ijcard.2022.05.048. Epub 2022 May 23. PMID: 35618103.
64. Pedersen SS, Brouwers C, Versteeg H. Psychological vulnerability, ventricular tachyarrhythmias and mortality in implantable cardioverter defibrillator patients: is there a link? Expert Rev Med Devices. 2012 Jul;9(4):377–88. doi: 10.1586/erd.12.31. PMID: 22905842.
65. Ladwig KH, Goette A, Atasoy S, Johar H. Psychological aspects of atrial fibrillation: A systematic narrative review : Impact on incidence, cognition, prognosis, and symptom perception. Curr Cardiol Rep. 2020 Sep 10;22(11):137. doi: 10.1007/s11886-020-01396-w. PMID: 32910300; PMCID: PMC7496063.

66. Ghezzi ES, Sharman RLS, Selvanayagam JB, Psaltis PJ, Sanders P, Astley JM, Knayfati S, Batra V, Keage HAD. Burden of mood symptoms and disorders in implantable cardioverter defibrillator patients: a systematic review and meta-analysis of 39 954 patients. Europace. 2023 Jun 2;25(6):euad130. doi: 10.1093/europace/euad130. PMID: 37311667; PMCID: PMC10264222.
67. von Känel R, Baumert J, Kolb C, Cho EY, Ladwig KH. Chronic posttraumatic stress and its predictors in patients living with an implantable cardioverter defibrillator. J Affect Disord. 2011 Jun;131(1–3):344–52. doi: 10.1016/j.jad.2010.12.002. Epub 2010 Dec 31. PMID: 21195483.
68. Pedersen SS, van Domburg RT, Theuns DA, Jordaens L, Erdman RA. Type D personality is associated with increased anxiety and depressive symptoms in patients with an implantable cardioverter defibrillator and their partners. Psychosom Med. 2004 Sep-Oct;66(5):714–9. doi: 10.1097/01.psy.0000132874.52202.21. PMID: 15385696.
69. Ski CF, Taylor RS, McGuigan K, Long L, Lambert JD, Richards SH, Thompson DR. Psychological interventions for depression and anxiety in patients with coronary heart disease, heart failure or atrial fibrillation. Cochrane Database Syst Rev. 2024 Apr 5;4(4): CD013508. doi: 10.1002/14651858.CD013508.pub3. PMID: 38577875; PMCID: PMC10996021.
70. Marelli AJ, Ionescu-Ittu R, Mackie AS, Guo L, Pilote L, Therrien J. Lifetime prevalence of congenital heart disease in the general population from 2000 to 2010. Circulation. 2014;130(9):749–756. doi:10.1161/CIRCULATIONAHA.113.008396.
71. Helm PC, Kaemmerer H, Breithardt G, Sticker EJ, Keuchen R, Neidenbach R, Diller GP, Tutarel O, Bauer UMM. Transition in Patients with Congenital Heart Disease in Germany: Results of a Nationwide Patient Survey. Front Pediatr. 2017 May 19;5:115. doi: 10.3389/fped.2017.00115. PMID: 28580351; PMCID: PMC5437851.
72. Moons P, Kovacs AH, Luyckx K, Thomet C, Budts W, Enomoto J, Sluman MA, Yang HL, Jackson JL, Khairy P, Cook SC, Subramanyan R, Alday L, Eriksen K, Dellborg M, Berghammer M, Johansson B, Mackie AS, Menahem S, Caruana M, Veldtman G, Soufi A, Fernandes SM, White K, Callus E, Kutty S, Van Bulck L, Apers S; APPROACH-IS consortium and the International Society for Adult Congenital Heart Disease (ISACHD). Patient-reported outcomes in adults with congenital heart disease: Inter-country variation, standard of living and healthcare system factors. Int J Cardiol. 2018 Jan 15;251:34–41. doi: 10.1016/j.ijcard.2017.10.064. Epub 2017 Oct 21. PMID: 29107358.
73. Baumgartner H, De Backer J, Babu-Narayan SV, Budts W, Chessa M, Diller GP, Lung B, Kluin J, Lang IM, Meijboom F, Moons P, Mulder BJM, Oechslin E, Roos-Hesselink JW, Schwerzmann M, Sondergaard L, Zeppenfeld K; ESC Scientific Document Group. 2020 ESC Guidelines for the management of adult congenital heart disease. Eur Heart J. 2021 Feb 11;42(6):563–645. doi: 10.1093/eurheartj/ehaa554. PMID: 32860028.
74. Stout KK, Daniels CJ, Aboulhosn JA, Bozkurt B, Broberg CS, Colman JM, Crumb SR, Dearani JA, Fuller S, Gurvitz M, Khairy P, Landzberg MJ, Saidi A, Valente AM, Van Hare GF. 2018 AHA/ACC Guideline for the Management of Adults With Congenital Heart Disease: A Report of the American College of Cardiology/American Heart Association Task Force on Clinical Practice Guidelines. Circulation. 2019 Apr 2;139(14):e698-e800. doi: 10.1161/CIR.0000000000000603. Erratum in: Circulation. 2019 Apr 2;139(14):e833-e834. doi: 10.1161/CIR.0000000000000683. PMID: 30586767.
75. Sun R, Liu M, Lu L, Zheng Y, Zhang P. Congenital Heart Disease: Causes, Diagnosis, Symptoms, and Treatments. Cell Biochem Biophys. 2015 Jul;72(3):857–60. doi: 10.1007/s12013–015–0551–6. PMID: 25638345.
76. van Rijen EH, Utens EM, Roos-Hesselink JW, Meijboom FJ, van Domburg RT, Roelandt JR, Bogers AJ, Verhulst FC. Psychosocial functioning of the adult with congenital heart disease: a 20–33 years follow-up. Eur Heart J. 2003 Apr;24(7):673–83. doi: 10.1016/s0195–668x(02)00749–2. PMID: 12657226.
77. Roseman A, Kovacs AH. Anxiety and Depression in Adults with Congenital Heart Disease: When to Suspect and How to Refer. Curr Cardiol Rep. 2019 Nov 22;21(11):145. doi: 10.1007/s11886–019–1237–2. PMID: 31758344.

78. Gleason LP, Deng LX, Khan AM, Drajpuch D, Fuller S, Ludmir J, Mascio CE, Partington SL, Tobin L, Kim YY, Kovacs AH. Psychological distress in adults with congenital heart disease: focus beyond depression. Cardiol Young. 2019 Feb;29(2):185–189. doi: 10.1017/S1047951118002068. Epub 2019 Jan 30. PMID: 30698116.
79. Biber S, Andonian C, Beckmann J, Ewert P, Freilinger S, Nagdyman N, Kaemmerer H, Oberhoffer R, Pieper L, Neidenbach RC. Current research status on the psychological situation of parents of children with congenital heart disease. Cardiovasc Diagn Ther. 2019 Oct;9(Suppl 2):S369-S376. doi: 10.21037/cdt.2019.07.07. PMID: 31737543; PMCID: PMC6837930.
80. Praz F, Borger MA, Lanz J, Marin-Cuartas M, Abreu A, Adamo M, Ajmone Marsan N, Barili F, Bonaros N, Cosyns B, De Paulis R, Gamra H, Jahangiri M, Jeppsson A, Klautz RJM, Mores B, Pérez-David E, Pöss J, Prendergast BD, Rocca B, Rossello X, Suzuki M, Thiele H, Tribouilloy CM, Wojakowski W; ESC/EACTS Scientific Document Group. 2025 ESC/EACTS Guidelines for the management of valvular heart disease. Eur Heart J. 2025 Aug 29:ehaf194. doi: 10.1093/eurheartj/ehaf194. Epub ahead of print. PMID: 40878295.
81. Deutsche Gesellschaft für Kardiologie (DGK), European Society of Cardiology (ESC). Pocket-Leitlinie: Herzklappenerkrankungen (Version 2021). DGK-Leitlinien. 2021. Verfügbar unter: https://leitlinien.dgk.org/2022/pocket-leitlinie-herzklappenerkrankungen-version-2021/. Zugriff am: 27. Feb 2025.
82. National Guideline Centre (UK). Evidence review for symptoms and signs indicating need for echocardiography or direct referral to a specialist: Heart valve disease presenting in adults: investigation and management: Evidence review A. London: National Institute for Health and Care Excellence (NICE); 2021 Nov. PMID: 35143138.
83. Kisling A, Gallagher R. Valvular Heart Disease. Prim Care. 2024 Mar;51(1):95–109. doi: 10.1016/j.pop.2023.08.003. Epub 2023 Sep 7. PMID: 38278576.
84. Nechwatal RM, Bestehorn K, Leuschner F, Hagendorff A, Guha M, Schlitt A. Nachsorge nach kathetergestütztem perkutanen Aortenklappenersatz (TAVI) [Postacute care after transcatheter aortic valve implantation (TAVI)]. Herz. 2021 Apr;46(Suppl 1):41–47. German. doi: 10.1007/s00059–020–04915–1. Epub 2020 Apr 20. PMID: 32313970.

4 Krankheitsbewältigung

Unter Mitarbeit von Joëlle Gut

Kernaussagen

- Eine Herzerkrankung ist nicht nur eine physische, sondern auch eine psychische Herausforderung. Jegliche emotionale Reaktion ist im Anpassungsprozess nach der Diagnosestellung oder dem Ereignis als völlig normal einzustufen.
- Angehörige sind oft erheblich mitbetroffen und sollten gleichermaßen in den Anpassungsprozess einbezogen werden.
- Langfristig profitieren Patienten von einer Integration der Erkrankung in die eigene Identität durch die Evaluierung eigener Werte, sozialen Austausch und das Erleben von Selbstwirksamkeit.

Die folgenden Abschnitte sollen Patienten und deren Angehörige in ihrer Krankheitsverarbeitung unterstützen, um den Krankheitsverlauf zu begünstigen und die langfristige Adhärenz zu verbessern. Krankheitsbewältigung umfasst dabei kognitive, emotionale und verhaltensbezogene Prozesse, die miteinander in Wechselwirkung stehen.

4.1 Modelle der Krankheitsbewältigung

Es gibt unterschiedliche Konzepte zur Krankheitsbewältigung. Ein wissenschaftlich gut etabliertes Modell ist das Selbstregulationsmodell (CSM) von Leventhal (1–2). Es betont, dass Patienten auf Basis ihrer subjektiven Krankheitswahrnehmung in Bezug auf Ursachen, Verlauf, Folgen, Kontrollierbarkeit und Behandelbarkeit, Bewältigungsstrategien entwickeln. Diese wiederum beeinflussen, wie konsequent sie mit der Erkrankung umgehen, ob sie medizinische Empfehlungen umsetzen und wie erfolgreich der Genesungsprozess verläuft. Für Therapieadhärenz und Zusammenhänge mit psychischen Belastungen oder Lebensqualität ist das CSM besonders gut belegt, unter anderem bei kardiovaskulären Erkrankungen wie ICD-Träger oder MI-Patienten (3–5). Allerdings ist das Modell in seiner ursprünglichen Form stark individuell ausgerichtet. Aktuelle Entwicklungen zeigen, dass soziale Prozesse wie die Einschätzung und Bewältigung der Krankheit im Kontext von Partnerschaft, Familie oder Behandlungsteam, eine wichtige Rolle spielen. So wird das klassische Modell zunehmend um dyadische Perspektiven oder soziale Unterstützungssysteme erweitert (z. B. Collaborative Care), um Krankheitsverarbeitung umfassender zu verstehen und therapeutisch zu nutzen (6).

Ergänzend bietet das Salutogenese-Modell von Aaron Antonovsky (7) eine ressourcenorientierte Perspektive. Im Zentrum steht das Konzept des Kohärenzgefühls, also ein überdauerndes Gefühl von Verstehbarkeit, Handhabbarkeit und Sinnhaftigkeit. Menschen mit einem starken Kohärenzgefühl zeigen eine höhere Widerstandskraft gegenüber Stress und sind eher in der Lage, langfristig mit chronischen Erkrankungen umzugehen (7). Das Modell eignet sich besonders für die Gestaltung von Rehabilitationsmaßnahmen, Psychoedukation und gesundheitsfördernder Beratung. Auswirkungen auf die körperliche Gesundheit wurde allerdings bislang nicht festgestellt (8).

Für die gezielte Verhaltensänderung, wie sie z. B. bei chronischer HI oder nach einem MI notwendig ist, haben sich außerdem moderne Behavior Change Theories als hilfreich erwiesen. Besonders das COM-B-Modell (Capability, Opportunity, Motivation – Behavior) integriert psychologische und verhaltenswissenschaftliche Erkenntnisse. Es beschreibt, dass Verhalten nur dann verändert werden kann, wenn Fähigkeiten (Capability), Gelegenheiten (Opportunity) und Motivation ausreichend gegeben sind. Dieses Modell bildet die Grundlage vieler evidenzbasierter Interventionsstrategien zur Verbesserung von Adhärenz und Selbstmanagement, z. B. durch Beratung, digitale Anwendungen oder gezielte Patientenschulung (9–10). Die ▶ Tab. 4.1 zeigt praxisorientierte Hilfestellungen zur Unterstützung der Krankheitsbewältigung (modellbasiert) (1–10).

Tab. 4.1: Konzepte der Krankheitsbewältigung (1–10)

Zielsetzung	Modell/Theorie	Konkrete Unterstützung in der Praxis
Klärung der subjektiven Krankheitsüberzeugungen	Common-Sense-Modell (1)	Einsatz von Fragebögen (B-IPQ-R) oder Herzzeichnungen, Visualisierungshilfen zur Reflexion von Krankheitsbildern
Förderung von Kohärenzgefühl und Ressourcen	Salutogenese-Modell (7)	Stärken- und Ressourcenanalyse, Nutzung von biografischen Gesprächen, Aktivierung sozialer Unterstützungssysteme, Evaluieren von Werten
Verbesserung der Therapieadhärenz	Common-Sense-Modell (1), COM-B-Modell (10)	Zielklärung, Aufbau realistischer Kontrollüberzeugungen, gemeinsame Therapieplanung
Aufbau von Selbstwirksamkeit	COM-B-Modell (10)	Kleinschrittige Zielvereinbarungen, positives Feedback
Reduktion von Überforderung bei komplexen Therapieanforderungen	Salutogenese-Modell (7), COM-B-Modell (10)	Strukturierte Alltagsplanung, Anwendung von Planungsinstrumenten, Integration von digitalen Tools (z. B. Erinnerungshilfen), schrittweiser Aufbau von z. B. regelmäßiger Bewegung

Tab. 4.1: Konzepte der Krankheitsbewältigung (1–10) – Fortsetzung

Zielsetzung	Modell/Theorie	Konkrete Unterstützung in der Praxis
Einbindung sozialer Unterstützung	Erweiterte CSM-Modelle (z. B. dyadische Perspektiven) (12)	Einbezug des Partners in Beratungsgespräche, Familiengespräche, Psychoedukation für Angehörige

Theoretische Ansätze zur Krankheitsbewältigung bieten wichtige Anregungen für die praktische Arbeit mit kardiologischen Patienten. ▶ Tab. 4.1 zeigt beispielhaft, wie zentrale Modelle – darunter das Common-Sense-Modell nach Leventhal (1), das Salutogenese-Konzept von Antonovsky (7) oder das COM-B-Modell (10) – in Beratung, Therapie und Rehabilitation angewendet werden können.

4.1.1 Strategien zur Förderung der Krankheitsbewältigung

Normalisieren von Gefühlen

Ein zentrales Element erfolgreicher Krankheitsbewältigung ist nicht nur das Verstehen der Erkrankung und das Entwickeln konstruktiver Handlungsstrategien, sondern auch der Umgang mit den dabei auftretenden Emotionen. Dieser Ansatz betont, dass emotionale Reaktionen auf Krankheit nicht pathologisiert, sondern als natürliche und verständliche Prozesse im Rahmen der Krankheitsverarbeitung angesehen werden sollten (11).

Hilfreiche Äußerungen zur emotionalen Entlastung bei emotionalen Reaktionen nach einem Ereignis oder einer Diagnosestellung könnten folgende sein:

- »Nach so einem Erlebnis/einer Diagnose ist es völlig normal, dass Sie sich verunsichert, ängstlich oder überfordert fühlen.«
- »Viele Menschen berichten nach einem Herzereignis von ähnlichen Gefühlen. Sie sind damit nicht allein.«
- »Auch wenn es sich gerade chaotisch anfühlt: Diese Reaktion ist verständlich und ein Zeichen dafür, dass Ihr System versucht, das Erlebte zu verarbeiten.«

Erschütterung der Identität anerkennen und stabilisieren

Eine Herzerkrankung kann mehrere Bereiche der Identität erschüttern: Besonders betroffen sind die körperliche Gesundheit und die eigene Funktionsfähigkeit, doch auch berufliche, finanzielle und soziale Aspekte sowie persönliche Wertvorstellungen und Lebensziele können tangiert werden. Vor diesem Hintergrund bietet die Self-Determination Theory (SDT) nach Deci und Ryan einen nützlichen Rahmen, um Ressourcen zu mobilisieren und die Identität zu stärken. Es basiert auf der Annahme, dass Identität und Wohlbefinden auf drei grundlegenden psychologischen Bedürfnissen beruhen: Autonomie – das Erleben von Selbstbestimmung, Kompetenz – das Gefühl, den Anforderungen gewachsen zu sein, und soziale

Eingebundenheit – das Erleben von Verbundenheit mit anderen. Studien zeigen, dass die Befriedigung dieser Bedürfnisse mit höherem Wohlbefinden, Motivation und psychischer Gesundheit verbunden ist. Für Herzpatienten ist das Modell besonders praxisnah: Trotz Erkrankung kann Autonomie gestärkt werden, indem Patienten aktiv in Behandlungsentscheidungen eingebunden werden. Kompetenz lässt sich durch gezielte Rehabilitationsprogramme und das Erleben von Belastbarkeit fördern, während soziale Eingebundenheit durch Austausch in Herzgruppen und durch Unterstützung in Familie und Partnerschaft gestärkt werden kann (12).

Darüber hinaus rücken Resilienzkonzepte und die Positive Psychologie den Blick noch stärker auf das Wechselspiel zwischen Belastungen und Ressourcen. In diesem Ansatz wird Identität nicht als festes Konstrukt betrachtet, sondern als ein dynamischer Prozess, der durch Krankheit sowohl belastet als auch gefestigt werden kann. Resilienz bezeichnet dabei die Fähigkeit, trotz chronischer Leiden wie HI oder Klappenerkrankungen psychisch stabil zu bleiben oder daraus gestärkt hervorzugehen. Zentrale Einflussfaktoren sind eine konsequente Ausrichtung an den eigenen Stärken, die Suche nach Lebenssinn sowie die Fähigkeit, sich flexibel an veränderte Bedingungen anzupassen. Patienten können dabei unterstützt werden, ihre individuellen Ressourcen, wie z. B. soziale Beziehungen, spirituelle Überzeugungen oder persönliche Stärken, zu entdecken und aktiv für die Krankheitsbewältigung zu nutzen. Auf diese Weise wird Identität nicht nur bewahrt, sondern kann sogar inmitten schwerer gesundheitlicher Belastungen weiterentwickelt werden (13).

Verstehen der Krankheit und Klärung der subjektiven Krankheitsüberzeugungen

Der Zusammenhang zwischen informierten Patienten und einer höheren Adhärenz sowie einem besseren Gesundheitsverhalten ist vielfach nachgewiesen (14–15). Eine Möglichkeit zum höheren Verständnis der Erkrankung ist der Einsatz von Broschüren. In deutscher, französischer und italienischer Sprache sind kostenlos unter der Schweizerischen Herzstiftung Broschüren zu unterschiedlichen Herzerkrankungen erhältlich (https://swissheart.ch/webshop/herz-und-psyche?variant=51493). Eine andere Möglichkeit ist die bewusste Planung von Fragen bezüglich der Krankheit in die Sprechstunde, der Einsatz von Anschauungsmodellen, Abbildungen oder kurzen Videos zur einfachen Erklärung von z. B. Eingriffen oder Erkrankungen am Herzen.

Der validierte Fragebogen »Brief Illness Perception Questionnaire-Revised« (5) mit insgesamt neun Items kann eingesetzt werden, um gezielt die Krankheitswahrnehmung von Patienten zu eruieren. Das wiederum kann als Ausgangspunkt für ein gemeinsames Krankheitsverständnis dienlich sein. Ergebnisse aus einer Studie konnten nachweisen, dass eine gezielte Intervention zur Veränderung der Krankheitswahrnehmung bei HI-Patienten zu einer früheren Rückkehr an den Arbeitsplatz und geringerer emotionaler Belastung führte (15). Eine andere Möglichkeit, die Krankheitswahrnehmung zu erfassen, bieten Zeichnungen. Studien konnten Zusammenhänge mit erhöhten Werten von posttraumatischen Symptomen und der Größe eingezeichneter beschädigter Herzfläche finden, unabhängig vom objektiven Schweregrad des MI. Darüber hinaus bieten Herzzeichnungen ein diagnostisches Mittel, um innere Vorstellungen, Ängste und Empfindungen in Bezug auf das eigene Herz visuell auszudrücken. Das ermöglicht einen Zugang zu impliziten Emotionen und körperbezogenen Überzeugungen, die durch verbale Kommunikation allein häufig nicht vollständig erfasst werden. Die Patienten werden gebeten, zwei Darstellungen anzufertigen: eine, wie sie ihr Herz vor der Erkrankung erlebt haben, und eine zweite, die ihr aktuelles Erleben nach dem Herzereignis widerspiegelt (16–18).

Schrittweise körperliche Aktivität

Rehabilitationsprogramme oder Herzsportgruppen verbessern nicht nur die körperliche Leistungsfähigkeit, sondern fördern auch das Vertrauen in die kardiale Belastbarkeit. Randomisierte Studien (19) belegen eine signifikante Reduktion kardiovaskulärer Mortalität durch körperliches Training nach einem MI (► Kap. 4.2).

Entspannung fördern

Zur Förderung der körperlichen und psychischen Stabilität haben sich Verfahren wie die progressive Muskelrelaxation (PMR) und Achtsamkeitstraining (Mindfulness-Based Stress-Reduction [MBSR]) bewährt. Sie reduzieren nachweislich stressassoziierte Parameter (20). Eine systematische Übersichtsarbeit und Metaanalyse randomisierter kontrollierter Studien untersuchte die Effektivität von MBSR-Programmen bei Personen mit arterieller Hypertonie. Die Ergebnisse zeigten eine signifikante Senkung des diastolischen BD um durchschnittlich 2,03 mmHg und eine marginal signifikante Reduktion des systolischen BD um 3,89 mmHg (21).

Emotionen anerkennen und verarbeiten

Auch die emotionale Verarbeitung des Ereignisses ist zentral. Die Möglichkeit, Gefühle wie Angst, Trauer oder Schuld zu benennen und zu bearbeiten – z. B. im Rahmen von psychoedukativen Gesprächen oder Schreiben von Tagebüchern – hat sich als präventiv in der Krankheitsverarbeitung erwiesen. Auf der anderen Seite kann auch der Einsatz von Ritualen hilfreich sein, wenn diese z. B. bei unangenehmen Untersuchungen durchgeführt werden können. Das Etablieren eines inneren sicheren Ortes oder Übungen, wie z. B. das innere Herunterzählen in 7er-Schritten von 100 ausgehend, können mit Patienten vorbesprochen werden, um Situationen besser zu bewältigen (22) (► Kap. 5).

Förderung von Kohärenzgefühl und Ressourcen

Die Aktivierung eigener Ressourcen verbessert die Anpassungsfähigkeit an chronische Erkrankungen nachweislich (23–24). Innere Ressourcen, wie das Entwickeln von Problemlösefähigkeit und das Aktivieren früherer Bewältigungserfahrungen, gelten als protektive Faktoren im Krankheitsverlauf. Die Fragen »*Was hat Ihnen bisher in schwierigen Situationen geholfen? Haben Sie in anderen Lebensbereichen bereits Zuversicht, Vertrauen oder innere Ruhe erlebt?*« können das Aktivieren von Ressourcen unterstützen.

Praxistipp

Eine Übung zur Krankheitsbewältigung ist die so genannte Absorptionstechnik. Gemeinsam werden zunächst drei Fähigkeiten herausgearbeitet, die im Moment hilfreich sein könnten (»Welche innere Fähigkeit bräuchten Sie momentan, um mit der Situation besser umgehen zu können?« z.B. Zuversicht, Kraft, Ruhe). Anschließend wird der Patient eingeladen, sich an Situationen zu erinnern, in denen er jeweils schon ein Stück dieser Fähigkeiten erlebt hat.

Diese Erinnerungen werden mit allen Sinnen reaktiviert – was wurde damals gesehen, gehört, gespürt? Die Erinnerung kann durch bilaterale Stimulation, zum Beispiel durch sanftes, abwechselndes Klopfen (»Schmetterlingsumarmung«), das der Patient selbst ausführt – etwa im Bereich des Brustkorbs, der Schultern oder der Oberschenkel, unterstützt werden.

Zum Abschluss wird der Patient gebeten, für jede Fähigkeit ein Symbol zu wählen – das kann ein Tier, ein Gegenstand oder ein anderes Bild sein. Diese Symbole werden nochmals bewusst mit den positiven Erinnerungen verknüpft, sodass sie als innere Anker jederzeit genutzt werden können.

Sollte während der Übung etwas Negatives auftauchen, wird gemeinsam eine andere Situation gesucht, die positive Gefühle hervorruft und die jeweilige Fähigkeit stärkt.

Diese Übung eignet sich auch sehr gut als Vorbereitung von Herzeingriffen oder zum Wiedereinstieg in die Arbeitswelt.

Die Auseinandersetzung mit den eigenen Werten und Zielen hilft dabei, Perspektiven zu schaffen, Prioritäten zu überdenken und sich auf veränderbare Prozesse zu fokussieren. Indem sich Patienten bewusst machen, was ihnen im Leben wirklich wichtig ist, können sie gezielt Entscheidungen treffen, die ihnen Stabilität und Orientierung bieten. Durch eine klare Zielsetzung und eine schrittweise Umsetzung gelingt es, das Vertrauen in den eigenen Körper und die eigene Handlungsfähigkeit zurückzugewinnen und die Krankheit in die Identität zu integrieren. ► Tab. 4.2 kann mit den Patienten gemeinsam erarbeitet werden (25).

Tab. 4.2: Reflexionsfragen zur Ermittlung von Werten und Zielen (25)

Kategorie	Frage
Werte und Prioritäten	Was ist Ihnen im Leben wirklich wichtig?
Lebensbereiche und Investitionen	In welche Lebensbereiche möchten Sie investieren (Familie, Beruf, Freizeit, Gesundheit etc.)?
Lebensstilanpassungen	Welche Aspekte Ihres Lebensstils möchten Sie beibehalten, welche anpassen?
Unterstützungsbedarf	Welche Unterstützung benötigen Sie für diese Veränderungen?
Umsetzungsschritte	Welche Schritte sind notwendig, um eine Veränderung umzusetzen?
Hürden	Welche Hürden könnten entstehen? Wie könnten Sie damit umgehen?
Vor- und Nachteile der Veränderung	Welche kurzfristigen und langfristigen Vor- und Nachteile ergeben sich aus dieser Veränderung?

Soziale Unterstützung

Der Einfluss von Bindung, Partnerschaft oder Einbindung in Gruppen auf Lebensqualität und Überleben nach kardialen Ereignissen ist in der Literatur gut dokumentiert (26) (▶ Kap. 2.2). Folgende Punkte können im Krankheitsprozess dazu beitragen:

- *Emotionale Unterstützung:*
  - Die Diagnose einer Herzerkrankung ist oft mit Ängsten und Unsicherheiten verbunden. Angehörige können durch emotionale Nähe und Verständnis dazu beitragen, dass der Patient sich unterstützt und nicht allein gelassen fühlt.
  - Gemeinsames Bewältigen von Sorgen und Ängsten stärkt die Resilienz des Patienten und fördert einen positiven Umgang mit der Erkrankung.
- *Motivation und Förderung eines gesunden Lebensstils:*
  - Die Umstellung von Lebensgewohnheiten, wie gesündere Ernährung, regelmäßige Bewegung oder Rauchverzicht, fällt vielen Patienten schwer. Angehörige können hierbei motivieren und als Vorbild dienen.
  - Gemeinsame Aktivitäten, wie gesunde Kochkurse oder Spaziergänge, fördern nicht nur die Gesundheit des Patienten, sondern stärken auch die familiäre Bindung.
- *Praktische Unterstützung:*
  - Angehörige können den Patienten bei der Organisation von Arztterminen, der Medikation oder der Dokumentation von Symptomen und Fortschritten unterstützen.
  - In schwierigen Phasen, wie nach einem Herzeingriff, können Angehörige entlasten, indem sie alltägliche Aufgaben übernehmen.

- *Beobachtung und frühzeitige Intervention:*
  - Angehörige sind oft diejenigen, die erste Anzeichen einer Verschlechterung wahrnehmen, wie zunehmende Atemnot, Schwäche oder depressive Verstimmungen.

Merke

Angehörige sind häufig die ersten, die Veränderungen im Zustand des Patienten bemerken. Ihre aktive Einbindung kann dazu beitragen, Notfälle frühzeitig zu verhindern.

Selbstmitgefühl

Nicht zuletzt ist ein achtsamer, selbstmitfühlender Umgang mit sich selbst ein bedeutsamer Faktor in der Krankheitsverarbeitung. Die Entwicklung von Selbstakzeptanz, Geduld mit dem eigenen Tempo und die Würdigung kleiner Fortschritte können emotionale Stabilität fördern und Rückfälle in maladaptive Muster reduzieren (27).

4.1.2 Umgang mit Ängsten vor Sexualität und Intimität

Viele Patienten zögern, das Thema Sexualität nach einem Herzereignis oder dergleichen anzusprechen, obwohl es ein wesentlicher Bestandteil der Lebensqualität ist. Fachpersonen sollten daher aktiv und einfühlsam das Gespräch suchen, um Unsicherheiten zu reduzieren und individuelle Lösungen zu besprechen (28).

Ein möglicher Gesprächseinstieg könnte folgendermaßen lauten:
»Viele meiner Patienten haben nach einem Herzereignis Fragen oder Unsicherheiten in Bezug auf körperliche Aktivitäten. Dazu gehört auch die Sexualität. Es ist ganz normal, dass Sie sich fragen, ob Sie wieder sicher intim sein können oder ob es Risiken gibt.«

Zentrale Punkte für Ärzten zur Erklärung

Sicherheit:

- »Sexuelle Aktivität entspricht in etwa der Belastung, die Sie beim Treppensteigen oder zügigem Gehen empfinden. Wenn Sie dabei keine Beschwerden haben, ist auch Intimität in der Regel sicher.«
- »Falls Sie sich unsicher fühlen, können wir gemeinsam besprechen, wie Sie sich langsam wieder an körperliche Nähe herantasten können.«

Psychische und emotionale Faktoren:

- »Es ist ganz normal, dass sich nach einem Herzereignis Ängste oder Unsicherheiten einstellen. Manche Menschen sorgen sich, dass ihr Herz nicht stark genug ist, andere fühlen sich weniger attraktiv oder zurückhaltend in ihrer Partnerschaft.«
- »Gibt es Themen, die Sie gerne mit Ihrem Partner/Ihrer Partnerin besprechen möchten, aber vielleicht nicht wissen, wie?«

Praktische Tipps für den Wiedereinstieg:

- »Versuchen Sie zunächst entspannte, ruhige Momente mit Ihrem Partner/Ihrer Partnerin zu schaffen. Körperliche Nähe beginnt nicht erst mit der Sexualität, sondern auch mit Berührungen, Zärtlichkeiten oder gemeinsamen positiven Erlebnissen.«
- »Achten Sie auf eine angenehme Umgebung – vermeiden Sie Stress und Übermüdung, wählen Sie eine Tageszeit, zu der Sie sich wohlfühlen.«
- »Falls Medikamente oder körperliche Beschwerden Einfluss auf Ihre Sexualität haben, sprechen Sie mich gerne darauf an.«

4.1.3 Umgang mit Schlafstörungen

Schlafstörungen sind bei Menschen mit Herzerkrankungen häufig, bis zu 44 % berichten über Ein- oder Durchschlafprobleme. Diese können durch körperliche Beschwerden, Ängste nach einem kardialen Ereignis oder auch durch Medikamente verursacht werden. Schlechter Schlaf wiederum wirkt sich negativ auf die Herzgesundheit aus und erhöht Stress und depressive Symptome. Besonders bei Herzpatienten können Schlafstörungen mit anderen gesundheitlichen Problemen wie Angstzuständen und Depressionen assoziiert sein. Die Behandlung von Schlafstörungen bei diesen Patienten erfordert einen ganzheitlichen Ansatz (▶ Kap. 5.1 und ▶ Kap. 5.2), der sowohl die psychischen als auch die physischen Aspekte berücksichtigt. Zur Einschätzung eignen sich kurze, validierte Fragebögen wie den Pittsburgh Sleep Quality Index (PSQI) oder einfache Schlafprotokolle. Auch offene Fragen im Gespräch, z. B. »Wie schlafen Sie aktuell?« oder »Wachen Sie nachts oft auf?«, helfen, die Belastung besser zu verstehen (29–31).

Zu den wirksamsten Behandlungsansätzen gehört die KVT für Insomnie, die sich auf die Veränderung von Gedanken und Verhaltensweisen konzentriert, die den Schlaf beeinträchtigen. Weitere unterstützende Maßnahmen umfassen Schlafhygiene, wie regelmäßige Schlafenszeiten, der Verzicht auf Koffein und Alkohol am Abend, Bewegung tagsüber, aber nicht kurz vor dem Schlafengehen, sowie Entspannungsübungen wie PMR oder Atemtechniken (32–34). Für Patienten mit besonders schweren Schlafstörungen, die nicht auf psychotherapeutische Maßnahmen ansprechen, kommen medikamentöse Behandlungen in Betracht. Hierbei werden oft sedierende Antidepressiva wie Trazodon oder Mirtazapin eingesetzt, jedoch nur unter strenger ärztlicher Aufsicht, da diese Medikamente bei

kardiovaskulären Patienten das Risiko von Nebenwirkungen wie Blutdruckabfällen und Arrhythmien erhöhen können. Daher ist eine sorgfältige Abwägung der Vor- und Nachteile erforderlich. Auch bei der medikamentösen Therapie sollte stets die zugrunde liegende Erkrankung berücksichtigt und eine langfristige Lösung angestrebt werden.
Zur weiterführenden Literatur empfiehlt sich (35):
Spiegelhalder K, Baum E, Becker M, Cornaro C, Crönlein T, Frase L, et al. S3-Leitlinie »Insomnie bei Erwachsenen« (AWMF-Register-Nr. 063–003), Update 2025. Version 2.0. Stand 2025–04. AWMF online. https://register.awmf.org/de/leitlinien/detail/063-003

4.1.4 Herausforderungen für Angehörige

Auch wenn Angehörige sozial unterstützen können, sollte immer berücksichtigt werden, dass nicht nur die Betroffenen selbst, sondern auch Angehörige durch die Diagnose oder das akute Ereignis eine starke Belastung erleben (36–38).

- *Psychische Belastung*
  Die Betreuung eines Patienten mit einer Herzerkrankung kann für Angehörige emotional belastend sein, insbesondere wenn die Krankheit schwer verläuft. Schuldgefühle, Überforderung und Angst vor einem plötzlichen Herztod des Patienten sind häufige Begleiterscheinungen.
- *Mangelndes Wissen über die Erkrankung*
  Viele Angehörige fühlen sich unsicher im Umgang mit der Herzerkrankung, insbesondere bei der Unterstützung des Patienten in medizinischen und lebensstilbezogenen Fragen.
- *Vernachlässigung der eigenen Bedürfnisse*
  Angehörige stellen häufig die Bedürfnisse des Patienten über ihre eigenen, was langfristig zu Erschöpfung und Burnout führen kann.

Merke

Auch die Gesundheit und das Wohlbefinden der Angehörigen müssen berücksichtigt werden. Eine Überbelastung kann sich negativ auf die Unterstützung des Patienten auswirken. Fragen Sie als Behandler aktiv bei den Angehörigen nach ihrem psychischen Wohlbefinden.

4.1.5 Vorbereitung auf Untersuchungen und Eingriffe am Herzen

Die psychische Vorbereitung von Patienten auf eine Untersuchung oder Herzoperation ist ein zentraler Bestandteil kardiologischer Versorgung. Studien belegen, dass präoperative Angst signifikant mit schlechteren postoperativen Verläufen, erhöhter Schmerzempfindung, längerer Aufenthaltsdauer und höherem Komplikationsrisiko assoziiert ist (39–42). Zur optimalen Vorbereitung auf einen chirurgischen Eingriff am Herzen haben sich mehrere interdisziplinäre Maßnahmen bewährt:

1) *Psychoedukation*
Aufklärung über den Eingriff, mögliche Risiken und den Behandlungsablauf reduziert nachweislich präoperative Ängste (42). Transparente Informationen verbessern das Gefühl der Kontrolle und erhöhen die Adhärenz.
2) *Entspannungsverfahren*
Methoden wie die PMR können Stressreaktionen vor der Operation mindern. Eine Metaanalyse von Guo et al. (41) zeigte signifikante Effekte dieser Techniken auf BD, HF und subjektives Stresserleben.
3) *Einbindung von Angehörigen*
Das Gefühl, nicht allein zu sein, wirkt nachweislich stabilisierend. Studien zeigen, dass soziale Unterstützung mit besseren physiologischen Reaktionen auf Stress einhergeht (38).
4) *Psychologische Begleitung/Kurzinterventionen*
Visualisierungen und Ressourcenaktivierung sowie Kurzzeitpsychotherapie, supportive Gespräche oder verhaltenstherapeutische Elemente (z. B. Umstrukturierung katastrophisierender Gedanken) können helfen, Ängste vor bevorstehenden Eingriffen zu relativieren. Die unter ▶ Kap. 4.1.1 beschriebenen Übungen (Ressourcen aktivieren) können auch zur Vorbereitung von Eingriffen angewendet werden. Darüber hinaus hat sich die Hypnotherapie zur Reduktion von Angst, Schmerz und Stress vor herzchirurgischen Eingriffen als wirksam erwiesen (42–43).
Auf die Hypnotherapie zur Vorbereitung von Herzeingriffen wird im Folgenden näher eingegangen.

4.1.6 Hypnotherapie zur Vorbereitung von Herzeingriffen

Insbesondere bei stark belasteten Patienten kann eine strukturierte hypnotherapeutische Intervention dazu beitragen, Angst, Kontrollverlustempfinden und operative Anspannung signifikant zu reduzieren.

Studien deuten darauf hin, dass präoperative Hypnotherapie bei kardialen Patienten zu einer signifikanten Reduktion von Angst, Schmerzen und Stress beiträgt (43–44). Auch postoperativ konnten kürzere Verweildauer auf der Intensivstation und ein geringerer Bedarf an Analgetika nachgewiesen werden (45). Ein konkretes hypnotherapeutisches Beispiel aus der Praxis könnte folgendermaßen aussehen:

Fallbeispiel

Herr S. steht eine elektive Bypass-Operation bevor.

1) *Einstiegsphase:* In einem ausführlichen Gespräch schildert Herr S. seine Sorgen und Ängste. Er berichtet von wiederkehrenden Gedanken wie: »Was, wenn mein Herz das nicht überlebt?« oder »Was ist, wenn ich nicht mehr zur Arbeit gehen kann?«. Diese negativen Kognitionen werden systematisch erfasst und analysiert, um die individuelle Angststruktur zu verstehen.
2) *Entspannung und Tranceinduktion:* Um den Stress zu reduzieren, wird Herr S. in einen Zustand tiefer Entspannung versetzt. In dieser Phase kann er seine körperlichen Empfindungen bewusst wahrnehmen, ohne von Ängsten überwältigt zu werden. Er lernt, seinen Atem als Anker zu nutzen, um Kontrolle und Sicherheit zu empfinden.
3) *Affektbrücke und Neubewertung:* Während der Trance erinnert sich Herr S. an frühere Situationen, in denen er sich hilflos fühlte – etwa einen Eingriff als Kind (Tonsillektomie). Dieses Erlebnis wird unter therapeutischer Anleitung neu bewertet. Statt sich als Opfer der Umstände zu sehen, erkennt er, dass sein Körper und sein medizinisches Team ihm geholfen haben. Dieses neue Narrativ stärkt sein Vertrauen in die Operation.
4) *Verankerung positiver Ressourcen:* Herr S. wird angeleitet, sich vorzustellen, wie sein Körper sich nach der OP regeneriert. Er visualisiert, wie er nach einigen Wochen wieder selbstständig seinen Alltag meistert und sogar mit seinen Enkeln spielt. Durch gezielte Suggestionen wie »Mein Herz ist stark und heilt mit jeder Bewegung« wird dieses positive Bild gefestigt.
5) *Integration und Abschluss:* In den letzten Sitzungen lernt Herr S., wie er die erlernten Techniken in den Klinikalltag integriert. Er stellt sich vor, wie er ruhig in den Operationssaal geht, sich den Ärzten anvertraut und die ersten Atemzüge nach der OP bewusst wahrnimmt. Diese mentale Vorbereitung sorgt dafür, dass er sich nicht mehr als ausgeliefert empfindet, sondern als aktiv Mitwirkender seines Heilungsprozesses.

Ziel dieser Intervention ist die Stabilisierung des Affektsystems, die Reaktivierung innerer Ressourcen und die Transformation ängstigender Erwartungen in konstruktive, kontrollierbare Zukunftsbilder. Dies kann nicht nur zur emotionalen Entlastung, sondern auch zur Verbesserung postoperativer Genesungsverläufe beitragen.

4.2 Bedeutung der kardialen Rehabilitation

Stefanie Stauber und Fiorenza Wyssen

Kernaussagen

- Die kardiale Rehabilitation ist ein wichtiger Bestandteil der Versorgung von Patienten mit Herzerkrankungen. Sie verfolgt einen multidisziplinären Ansatz, um die körperliche, psychische und soziale Gesundheit nachhaltig zu verbessern.
- Frauen nehmen seltener an der kardialen Rehabilitation teil und brechen sie häufiger ab. Gründe sind familiäre, ökonomische und psychische Barrieren. Anpassungen wie flexible Programme, psychosozialer Support und frauenspezifische Gruppen können die Teilnahme und den Therapieerfolg verbessern (► Kap. 3.4).
- Studien zeigen, dass eine Teilnahme an einer kardialen Rehabilitation zu einer signifikanten Reduktion von kardiovaskulären Ereignissen, Morbidität und Mortalität führt. Zudem werden die körperliche Leistungsfähigkeit und Lebensqualität der Patienten deutlich verbessert.

Funktion und Stellenwert der kardiologischen Rehabilitation

Nach einem kardialen Ereignis endet die Behandlung nicht mit der Akutversorgung. Vielmehr entsteht eine Phase, in der medizinische Stabilität, körperliche Leistungsfähigkeit und psychosoziale Anpassung neu aufgebaut werden müssen. Die kardiologische Rehabilitation setzt genau an dieser Schnittstelle an und verfolgt das Ziel, Patienten wieder zu einem aktiven, selbstbestimmten Umgang mit ihrer Erkrankung zu befähigen. Dabei geht es nicht nur um körperliches Training, sondern um die langfristige Reduktion kardiovaskulärer Risiken und die Sicherung von Alltags- und Arbeitsfähigkeit.

Inhalte und therapeutische Schwerpunkte

Rehabilitative Programme kombinieren verschiedene Elemente, die ineinandergreifen: eine Überprüfung und Anpassung der medikamentösen Langzeittherapie, dosierte körperliche Belastung, strukturierte Schulungen zu Erkrankung und RFs sowie unterstützende Angebote bei sozialen oder beruflichen Fragestellungen. Diese Bausteine zielen darauf ab, funktionelle Einschränkungen abzubauen, die Lebensqualität zu stabilisieren und erneuten kardialen Ereignissen vorzubeugen.

Organisation und sozialmedizinischer Rahmen

Die Durchführung der Rehabilitation ist in Deutschland in ein sozialmedizinisches Versorgungssystem eingebettet. Welche Institution die Kosten trägt, richtet sich in der Regel nach der Lebenssituation der Betroffenen. Personen im Erwerbsleben werden häufig über die Rentenversicherung rehabilitiert, während bei Menschen im Rentenalter meist die Krankenversicherung zuständig ist. Im Einzelfall können sich jedoch abweichende Zuständigkeiten ergeben, etwa abhängig vom Versicherungsstatus oder vom Rehabilitationsziel.

Zeitlicher Beginn und Zugangswege

Der Einstieg in die Rehabilitation kann zu unterschiedlichen Zeitpunkten erfolgen. Häufig beginnt sie unmittelbar oder zeitnah nach einem akuten kardialen Ereignis, einer Intervention oder einer Operation. Daneben existieren Rehabilitationsmaßnahmen, die erst nach formaler Antragstellung durchgeführt werden. Voraussetzung ist hierbei, dass ein relevanter Unterstützungsbedarf besteht, die aktive Teilnahme möglich ist und ein realistischer Nutzen zu erwarten ist. Damit wird sichergestellt, dass die Rehabilitation als gezielte Maßnahme eingesetzt wird und nicht als allgemeine Verlängerung der Akutbehandlung.

Psychokardiologische Perspektive im Rehabilitationsverlauf

Aus psychosomatischer Sicht zeigen sich je nach Zeitpunkt und Verlauf unterschiedliche Belastungsmuster. In der frühen Phase nach einem Akutereignis dominieren häufig Unsicherheit, körperliche Schonung und Angst vor erneuter Belastung, die sich parallel zur funktionellen Erholung oft deutlich reduzieren. Bei später einsetzenden Rehabilitationsmaßnahmen nach längeren Krankheitsverläufen treten hingegen häufiger chronische Einschränkungen, maladaptive Bewältigungsstrategien oder psychische Begleiterkrankungen in den Vordergrund. In diesen Fällen gewinnt die psychologische und psychotherapeutische Mitbehandlung deutlich an Bedeutung (46–48).

Es bestehen drei Phasen der Rehabilitation. Phase I bezeichnet die Akutphase im Krankenhaus. Phase II folgt mit dem Krankenhausaustritt und dem Übertritt in ein strukturiertes Programm (stationär oder ambulant). Ambulante Programme erleichtern die Rückkehr ins häusliche Umfeld und binden das soziale Netzwerk ein, während stationäre Maßnahmen eine engmaschige Überwachung und Betreuung bei komplexeren Verläufen ermöglichen. In Phase III, der Langzeitbetreuung, übernehmen Herzgruppen eine wichtige Rolle für die langfristige Stabilisierung, indem sie Bewegungstherapie unter fachlicher Anleitung bieten, den Austausch zwischen Betroffenen fördern und durch die hausärztliche Betreuung ergänzt werden (48;50). Die Deutsche Herzstiftung (https://herzstiftung.de/ihre-herzgesundheit/leben-mit-der-krankheit/reha) und die Deutsche Gesellschaft für Prävention und Rehabilitation von Herz-Kreislauf-Erkrankungen (DGPR) (https://www.dgpr.de) bieten umfassende Informationen und Unterstützung für Herzpatienten. Die Umkreissuche der DRV (https://www.deutsche-rentenversicherung.de/DRV/DE/Reha/Reha-Einrichtungen/UmkreisSuche_Kliniken/kliniken_node_functional.html) bietet eine einfache Möglichkeit, eine geeignete Rehabilitationsklinik in der Region zu finden. In der Schweiz bietet die Schweizerische Herzstiftung (https://swissheart.ch/) ein umfassendes Angebot über Kliniken und Anschlussbehandlungen. In Österreich gibt es den Herzverband (https://www.herzverband.at/) und die Herzstiftung (https://www.atcardio.at/gesellschaft/herzstiftung).

Die Herzgruppen sind primär eine Bewegungstherapie, welche durch eine Fachperson geleitet wird, mit dem Ziel die körperliche Fitness aufrechtzuerhalten sowie den Austausch zwischen den Teilnehmern zu fördern. Eine weitere wichtige Rolle in der Langzeitrehabilitation spielt der Hausarzt, welcher die Patienten medizinisch ambulant weiterbetreut.

Die Leitlinien definieren drei wichtige Ziele der kardialen Rehabilitation, welche in ▶ Tab. 4.3 aufgelistet werden (48).

Tab. 4.3: Ziele der kardiologischen Rehabilitation (48)

Zielbereich	Konkretisierung
Verbesserung der Lebensqualität	• Reduktion der Beschwerden • Verbesserung der körperlichen Funktion und Leistungsfähigkeit • Stabilisierung des psychischen Befindens (verbesserte Krankheitsbewältigung, Umgang mit der Erkrankung im Alltag) • Möglichkeit der sozialen Wiedereingliederung (Beruf, Familie, Erhaltung der Selbständigkeit bei alten Patienten)
Verbesserung der Prognose	• Prävention und Risikoreduktion • Reduktion der Morbidität • Reduktion der Mortalität
Beitrag zur Kostenstabilität	• Verbesserung der Adhärenz • Reduktion vermeidbarer Krankenhausaufenthalte • Vermeidung von vorzeitiger Berentung und Pflege

Um diese Ziele zu erreichen, sollte während einer Rehabilitation nicht nur die kardiovaskuläre Erkrankung behandelt werden, sondern auch bestehende Komorbiditäten und RFs (46–52). Aus diesem Grund stehen neben der Hauptintervention die Optimierung der medikamentösen Langzeittherapie sowie eine nachhaltige Lebensstiländerung im Vordergrund (50).

Die Reha-Therapiestandards (RTS) der DRV definieren evidenzbasierte Mindestdosen für die wichtigsten Therapiebausteine in der kardiologischen Rehabilitation (48):

- Ausdauertraining: mind. 90 min/Woche, verteilt auf ≥ 3 Einheiten; für ≥ 90 % der Patienten
- Kraft- und Muskelaufbautraining: mind. 60 min/Woche, 2 Termine; für ≥ 50 % der Patienten
- Bewegungsorientierung (z. B. Gruppentraining): zusätzlich 90 min/Woche; für ≥ 60 % der Patienten
- Krankheitsspezifische Patientenschulung: mind. 120 min/Aufenthalt; für ≥ 80 % der Patienten
- Gesundheitsbildung: mind. 120 min/Aufenthalt; für ≥ 60 % der Patienten
- Ernährungstherapie: mind. 180 min/Aufenthalt; für ≥ 60 % der Patienten

- Psychologische Leistungen: mind. 60 min/Aufenthalt (entspricht meist einem Gespräch)
- Entspannungsverfahren: 60 min/Woche; für ≥ 30 % der Patienten
- Tabakentwöhnung: 200 min/Aufenthalt; für ≥ 5 % der Patienten
- Sozialberatung: mind. 45 min/Aufenthalt; für ≥ 70 % der Patienten
- Vorbereitung auf Nachsorgemaßnahmen (z. B. Herzgruppen): mind. 15 min/ Aufenthalt; für ≥ 80 % der Patienten

Zentrale Pfeiler der Rehabilitation sind damit die *Bewegungstherapie* und die *Patientenschulung*, da regelmäßiges Ausdauertraining nicht nur kardioprotektiv wirkt, sondern auch antidepressive Effekte zeigt und die Selbstwirksamkeit stärkt (48). Da die psychologischen Ressourcen mit einer Mindestdosis von nur einer Stunde pro Rehabilitationsaufenthalt sehr knapp bemessen sind, ist eine enge interdisziplinäre Zusammenarbeit erforderlich, die sich am Collaborative-Care-Modell orientiert. Dieses Modell betont die koordinierte und patientenzentrierte Betreuung durch ein multidisziplinäres Team. Dazu gehören Ärzte, Physiotherapeuten, Ernährungsberater, Ergotherapeuten, Psychologen, Pflegekräfte sowie gegebenenfalls der Sozialdienst. Ergebnisse einer aktuellen randomisierten Studie mit 457 Patienten zeigte, dass das Collaborative-Care-Modell (TeamCare) im Vergleich zur üblichen Versorgung zu einer signifikant höheren Verbesserung der krankheitsspezifischen Lebensqualität führte. Nach zwölf Monaten wiesen die im TeamCare behandelten Patienten zudem deutlich niedrigere Werte für Depression, Angst und Stress sowie eine günstigere Risikokonstellation auf. Ergänzend berichteten sie über eine höhere Zufriedenheit mit der medizinischen und psychosozialen Betreuung, was die besondere Bedeutung eines multiprofessionellen, integrierten Behandlungskonzeptes unterstreicht (53).

Durch diesen ganzheitlichen Ansatz wird sichergestellt, dass die verschiedenen medizinischen, psychologischen und sozialen Aspekte der Patientenversorgung optimal aufeinander abgestimmt sind, um eine langfristige Verbesserung der Gesundheit und Lebensqualität zu ermöglichen.

Viele Studien haben aufgezeigt, dass die Teilnahme an einem kardialen Rehabilitationsprogramm zu einer signifikanten Reduktion von kardiovaskulären Ereignissen, einer Reduktion der Morbidität, Mortalität und (Re-)Hospitalisierung sowie einer Verbesserung der körperlichen Leistungsfähigkeit (Belastungskapazität, Erhöhung der Muskelkraft, Reduktion der Sturzgefahr) und Erhöhung der Lebensqualität führt (52). Gleichzeitig zeigte die CROS-II-Studie von Salzwedel et al. (54), dass sich die Wirksamkeit der kardialen Rehabilitation insbesondere auf die »primären Endpunkte«, also die Gesamtmortalität sowie die kardiovaskuläre Mortalität, auswirkte, hingegen die Auswirkungen auf die »sekundären Endpunkte« wie ein nicht tödlicher Reinfarkt oder eine Rehospitalisation noch nicht abschließend evaluiert wurden (52). Gleichzeitig relativieren die Autoren diese Ergebnisse durch die Heterogenität der Studien in Bezug auf Population und Interventionen sowie den sehr unterschiedlichen Anforderungen, was eine kardiale Rehabilitation beinhaltet. Um eine bessere Grundlage zur Wirksamkeit der kardialen Rehabilitation zu schaffen, wäre eine allgemein gültige und international vergleichbare Minimalanforderung bei der Durchführung der kardialen Rehabilitation wünschenswert.

4.2.1 Geschlechtsspezifische Unterschiede

Obwohl die Wirksamkeit der kardialen Rehabilitation für beide Geschlechter belegt ist, nehmen Frauen deutlich seltener daran teil oder brechen sie häufiger ab (55–56). Gründe dafür sind familiäre Verpflichtungen, ökonomische Hürden, eingeschränkte Mobilität oder eine weniger nachdrückliche ärztliche Empfehlung. Auch depressive Symptome und Adipositas senken die Teilnahmebereitschaft (56). Patientinnen profitieren in der kardiologischen Rehabilitation insbesondere von flexibleren Trainingszeiten, einer stärkeren Einbindung von Angehörigen sowie von einer geschlechtssensiblen Expertise des Behandlungsteams (56–58). Eine solche geschlechtssensible Anpassung ist bedeutsam, da Frauen beim Eintritt in die Rehabilitation häufig stärker beeinträchtigt sind als Männer, beispielsweise hinsichtlich Erkrankungsschwere, Risikoprofil oder Lebensqualität (46). Zudem zeigen Studien, dass Frauen vor allem von homogenen Frauengruppen sowie von emotionalem und sozialem Support profitieren, während Männer stärker leistungsorientiert sind und ihren Fokus auf messbare Ergebnisse richten (59).

Wie in ► Kap. 3.4 erläutert ist ein häufig bei älteren Frauen auftretendes Krankheitsbild das TTS. Frauen mit TTS erhalten nach der Entlassung weniger Unterstützung als z. B. Frauen mit einem ACS (60).

Im Folgenden sind einige hilfreiche Tipps für den Umgang mit Frauen in der kardialen Rehabilitation aufgelistet, um deren Teilnahme zu fördern und den Therapieerfolg zu verbessern.

1) Individuelle Ansprache und gezielte Motivation
   - Ärzte sollten die Empfehlung zur kardialen Rehabilitation bei Frauen ebenso nachdrücklich aussprechen wie bei Männern.
   - In der ärztlichen Beratung sollten Bedenken und Barrieren aktiv thematisiert werden, um individuelle Lösungen zu finden. Auch Haushaltshilfen, Unterstützung bei der Kinderbetreuung oder dergleichen sollten thematisiert werden.
   - Besonders wichtig ist die Berücksichtigung von depressiven Symptomen, da betroffene Frauen oft weniger motiviert sind, an einer Rehabilitation teilzunehmen. Eine frühzeitige psychologische Betreuung kann hier helfen.
2) Flexible und alltagstaugliche Programme
   - Familienfreundliche Rehabilitationsmodelle: Frauen übernehmen häufig familiäre Verpflichtungen. Angebote wie kürzere oder flexiblere Therapiezeiten sowie kinderfreundliche Programme könnten die Teilnahme erleichtern.
   - Ökonomische Unterstützungsmöglichkeiten klar kommunizieren: Informationen über Kostenerstattungen oder Fahrdienste können helfen, finanzielle und praktische Hürden zu reduzieren.

- Mobile oder wohnortsnahe Angebote: Eine schlechte Mobilität sollte kein Hindernis sein – ambulante Programme oder Tele-Reha-Lösungen könnten helfen.

3) Frauenspezifische Rehabilitationsangebote schaffen
   - Frauengruppen in der Rehabilitation: Studien zeigen, dass Frauen von homogenen Frauengruppen stärker profitieren als von gemischten Gruppen (56–58). Solche Gruppen sollten gezielt angeboten werden.
   - Inhalte der Rehabilitation sollten stärker auf die Bedürfnisse von Frauen zugeschnitten sein, z. B. mehr Fokus auf psychosoziale Aspekte (emotionale Unterstützung, soziale Interaktion), Stressbewältigung als fester Bestandteil der Therapie sowie Wissensedukation, um Ängste abzubauen und die langfristige Krankheitsbewältigung zu verbessern.
4) Mehr emotionale Unterstützung und soziale Vernetzung
   - Soziale Beziehungen sind für Frauen besonders wichtig – eine Rehabilitation sollte daher den Austausch untereinander und emotionale Unterstützung aktiv fördern.
   - Peer-Support-Gruppen oder Mentorenprogramme mit ehemaligen Rehabilitationsteilnehmerinnen könnten motivierend wirken.
   - Förderung von Gruppenaktivitäten, die nicht nur auf Leistung fokussiert sind, sondern ein positives Gemeinschaftsgefühl schaffen
5) Spezifische Unterstützung für TTS-Patienten
   - Besondere Schwerpunkte für diese Patientengruppesollten sein: emotionale Unterstützung, um psychische Belastungen besser zu verarbeiten; Stressmanagement-Techniken, Techniken zur Emotionsregulation zur besseren Stressreaktivität, um zukünftige Episoden zu vermeiden; langfristige Betreuung, da das Syndrom oft mit anhaltender Fatigue und Angst verbunden ist.
6) Erfolgsmessung anpassen
   - Während für Männer oft messbare Leistungssteigerungen im Vordergrund stehen, sollten bei Frauen auch psychosoziale Fortschritte stärker in die Bewertung des Rehabilitationserfolgs einfließen.
   - Erfolgsindikatoren könnten z. B. verbesserte Lebensqualität, Reduktion von Stress und Ängsten sowie stärkere soziale Einbindung sein.

Diese frauenspezifischen Anpassungen könnten dazu beitragen, die Teilnahme an der kardialen Rehabilitation zu steigern und deren Wirksamkeit für Frauen zu optimieren.

4.2.2 Therapeutische Ansätze zur Behandlung psychischer Faktoren in der kardialen Rehabilitation

1) Früherkennung und gezieltes Screening
   - Ein standardisiertes Screening-Verfahren sollte bei Eintritt in die Rehabilitation durchgeführt werden, um psychosoziale Belastungen, depressive

Symptome, Angststörungen und kognitive Einschränkungen frühzeitig zu erkennen (48–50).
- Neben medizinischen RFs sollten auch sozioökonomische Aspekte, soziale Isolation und Stressbelastung systematisch erfasst werden.
- Dabei empfiehlt sich die Anwendung validierter Screening-Fragen (s. *Screening-Fragebogen »Psychosoziale Risikofaktoren (PSRFs)«*), die von einem interdisziplinären Team ausgewertet werden sollten. Wichtig ist, dass bei einem psychisch auffälligen Profil eine Anschlussbehandlung/-beratung gewährleistet ist.

2) Individuell angepasste psychotherapeutische Maßnahmen
   - Eine Metaanalyse zeigt, dass psychologische Interventionen wie KVT, Stressmanagement, Psychoedukation und supportive Verfahren in Kombination mit der bewegungsbasierten kardiologischen Rehabilitation deutliche Zusatznutzen haben.
   - Insbesondere konnten Angst, depressive Symptome und Stress signifikant reduziert sowie die gesundheitsbezogene Lebensqualität verbessert werden.
   - Hinsichtlich harter kardiovaskulärer Endpunkte wie Mortalität oder Reinfarktrate ergaben sich hingegen keine konsistenten Effekte, sodass psychologische Maßnahmen vor allem als wirksame Ergänzung zur Stabilisierung der psychischen und psychosozialen Situation verstanden werden sollten (61).
3) Stressreduktion und Förderung der Krankheitsbewältigung
   - Neben klassischen rehabilitativen Ansätzen werden zunehmend auch psychologische Kurzinterventionen in die Rehabilitationsbehandlung integriert. Ein Beispiel hierfür ist die Akzeptanz- und Commitment-Therapie (ACT), die in einem randomisierten Studiendesign als kurze manualisierte Zusatzintervention im Rahmen der kardiologischen Rehabilitation erprobt wurde. Obwohl die Ergebnisse keine signifikanten Unterschiede zur Standardrehabilitation zeigten, liefert diese Untersuchung wichtige Impulse für die Weiterentwicklung ACT-basierter Ansätze in der kardiologischen Versorgung (62).
   - Darüber hinaus weist die achtsamkeitsbasierte Stressreduktion (Mindfulness-Based Stress Reduction, MBSR) vielversprechende Ergebnisse auf. In einer randomisierten kontrollierten Studie mit Patientinnen und Patienten nach akutem MI konnte die Kombination von MBSR mit einer frühen kardiologischen Rehabilitation im Vergleich zur Standardrehabilitation zu einer deutlicheren Reduktion von Angst, depressiver Symptomatik und negativen Stimmungslagen beitragen. Zusätzlich zeigte sich eine geringere Komplikationsrate sowie eine stärkere Verbesserung der Herzfunktion. Diese Befunde unterstreichen den potenziellen Stellenwert achtsamkeitsbasierter Verfahren als Ergänzung zur klassischen Rehabilitation (63).
4) Förderung der Selbstwirksamkeit und Motivation
   - Eine Übersichtsarbeit zeigt, dass motivierende Gesprächsführung, Beratungsansätze sowie Strategien zur Förderung von Autonomie, Kompetenz und sozialer Eingebundenheit die Teilnahme und Adhärenz in der kardialen Rehabilitation deutlich verbessern können. Insbesondere Motivational In-

terviewing erhöhte die Abschlussrate von 14% auf 39%, wobei für den Langzeiteffekt weiterer Forschungsbedarf besteht (64).
  - Die *Information »Digitale Anwendungen«* kann helfen, die Therapieadhärenz und Selbstwirksamkeit zusätzlich zu stärken (abrufbar unter Kap. »Zusatzmaterial zum Download«).

5) Psychosoziale Unterstützung und Gruppentherapie
  - Gruppenangebote für Betroffene mit ähnlichen Erfahrungen, wie Herzgruppen oder psychosoziale Gesprächsrunden, können eine soziale Unterstützung bieten und den Austausch über Bewältigungsstrategien ermöglichen.
  - Eine randomisiert-kontrollierte Studie belegt, dass die Integration einer sechswöchigen kognitiv-basierten Gruppentherapie in die kardiale Rehabilitation zu einer deutlichen und anhaltenden Reduktion von Angst- und Depressionssymptomen führte. Interventionen, die gezielt auf dysfunktionale Kognitionen und belastende Denkprozesse eingehen, könnten einen wichtigen Bestandteil multimodaler Rehabilitationsprogramme darstellen, um die psychische Stabilität zu verbessern (65). Ein bedeutsamer Ansatz in der kardiologischen Rehabilitation ist es, nicht nur die Patienten, sondern auch deren Angehörige in ihrer Krankheitswahrnehmung gezielt zu unterstützen.
  - Eine randomisiert-kontrollierte Studie zeigte, dass Ehepartner in der Interventionsgruppe nach Entlassung ein besseres Krankheitsverständnis, geringere Sorgen und positivere Erwartungen bezüglich der Genesung entwickelten, wenn sie in die Behandlung integriert wurden. Diese Effekte hielten auch nach drei Monaten an und gingen mit einer deutlich reduzierten Belastung und Angst vor erneuten Ereignissen einher (15).

6) Sicherstellung der langfristigen Nachsorge
  - Als verbindendes Element zwischen der unmittelbaren medizinischen Versorgung und der beruflichen Wiedereingliederung spielt die kardiale Rehabilitation eine zentrale Rolle und fördert die Rückkehr in die Arbeitswelt (66–68). Besonders wirksam sind frühzeitig integrierte arbeitsplatzbezogene Interventionen, die neben der schrittweisen körperlichen Belastungssteigerung auch die gezielte Bearbeitung von Ängsten sowie die Förderung von Selbstwirksamkeit umfassen. Ebenso entscheidend ist eine strukturierte Nachsorge, wie sie beispielsweise durch medizinisch-beruflich orientierte Rehabilitationsprogramme (MBOR) ermöglicht wird (69).

Trotz dieser positiven Effekte können verschiedene Barrieren die berufliche Reintegration erschweren. Dazu gehören anhaltende körperliche Einschränkungen, die Furcht vor Überlastung, depressive Symptome, eine fehlende Unterstützung im Arbeitsumfeld sowie starre organisatorische Rahmenbedingungen. Förderlich wirken demgegenüber flexible Lösungen wie eine stufenweise Belastungssteigerung, die Anpassung der Arbeitsaufgaben an die individuelle Leistungsfähigkeit sowie eine starke soziale und berufliche Unterstützung durch Familie, Kollegen und Arbeitgeber (68–70).

4.2.3 Vorbestehende psychiatrische Begleiterkrankungen

Ein kardiovaskuläres Ereignis kann auf bereits bestehende psychiatrische Erkrankungen treffen. Besonders Depressionen und Angststörungen sowie die PTBS gelten als eigenständiger RF für kardiovaskuläre Erkrankungen, verschlechtern die Prognose, beeinträchtigen die Adhärenz und führen zu höheren Behandlungskosten (71). Wird aus psychischer Überforderung heraus keine Rehabilitation aufgenommen, kann sich die Prognose weiter verschlechtern (72). Umso wichtiger ist es, psychische Belastungen frühzeitig zu erkennen und Patienten mittels multimodalem Behandlungskonzept sowohl im Akutspital als auch in der ambulanten Nachsorge zu behandeln.

Merke

Angesichts des erhöhten Risikos sollten insbesondere psychisch vorbelastete Patienten frühzeitig identifiziert und, sofern eine weiterführende Behandlung gewährleistet ist, gezielt gescreent werden. Dabei zeigt sich eine multimodale Behandlung als vielversprechend.

4.3 Förderung der Therapieadhärenz

Stefanie Stauber und Fiorenza Wyssen

Kernaussagen

- Die konsequente Umsetzung therapeutischer Empfehlungen reduziert das Sterblichkeitsrisiko nach einem MI erheblich. Eine hohe Adhärenz führt zu einer besseren Krankheitsprognose und verbessert langfristig die Lebensqualität.
- Die Einhaltung von Rehabilitationsmaßnahmen hängt von verschiedenen Faktoren ab, darunter patientenbezogene, sozioökonomische, gesundheitssystembezogene, therapiebezogene und krankheitsbedingte Einflüsse. Nur ein ganzheitlicher Ansatz kann die Adhärenz nachhaltig verbessern.
- Depressionen, Ängste oder mangelnde Selbstwirksamkeit führen oft zu Vermeidungsverhalten und Therapieabbrüchen. Ein gezieltes psychologisches Screening zu Beginn der Rehabilitation kann frühzeitig problematische Faktoren identifizieren und individuell adressieren.

In einer Studie mit über 20.000 Teilnehmenden konnten Solomon et al. (73) zeigen, dass eine gute Adhärenz bezüglich der vorgeschlagenen Therapieempfehlungen das Sterblichkeitsrisiko nach MI deutlich senkte. Da die kontinuierliche Teilnahme an einem Rehabilitationsprogramm eine erhebliche Herausforderung an die Selbstmanagementfähigkeiten der Patienten darstellt, wird in diesem Unterkapitel herausgearbeitet, inwiefern die Therapieadhärenz aus psychologischer Sicht gefördert werden kann.

4.3.1 Definition

Die WHO definiert Therapieadhärenz als das Ausmaß, in welchem das Verhalten eines Patienten (z. B. Medikamenteneinnahme, Befolgen einer Diät, Veränderungen des Lebensstils) mit den Empfehlungen einer Behandlungsperson übereinstimmt (74). Mit dem Begriff der Adhärenz wird (im Vergleich zum älteren Begriff »Compliance«) neben den Empfehlungen durch das medizinische Personal explizit auch der Eigenverantwortung des Patienten Rechnung getragen. Im Sinne des Konzepts »Patient Empowerment« sollen die Patienten also befähigt werden, Verantwortung zu übernehmen sowie autonome und intrinsisch motivierte Entscheidungen zu treffen (74). Der Patient ist demnach adhärent, wenn er die therapeutischen Empfehlungen als für sich sinnvoll erachtet und diese in konkretes Verhalten umsetzen kann. Die Therapieadhärenz wird als multidimensionales Konstrukt konzeptualisiert, welches patientenbezogene, sozioökonomische, gesundheitssystembezogene, therapiebezogene sowie krankheitsbedingte Faktoren beinhaltet (75). Der klinische Alltag zeigt, dass die regelmäßige Teilnahme an einem kardialen Rehabilitationsprogramm sowie die Umsetzung der empfohlenen Maßnahmen keine Selbstverständlichkeit darstellen. Nur ca. 50% der Patienten können ein Trainingsprogramm im Anschluss an eine Rehabilitation aufrechterhalten und ca. 20% brechen die Rehabilitation sogar ab (76).

4.3.2 Einflussfaktoren

Ein Übersichtsartikel von Ruano-Ravina et al. (77) zeigt, dass soziodemografische Faktoren wie Geschlecht, Alter und sozioökonomischer Status die Teilnahme und Adhärenz an kardialen Rehabilitationsprogrammen beeinflussen. Frauen, ältere Menschen und Personen mit geringerem sozioökonomischem Status nehmen seltener teil. Auch psychische Erkrankungen wie Depressionen oder Angststörungen können die Teilnahme erschweren (78–80).

Ein psychologisches Screening zu Beginn des Programms kann dabei helfen, mögliche Hürden frühzeitig zu erkennen (81). Besonders relevant ist zudem die Selbstwirksamkeit der Patienten, also der Glaube an die eigene Fähigkeit, Veränderungen umzusetzen (▸ Kap. 4.2) (82).

Bestandteile wie Edukation, telefonische Begleitung oder motivierende Gesprächsführung können die Adhärenz verbessern. Ein neuer Ansatz ist der Einsatz mobiler Applikationen: Laut einer Metaanalyse von Xu et al. (83) lässt sich damit die Therapieadhärenz im Vergleich zu Kontrollgruppen steigern.

4.3.3 Klinische Herausforderungen

Für das Behandlungsteam stellt sich die große Herausforderung, Patienten für die Teilnahme an einem Rehabilitationsprogramm zu motivieren und sie in der Umsetzung von Verhaltensänderungen zu unterstützen. Damit dies gelingen kann, bedarf es der Einsicht des Patienten, dass die Veränderung für ihn sinnvoll sowie persönlich bedeutsam ist. Ein häufiger Denkfehler auf therapeutischer Seite könnte zur Annahme führen, dass der Patient entweder »motiviert« bzw. »nicht motiviert« ist und es sich dabei um ein duales Konzept handelt. Basierend auf dem transtheoretischen Modell von Di Clemente et al. (84) ist die Motivation eines Menschen jedoch kein statischer Zustand, sondern als Prozess zu verstehen, in dem sich die Patienten ganz individuell einordnen lassen bzw. bewegen. Patienten durchlaufen in der Motivationsbildung einen Prozess, in dem sie sich von der Meinungsbildung über die Vorbereitung einer Handlung, bis hin zur Handlung selbst bewegen. Die Einschätzung darüber, wo sich der Patient in diesem Prozess befindet, kann für die Motivation sowie schlussendlich für die erfolgreiche Umsetzung von Verhaltensänderungen von zentraler Bedeutung sein. Hierzu kann einerseits eine klinische Einschätzung dienen oder auch ein Fragebogen eingesetzt werden (z. B. der Fragebogen FEVER, 85). Ein Beispiel: Das Behandlungsteam plant mit einem Patienten ein Trainingsprogramm sowie konkrete Anpassungen in der Ernährung. Zusätzlich ist eine Rauchstoppberatung geplant, da der Patient das Rauchen aufgeben sollte. Der Patient befindet sich jedoch motivational in der Vorbereitungsphase (»Precontemplation«) und wägt für sich gedanklich die Vor- und Nachteile seines bisherigen Verhaltens sowie einer Verhaltensänderung ab. Dieser Patient wird in der Umsetzung der Verhaltensänderungen vermutlich wenig erfolgreich sein und das Behandlungsteam spürt einen inneren Widerstand. In dieser Phase würde der Patient vermutlich mehr von Gesprächen mit dem Fokus einer motivationalen Klärung zur Förderung der Veränderungsbereitschaft profitieren.

Um die Motivation der Patienten zu fördern, ist es sinnvoll, wenn das Behandlungsteam zu Beginn der kardialen Rehabilitation einige Überlegungen hinsichtlich der motivationalen Phase der Patienten anstellt (▶ Tab. 4.4). Therapeutische Interventionen können im Anschluss besser individuell angepasst werden.

Tab. 4.4: Die fünf Phasen der Motivation und entsprechende Interventionen (84)

Motivationsphase	Merkmale des Patienten	Empfohlene Interventionen
Precontemplation (Absichtslosigkeit)	Kein Problembewusstsein, wenig Änderungsbereitschaft	Informationsvermittlung, Gespräche zur Förderung der Eigenmotivation Offene Fragen stellen wie »Was bedeutet die Erkrankung für Sie?«
Contemplation (Nachdenken)	Ambivalenz, Abwägen von Vor- und Nachteilen	Motivationale Klärung, Reflexionsgespräche zur Förderung der Entscheidungssicherheit »Haben Sie schon einmal darüber nachgedacht, wie Bewegung Ihr Wohlbefinden beeinflussen könnte?«

Tab. 4.4: Die fünf Phasen der Motivation und entsprechende Interventionen (84) – Fortsetzung

Motivationsphase	Merkmale des Patienten	Empfohlene Interventionen
Preparation (Vorbereitung)	Erste konkrete Überlegungen zur Umsetzung	Konkrete Zielsetzung, Erarbeitung realistischer Maßnahmen »Welche positiven Veränderungen könnten Sie sich durch eine gesündere Ernährung vorstellen?«
Action (Handlung)	Aktive Umsetzung der Verhaltensänderung	Begleitende Unterstützung, regelmäßiges Feedback und Verstärkung positiver Fortschritte »Lassen Sie uns gemeinsam einen Plan erstellen, mit dem Sie schrittweise Ihr Aktivitätslevel steigern können.«
Maintenance (Aufrechterhaltung)	Stabilisierung der neuen Gewohnheiten	Langfristige Begleitung, Rückfallprävention, Unterstützung bei Herausforderungen »Welche Strategien helfen Ihnen, langfristig motiviert zu bleiben?«

Im folgenden Kapitel wird die *Motivierende Gesprächsführung* (86) als Hilfestellung zur Förderung der Therapieadhärenz vorgestellt.

4.3.4 Motivierende Gesprächsführung

Der Begriff *Motivierende Gesprächsführung* wurde von Miller und Rollnick (86) als eine Form der Gesprächsführung in der Behandlung von Patienten mit einer Suchterkrankung eingeführt. Der praxisbezogene Ansatz versucht in Worte zu fassen, womit das Behandlungsteam zuvor in ihrem Alltag mit Patienten bereits zu kämpfen hatte: die Abwehr sowie der Widerstand eines Patienten gegenüber einer Therapieempfehlung. Stellen Sie sich vor, ein Arzt teilt Ihnen mit, dass Sie Ihr Gewicht reduzieren sowie Ihre gesamte Ernährungsweise verändern sollen. Zudem sollen Sie drei Medikamente ab sofort täglich einnehmen und dreimal wöchentlich Sport treiben; dies alles sollten Sie am besten bereits ab morgen in die Tat umsetzen. Was würde dies bei Ihnen als Patient auslösen?

Bei vielen Patienten führen direkte Verhaltensanweisungen zu innerem Widerstand und zu einer abwehrenden Haltung. Patienten neigen dazu, ihr Verhalten umso mehr zu verteidigen, je stärker sie sich zur Veränderung gedrängt fühlen (87). Die Grundbedürfnisse nach Autonomie sowie Selbstwert werden durch allzu direktive Verhaltensanweisungen typischerweise bei den meisten Menschen bedroht, was beispielsweise dazu führen kann, dass die Patienten im Sinne der Reduktion kognitiver Dissonanz ihr bisheriges Verhalten innerlich rechtfertigen und daran festhalten (88). Gerade im Kontext kardiologischer Erkrankungen ist eine Verbesserung des Risikoprofils durch die Modifikation verschiedener Verhaltensweisen/RFs jedoch von zentraler Bedeutung (▶ Kap. 2.1). Verständlicherweise möchte das

Behandlungsteam die Dringlichkeit einer Veränderung dem Patienten so klar wie möglich vermitteln, was jedoch nicht immer auf Gehör stößt. Im Folgenden werden nun Möglichkeiten besprochen, wie es gelingen kann mittels Motivational Interviewing die intrinsische Motivation der Patienten zu fördern.
Miller und Rollnick (86) beschreiben Motivational Interviewing wie folgt:

> »Motivational Interviewing is a collaborative, goal-oriented style of communication with particular attention to the language of change. It is designed to strengthen personal motivation for and commitment to a specific goal by eliciting and exploring the person's own reasons for change within an atmosphere of acceptance and compassion.« (Miller und Rollnick [86], S. 29)

Motivational Interviewing ist eine Gesprächsführung, die die Autonomie des Patienten besonders wertschätzt und eigene Veränderungsargumente stärkt (89). Die Autoren gehen davon aus, dass Menschen Veränderung oft ambivalent gegenüberstehen – ein Phänomen, das als »Vermeidungs-Annäherungskonflikt« bezeichnet wird (88). Im Folgenden werden die vier Prinzipien dieser Methode mit Beispielen vorgestellt:

1) *Empathie*
Das Prinzip der Empathie basiert auf der humanistischen Gesprächstherapie von Carl Rogers (80). Es beschreibt die Haltung, Patienten in ihrem Erleben anzunehmen und ihre Ansichten zu verstehen, wenn auch nicht zwingend gut zu heißen. Grundlegend dabei ist eine respektvolle Grundhaltung sowie aktives Zuhören.
2) *Entwicklung von Diskrepanzen*
Diese Intervention soll dazu dienen, ein Bewusstsein für die Diskrepanz zwischen dem aktuellen Verhalten des Patienten (z. B. ungesunde Ernährung) und dem persönlich relevanten Ziel (keinen MI mehr zu erleiden) zu fördern. Die Ziele sollten idealerweise durch den Patienten selbst formuliert und nicht vom Therapeuten vorgegeben werden (dies wird von Miller und Rollnick (86) als »Change Talk« bezeichnet). Dies umfasst insbesondere im Kontext der Veränderung von kardialen RFs ein herausforderndes Umdenken. Eine Verhaltensänderung kann in dem Sinne nicht »verordnet« werden; es bedarf viel mehr der Einsicht des Patienten, dass diese für ihn sinnvoll ist. Je mehr wir als Therapeuten versuchen wollen, Patienten von der Relevanz einer Veränderung zu überzeugen, desto höher ist die Wahrscheinlichkeit von Widerstand von Seiten des Patienten. Dies bedeutet gleichzeitig, dass wir lernen müssen, die Ambivalenz des Patienten auszuhalten, um ihn in seinem Veränderungsprozess begleiten zu können. Statt der Aussage »Sie müssen unbedingt mit dem Rauchen aufhören, sonst schaden Sie sich noch mehr« könnten wir also beispielsweise »Das Rauchen ist ein festes Ritual für Sie nach dem Essen, gleichzeitig wissen Sie, dass es für Ihre Gefäße nicht gesund ist« sagen. Zudem ist auch die Förderung einer Ambiguitätstoleranz, der Fähigkeit, mehrdeutige, widersprüchliche oder unklare Situationen auszuhalten, ohne übermäßigen Stress oder Unsicherheit zu empfinden, ein wichtiger Bestandteil von Ärzten und Patienten.

3) *Geschmeidiger Umgang mit Widerstand*
Dieser Punkt schließt am vorherigen an und verdeutlicht die Haltung, einen flexiblen und fließenden Umgang mit den Widerständen der Patienten zu finden. Die Haltung des Therapeuten ist dabei von zentraler Bedeutung (89): Geraten wir als Behandler in eine verteidigende sowie abwehrende Haltung, löst dies umso mehr Widerstände auf der Seite des Patienten aus. Konkret könnte dies im Kontext der kardialen Rehabilitation bedeuten, dass Ratschläge bezüglich einer Verhaltensänderung im Gespräch eingebracht werden, bei Widerständen jedoch nicht in Form der »Beweisführung« darauf beharrt wird, sondern die Sichtweise des Patienten aufgenommen und beispielsweise paraphrasiert wird. Verhaltensempfehlungen von Seite der Therapeuten dürfen durchaus ausgesprochen werden (z. B. »Es ist sehr positiv, wenn Sie ihr Gewicht reduzieren können«), allerdings sollte mit dem möglicherweise zum Ausdruck gebrachten Widerstand flexibel umgegangen werden. Hierbei kann der Gedanke hilfreich sein, dass Ambivalenz ein natürlicher Bestandteil in einem menschlichen Veränderungsprozess darstellt.
4) *Stärkung der Änderungszuversicht*
Wie bereits vorgängig angetönt, stellt die Selbstwirksamkeit sowie die Selbstwirksamkeitserwartung der Patienten ein zentraler Faktor dar, welcher die Wahrscheinlichkeit des Gelingens einer Verhaltensänderung positiv beeinflusst. Mit der Stärkung der Änderungszuversicht bezeichnen die Autoren Miller und Rollnick (86) die Bestärkung genau dieser Gedanken beim Patienten. Techniken zur Steigerung der Selbstwirksamkeitserwartung könnte beispielsweise das Anknüpfen an frühere Bewältigungserfahrungen oder das Betonen von erreichten Zwischenschritten sein (»Nun ist es Ihnen bereits gelungen, Ihr Gewicht um 1,5 Kilogramm zu reduzieren, das ist ein großer Erfolg. Lassen Sie uns versuchen, gemeinsam weiter in diese Richtung zu arbeiten«).

Miller und Rollnick (86) beschreiben verschiedene Gesprächstechniken, die die Haltung des Motivational Interviewing unterstützen und die intrinsische Motivation der Patienten fördern sollen. Dazu zählen offene Fragen, aktives Zuhören, das Würdigen von Aussagen, Zusammenfassungen sowie Methoden wie das Vier-Felder-Schema zur Verdeutlichung von Pro und Contra einer Verhaltensänderung. Eine detaillierte Übersicht bieten das Originalwerk von Miller und Rollnick (86) sowie die Übersichtsarbeit von Körkel und Veltrup (90). Im Rahmen eines kardialen Rehabilitationsprogramms kann Motivational Interviewing flexibel eingesetzt werden – in psychologischen Einzelgesprächen, ärztlichen Konsultationen, der Ernährungsberatung oder der Physiotherapie. Gerade hier erweist sich Motivational Interviewing als wirksame Strategie zur Förderung von Motivation und Adhärenz (82). Patienten erleben im Zusammenhang mit Herzerkrankungen häufig intensive Veränderungsprozesse, die auch Ängste auslösen können. Diese führen nicht selten zu Rückzug oder Vermeidung. Ansätze wie die ACT (91) haben sich im Umgang mit solchen Emotionen bewährt (▶ Kap. 5.2). Die ACT unterstützt zudem die Formulierung individueller, wertebasierter Ziele (91). Eine strukturierte Zielsetzung lässt sich mit den SMART-Kriterien (Specific, Measurable, Attractiv, Realistic, Timely; 92) gestalten. So kann z. B. gemeinsam mit dem Patienten festgelegt werden, wann genau körperliches Training in den Alltag integriert werden soll – etwa montags, mittwochs und freitags um 17:00 Uhr nach der Arbeit.

Zur Unterstützung dienen die *Arbeitsblätter* »*Verhaltensänderung*« zur Förderung einer gesunden Lebensweise und »*Therapieadhärenz*« als Hilfe im motivationalen Prozess (abrufbar unter Kap. »Zusatzmaterial zum Download«).

4.3.5 Praxistipps zur Förderung der Therapieadhärenz bei Herzpatienten

1) Motivation gezielt stärken
   - *Empathie zeigen:* Patienten erleben nach einem Herzereignis häufig Angst oder Unsicherheit. Eine empathische Haltung hilft, Vertrauen aufzubauen.
     Bsp.: »Ich verstehe, dass es nicht leicht ist, aber kleine Schritte können langfristig viel bewirken.«
   - *Change Talk fördern:* Statt Anweisungen zu geben, sollte das Behandlungsteam die Patienten ermutigen, selbst über Vorteile der Verhaltensänderung zu sprechen.
     Bsp.: »Was würde sich für Sie verbessern, wenn Sie regelmäßig trainieren?«
   - *Veränderung in kleinen Schritten fördern:* Patienten sollten sich nicht überfordert fühlen. Kleine Erfolge sollten motiviert werden.
     Bsp.: »Beginnen Sie mit zehn Minuten Spazierengehen pro Tag und steigern Sie langsam.«
2) SMART-Ziele zur besseren Umsetzung formulieren
   - *Spezifische, realistische Ziele definieren:* Patienten profitieren von klaren und erreichbaren Zielen.
     Bsp.: »Dreimal pro Woche 20 Minuten Fahrrad fahren.«
   - *Ziele schriftlich festhalten:* Dies steigert die Verbindlichkeit und fördert das Engagement.
     Bsp.: »Tragen Sie Ihre Trainingseinheiten in einen Kalender ein.«
   - *Ziele gemeinsam überprüfen:* Regelmäßige Rückmeldungen helfen, Anpassungen vorzunehmen und Fortschritte zu dokumentieren.
     Bsp.: »Nehmen Sie Ihre Trainingsliste mit zum nächsten Termin, und wir besprechen gemeinsam, was gut geklappt hat und was angepasst werden sollte.«
3) Psychosoziale Barrieren frühzeitig erkennen und adressieren
   - *Psychologische Screening-Verfahren nutzen:* Patienten mit Ängsten oder Depressionen haben eine geringere Adhärenz. Ein frühes Screening ermöglicht gezielte Unterstützung.
     Bsp.: »Bitte füllen Sie diesen kurzen Fragebogen zu Stimmung und Belastung aus – so können wir gemeinsam besser verstehen, wie es Ihnen geht und wie wir Sie unterstützen können.«
   - *Soziale Unterstützung einbinden:* Angehörige oder Rehabilitationsgruppen können die Motivation steigern.
     Bsp.: »Gibt es jemanden in Ihrer Familie, der Sie bei Ihrem Ziel unterstützen kann?«

- *Digitale Lösungen nutzen:* Gesundheits-Apps wie Physitrack oder Caspar Health fördern die Therapieadhärenz.
  Bsp.: »Haben Sie Interesse daran, Ihr Training mit einer App zu dokumentieren?«

4) Rückfälle als Teil des Prozesses sehen
   - *Fehltritte nicht als Misserfolg bewerten:* Patienten brauchen eine realistische Erwartungshaltung.
     Bsp.: »Ein Rückschlag bedeutet nicht, dass Sie gescheitert sind. Was können wir anpassen?«
   - *Rückfallprävention besprechen:* Es sollten frühzeitig Strategien für schwierige Situationen erarbeitet werden.
     Bsp.: »Wie gehen Sie mit stressigen Tagen um, an denen Sie keine Zeit für Bewegung haben?«

Merke

Die Veränderungsmotivation der Patienten ist kein statischer Zustand, sondern sollte individuell im Rahmen von Gesprächen erfasst werden. Mit dem Ziel, die Therapieadhärenz zu erhöhen, können mittels geeigneten Gesprächsführungstechniken (z. B. Motivational Interviewing) individuelle, für den Patienten sinnvolle Ziele erarbeitet werden.

Ein weiterer praktischer Ansatz, um die routinemäßige kardiovaskuläre Versorgung stärker patientenzentriert zu gestalten, wird im ESC Clinical Consensus Statement (93) beschrieben. Dabei stehen die ACTIVE-Prinzipien im Vordergrund:

- Acknowledge (A) / Anerkennen: den engen Zusammenhang zwischen psychischer Gesundheit, kardiovaskulärer Gesundheit und Prognose berücksichtigen und Vorurteile sowie Stigmatisierung aktiv abbauen
- Check (C) / Checken: bei kardiologischen Terminen systematisch nach psychischen Symptomen suchen – und umgekehrt kardiovaskuläre RFs in der psychiatrischen Versorgung erfassen
- Tools (T) / Instrumente nutzen: validierte Fragebögen und Instrumente einsetzen, um psychische und kardiovaskuläre Gesundheit zu erfassen und Patienten sowie Angehörige darüber aufzuklären
- Implement (I) / Implementieren: evidenzbasierte, patientenzentrierte Ansätze umsetzen, die individuelle Lebensumstände und die Rolle von Angehörigen einbeziehen
- Venture (V) / Wagnis eingehen: Teams, Leitungspersonen und Betroffene für Zusammenarbeit und notwendige strukturelle Veränderungen gewinnen
- Evaluate (E) / Evaluieren: den Status quo der Versorgung prüfen und Fortschritte in psychischer und kardiovaskulärer Gesundheit regelmäßig im Rahmen der Qualitätssicherung erfassen

Durch die Verknüpfung von Adhärenzförderung mit den ACTIVE-Prinzipien lässt sich ein Rahmen schaffen, der nicht nur die psychische Gesundheit stärkt, sondern auch die langfristige Behandlungstreue und damit die klinischen Outcomes verbessert.

- *Digitale Gesundheitsanwendungen*
  Digitale Interventionen können Wartezeiten überbrücken, eine kontinuierliche Begleitung zwischen den persönlichen Terminen ermöglichen, den Alltag unterstützen und Selbstmanagementfähigkeiten stärken. Aufbauend auf diesem Prinzip haben sich in Deutschland in den vergangenen Jahren auch eigenständige digitale Anwendungen etabliert, die bestimmte psychische und psychosomatische Belastungen adressieren. Diese sogenannten Digitalen Gesundheitsanwendungen (DiGA) sind evidenzbasiert, ärztlich verordnungsfähig und werden von den gesetzlichen Krankenkassen erstattet. Sie stellen damit eine wichtige Ergänzung zu klassischen Behandlungsformen dar und fügen sich nahtlos in das Konzept einer modernen Versorgung ein.
  - Für den Bereich Schlafstörungen (Insomnie) empfehlen die aktuellen deutschen Leitlinien die kognitive Verhaltenstherapie für Insomnie (KVT-I) als Erstlinientherapie – auch in digitaler Form. In Deutschland sind hierfür zwei DiGA zugelassen: *somnio* (mementor DE GmbH; https://somn.io/insomnie-und-komorbide-angst-und-depressionssymptome/) und *HelloBetter Schlafen.* Beide Programme bieten eine digitalisierte Form der KVT-I an und zeigen in klinischen Studien signifikante Verbesserungen der Schlafqualität (35). *Novego* bietet ebenfalls verschiedene Übungen zum Umgang mit Schlafstörungen an und zielt auch auf eine Verbesserung der Emotionsregulation, Entspannungsfähigkeit und Gedankenkreisen ab (https://www.novego.de/novego-programme/besser-schlafen/).
  - Auch für Depressionen sind digitale Verfahren verfügbar. Das Programm *deprexis* (https://de.deprexis.com/) bietet internetbasierte Behandlungen gegen depressive Symptome an. https://de.deprexis.com
  - Speziell für Angststörungen existieren evidenzbasierte digitale Anwendungen wie *Invirto* (https://www.bkkpfalz.de/leistungen/seelische-gesundheit/digitale-therapie-angst) oder *velibra* (https://de.velibra.com/). Diese Programme kombinieren strukturierte KVT-Module, psychoedukative Inhalte und teils innovative Ansätze wie virtuelle Expositionen.

Für die Psychokardiologie eröffnet sich mit den DiGA eine Möglichkeit, sowohl somatische als auch psychische Komorbiditäten zu adressieren, kontinuierlich zu begleiten und in die alltägliche Versorgung zu integrieren.

Merke

DiGA ersetzen keine persönliche ärztliche oder psychotherapeutische Konsultation, sondern ergänzen die Versorgung.

4.4 Literatur

1. Leventhal H, Meyer D, Nerenz D. The common sense representation of illness danger. In: Rachman S, editor. *Medical Psychology*. Vol 2. New York: Pergamon Press; 1980. p. 7–30.
2. Leventhal H, Phillips LA, Burns E. The Common-Sense Model of Self-Regulation (CSM): a dynamic framework for understanding illness self-management. J Behav Med. 2016 Dec;39(6):935–946. doi: 10.1007/s10865-016-9782-2. Epub 2016 Aug 11. PMID: 27515801.
3. Broadbent E, Wilkes C, Koschwanez H, Weinman J, Norton S, Petrie KJ. A systematic review and meta-analysis of the Brief Illness Perception Questionnaire. Psychol Health. 2015;30(11):1361–85. doi: 10.1080/08870446.2015.1070851. Epub 2015 Aug 26. PMID: 26181764.
4. Timmermans I, Versteeg H, Meine M, Pedersen SS, Denollet J. Illness perceptions in patients with heart failure and an implantable cardioverter defibrillator: Dimensional structure, validity, and correlates of the brief illness perception questionnaire in Dutch, French and German patients. J Psychosom Res. 2017 Jun;97:1–8. doi: 10.1016/j.jpsychores.2017.03.014. Epub 2017 Mar 23. PMID: 28606488.
5. Broadbent E, Petrie KJ, Main J, Weinman J. The brief illness perception questionnaire. J Psychosom Res. 2006 Jun;60(6):631–7. doi: 10.1016/j.jpsychores.2005.10.020. PMID: 16731240.
6. Kayser K, Watson LE, Andrade JT. Cancer as a »we-disease«: Examining the process of coping from a relational perspective. Fam Syst Health. 2007;25(4):404–18. doi: 10.1037/1091-7527.25.4.404.
7. Vinje HF, Langeland E, Bull T. Aaron Antonovsky's Development of Salutogenesis, 1979 to 1994. 2016 Sep 3. In: Mittelmark MB, Sagy S, Eriksson M, et al., editors. The Handbook of Salutogenesis [Internet]. Cham (CH): Springer; 2017. Chapter 4. Available from: https://www.ncbi.nlm.nih.gov/books/NBK435860/ doi: 10.1007/978-3-319-04600-6_4
8. Flensborg-Madsen T, Ventegodt S, Merrick J. Why is Antonovsky's sense of coherence not correlated to physical health? Analysing Antonovsky's 29-item Sense of Coherence Scale (SOC-29). ScientificWorldJournal. 2005 Sep 14;5:767–76. doi: 10.1100/tsw.2005.89. PMID: 16170438; PMCID: PMC5936590.
9. Mishra P, Vamadevan AS, Roy A, Bhatia R, Naik N, Singh S, Amevinya GS, Ampah EA, Fernandez Y, Free C, Laar A, Prabhakaran D, Perel P, Legido-Quigley H. Exploring Barriers to Medication Adherence Using COM-B Model of Behaviour Among Patients with Cardiovascular Diseases in Low- and Middle-Income Countries: A Qualitative Study. Patient Prefer Adherence. 2021 Jun 23;15:1359–1371. doi: 10.2147/PPA.S285442. PMID: 34188453; PMCID: PMC8236251.
10. Michie S, van Stralen MM, West R. The behaviour change wheel: a new method for characterising and designing behaviour change interventions. Implement Sci. 2011 Apr 23;6:42. doi: 10.1186/1748-5908-6-42. PMID: 21513547; PMCID: PMC3096582.
11. Albus C, Ladwig KH, Herrmann-Lingen C. Psychokardiologie: praxisrelevante Erkenntnisse und Handlungsempfehlungen [Psychocardiology: clinically relevant recommendations regarding selected cardiovascular diseases]. Dtsch Med Wochenschr. 2014 Mar;139(12):596–601. German. doi: 10.1055/s-0033-1360102. Epub 2014 Mar 11. PMID: 24619718.
12. Deci EL, Ryan RM. Self-determination theory: A macrotheory of human motivation, development, and health. Can Psychol. 2008;49(3):182–5. doi: 10.1037/a0012801.
13. Seligman MEP, Csikszentmihalyi M. Positive psychology: An introduction. Am Psychol. 2000;55(1):5–14. doi:10.1037/0003-066X.55.1.5.
14. De Geest S, Sabaté E. Adherence to long-term therapies: evidence for action. Eur J Cardiovasc Nurs. 2003 Dec;2(4):323. doi: 10.1016/S1474-5151(03)00091-4. PMID: 14667488.
15. Broadbent E, Ellis CJ, Thomas J, Gamble G, Petrie KJ. Can an illness perception intervention reduce illness anxiety in spouses of myocardial infarction patients? A randomized

controlled trial. J Psychosom Res. 2009 Jul;67(1):11–5. doi: 10.1016/j.jpsychores.2008.11.006. Epub 2009 Mar 3. PMID: 19539813.
16. Princip M, Gattlen C, Meister-Langraf RE, Schnyder U, Znoj H, Barth J, Schmid JP, von Känel R. The Role of Illness Perception and Its Association With Posttraumatic Stress at 3 Months Following Acute Myocardial Infarction. Front Psychol. 2018 Jun 7;9:941. doi: 10.3389/fpsyg.2018.00941. PMID: 29930529; PMCID: PMC5999791.
17. Princip M, Koemeda M, Meister RE, Barth J, Schnyder U, Znoj H, Schmid JP, von Känel R. A picture paints a thousand words: Heart drawings reflect acute distress and illness perception and predict posttraumatic stress symptoms after acute myocardial infarction. Health Psychol Open. 2015 Jun 29;2(1):2055102915592091. doi: 10.1177/2055102915592091. PMID: 28070360; PMCID: PMC5193314.
18. Broadbent E, Petrie KJ, Ellis CJ, Ying J, Gamble G. A picture of health–myocardial infarction patients' drawings of their hearts and subsequent disability: a longitudinal study. J Psychosom Res. 2004 Dec;57(6):583–7. doi: 10.1016/j.jpsychores.2004.03.014. PMID: 15596165.
19. Dibben GO, Faulkner J, Oldridge N, Rees K, Thompson DR, Zwisler AD, Taylor RS. Exercise-based cardiac rehabilitation for coronary heart disease: a meta-analysis. Eur Heart J. 2023 Feb 7;44(6):452–469. doi: 10.1093/eurheartj/ehac747. PMID: 36746187; PMCID: PMC9902155.
20. Blumenthal JA, Sherwood A, Smith PJ, Watkins L, Mabe S, Kraus WE, Ingle K, Miller P, Hinderliter A. Enhancing Cardiac Rehabilitation With Stress Management Training: A Randomized, Clinical Efficacy Trial. Circulation. 2016 Apr 5;133(14):1341–50. doi: 10.1161/CIRCULATIONAHA.115.018926. Epub 2016 Mar 21. PMID: 27045127; PMCID: PMC4824555.
21. Zhang H, Zhang X, Jiang X, Dai R, Zhao N, Pan W, Guo J, Fan J, Bao S. Mindfulness-based intervention for hypertension patients with depression and/or anxiety in the community: a randomized controlled trial. Trials. 2024 May 2;25(1):299. doi: 10.1186/s13063-024-08139-0. PMID: 38698436; PMCID: PMC11529483.
22. Reddemann L. Imagination als heilsame Kraft: Zur Behandlung von Traumafolgen mit ressourcenorientierten Verfahren. 6. Aufl. München: Kösel-Verlag; 2020.
23. Färber F, Rosendahl J. The Association Between Resilience and Mental Health in the Somatically Ill. Dtsch Arztebl Int. 2018 Sep 21;115(38):621–627. doi: 10.3238/arztebl.2018.0621. PMID: 30373706; PMCID: PMC6218704.
24. Meister RE, Weber T, Princip M, Schnyder U, Barth J, Znoj H, Schmid JP, von Känel R. Resilience as a correlate of acute stress disorder symptoms in patients with acute myocardial infarction. Open Heart. 2015 Oct 26;2(1):e000261. doi: 10.1136/openhrt-2015-000261. PMID: 26568834; PMCID: PMC4636676.
25. Hayes SC, Strosahl KD, Wilson KG. *Acceptance and Commitment Therapy: The Process and Practice of Mindful Change.* 2nd ed. New York: Guilford Press; 2012.
26. Mannoh I, Hussien M, Commodore-Mensah Y, Michos ED. Impact of social determinants of health on cardiovascular disease prevention. Curr Opin Cardiol. 2021 Sep 1;36(5):572–579. doi: 10.1097/HCO.0000000000000893. PMID: 34397464.
27. Neff KD, Germer CK. A pilot study and randomized controlled trial of the mindful self-compassion program. J Clin Psychol. 2013 Jan;69(1):28–44. doi: 10.1002/jclp.21923. Epub 2012 Oct 15. PMID: 23070875.
28. Levine GN, Steinke EE, Bakaeen FG, Bozkurt B, Cheitlin MD, Conti JB, Foster E, Jaarsma T, Kloner RA, Lange RA, Lindau ST, Maron BJ, Moser DK, Ohman EM, Seftel AD, Stewart WJ; American Heart Association Council on Clinical Cardiology; Council on Cardiovascular Nursing; Council on Cardiovascular Surgery and Anesthesia; Council on Quality of Care and Outcomes Research. Sexual activity and cardiovascular disease: a scientific statement from the American Heart Association. Circulation. 2012 Feb 28;125(8):1058–72. doi: 10.1161/CIR.0b013e3182447787. Epub 2012 Jan 19. PMID: 22267844.
29. Matsuda R, Kohno T, Kohsaka S, Fukuoka R, Maekawa Y, Sano M, Takatsuki S, Fukuda K. The prevalence of poor sleep quality and its association with depression and anxiety scores in patients admitted for cardiovascular disease: A cross-sectional designed study. Int J

Cardiol. 2017 Feb 1;228:977–982. doi: 10.1016/j.ijcard.2016.11.091. Epub 2016 Nov 9. PMID: 27915216.
30. Zhang L, Li G, Bao Y, Liu M. Role of sleep disorders in patients with cardiovascular disease: A systematic review. Int J Cardiol Cardiovasc Risk Prev. 2024 Mar 8;21:200257. doi: 10.1016/j.ijcrp.2024.200257. PMID: 38549735; PMCID: PMC10972826.
31. Mollayeva T, Thurairajah P, Burton K, Mollayeva S, Shapiro CM, Colantonio A. The Pittsburgh sleep quality index as a screening tool for sleep dysfunction in clinical and non-clinical samples: A systematic review and meta-analysis. Sleep Med Rev. 2016 Feb;25:52–73. doi: 10.1016/j.smrv.2015.01.009. Epub 2015 Feb 17. PMID: 26163057.
32. Alimoradi Z, Jafari E, Broström A, Ohayon MM, Lin CY, Griffiths MD, Blom K, Jernelöv S, Kaldo V, Pakpour AH. Effects of cognitive behavioral therapy for insomnia (CBT-I) on quality of life: A systematic review and meta-analysis. Sleep Med Rev. 2022 Aug;64:101646. doi: 10.1016/j.smrv.2022.101646. Epub 2022 May 10. PMID: 35653951.
33. Madsen MT, Huang C, Zangger G, Zwisler ADO, Gögenur I. Sleep Disturbances in Patients With Coronary Heart Disease: A Systematic Review. J Clin Sleep Med. 2019 Mar 15;15(3):489–504. doi: 10.5664/jcsm.7684. PMID: 30853047; PMCID: PMC6411183.
34. Miller MA, Howarth NE. Sleep and cardiovascular disease. Emerg Top Life Sci. 2023 Dec 22;7(5):457–466. doi: 10.1042/ETLS20230111. PMID: 38084859; PMCID: PMC10754327.
35. Wobrock T, Schwaab B, Böhm M, Schäfers HJ, Wanke K, Supprian T. Pharmakotherapeutische Behandlungsstrategien der Insomnie bei Patienten mit kardialen Erkrankungen und nach Herztransplantation [Pharmacotherapeutical approaches to insomnia patients with cardiac diseases and after heart transplantation]. Z Kardiol. 2001 Oct;90(10):717–28. German. doi: 10.1007/s003920170091. PMID: 11757467.
36. Luttik ML, Jaarsma T, Moser D, Sanderman R, van Veldhuisen DJ. The importance and impact of social support on outcomes in patients with heart failure: an overview of the literature. J Cardiovasc Nurs. 2005 May-Jun;20(3):162–9. doi: 10.1097/00005082-200505000-00007. PMID: 15870586.
37. Knowles KA, Xun H, Jang S, Pang S, Ng C, Sharma A, Spaulding EM, Singh R, Diab A, Osuji N, Materi J, Amundsen D, Wongvibulsin S, Weng D, Huynh P, Nanavati J, Wolff J, Marvel FA, Martin SS. Clinicians for CARE: A Systematic Review and Meta-Analysis of Interventions to Support Caregivers of Patients With Heart Disease. J Am Heart Assoc. 2021 Dec 21;10(24):e019706. doi: 10.1161/JAHA.120.019706. Epub 2021 Dec 7. PMID: 34873919; PMCID: PMC9075249.
38. Uchino BN. Social support and health: a review of physiological processes potentially underlying links to disease outcomes. J Behav Med. 2006 Aug;29(4):377–87. doi: 10.1007/s10865-006-9056-5. Epub 2006 Jun 7. PMID: 16758315.
39. Tully PJ, Baker RA. Depression, anxiety, and cardiac morbidity outcomes after coronary artery bypass surgery: a contemporary and practical review. J Geriatr Cardiol. 2012 Jun;9(2):197–208. doi: 10.3724/SP.J.1263.2011.12221. PMID: 22916068; PMCID: PMC3418911.
40. Mavros MN, Athanasiou S, Gkegkes ID, Polyzos KA, Peppas G, Falagas ME. Do psychological variables affect early surgical recovery? PLoS One. 2011;6(5):e20306. doi: 10.1371/journal.pone.0020306. Epub 2011 May 25. PMID: 21633506; PMCID: PMC3102096.
41. Guo P, East L, Arthur A. A preoperative education intervention to reduce anxiety and improve recovery among Chinese cardiac patients: a randomized controlled trial. Int J Nurs Stud. 2012 Feb;49(2):129–37. doi: 10.1016/j.ijnurstu.2011.08.008. Epub 2011 Sep 22. PMID: 21943828.
42. Tigges-Limmer K, Sitzer M, Gummert J: Perioperative psychological interventions in heart surgery—opportunities and clinical benefit. Dtsch Arztebl Int 2021; 118: 339–45. DOI:10.3238/arztebl.m2021.0116
43. Faymonville EM, Mambourg HP, Joris J, Vrijens B, Fissette J, Albert A, Lamy M. Psychological approaches during conscious sedation. Hypnosis versus stress reducing strategies: a prospective randomized study. Pain. 1997 Dec;73(3):361–367. doi: 10.1016/S0304-3959(97)00122-X. PMID: 9469526.

44. Akgul A, Guner B, Çırak M, Çelik D, Hergünsel O, Bedirhan S. The Beneficial Effect of Hypnosis in Elective Cardiac Surgery: A Preliminary Study. Thorac Cardiovasc Surg. 2016 Oct;64(7):581–588. doi: 10.1055/s-0036–1580623. Epub 2016 Apr 4. PMID: 27043785.
45. Rosenfeldt F, Braun L, Spitzer O, Bradley S, Shepherd J, Bailey M, van der Merwe J, Leong JY, Esmore D. Physical conditioning and mental stress reduction–a randomised trial in patients undergoing cardiac surgery. BMC Complement Altern Med. 2011 Mar 9;11:20. doi: 10.1186/1472–6882–11–20. PMID: 21385466; PMCID: PMC3063826.
46. Brown TM, Pack QR, Aberegg E, Brewer LC, Ford YR, Forman DE, Gathright EC, Khadanga S, Ozemek C, Thomas RJ; American Heart Association Exercise, Cardiac Rehabilitation and Secondary Prevention Committee of the Council on Clinical Cardiology; Council on Cardiovascular and Stroke Nursing; Council on Lifestyle and Cardiometabolic Health; and Council on Quality of Care and Outcomes Research. Core Components of Cardiac Rehabilitation Programs: 2024 Update: A Scientific Statement From the American Heart Association and the American Association of Cardiovascular and Pulmonary Rehabilitation. Circulation. 2024 Oct 29;150(18):e328-e347. doi: 10.1161/CIR.0000000000001289. Epub 2024 Sep 24. Erratum in: Circulation. 2025 Apr 29;151(17):e965-e966. doi: 10.1161/CIR.0000000000001338. PMID: 39315436.
47. Beatty AL, Beckie TM, Dodson J, Goldstein CM, Hughes JW, Kraus WE, Martin SS, Olson TP, Pack QR, Stolp H, Thomas RJ, Wu WC, Franklin BA. A New Era in Cardiac Rehabilitation Delivery: Research Gaps, Questions, Strategies, and Priorities. Circulation. 2023 Jan 17;147(3):254–266. doi: 10.1161/CIRCULATIONAHA.122.061046. Epub 2023 Jan 17. Erratum in: Circulation. 2023 Feb 28;147(9):e648. doi: 10.1161/CIR.0000000000001135. PMID: 36649394; PMCID: PMC9988237.
48. Rauch B, Salzwedel A, Bjarnason-Wehrens B, Albus C, Meng K, Schmid JP, Benzer W, Hackbusch M, Jensen K, Schwaab B, Altenberger J, Benjamin N, Bestehorn K, Bongarth C, Dörr G, Eichler S, Einwang HP, Falk J, Glatz J, Gielen S, Grilli M, Grünig E, Guha M, Hermann M, Hoberg E, Höfer S, Kaemmerer H, Ladwig KH, Mayer-Berger W, Metzendorf MI, Nebel R, Neidenbach RC, Niebauer J, Nixdorff U, Oberhoffer R, Reibis R, Reiss N, Saure D, Schlitt A, Völler H, von Känel R, Weinbrenner S, Westphal R, On Behalf Of The Cardiac Rehabilitation Guideline Group. Cardiac Rehabilitation in German Speaking Countries of Europe-Evidence-Based Guidelines from Germany, Austria and Switzerland LLKardReha-DACH-Part 1. J Clin Med. 2021 May 19;10(10):2192. doi: 10.3390/jcm10102192. PMID: 34069561; PMCID: PMC8161282.
49. Ambrosetti M, Abreu A, Corrà U, Davos CH, Hansen D, Frederix I, Iliou MC, Pedretti RFE, Schmid JP, Vigorito C, Voller H, Wilhelm M, Piepoli MF, Bjarnason-Wehrens B, Berger T, Cohen-Solal A, Cornelissen V, Dendale P, Doehner W, Gaita D, Gevaert AB, Kemps H, Kraenkel N, Laukkanen J, Mendes M, Niebauer J, Simonenko M, Zwisler AO. Secondary prevention through comprehensive cardiovascular rehabilitation: From knowledge to implementation. 2020 update. A position paper from the Secondary Prevention and Rehabilitation Section of the European Association of Preventive Cardiology. Eur J Prev Cardiol. 2021 May 14;28(5):460–495. doi: 10.1177/2047487320913379. PMID: 33611446.
50. Visseren FLJ, Mach F, Smulders YM, Carballo D, Koskinas KC, Bäck M, Benetos A, Biffi A, Boavida JM, Capodanno D, Cosyns B, Crawford C, Davos CH, Desormais I, Di Angelantonio E, Franco OH, Halvorsen S, Hobbs FDR, Hollander M, Jankowska EA, Michal M, Sacco S, Sattar N, Tokgozoglu L, Tonstad S, Tsioufis KP, van Dis I, van Gelder IC, Wanner C, Williams B; ESC National Cardiac Societies; ESC Scientific Document Group. 2021 ESC Guidelines on cardiovascular disease prevention in clinical practice. Eur Heart J. 2021 Sep 7;42(34):3227–3337. doi: 10.1093/eurheartj/ehab484. Erratum in: Eur Heart J. 2022 Nov 7;43(42):4468. doi: 10.1093/eurheartj/ehac458. PMID: 34458905.
51. Karoff M, Held K, Bjarnason-Wehrens B. Cardiac rehabilitation in Germany. Eur J Cardiovasc Prev Rehabil. 2007 Feb;14(1):18–27. doi: 10.1097/HJR.0b013e3280128bde. PMID: 17301623.
52. Rauch B, Davos CH, Doherty P, Saure D, Metzendorf MI, Salzwedel A, Völler H, Jensen K, Schmid JP; ›Cardiac Rehabilitation Section‹, European Association of Preventive Cardiology (EAPC), in cooperation with the Institute of Medical Biometry and Infor-

matics (IMBI), Department of Medical Biometry, University of Heidelberg, and the Cochrane Metabolic and Endocrine Disorders Group, Institute of General Practice, Heinrich-Heine University, Düsseldorf, Germany. The prognostic effect of cardiac rehabilitation in the era of acute revascularisation and statin therapy: A systematic review and meta-analysis of randomized and non-randomized studies – The Cardiac Rehabilitation Outcome Study (CROS). Eur J Prev Cardiol. 2016 Dec;23(18):1914–1939. doi: 10.1177/2047487316671181. Epub 2016 Oct 25. PMID: 27777324; PMCID: PMC5119625.

53. Sadlonova M, Herbeck Belnap B, Becker I, Bersch K, Geiser F, Adenauer V, Hellmich M, Kindermann I, Zimmer A, Michal M, Ghaemi Kerahrodi J, Nöhre M, de Zwaan M, Petersmann A, Müller-Kozarez I, Ehlers M, Wachter R, Albus C, Herrmann-Lingen C; TEACH investigators. Efficacy of Team-Based Collaborative Care for Distressed Patients in Secondary Prevention of Chronic Coronary Heart Disease: Results from the Multicenter, Randomized Controlled TEACH Trial. Psychother Psychosom. 2025 May 23:1–19. doi: 10.1159/000545865. Epub ahead of print. PMID: 40414218; PMCID: PMC12215170.
54. Salzwedel A, Jensen K, Rauch B, Doherty P, Metzendorf MI, Hackbusch M, Völler H, Schmid JP, Davos CH. Effectiveness of comprehensive cardiac rehabilitation in coronary artery disease patients treated according to contemporary evidence based medicine: Update of the Cardiac Rehabilitation Outcome Study (CROS-II). Eur J Prev Cardiol. 2020 Nov;27(16):1756–1774. doi: 10.1177/2047487320905719. Epub 2020 Feb 23. PMID: 32089005; PMCID: PMC7564293.
55. Supervía M, Medina-Inojosa JR, Yeung C, Lopez-Jimenez F, Squires RW, Pérez-Terzic CM, Brewer LC, Leth SE, Thomas RJ. Cardiac Rehabilitation for Women: A Systematic Review of Barriers and Solutions. Mayo Clin Proc. 2017 Mar 13:S0025–6196(17)30026–5. doi: 10.1016/j.mayocp.2017.01.002. Epub ahead of print. PMID: 28365100; PMCID: PMC5597478.
56. Sanderson BK, Bittner V. Women in cardiac rehabilitation: outcomes and identifying risk for dropout. Am Heart J. 2005 Nov;150(5):1052–8. doi: 10.1016/j.ahj.2004.12.027. PMID: 16290995.
57. Colella TJ, Gravely S, Marzolini S, Grace SL, Francis JA, Oh P, Scott LB. Sex bias in referral of women to outpatient cardiac rehabilitation? A meta-analysis. Eur J Prev Cardiol. 2015 Apr;22(4):423–41. doi: 10.1177/2047487314520783. Epub 2014 Jan 28. PMID: 24474091.
58. Ghisi GLM, Supervia M, Turk-Adawi K, Beleigoli A, Contractor A, Mampuya WM, Grace SL. Women-Focused Cardiac Rehabilitation Delivery Around the World and Program Enablers to Support Broader Implementation. CJC Open. 2023 Oct 14;6(2Part B):425–435. doi: 10.1016/j.cjco.2023.10.008. PMID: 38487061; PMCID: PMC10935990.
59. Kuehn BM. Women May Benefit From Cardiac Rehabilitation Programs Tailored to Their Specific Needs. Circulation. 2017 Feb 7;135(6):612–613. doi: 10.1161/CIRCULATIONAHA.116.027064. PMID: 28153997.
60. Schubert SC, Kucia A, Hofmeyer A. The gap in meeting the educational and support needs of women with Takotsubo syndrome compared to women with an acute coronary syndrome. Contemp Issues Educ Res. 2018;11(4):133–44. doi:10.19030/cier.v11i4.10207.
61. Albus C, Herrmann-Lingen C, Jensen K, Hackbusch M, Münch N, Kuncewicz C, Grilli M, Schwaab B, Rauch B; German Society of Cardiovascular Prevention & Rehabilitation (DGPR). Additional effects of psychological interventions on subjective and objective outcomes compared with exercise-based cardiac rehabilitation alone in patients with cardiovascular disease: A systematic review and meta-analysis. Eur J Prev Cardiol. 2019 Jul;26(10):1035–1049. doi: 10.1177/2047487319832393. Epub 2019 Mar 11. PMID: 30857429; PMCID: PMC6604240.
62. Spatola CAM, Rapelli G, Giusti EM, Cattivelli R, Goodwin CL, Pietrabissa G, Malfatto G, Facchini M, Cappella EAM, Varallo G, Martino G, Castelnuovo G. Effects of a brief intervention based on Acceptance and Commitment Therapy versus usual care for cardiac rehabilitation patients with coronary heart disease (ACTonHEART): a randomised controlled trial. BMJ Open. 2024 Jun 12;14(6):e084070. doi: 10.1136/bmjopen-2024-084070. PMID: 38866567; PMCID: PMC11177674.
63. Wu K, Wan M, Zhou H, Li C, Zhou X, Li E, Li Y, Liu C, Liu L. Mindfulness-based stress reduction combined with early cardiac rehabilitation improves negative mood states and

cardiac function in patients with acute myocardial infarction assisted with an intra-aortic balloon pump: a randomized controlled trial. Front Cardiovasc Med. 2023 May 30;10:1166157. doi: 10.3389/fcvm.2023.1166157. PMID: 37324635; PMCID: PMC10265675.
64. Bohplian S, Bronas UG. Motivational Strategies and Concepts to Increase Participation and Adherence in Cardiac Rehabilitation: AN INTEGRATIVE REVIEW. J Cardiopulm Rehabil Prev. 2022 Mar 1;42(2):75–83. doi: 10.1097/HCR.0000000000000639. PMID: 34753873.
65. Wells A, Reeves D, Capobianco L, Heal C, Davies L, Heagerty A, Doherty P, Fisher P. Improving the Effectiveness of Psychological Interventions for Depression and Anxiety in Cardiac Rehabilitation: PATHWAY-A Single-Blind, Parallel, Randomized, Controlled Trial of Group Metacognitive Therapy. Circulation. 2021 Jul 6;144(1):23–33. doi: 10.1161/CIRCULATIONAHA.120.052428. Epub 2021 Jun 21. PMID: 34148379; PMCID: PMC8247550.
66. Zack O, Melamed S, Silber H, Cinamon T, Levy D, Moshe S. The Effectiveness of Case-management Rehabilitation Intervention in Facilitating Return to Work and Maintenance of Employment After Myocardial Infarction: Results of a Randomized Controlled Trial. Clin Rehabil. 2022 Jun;36(6):753–766. doi: 10.1177/02692155221076826. Epub 2022 Feb 22. PMID: 35191331; PMCID: PMC9082965.
67. Andersen EB, Kristiansen M, Bernt Jørgensen SM. Barriers and facilitators to return to work following cardiovascular disease: a systematic review and meta-synthesis of qualitative research. BMJ Open. 2023 Jan 27;13(1):e069091. doi: 10.1136/bmjopen-2022–069091. PMID: 36707117; PMCID: PMC9884880.
68. Bethge M, Bühne D, Banaschak H, Sternberg A, Budde A, Schnalke G, Fauser D. Medizinisch-beruflich orientierte Rehabilitation. Rehabilitation 2025; 64: 40–53
69. O'Brien L, Wallace S, Romero L. Effect of Psychosocial and Vocational Interventions on Return-to-Work Rates Post-Acute Myocardial Infarction: A SYSTEMATIC REVIEW. J Cardiopulm Rehabil Prev. 2018 Jul;38(4):215–223. doi: 10.1097/HCR.0000000000000261. PMID: 28727670.
70. Kittel J, Karoff M. Lässt sich die Teilhabe am Arbeitsleben durch eine berufsorientierte kardiologische Rehabilitation verbessern? Ergebnisse einer randomisierten Kontrollgruppenstudie. Rehabilitation 2008; 47: 14–22
71. Cohen BE, Edmondson D, Kronish IM. State of the Art Review: Depression, Stress, Anxiety, and Cardiovascular Disease. Am J Hypertens. 2015 Nov;28(11):1295–302. doi: 10.1093/ajh/hpv047. Epub 2015 Apr 24. PMID: 25911639; PMCID: PMC4612342.
72. De Schutter A, Lavie CJ, Milani RV. Relative importance of comorbid psychological symptoms in patients with depressive symptoms following phase II cardiac rehabilitation. Postgrad Med. 2011 Nov;123(6):72–8. doi: 10.3810/pgm.2011.11.2497. PMID: 22104456.
73. Solomon MD, Leong TK, Levin E, Rana JS, Jaffe MG, Sidney S, Sung SH, Lee C, DeMaria A, Go AS. Cumulative Adherence to Secondary Prevention Guidelines and Mortality After Acute Myocardial Infarction. J Am Heart Assoc. 2020 Mar 17;9(6):e014415. doi: 10.1161/JAHA.119.014415. Epub 2020 Mar 5. PMID: 32131689; PMCID: PMC7335507.
74. Anderson RM, Funnell MM. Patient empowerment: myths and misconceptions. Patient Educ Couns. 2010 Jun;79(3):277–82. doi: 10.1016/j.pec.2009.07.025. Epub 2009 Aug 13. PMID: 19682830; PMCID: PMC2879465.
75. Cooper AF, Jackson G, Weinman J, Horne R. Factors associated with cardiac rehabilitation attendance: a systematic review of the literature. Clin Rehabil. 2002 Aug;16(5):541–52. doi: 10.1191/0269215502cr524oa. PMID: 12194625.
76. Daly J, Sindone AP, Thompson DR, Hancock K, Chang E, Davidson P. Barriers to participation in and adherence to cardiac rehabilitation programs: a critical literature review. Prog Cardiovasc Nurs. 2002 Winter;17(1):8–17. doi: 10.1111/j.0889–7204.2002.00614.x. PMID: 11872976.
77. Ruano-Ravina A, Pena-Gil C, Abu-Assi E, Raposeiras S, van 't Hof A, Meindersma E, Bossano Prescott EI, González-Juanatey JR. Participation and adherence to cardiac rehabilitation programs. A systematic review. Int J Cardiol. 2016 Nov 15;223:436–443. doi: 10.1016/j.ijcard.2016.08.120. Epub 2016 Aug 13. PMID: 27557484.

78. DiMatteo MR, Lepper HS, Croghan TW. Depression is a risk factor for noncompliance with medical treatment: meta-analysis of the effects of anxiety and depression on patient adherence. Arch Intern Med. 2000 Jul 24;160(14):2101–7. doi: 10.1001/archinte.160.14.2101. PMID: 10904452.
79. Ziegelstein RC, Fauerbach JA, Stevens SS, Romanelli J, Richter DP, Bush DE. Patients with depression are less likely to follow recommendations to reduce cardiac risk during recovery from a myocardial infarction. Arch Intern Med. 2000 Jun 26;160(12):1818–23. doi: 10.1001/archinte.160.12.1818. PMID: 10871976.
80. Harris KM, Anderson DR, Landers JD, Emery CF. Higher Anxiety and Will to Live Are Associated With Poorer Adherence to Cardiac Rehabilitation. J Cardiopulm Rehabil Prev. 2019 Nov;39(6):381–385. doi: 10.1097/HCR.0000000000000438. PMID: 31689265.
81. Mesa-Vieira C, Grolimund J, von Känel R, Franco OH, Saner H. Psychosocial Risk Factors in Cardiac Rehabilitation: Time to Screen Beyond Anxiety and Depression. Glob Heart. 2021 Feb 19;16(1):16. doi: 10.5334/gh.896. PMID: 33833940; PMCID: PMC7894368.
82. Locke SR, McMahon CJ, Brawley LR. Self-regulatory efficacy for exercise in cardiac rehabilitation: Review and recommendations for measurement. Rehabil Psychol. 2020 Aug;65(3):239–257. doi: 10.1037/rep0000361. PMID: 32804532.
83. Xu L, Li F, Zhou C, Li J, Hong C, Tong Q. The effect of mobile applications for improving adherence in cardiac rehabilitation: a systematic review and meta-analysis. BMC Cardiovasc Disord. 2019 Jul 12;19(1):166. doi: 10.1186/s12872-019-1149-5. PMID: 31299903; PMCID: PMC6625064.
84. DiClemente CC, Prochaska JO, Fairhurst SK, Velicer WF, Velasquez MM, Rossi JS. The process of smoking cessation: an analysis of precontemplation, contemplation, and preparation stages of change. J Consult Clin Psychol. 1991 Apr;59(2):295–304. doi: 10.1037//0022-006x.59.2.295. PMID: 2030191.
85. Hasler G, Klaghofer R, Buddberg C. (2003). Der Fragebogen zur Erfassung der Veränderungsbereitschaft (FEVER). Psychother Psych Med 53: 406–411.
86. Miller WR, Rollnick S. Motivational Interviewing: Helping People Change and Grow. 4th ed. New York, NY: Guilford Press; 2023.
87. Dickenberger D, Gniech, G, Grabitz H-J (1993) Die Theorie der psychologischen Reaktanz. In: Frey D. & Irle M. (Hrsg.) Theorien der Sozialpsychologie, Band I: Kognitive Theorien. (2. Aufl.). Bern, Göttingen, Toronto, Seattle: S. 243–273.
88. Grawe K. Psychologische Therapie. 2nd ed. Göttingen: Hogrefe; 2000.
89. Miller WR, Rollnick S. Ten things that motivational interviewing is not. Behav Cogn Psychother. 2009 Mar;37(2):129–40. doi: 10.1017/S1352465809005128. PMID: 19364414.
90. Kürkel J, Veltrup C. Motivational Interviewing: Eine Übersicht. *Suchttherapie.* 2003;4(3):115–124. DOI: 10.1055/s-2003-42230. PMID: 12861245.
91. Hayes SC, Strosahl KD. A practical guide to acceptance and commitment therapy. New York: Springer; 2004.
92. Doran GT (1981) There's a S.M.A.R.T Way to Write Management's Goals and Objectives. Management Review 70: 35–36.
93. Bueno H, Deaton C, Farrero M, Forsyth F, Braunschweig F, Buccheri S, Dragan S, Gevaert S, Held C, Kurpas D, Ladwig KH, Lionis CD, Maas AHEM, Merşa CO, Mindham R, Pedersen SS, Rojnic Kuzman M, Szmit S, Taylor RS, Uchmanowicz I, Vilchinsky N; ESC Scientific Document Group. 2025 ESC Clinical Consensus Statement on mental health and cardiovascular disease: developed under the auspices of the ESC Clinical Practice Guidelines Committee. Eur Heart J. 2025 Nov 3;46(41):4156–4225. doi: 10.1093/eurheartj/ehaf191. PMID: 40878270.

5 Psychische Störungen als Folge einer Herzerkrankung

Dieses Kapitel widmet sich häufigen psychischen Störungsbilder im Kontext kardiovaskulärer Erkrankungen – darunter Angststörungen, Depressionen, PTBS sowie die somatische Belastungsstörung. Eine Vielzahl weiterer psychischer Belastungen und Begleiterkrankungen konnten, auch aus Gründen der Umfänglichkeit, hier nicht detailliert behandelt werden.

Die beschriebenen therapeutischen Strategien beruhen teils auf wissenschaftlich gesicherter Evidenz, teils auch auf fundierter klinischer Erfahrung. Es wurde darauf geachtet, evidenzbasierte Aspekte zu integrieren, wo immer dies möglich war. Dennoch besteht in vielen Bereichen ein erheblicher Forschungsbedarf. Insbesondere neue Behandlungsansätze, wie der Einsatz von virtueller Realität oder weitere innovative Verfahren von z. B. künstlicher Intelligenz, bedürfen noch systematischer und längerfristiger Studien. Auch der Einbezug von Angehörigen, der in der Praxis eine zentrale Rolle spielt, sollte künftig stärker in Studien und Versorgungsmodellen berücksichtigt werden.

5.1 Angststörungen

Unter Mitarbeit von Sarah Holzgang

Kernaussagen

- Angststörungen betreffen etwa 20 % der Herzpatienten. Angst kann das Risiko für kardiovaskuläre Ereignisse erhöhen, die Prognose verschlechtern, die Adhärenz reduzieren und die Lebensqualität der Betroffenen erheblich beeinträchtigen.
- Das Erleben einer akuten Herzerkrankung ist mit dem Erleben einer Realangst verbunden. In der Therapie soll genau dieser Kern behandelt werden.
- Eine umfassende Psychoedukation ist entscheidend, um Patienten das Zusammenspiel zwischen Angst und körperlichen Symptomen zu verdeutlichen. Modelle wie der »Teufelskreis der Angst« bieten Patienten individuelle Erklärungen, die das Verständnis für ihre Symptome fördern und Wege zur Bewältigung aufzeigen. Zentrale Elemente der Behandlung umfassen Ressourcennutzung, kognitive Neubewertung und konfrontative Verfahren.

5.1.1 Grundlagen

Angststörungen können das Risiko für die Entwicklung einer KHK um etwa 26 % erhöhen – unabhängig von Depression und anderen RFs (► Kap. 2) (1). Zugleich sind ungefähr 20 % aller Herzpatienten von Angststörungen betroffen, was zu einer Verschlechterung der kardialen Prognose, Gesamtmortalität, kardialen Mortalität, Therapieadhärenz und Reduktion der Lebensqualität führt (2–3). Häufig treten Angststörungen, insbesondere die generalisierte Angststörung (GAD), komorbid mit einer Major Depression auf, wobei eine Metaanalyse eine Komorbiditätsrate von 49 % berichtete (4). Die Prävalenz verschiedener Angststörungen unter KHK-Patienten variiert jedoch erheblich und steht in enger Abhängigkeit von den diagnostisch eingesetzten Mitteln, der Stichprobe und der Geschlechterverteilung. Die nachfolgende Tabelle soll eine Übersicht über die verschiedenen Prävalenzraten bei Herzpatienten mit den dazugehörigen Kernsymptomen und Auswirkungen geben (1–4).

Tab. 5.1: Prävalenz von Angststörungen bei KHK sowie deren Kernsymptome und Relevanz für die KHK (5;6–7)

Angststörung	Prävalenz bei KHK	Hauptsymptome	Auswirkungen
Panikstörung	~ 7 %	Wiederkehrende Panikattacken mit Herzrasen, Atemnot, Schwitzen, Brustdruck; Antizipationsangst	Verwechslung mit Angina/MI möglich → häufige Notfallkontakte; Vermeidung belastender Situationen
Generalisierte Angststörung (GAD)	~ 8 %	Chronische, schwer kontrollierbare Sorgen, innere Unruhe, Muskelverspannung, Schlafstörung	Erhöhtes Stressniveau; schlechtere Therapieadhärenz und Lebensqualität; ungünstige Prognose
Agoraphobie	~ 4 %	Angst vor schwer »verlassbaren«/kontrollierbaren Situationen (öffentliche Orte, Reisen)	Bewegungs- und Aktivitätsvermeidung; geringere Teilnahme an Training/Rehabilitation
Soziale Phobie	~ 4 %	ausgeprägte, anhaltende Angst vor sozialer oder leistungsbezogener Bewertung	Hemmt Teilnahme an Gruppenangeboten (Herzgruppe, Rehabilitation), beeinträchtigt Reintegration und Adhärenz
Krankheitsangststörung (früher Hypochondrie)	4–6 %	Übermäßige Krankheitsangst trotz Rückversicherung, häufiges Selbstmonitoring	Hohe Inanspruchnahme, Stressverstärkung; sowohl Über- als auch Vermeidungsverhalten möglich (z. B. Medikation/Belastung)

Hinweis: Neben der diagnostizierten Prävalenz zeigen Erhebungen mit Fragebögen stark erhöhte Werte für Angstsymptome bei KHK-Patienten, mit Raten von etwa 38 % (7).

5.1.2 Symptome

Angst ist ein Gefühl, das sich vor allem durch Sorgen und Befürchtungen auszeichnet und mit unspezifischen körperlichen und psychischen Symptomen wie innerer Unruhe, Ermüdung, Konzentrationsschwierigkeiten, Reizbarkeit, Muskelverspannungen oder Schlafstörungen einhergehen kann. Tritt Angst plötzlich und sehr intensiv auf, kann sie sich in Form einer Panikattacke äußern – mit Symptomen wie Herzrasen, Atemnot, Schwindel, Brustschmerzen, Benommenheit oder dem Eindruck, sterben zu müssen (5).

Obwohl Angst und Furcht eng miteinander verbunden sind, unterscheiden sie sich hinsichtlich ihres Zeitbezugs: Angst ist in der Regel zukunftsorientiert und richtet sich auf erwartete oder antizipierte Bedrohungen, während Furcht eine unmittelbare Reaktion auf eine aktuelle Gefahr darstellt (5).

Von Angst- und furchtbezogenen Störungen spricht man, wenn die erlebte Angst übermäßig stark ist, anhaltend auftritt und zu erheblichem Leidensdruck oder Einschränkungen im Alltag führt. Dazu zählen unter anderem die GAD, Panikstörung, Agoraphobie, spezifische Phobien und soziale Angststörung (5).

Angstsymptome wie Brustschmerzen, Herzrasen und Atemnot können kardiovaskuläre Beschwerden imitieren oder sogar maskieren, was zu Verzögerungen in der Diagnostik/Diagnosestellung oder Fehldiagnosen führen kann. Panikstörung führt oft zu wiederholten kardiologischen Untersuchungen, da Patienten aufgrund ihrer Symptome oft medizinische Hilfe suchen. Das führt nicht nur zu erhöhten Krankheitskosten und unnötigen medizinischen Engpässen, sondern hält die Angststörung zusätzlich aufrecht (► Kap. 5.1) (8).

5.1.3 Screening und Diagnose

Es gibt widersprüchliche Empfehlungen zur Diagnostik psychischer Faktoren bei KHK-Patienten. Einige Leitlinien empfehlen ein zweistufiges Screening, bestehend aus einer kurzen Erstbefragung durch Kardiologen und einer weiterführenden Untersuchung durch Fachkräfte, falls Auffälligkeiten bestehen. Trotz begrenzter Evidenz für den direkten Nutzen eines routinemäßigen Screenings besteht Konsens darüber, dass ein erhöhtes Bewusstsein für Angststörungen in der Kardiologie wichtig ist, um eine bessere Behandlung und Lebensqualität der Patienten zu gewährleisten (9–10).

Empfohlen werden Screening-Methoden wie z. B. der *Generalized Anxiety Disorder 2-Item Questionnaire* (GAD-2) (► Tab. 5.2) (11–12).

Tab. 5.2: Gesundheitsfragebogen für Patienten (GAD-2) (11–12)

Wie oft fühlten Sie sich im Verlauf der letzten zwei Wochen durch die folgenden Beschwerden beeinträchtigt?	Überhaupt nicht	An einzelnen Tagen	An mehr als die Hälfte der Tage	Beinahe jeden Tag
Nervosität, Ängstlichkeit oder Anspannung				
Nicht in der Lage sein, Sorgen zu stoppen oder zu kontrollieren				

Bei Zutreffen einer der beiden Aussagen können weiterführende Fragebögen und Interviews erfolgen. Die Auswahl des geeigneten Fragebogens orientiert sich an der spezifischen Ausprägung der Angststörung sowie am zeitlichen und organisatorischen Rahmen der klinischen Praxis. Kürzere Instrumente wie der Generalized Anxiety Disorder 7-Item Questionnaire (GAD-7) (11;13) oder die Hospital Anxiety and Depression Scale (HADS) (14–15) eignen sich gut für ein schnelles Screening im klinischen Alltag. Dagegen ermöglichen umfassendere Verfahren wie das Mini International Neuropsychiatric Interview (M.I.N.I) (16) oder der State-Trait Anxiety Inventory (STAI) (15) eine detaillierte diagnostische Einschätzung, erfordern jedoch mehr Zeit und Erfahrung in der Durchführung.

5.1.4 Mechanismen der Auswirkungen von Angst auf kardiovaskuläre Erkrankungen

Die kardiovaskulären Risiken bei Angststörungen resultieren vor allem aus einer autonomen Dysregulation mit erhöhter sympathischer und verminderter parasympathischer Aktivität, die über Anstieg von BD und HF, verminderte HRV, Stresshormonausschüttung, endotheliale Dysfunktion sowie proinflammatorische und prothrombotische Prozesse die Entstehung von Atherosklerose, HRSTs und akuten kardiovaskulären Ereignissen begünstigt. Zusätzlich ist bei Angst eine chronische Aktivierung der HPA-Achse zu beobachten, die mit einer verstärkten Cortisolausschüttung einhergeht. Diese wiederum kann über Zeit die endotheliale Funktion beeinträchtigen und proinflammatorische Prozesse fördern (17–18).

Darüber hinaus kann Angst zu einer erhöhten systemischen Entzündungsaktivität beitragen, unter anderem durch eine vermehrte Ausschüttung von Zytokinen wie Interleukin-6 und CRP. Diese entzündlichen Prozesse fördern die Atherosklerose und wirken sich negativ auf die Gefäßgesundheit aus. Auch eine gesteigerte Thrombozytenaktivierung unter Stress- und Angstsymptomen wird als potenzieller RF für thrombotische Ereignisse diskutiert (17–19).

Verhaltensbezogene Aspekte tragen neben biologischen Mechanismen erheblich zum Krankheitsverlauf bei: So führt die ausgeprägte Angst bei vielen Betroffenen zu Vermeidungsverhalten, das wiederum Bewegungsmangel, schlechte Therapietreue, ungesunde Ernährungsweisen oder erhöhten Nikotinkonsum begünstigt.

Diese Verhaltensweisen verschlechtern nachweislich die Entwicklung kardiovaskulärer Erkrankungen (20–21).

Zusätzlich kann Angst zu sozialem Rückzug und Isolation führen, was die subjektive Belastung weiter verstärkt und sich indirekt ebenfalls ungünstig auf die körperliche Gesundheit auswirken kann. Damit wird deutlich, dass Angststörungen über multiple biologische und psychosoziale Pfade die Entwicklung und Prognose kardiovaskulärer Erkrankungen beeinflussen (20).

5.1.5 Folgen

Obwohl Angst in der kardiovaskulären Forschung weniger Beachtung findet als Depression, zeigen Studien eine klare Assoziation zur Lebensqualität, dem subjektivem Gesundheitsstatus und krankheitsbedingten Beschwerden (21). Angstpatienten berichten häufig über verstärkte medizinische Symptome – unabhängig von der kardialen Erkrankungsschwere. Zudem sind bei ängstlichen Patienten vermehrt ischämische und arrhythmische Komplikationen während Krankenhausaufenthalten sowie Rezidive von VHF zu beobachten. Dies gilt sowohl für KHK- als auch für ICD-Patienten (22–26).

Bei HI-Patienten wurde Angst bisher weniger untersucht. Eine Metaanalyse fand keinen Zusammenhang zwischen Angst und Mortalität, weder in adjustierten noch in nicht adjustierten Analysen. Ebenso gibt es wenig Hinweise dafür, dass Angst das Risiko für Krankenhausaufenthalte bei HI-Patienten erhöht. Dies könnte darauf hindeuten, dass psychologische RFs bei HI durch die fortgeschrittene Erkrankung und moderne Therapieoptionen eine geringere Rolle spielen (21).

Die Datenlage zur prognostischen Rolle von Angst bei HRSTs, implantierbaren Defibrillatoren und peripherer arterieller Verschlusskrankheit ist bisher eingeschränkt. Während Angst bei VHF nicht mit einer gesteigerten Mortalität verbunden ist (23–25), wurde bei Patienten mit ICD ein erhöhtes Sterberisiko festgestellt (25–26).

Die Panikstörung scheint einen stärkeren Einfluss auf die Lebensqualität zu haben als auf die Prognose. Besonders bei Patienten mit Brustschmerzen wird eine signifikante Beeinträchtigung der Lebensqualität beobachtet. Eine Metaanalyse von drei Studien ergab jedoch keinen Hinweis auf ein erhöhtes Risiko für schwerwiegende kardiale Ereignisse bei KHK-Patienten mit komorbider Panikstörung (27).

Der Teufelskreis der Angst

Angst als natürliche Reaktion auf Gefahren ist ein emotionaler Zustand, welcher sich sowohl auf kognitiver und physiologischer Ebene sowie auch im Verhalten manifestiert. Im Sinne der »Fight or flight«-Reaktion (28) führen die Reaktionen des Körpers, insbesondere des sympathischen Nervensystems (Steigerung von Puls, BD, Durchblutung und Stoffwechsel) und die Einengung der Gedanken und Kognitionen sowie der Aufmerksamkeit und Wahrnehmung zu einem Kampf- oder Fluchtverhalten. Als Reaktion auf reale Gefahrensituationen trägt dieses Verhalten zum Schutz und Überleben des Menschen bei (z. B. wendet sich der Patient bei einer akuten Herzerkrankung an einen Spezialisten). Im Verlauf oder aber auch als Reaktion auf eine Herzerkrankung werden die Angst und die entsprechenden Symptome häufig fehlinterpretiert, respektive dysfunktional bewertet und führen wie beschrieben zu einer höheren Aktivierung des ANS. In der Folge drehen sich Patienten im »Teufelskreis der Angst/Panik« (29).

5.1.6 Interventionen zur Behandlung von Angststörungen bei KHK-Patienten

Mehrere aktuelle Studien und Metaanalysen zeigen, dass psychotherapeutische Interventionen, insbesondere die KVT, bei Patienten mit kardiovaskulären Erkrankungen nicht nur die psychische Symptomlast verringern, sondern teilweise auch prognostisch relevant sind (30–33). Eine 20-wöchige ambulante Gruppenpsychotherapie konnte beispielsweise das Auftreten kardiovaskulärer Ereignisse um 67 % nach sieben Jahren reduzieren – ein Hinweis auf die potenziell langfristigen Effekte gezielter psychologischer Unterstützung (30).

Auch kürzere psychotherapeutische Programme zeigen Wirkung: Ein innovativer Ansatz ist die sogenannte transdiagnostische KVT, die nicht eine einzelne Störung (wie Angst oder Depression) behandelt, sondern gemeinsame psychologische Grundmechanismen adressiert – etwa Grübeln, Vermeidung oder dysfunktionale Emotionsregulation. In einer Pilotstudie zeigte sich, dass dieses Verfahren bei kardiologischen Patienten sowohl Angst- als auch depressive Symptome deutlich reduzieren konnte. Besonders vorteilhaft ist, dass transdiagnostische Programme für komplexe, komorbide Patientengruppen entwickelt wurden – ein häufiger Fall im kardiologischen Kontext (31).

Eine systematische Übersichtsarbeit bestätigte die Wirksamkeit klassischer KVT bei Angst und Depression im kardiovaskulären Setting und unterstrich die Bedeutung integrierter psychosomatischer Versorgung (32). Auch internetbasierte KVT-Ansätze wurden in einer aktuellen Metaanalyse als wirksam bewertet – sowohl bei Angst- als auch bei depressiven Symptomen. Diese digitalen Programme stellen eine vielversprechende Ergänzung dar, insbesondere für Patienten mit eingeschränkter Mobilität oder in unterversorgten Regionen (33). Neben der KVT zeigen auch andere therapeutische Ansätze vielversprechende Ergebnisse. So konnte in einer randomisierten Studie gezeigt werden, dass die ACT signifikant zur Reduktion von psychischem Distress beiträgt, die emotionale Regulation verbessert und das Selbstmitgefühl stärkt (34).

Ergänzend zur Psychotherapie zeigt auch Bewegungstherapie positive Effekte, insbesondere in der kardiologischen Rehabilitation, wenn sie mit psychologischer Unterstützung kombiniert wird. Programme, die sowohl körperliche Aktivität als auch psychologische Betreuung beinhalten, weisen eine höhere Wirksamkeit auf als isolierte Maßnahmen. Besonders Erfolg versprechend ist das Konzept der *Collaborative Care*, bei dem verschiedene Behandlungsstrategien, darunter Psychotherapie, Medikation und Stressmanagement, parallel zur kardiologischen Therapie eingesetzt werden. Dieses Modell zeigt positive Effekte auf das psychische Befinden und kann in manchen Fällen auch den klinischen Verlauf günstig beeinflussen (9–10).

In der Forschung zur Behandlung von Angststörungen bei Herzpatienten gibt es noch zahlreiche offene Fragen, die für eine optimierte Versorgung geklärt werden müssen.

Ein zentraler Punkt ist die Identifikation der wirksamsten Therapieansätze für unterschiedliche Patientengruppen. Ein weiteres Forschungsdesiderat betrifft die optimale Dauer und Intensität psychotherapeutischer Interventionen. In diesem Zusammenhang sollte auch der Einsatz von gestuften Versorgungsmodellen, wie *Stepped Care* oder *Collaborative Care*, weiter evaluiert werden. Zusätzliche Forschung ist erforderlich, um herauszufinden, wie digitale Angebote gestaltet sein müssen, um die Adhärenz und Wirksamkeit zu verbessern. Hier könnte der Einsatz von interaktiven Anwendungen oder künstlicher Intelligenz, die personalisierte Empfehlungen gibt, ein zukunftsweisender Ansatz sein.

Merke

Ein Ansatz der Präzisionsmedizin, der die individuellen Bedürfnisse und Präferenzen der Patienten berücksichtigt, ist einer allgemeinen »Einheitslösung« vorzuziehen. Dies kann die Motivation der Patienten zur Therapieeinhaltung erhöhen und letztlich deren Wirksamkeit verbessern.

5.1.7 Therapie

Anhand eines Patientenbeispiels soll eine mögliche Therapiedurchführung exemplarisch illustriert werden. Die Therapieinhalte sind kognitiv-behavioral ausgerichtet, kombiniert mit achtsamkeitsbasierten Methoden und Entspannungsverfahren. Der Fokus bei Angstpatienten richtet sich auf das Zurückgewinnen des Vertrauens in die eigene körperliche Leistungsfähigkeit und das adäquate Einstufen von als bedrohlich wahrgenommenen Symptomen. Dabei ist eine vertrauensvolle Therapiebeziehung zentral, da betroffene Patienten oft unter hohem Leidensdruck stehen und stark verunsichert sind. Studien zeigen, dass kardiologische Rehabilitationsmaßnahmen wie Bewegungstraining und Verhaltensberatung angstreduzierend wirken können (35–36). Parallel dazu ist es wichtig, frühzeitig Sicherheits- und Vermeidungsverhalten zu thematisieren, um den Teufelskreis der Angst nicht zu verstärken. Eine realistische Einschätzung der Angstsymptome sowie das Erarbeiten konkreter Bewältigungsstrategien sind dabei ebenso relevant wie die gezielte Aktivierung persönlicher Ressourcen, die für die Angstbewältigung nutzbar gemacht werden können.

Fallbeispiel

Frau B. ist eine 50-jährige Patientin, verheiratet, Mutter von drei Kindern und berufstätig im Verkauf. Nach einem unerwarteten MI berichtet sie, dass sie sich das Ereignis nicht erklären könne – sie habe stets auf einen gesunden Lebensstil geachtet und sich nie als Risikopatientin gesehen. Der MI sei für sie aus heiterem Himmel gekommen.

Sie schildert, wie ihr eines Morgens plötzlich extrem unwohl war und sie extreme Schmerzen und Atemnot verspürte. Glücklicherweise sei sie nicht allein zuhause gewesen, ihre Angehörigen hätten noch rechtzeitig den Krankenwagen gerufen. Im Krankenhaus sei sie dann untersucht und sofort operiert worden. Sie habe zwei Stents erhalten. Für sie und ihre Familie sei die Diagnose ein riesiger Schock gewesen, sie hätte nie gedacht, dass sie jemals einen MI erleiden würde. Der Heilungsprozess und die Rehabilitation verliefen gut, dennoch fühlte sie sich sehr verunsichert. Sie müsse mit ihren Energiereserven gut haushalten und sei nach wie vor schnell erschöpft und ängstlich. Seitdem ist ihr Alltag stark eingeschränkt. Sie hat große Angst vor körperlicher Belastung und vermeidet jegliche Anstrengung aus Sorge, ihrem Herzen zu schaden. Insbesondere ihre Arbeit bereitet ihr erhebliche Sorgen. Sie fühlt sich unsicher, ob sie den Anforderungen noch gewachsen ist, und fürchtet sich davor, Fehler zu machen oder sich zu überlasten. Diese Ängste begleiten sie den ganzen Tag über und lassen sie kaum zur Ruhe kommen.

Auch im häuslichen Umfeld verspürt sie eine ständige innere Unruhe. Sie grübelt viel, macht sich Sorgen um ihre Gesundheit, ihre Zukunft und ihre Familie, obwohl ihr Umfeld sie unterstützt. Besonders belastend ist für sie die Vorstellung, erneut einen MI zu erleiden, weshalb sie sich oft zurückzieht und körperliche Aktivitäten wie ihre geliebte Schrebergartenarbeit meidet. Gleichzeitig fühlt sie sich durch ihre Einschränkungen schuldig, möchte ihre Familie nicht zusätzlich belasten und empfindet Frustration darüber, dass sie sich nicht einfach »zusammenreißen« kann.

Trotz ihrer Ängste wünscht sich Frau B. eine Veränderung. Sie möchte lernen, wieder Vertrauen in ihren Körper zu fassen, ihre Sorgen besser zu kontrollieren und ihren Alltag ohne ständige Angst bewältigen zu können. Besonders wichtig ist es ihr, eines Tages wieder unbeschwert im Schrebergarten arbeiten zu können – ein Ziel, das ihr Hoffnung gibt.

Anamnese

Die Patienten sollen ihre aktuelle Situation, das Ereignis und die Symptome aus ihrer Sicht schildern. Ängste und deren Symptome sollen explizit abgefragt werden, ebenso sollen die Belastungsfaktoren (Familie, Beziehung, Arbeit), Vermeidungsverhalten und Copingstrategien besprochen werden. Es empfiehlt sich auch, die Sicht respektive Wahrnehmung der Angehörigen miteinzubeziehen (systemische Perspektive). Hierbei geht es insbesondere auch darum zu eruieren, inwiefern Angehörige zur Aufrechterhaltung des Sicherheitsverhalten beitragen (z. B. Patient geht nur noch mit Angehörigen und nicht allein einkaufen). Verschiedene störungsspezifische Fragebögen (► Tab. 5.3), Tagebücher und Verhaltenstests können zu einem weiteren Informationsgewinn beitragen.

Tab. 5.3: Diagnostische Fragebögen für Angststörungen (37–40;12–16); GAD = Generalisierte Angststörung

Fragebogen	Autor(en)	Item-Anzahl	Geeignet für
Herzangstfragebogen (HFA-17)	Eifert et al. (2000)	17	Herzbezogene Ängste
Anxiety Sensitivity Index-3 (ASI-3)	Taylor et al. (2007)	18	Panikstörung, GAD
PHQ-4 (Ultra-Brief Screening Scale for Anxiety and Depression)	Kroenke et al. (2009)	4 (2 für Angst, 2 für Depression)	GAD, Depression
Generalized Anxiety Disorder Assessment (GAD-7)	Spitzer et al. (2006)	7	GAD
Hospital Anxiety and Depression Scale (HADS-D)	Herrmann-Lingen et al. (2018)	14 (7 für Angst, 7 für Depression)	GAD, Depression
State-Trait Anxiety Inventory (STAI)	Laux et al. (1981)	40 (20 State, 20 Trait)	GAD, situative und dispositionelle Angsterhebung
Mini-International Neuropsychiatric Interview (M.I.N.I)	Sheehan et al. (1998)	Variabel	Diagnostik mehrerer Angststörungen (z.B. Panikstörung, GAD, soziale Angststörung); strukturiertes Interview

Psychoedukation

Im Bereich der Angststörungen werden den Patienten gesundheits- und störungsrelevante Informationen mittels folgender zwei Modelle vermittelt: *Teufelskreis der Angst/Panik* und *individuelles Erklärungsmodell.* Zusätzlich kann auch das *Vulnerabilitäts-Stress-Modell* hinzugezogen werden (41). Das Vulnerabilitäts-Stress-Modell beschreibt, wie psychische Störungen durch das Zusammenspiel einer individuellen Anfälligkeit (Vulnerabilität) und belastenden Lebensereignissen (Stressoren) entstehen oder verstärkt werden können. Eine ausführliche Psychoedukation am Anfang einer Therapie, aber auch kontinuierlich im Verlauf ist insbesondere im kardialen Kontext bedeutsam. Die Patienten sollen dabei lernen zu verstehen, welche Symptome angst- (psychisch) und welche körperlich (somatisch) bedingt sind und deren Zusammenspiel kennen lernen. Insbesondere haben Strategien wie Zielsetzung, Problemlösung, Selbstbeobachtung und Vorbildfunktion einen positiven Einfluss auf die physische Aktivität (42). Psychoedukation erhöht das krankheitsspezifische Wissen, verbessert die Symptomattribution und ist mit einer Reduktion der subjektiven Belastung assoziiert, weil Betroffene ihre Beschwerden in ein konsistentes Erklärungsmodell einordnen können.

Teufelskreis der Angst/Panik

Das Modell des Teufelskreises von Margraf and Schneider (29) beschreibt den Aufschaukelungsprozess zwischen körperlichen Symptomen, Gedanken, Bewertungen und Emotionen (vgl. ► Abb. 5.1). Wie bereits eingangs bei den Besonderheiten im koronaren Kontext (► Kap. 5.1.2) beschrieben, führen Fehlinterpretationen und dysfunktionale Bewertungen der Symptome direkt in den Teufelskreis der Angst/Panik.

Fallbeispiel – Fortführung

Frau B. schildert ein Stechen in der Brust. Dieses lässt sich im Teufelskreis der Angst den Wahrnehmungen zuordnen. Darauf folgen Gedanken und Bewertungen der Situation, zu welchen Frau B. erst auf Nachfragen einen Zugang hat: »Ich habe Angst, dass mit mir etwas nicht in Ordnung ist … dass ich sterben werde«. Dies wiederum löst bei Frau B. eine ausgeprägte Angst vor einem erneuten MI aus. Sie beginnt, ihren Körper immer stärker zu beobachten (v. a. Puls und Atmung), interpretiert harmlose Empfindungen als Warnsignale und misst wiederholt den Puls. Die dadurch entstehende Aufmerksamkeitsfokussierung und das Katastrophisieren erhöhen die physiologische Erregung (Herzrasen, Schwitzen, Hyperventilation), was die Symptome weiter verstärkt. Aus Angst vermeidet sie Belastungen und betreibt Sicherheitsverhalten (Schonung, häufige Selbstkontrollen, wiederholte Rückversicherungen), was die Angst kurzfristig senkt, langfristig jedoch aufrechterhält. Ärztliche Entwarnungen wirken nur vorübergehend, die Schwelle für erneute Alarmsignale sinkt, und der Kreislauf aus Angst, Selbstbeobachtung, Symptomzunahme und Vermeidung stabilisiert sich.

Die Vermittlung des Teufelskreises der Angst/Panik helfen Frau B., sowohl ihre wahrgenommenen körperlichen Symptome als auch ihre diesbezüglichen Gedanken, Bewertungen und Emotionen einzuordnen und deren Aufschaukelungsprozess zu verstehen.

Mithilfe eines Tagebuches sollen Patienten ihre körperlichen Symptome und die entsprechenden Gedanken beobachten und notieren. Im weiteren Verlauf sollen sie lernen, die dazugehörigen Bewertungen und Emotionen wahrzunehmen. Ergänzend werden die Patienten aufgefordert ihr Anspannungsniveau auf einer Skala von 0–100 anzugeben und das darauffolgende Verhalten zu beschreiben. Anhand der in einem Tagebuch zusammengetragenen Informationen kann in der Therapie gemeinsam mit dem Patienten ein individueller Teufelskreis der Angst/Panik erstellt werden. Dieser soll den Patienten im weiteren Verlauf dabei unterstützen, seine körperlichen Symptome und die dazugehörigen Gedanken, Bewertungen und Emotionen besser einordnen zu können. Insbesondere dient dieser aber auch der Erarbeitung funktionaler Bewältigungsstrategien.

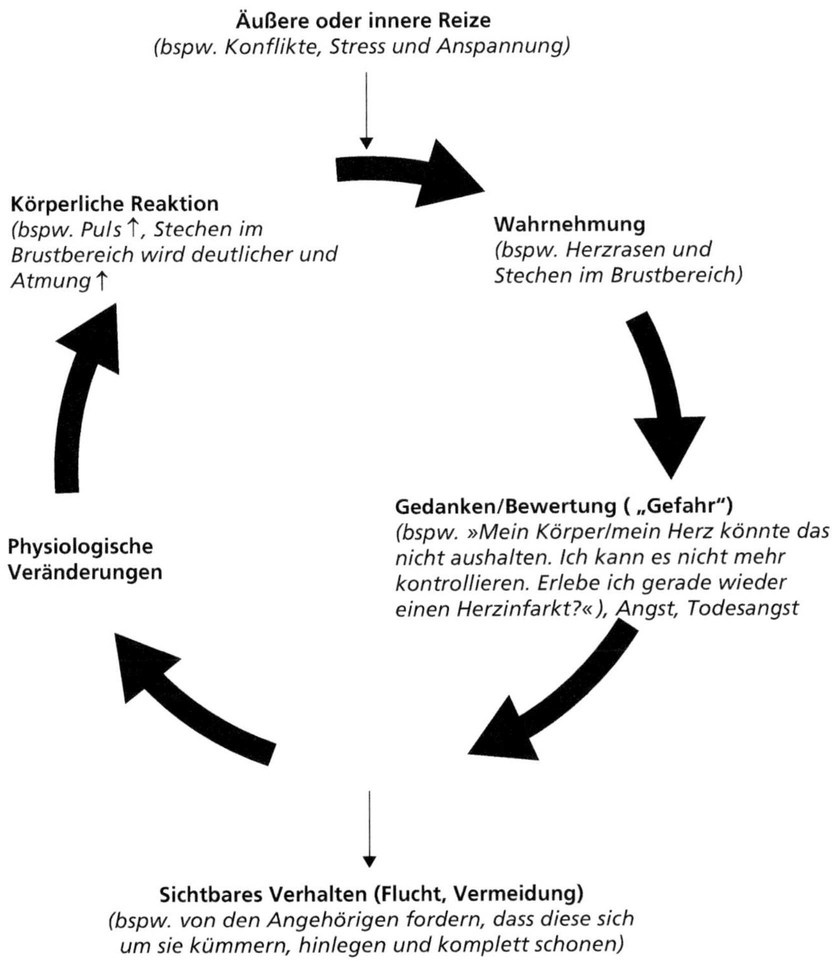

Abb. 5.1: Teufelskreis der Angst und Panik (29)

Individuelles Erklärungsmodell

Aufbauend auf dem Teufelskreis der Angst und dem Vulnerabilitäts-Stress-Modell erweist es sich als hilfreich, gemeinsam mit dem Patienten ein individuelles Erklärungsmodell zu erarbeiten. Das individuelle Erklärungsmodell setzt sich aus den folgenden drei Bereichen zusammen: *Vulnerabilitäten*, *Auslöser* und *aufrechterhaltende Faktoren*. Insbesondere Letztere sind eine Ergänzung zu den ersten zwei Modellen. Häufig wird der Fokus vor allem auf die Symptome und die auslösenden Faktoren gelegt, und die aufrechterhaltenden Faktoren werden vernachlässigt. Das Vermeidungsverhalten oder aber auch die Auswirkungen der Angst auf das Verhalten der Angehörigen (z. B. wird der Patient umsorgt und entlastet) tragen maßgeblich zur Aufrechterhaltung der Störung bei. Deshalb sollen diese ebenso im

Verlauf der Therapie herausgearbeitet werden, damit sie dem Patienten bewusstwerden.

Fallbeispiel – Therapieverlauf

In der ersten Therapiephase lag der Fokus auf Diagnostik (u.a. GAD-7), Beziehungsaufbau und Psychoedukation. Die Erkenntnis, dass solche Reaktionen normal und bei etwa der Hälfte der MI-Patienten anzutreffen sind, trug zur Entlastung bei. Sie konnte ihre Angst als Verlust des Vertrauens in den eigenen Körper und besonders in ihr Herz einordnen.

Zur Psychoedukation wurden der Teufelskreis der Angst und das Vulnerabilitäts-Stress-Modell thematisiert. Mithilfe eines Selbstbeobachtungsprotokolls konnten individuelle Auslöser (z. B. Konflikte, Stress) sowie typische Gedanken wie »Mein Herz hält das nicht aus« identifiziert werden, die bis zur Todesangst führten. Vermeidungsverhalten zeigte sich im übermäßigen Schonverhalten und in der Erwartung ständiger Unterstützung durch Angehörige, was die körperlichen Symptome zusätzlich verstärkte.

Darauf aufbauend wurde ein individuelles Erklärungsmodell erarbeitet. Deutlich wurde, dass hinter dem Krankheitsverhalten auch eine Bindungsdynamik stand: Die Patientin hatte Schwierigkeiten, ihre jugendlichen Kinder loszulassen, was im Sinne eines sekundären Krankheitsgewinns eine Rolle spielte. Diese Einsicht war zentral für die weitere therapeutische Arbeit – sowohl zur Bewältigung der Angst als auch zur Unterstützung im Ablösungsprozess.

Therapeutische Empfehlungen

In der psychokardiologischen Arbeit begegnet man häufig unterschiedlichen Formen von Angst, die sich in ihrer Entstehung, Funktion und therapeutischen Zugänglichkeit unterscheiden. Grundlegend lassen sich drei Typen differenzieren: Realangst, Erwartungsangst und traumaassoziierte Angst.

Reale Angstreaktionen treten als Antwort auf eine konkrete Bedrohung auf, beispielsweise bei Brustschmerzen nach einem MI. Sie haben in der Regel eine klar erkennbare Ursache und können zu adäquatem, schützendem Verhalten führen – etwa dem sofortigen Aufsuchen medizinischer Hilfe. *Erwartungsängste* hingegen richten sich auf mögliche zukünftige Ereignisse. Typisch sind Befürchtungen wie »Was, wenn mein Herz wieder stolpert?« Diese Form der Angst führt oft zu Grübelprozessen, Schonverhalten und sozialem Rückzug, wodurch die Lebensqualität erheblich eingeschränkt wird. *Traumaassoziierte Angst* entwickelt sich nach extrem belastenden oder lebensbedrohlichen Erlebnissen, wie sie viele Herzpatienten im Kontext eines plötzlichen Herzstillstands, einer Reanimation oder intensiver medizinischer Behandlung erfahren. Diese Erlebnisse sind häufig mit Erfahrungen von Kontrollverlust, existenzieller Bedrohung und Ohnmacht verbunden und können langfristig auf emotionaler Ebene nachwirken (▶ Kap. 5.4) (42–43).

In der therapeutischen Praxis ist eine differenzierte Psychoedukation von zentraler Bedeutung, bei der die verschiedenen Angstformen erläutert und voneinander abgegrenzt werden. Eine validierende Haltung ist dabei essenziell: Jede Angst wird ernst genommen und als nachvollziehbar anerkannt, jedoch mit dem Hinweis, dass sich nicht alle Angsterfahrungen auf dieselbe Weise behandeln lassen.

Praxistipp

Während Realangst eine medizinische Abklärung und pragmatische Verhaltensunterstützung erfordert, sind Erwartungsangst und traumaassoziierte Angst primär psychotherapeutisch zu bearbeiten.

Im Rahmen der Coping-Strategien werden je nach Angsttyp unterschiedliche Ansätze verfolgt: Bei Erwartungsangst stehen Reattribution körperlicher Symptome, Gedankenprotokolle und die gezielte Konfrontation mit auslösenden Situationen im Vordergrund. Traumaassoziierte Angst verlangt hingegen Stabilisierungstechniken, traumaspezifische Interventionen sowie achtsame Körperarbeit, um Sicherheit und Kontrolle zu fördern. Realangst wiederum wird durch ärztliche Abklärung, die Vermittlung von Klarheit sowie durch konkrete Handlungspläne (z. B. für Notfallsituationen) adressiert.

Ein zentrales therapeutisches Ziel ist die Stärkung von Selbstwirksamkeit. Patienten sollen Vertrauen in den eigenen Körper und in ihre Handlungskompetenz zurückgewinnen. Dies gelingt unter anderem durch positive Bewegungserfahrungen im geschützten Rahmen, kognitive Umstrukturierung (»Nicht jeder Herzschlag bedeutet Gefahr«) und Expositionsübungen, die eine angstfreie Toleranz körperlicher Symptome fördern.

Darüber hinaus ist es bedeutsam, die Angst nicht zwangsläufig beseitigen zu wollen, sondern einen bewussten und akzeptierenden Umgang zu entwickeln. Angst kann, ähnlich wie Trauer, einen Platz im Leben finden, ohne dieses zu dominieren. Ein weiterer Schwerpunkt liegt auf dem Ernstnehmen der subjektiven Krankheitsbedeutung: Während manche Patienten ein kardiales Ereignis rationalisieren oder bagatellisieren, stellt es für andere einen tiefgreifenden biografischen Bruch dar. Beide Reaktionsweisen können als psychische Schutzstrategien verstanden werden und sollten mit behutsamer Reflexion begleitet werden.

Die therapeutische Kommunikation erfordert zudem eine gezielt empathische Gestaltung. Anstelle alarmierender Informationen sollten realistische, aber auch stärkende Botschaften vermittelt werden, etwa die Betonung einer guten Prognose bei Therapietreue, die Chancen der Rehabilitation oder die Beeinflussbarkeit durch Lebensstiländerungen. Ein weiterer Baustein ist das Empowerment durch Körperwissen: Die sachliche Erklärung vegetativer Stressreaktionen (Adrenalin, Hyperventilation, Aktivierung des Sympathikus) kann das Bedrohungserleben reduzieren und die Selbstregulation fördern. Schließlich gilt es, geschlechtsspezifische Aspekte zu berücksichtigen. Besonders männliche Patienten neigen bei Themen wie Kontrollverlust und Schwäche zu Scham und Rückzug, sodass eine validierende, nicht-konfrontative Haltung hier entscheidend für Offenheit und Kooperationsbereitschaft ist (42–43).

Angstbewältigung bei Erwartungsangst

Mit dem Aufbau von Angstbewältigungsstrategien sollen Patienten Techniken lernen, welche dem Gefühl der Ohnmacht und Hilflosigkeit entgegenwirken. Durch das Erlernen von Entspannungs- und Achtsamkeitstechniken sowie Wahrnehmungs- und Gedankenübungen soll insbesondere die Selbstwirksamkeit der Patienten reaktiviert und gestärkt werden. Diese Techniken können von Beginn an in den therapeutischen Prozess eingebaut und in den verschiedenen Phasen der Therapie unterstützend angewandt werden. Es lohnt sich bei den Angstbewältigungsstrategien darauf zu achten, dass diese im Alltag angewendet werden können. So können die einzelnen Strategien individuell modifiziert werden, sodass sie auch beispielsweise im Zug oder am Arbeitsplatz eingesetzt werden können, ohne dass die Patienten großes Aufsehen damit erregen. Dies ist vielen Patienten besonders wichtig und steigert die Motivation, solche Strategien auszuprobieren und anzuwenden.

- *Entspannung:* PMR zur gezielten Lockerung der Muskulatur
- *Achtsamkeit:* Sinnesspaziergänge zur bewussten Wahrnehmung der Umgebung, Meditationen zur Förderung innerer Ruhe und Zentrierung
- *Wahrnehmung:* 5-Sinnes-Übungen zur Stärkung der Selbstwahrnehmung und Reizverarbeitung
- *Gedanken:* Gedankenstopp zur Unterbrechung belastender Gedankenspiralen; positive Selbstverbalisationen zur Stärkung hilfreicher Denkmuster

Merke

Body-Scan-Übungen sollten immer zuerst in Begleitung geübt werden. Herzpatienten fokussieren sich häufig auf körperliche Veränderungen (insbesondere in der Herzgegend), was Panikattacken auslösen können. In der klinischen Praxis haben sich Übungen mittels PMR eher bewährt.

Zusätzlich kann das *Ampelsystem* (► Tab. 5.4) helfen, die Symptome richtig einzuordnen (44). Dieses sollte immer in Zusammenarbeit mit dem behandelnden Kardiologen erstellt werden. Es umfasst drei Stufen: Rot bedeutet, dass die Symptome ernst zu nehmen sind und sofort ein Arzt aufgesucht werden soll; Gelb bedeutet, dass die Symptome unklar sind, die Aktivität nicht sofort unterbrochen werden muss, jedoch die Symptome genauer beobachtet werden sollen; Grün bedeutet, dass die Symptome mit großer Wahrscheinlichkeit nicht mit dem Herz zusammenhängen und die Aktivität weitergeführt werden kann. In diesem Zusammenhang sollte auch ein konkreter Handlungsplan erarbeitet werden, welcher den Patienten aufzeigt, wie er sich in den verschiedenen Situationen verhalten soll – z. B., dass er bei »roten« Symptomen direkt seinen Kardiologen/die Notaufnahme aufsuchen soll. Mit dem Ampelsystem lernen Patienten, sich mit der Realangst zu konfrontieren und zugleich handlungsfähig zu bleiben.

Im Folgenden sind einige Beispiele für die Einteilung von Symptomen nach einem Ampelsystem aufgelistet (▶ Tab. 5.4):

Tab. 5.4: Ampelsystem zur Differenzierung der Symptome (44)

Farbe	Kategorie	Beispiele	Empfehlung
Rot	Kardial bedrohliche Symptome	• Plötzliche starke Brustschmerzen (Druck, Engegefühl) • Schmerzen, die in Arme, Rücken, Kiefer oder Magen ausstrahlen • Atemnot in Ruhe • Plötzliche Bewusstlosigkeit oder starke Benommenheit • Starke Herzrhythmusstörungen (Herzrasen, Herzstolpern mit Ohnmachtsgefühl) • Kalter Schweiß, Blässe, Übelkeit, Erbrechen in Verbindung mit Brustschmerzen	Sofort ärztliche Hilfe rufen! (112/Notarzt)
Gelb	Unklare Symptome	• Leichte, vorübergehende Brustschmerzen ohne Ausstrahlung • Mäßige Atemnot bei Belastung • Ungewohnte Müdigkeit oder Schwäche • Herzstolpern ohne weitere Beschwerden • Leichtes Schwindelgefühl	Weiter beobachten, erlernte Coping-Strategien (Atemtechniken, Ablenkung) einsetzen; falls keine Besserung oder eine Verschlimmerung eintritt: Arzt konsultieren
Grün	Symptome, die wahrscheinlich nicht kardial sind	• Verspannte Brustmuskulatur • Kurzatmigkeit durch Stress oder Angst • Herzklopfen nach körperlicher oder emotionaler Belastung • Leichte Schwindelgefühle durch schnelle Bewegungen • Wärmeempfinden oder leichte Übelkeit ohne weitere Symptome	Aktivität fortsetzen, Entspannungstechniken nutzen, bewusst gegensteuern (z. B. Atemübungen, Bewegung, Ablenkung)

Diese Tabelle hilft Betroffenen, ihre Symptome besser einzuordnen und entsprechend zu reagieren.

Kognitives Training

Beim kognitiven Training geht es darum, angstfördernde Gedanken aufzudecken und in hilfreiche, angstbewältigende Kognitionen umzuwandeln. Wie im Teufelskreis der Angst/Panik beschrieben, verstärken automatische, oft unbewusste Bewertungen körperlicher Symptome die Angst. Mit dem ABC-Modell von Ellis (45) (A = auslösendes Ereignis, B = Bewertung, C = Konsequenz) lassen sich diese Denkmuster strukturieren: Bei erhöhter Pulsfrequenz etwa führt die Bewertung »Mit meinem Herz stimmt etwas nicht« zu Angst und möglicherweise zu ärztlicher Konsultation.

Zur Verdeutlichung können Fragen wie »Haben Sie Angst, erneut einen MI zu erleiden?«, Imaginationsübungen oder Gedankenprotokolle eingesetzt werden. Ziel ist es, die dysfunktionalen Kognitionen bewusst zu machen, schriftlich festzuhalten und systematisch zu hinterfragen – z. B. durch den sokratischen Dialog oder Realitätsprüfung. So kann etwa aus dem Gedanken »Ich bekomme einen MI« der hilfreiche Gedanke »Mein Herz ist stark und wird das Aushalten« entstehen.

Die neuen Kognitionen sollten sowohl in den Sitzungen als auch im Alltag eingeübt werden, um langfristig den Teufelskreis der Angst zu durchbrechen und die Selbstwirksamkeit zu stärken.

Tab. 5.5: Exemplarisch angstfördernde und dazugehörende angstbewältigende Kognitionen

Angstfördernde Kognitionen	Angstbewältigende Kognitionen
»Ich bekomme einen MI.«	»Mein Herz ist stark und wird das aushalten.«
»Ich werde das nicht aushalten.«	»Ich lasse mich nicht verrückt machen.«, »Erstmal versuche ich mich zu beruhigen und mir einen Überblick zu verschaffen.«
»Die Angst/Panik wird mich wieder überrollen.«	»Die Angst/Panik wird kommen, aber ich werde ihr diesmal nicht ausgeliefert sein.«
»Ich bin wie gelähmt, ich habe keine Möglichkeiten zu reagieren.«	»Ich werde stark sein.«, »Ich werde es schaffen.«
»Ich werde nie aus dieser Angstspirale rauskommen, die Angst bestimmt mein Leben.«	»Die Angst geht vorbei.«
»Die Angst wird mich umbringen, sie belastet mein Herz derart, dass ich erneut einen MI erleiden werde.«	»Die Angst ist ein Hinweissignal.«

Konfrontation

Zu Beginn kann eine medizinische Basisdiagnostik wie eine Ergometrie unter ärztlicher Aufsicht hilfreich sein, um objektive Belastungsgrenzen festzulegen und dem Patienten Sicherheit im Umgang mit körperlicher Aktivität zu geben. Die anschließende Ergebnisbesprechung reduziert Unsicherheit und schafft Vertrauen in die eigene Belastbarkeit. Im nächsten Schritt erfolgt eine angeleitete Bewegungstherapie in geschütztem Rahmen, etwa durch kontrolliertes Fahrradergometer-Training. Ziel ist es, positive Bewegungserfahrungen zu ermöglichen, Ängste abzubauen und die Wahrnehmung physiologischer Signale wie Atmung und Herzschlag zu schulen.

Der Alltagstransfer beginnt mit begleiteten Fahrradtouren, bei denen die Patienten erlernte Bewältigungsstrategien (z. B. Atemtechniken, Realitätschecks) anwenden und ihre Angstreaktionen reflektieren. Anschließend folgt die eigenständige Belastungserprobung: Regelmäßige Aktivitäten im eigenen Tempo fördern Selbstvertrauen, Motivation und eine aktive Lebensführung. Ein Belastungstagebuch hilft dabei, Fortschritte festzuhalten und die Selbstwirksamkeit zu stärken.

Fallbeispiel – Weiterer Therapieverlauf

Von Beginn an wurden in die Therapie gezielt Angstbewältigungsstrategien integriert. Die Patientin sprach besonders gut auf Achtsamkeitsübungen an, die zunächst gemeinsam eingeübt und später selbstständig im Alltag angewendet wurden. Mithilfe des ABC-Modells konnten ihre angstfördernden Gedanken (»Mein Puls rast – ich bekomme wieder einen MI«) identifiziert und hinterfragt werden. Besonders hilfreich war das Entkatastrophisieren: Die Patientin stellte sich das Worst-Case-Szenario vor und bewertete dessen Wahrscheinlichkeit realistisch anhand ihrer Reha-Erfolge und stabilen Leistungswerte. Daraus leitete sie hilfreiche Gedanken wie »Jetzt gerade geht es mir gut. Ich kann meinem Körper vertrauen.« oder »Die Angst ist wie eine Welle, sie kommt und geht« ab. Ergänzend wurde ein Ampelsystem eingeführt, das ihr half, Symptome einzuschätzen und situationsgerecht zu reagieren – unterstützt durch die geübten Atem- und Achtsamkeitstechniken.

Rückfallprophylaxe

Am Ende einer Therapie empfiehlt es sich, den Verlauf nochmals zu reflektieren, den Patienten zu fragen, was ihm bei der Bewältigung der Angst/Panik geholfen hat und was eventuell weniger hilfreich war. Darauf aufbauend kann eine Liste mit unterstützenden Strategien und Techniken zusammengestellt werden.

Des Weiteren können in der Zukunft liegende potenziell schwierige Situationen (z. B. jährliche kardiologische Kontrollen, Reisen etc.) vorbesprochen und aus den gelernten Strategien geeignete Übungen dafür herausgesucht werden. Zudem können Patienten auf Selbsthilfegruppen, wie beispielsweise die Herzgruppe, hingewiesen werden, welche ebenfalls über die Therapie hinaus in Anspruch genommen werden können. Es empfiehlt sich auch »Booster-Sitzungen« mit immer größeren Abständen zu planen.

5.2 Depression

Unter Mitarbeit von Claudia Hackl-Zuccarella

Kernaussagen

- Depression erhöht nicht nur das Risiko für das Auftreten einer HKE, sondern verschlechtert den Krankheitsverlauf, erhöht die Mortalität und das Risiko für erneute kardiale Ereignisse.
- Herzpatienten zeigen häufiger somatische Symptome wie Müdigkeit, Schlafstörungen und Appetitveränderungen, die eine klare Abgrenzung von kardialen Symptomen erschweren und besonders kardiotoxische Auswirkungen haben.
- Neben einer psychotherapeutischen Behandlung, insbesondere Psychoedukation, kognitiver Verhaltenstherapie und Verhaltensaktivierung, sind strukturierte körperliche Aktivierung und die Stärkung von Selbstwirksamkeit prognostisch günstig.

5.2.1 Grundlagen

Die WHO prognostiziert, dass die unipolare depressive Störung im Jahr 2030 weltweit die zweithäufigste und die KHK die dritthäufigste Ursache für krankheitsbedingte Beeinträchtigungen darstellen werden. Grundlage dieser Einschätzung ist die erwartete Krankheitslast, gemessen in Disability-Adjusted Life Years (DALYs), welche sowohl verlorene Lebensjahre durch vorzeitigen Tod als auch Jahre mit eingeschränkter Lebensqualität infolge von Krankheit berücksichtigt (46). Folglich ist die Depression bei Herzpatienten häufig als Komorbidität zu beobachten.

Depression ist einer der häufigsten untersuchten psychologischen Faktoren bei der KHK. Sie erhöht nicht nur das Risiko für das Auftreten einer KHK, sondern hat auch einen negativen Einfluss auf deren Verlauf, Prognose und Mortalität. Eine aktuelle Metaanalyse (47) berichtet, dass bei Patienten mit kardiovaskulären Erkrankungen (inklusive KHK) depressive Symptome mit einer signifikant höheren Gesamtmortalität assoziiert sind (Hazard ratio ≈ 2,1; 95 % Konfidenzintervall: 1,7–2,5) – hier besteht demnach ein etwa doppelt so hohes Risiko (47).

5.2.2 Prävalenz von Depression nach Herzereignissen

Nach einem akuten MI erfüllen etwa 20 % der Patienten die Kriterien einer Major Depression (48). Darüber hinaus zeigen weitere ~ 25–35 % subsyndromale depressive Symptome (z. B. Anpassungsstörung, Minor Depression), die nicht das Vollbild einer Major Depression erreichen (49). Bei Patienten mit KHK beträgt die Prävalenz einer Depression im Mittel ~20 % (15–30 %), bei chronischer HI liegt sie noch höher, mit Raten von ~42 % für jede Ausprägung und ~28 % für moderat-schwere

Formen (47;50). Damit ist die Belastung durch Depressionen bei Herzpatienten etwa zwei- bis vierfach höher als in der Allgemeinbevölkerung, wo die 12-Monats-Prävalenz für Major Depression typischerweise unter 10 % liegt (51). Patienten mit einem ICD haben eine Depressionsrate zwischen 11–28 % (52), während nach einer Koronararterien-Bypass-Operation (CABG) die Prävalenz zwischen 30–40 % liegt (53). Besonders jüngere Frauen sind gefährdet: So zeigen Studien, dass bei Frauen ≤ 60 Jahren kurz nach einem MI ~ 40 % klinisch relevante Depressivität aufweisen, und Übersichtsarbeiten betonen eine überdurchschnittliche Depressionslast in dieser Gruppe (54–55).

Etwa 20 % der Patienten weisen bereits vor dem akuten kardialen Ereignis depressive Symptome auf, weshalb dies bei der Anamnese und Risikobeurteilung kardiologischer Patienten berücksichtigt werden sollte (56). Während sich leichte Depressionen bei einigen Patienten spontan bessern können, persistieren die Symptome bei den meisten oder entwickeln sich nach der Entlassung neu (57).

Allerdings ist darauf hinzuweisen, dass die Prävalenzangaben von Depressionen bei Herzpatienten maßgeblich davon abhängen, ob Messinstrumente eingesetzt werden, welche somatische Symptome der Depression (u. a. Müdigkeit, Schlafstörungen, Appetit- und Gewichtsveränderungen) miterheben oder nur kognitive Symptome (u. a. Konzentrationsprobleme und Interessensverlust) erfassen (58–59). Weitere Einflussfaktoren auf die Prävalenzzahlen sind unter anderem die soziodemografische Lage, starke funktionelle Beeinträchtigungen (u. a. Herzschmerzen, Schmerzen, Palpitationen) und akute Krankheitsphasen (z. B. akute Phase vs. Rehabilitation) (58;60).

5.2.3 Symptome

Die Major Depression ist eine klinisch diagnostizierte Erkrankung, die sich durch depressive Stimmung und Anhedonie (Unfähigkeit, Freude zu empfinden) auszeichnet. Nach DSM-5 (61) und ICD-10 (5) erfordert die Diagnose einer Major Depression, dass mindestens eines der beiden Kernsymptome – depressive Stimmung oder Interessen- bzw. Freudverlust – über einen Zeitraum von mindestens zwei Wochen an den meisten Tagen vorliegt.

Zusätzlich müssen mindestens vier weitere Symptome auftreten. In der ▶ Tab. 5.6 sind die Kernsymptome nach DSM-5 (61) und ICD-10 (5) in kognitive und somatische Symptome unterteilt.

Tab. 5.6: Depressive Kernsymptome nach DSM-V und ICD-10 (61;5)

Symptom	Beschreibung
Kognitive Symptome	
Depressive Stimmung	Anhaltende Traurigkeit oder emotionale Leere
Verlust von Interesse oder Freude	Verlust des Interesses oder der Freude an fast allen Aktivitäten

Tab. 5.6: Depressive Kernsymptome nach DSM-V und ICD-10 (61;5) – Fortsetzung

Symptom	Beschreibung
Schuldgefühle oder Wertlosigkeitsgefühle	Übermäßige Selbstvorwürfe oder ein Gefühl der eigenen Bedeutungslosigkeit
Konzentrationsprobleme oder Unentschlossenheit	Schwierigkeiten, sich zu fokussieren oder Entscheidungen zu treffen
Suizidgedanken	Wiederkehrende Gedanken an den Tod oder Suizid, suizidales Verhalten
Somatische Symptome	
Gewichtsveränderungen	Deutlicher Gewichtsverlust oder deutliche -zunahme ohne bewusste Diät
Psychomotorische Unruhe oder Verlangsamung	Innere Unruhe oder verlangsamte Bewegungen und Sprache
Müdigkeit	Dauerhafte Erschöpfung und Energieverlust
Schlafstörungen	Schwierigkeiten beim Ein- oder Durchschlafen oder übermäßiges Schlafbedürfnis

5.2.4 Relevanz somatischer Symptome der Depression bei Herzpatienten

Im Vergleich zu den kognitiv-affektiven Symptomen der Depression scheinen somatisch-affektive Symptome für den prognostischen Verlauf bei Herzpatienten klinisch bedeutsamer zu sein. Dies konnte in einer prospektiven Studie mit über 1.000 Herzpatienten mit einer stabilen KHK verdeutlicht werden. Dabei zeigte sich ein signifikant erhöhtes Risiko von 14% für das Auftreten von kardiovaskulären Ereignissen (u.a. MI, Schlaganfall) und Tod nach einer Nachfolgeuntersuchung von sechs Jahren für jedes zusätzliche somatische Symptom. Vor allem *Müdigkeit, Schlafstörungen und Appetitprobleme* scheinen prädiktiv für kardiovaskuläre Ereignisse zu sein. Keinen Zusammenhang zeigte sich hingegen bei den kognitiven Symptomen (62). Dieses Ergebnis konnte in einer neueren Metaanalyse mit 13 prospektiven Studien bestätigt werden (59).

Praxistipp

Bei kardiologischen Patienten sollten vor allem somatische Depressionssymptome wie Müdigkeit, Schlafstörungen und Appetitveränderungen ernst genommen werden. Diese Beschwerden sind prädiktiv für kardiovaskuläre Ereignisse und verdienen daher eine gezielte diagnostische Abklärung und Verlaufsbeobachtung.

Ein subklinischer Entzündungszustand gilt als möglicher Vermittlungsmechanismus zwischen Depression und Herzerkrankung (63–65). Eine prospektive Studie zeigte, dass insbesondere eine atypische Depression mit erhöhten CRP-Werten und somit einem erhöhten kardiovaskulären Risiko assoziiert ist (66). Dies unterstreicht die Bedeutung regelmäßiger Entzündungsdiagnostik im klinischen Alltag.

5.2.5 Mechanismen der »kardiotoxischen« Depression

Nachfolgend werden die Komponenten der *kardiotoxischen* Depression aufgelistet und ausführlich dokumentiert.

Eine Depression kann sich auf direkte oder indirekte Wege *kardiotoxisch* auswirken. Indirekte Wege zeigen sich beispielsweise als Verhaltenskonsequenzen der Depression, die sich unter anderem in Adhärenz-Problemen, geringerer körperliche Aktivität und schlechterer Kontrolle über die RFs niederschlagen. Zusammen mit den direkten pathophysiologischen Konsequenzen der Depression wie eine erhöhte Immunaktivität führen diese Verhaltenskonsequenzen zu einer erhöhten kardialen Ereignisrate (58).

Eine erstmalig auftretende Depression nach einem MI (»incident depression«) scheint einen stärkeren Einfluss auf ein erneutes kardiales Ereignis zu haben als eine Depression, die bereits vor dem MI bestand oder eine rezidivierende Depression (62). Kein erhöhtes Risiko besteht hingegen bei einer positiven Anamnese für eine Depression, wenn der Patient zum Zeitpunkt des MI nicht depressiv war (67). Des Weiteren besteht eine Dosis-Wirkungs-Beziehung zwischen dem Schweregrad der depressiven Störung und dem kardialen Risiko, welches mit längerer Dauer der depressiven Episode weiter ansteigt (59). Auch eine behandlungsresistente Depression nach einem HI und die Anhedonie im Vergleich zu einer depressiven Stimmung (68) zeigen ein höheres Risiko für kardiale Rezidivereignisse und die Gesamtmortalität.

5.2.6 Diagnostik

Wie im Abschnitt ► Kap. 5.2.1 erwähnt, sind depressive Begleiterkrankungen bei Herzpatienten häufig zu beobachten (69–70). Obwohl sie einen entscheidenden Einfluss auf den Krankheitsverlauf nehmen, bleiben sie häufig unerkannt oder gar unbehandelt. Daher ist eine frühzeitige Erkennung dieser unabdingbar und in der somatischen Routine möglich wie auch indiziert, wenn auch nicht ganz trivial (71).

Herausforderung in der Diagnostik der Depression bei Herzpatienten

Depressive Störungen äußern sich sowohl durch psychische Symptome wie Niedergeschlagenheit und Anhedonie als auch durch somatische Beschwerden wie Schlafstörungen, Ermüdbarkeit sowie Appetit- und Gewichtsverlust. Letztere überschneiden sich häufig mit Symptomen kardiologischer Erkrankungen oder Nebenwirkungen von Herzmedikamenten wie Betablockern, was die Diagnostik erschwert.

Praxistipp

Antriebsarmut und Erschöpfung können sowohl Ausdruck einer Depression als auch einer Herzerkrankung sein – oder sie treten im Rahmen beider Erkrankungen gleichzeitig auf.

Aufgrund dieser diagnostischen Herausforderungen bleibt eine Depression nach einem MI häufig unerkannt; nur bei etwa 25 % der Patienten wird sie diagnostiziert, und lediglich die Hälfte dieser Fälle erhält eine angemessene Therapie (72). Mögliche Gründe hierfür sind unter anderem die Unterschätzung der prognostischen Bedeutung, Zeitmangel für ausführliche Diagnostik, Angst vor Stigmatisierung und die Fehleinschätzung, dass depressive Verstimmungen normale Begleiterscheinungen einer Herzerkrankung seien (73).

Erfassung der Depression bei Herzpatienten

Aufgrund der verheerenden Auswirkungen, die eine nicht erkannten Depression bei Herzpatienten mit sich bringt, wird mittlerweile von der Mehrzahl der relevanten Leitlinien eine regelhafte Erkennung und Behandlung von depressiven Störungen bei Herzpatienten befürwortet (71;74–75). Für die Erfassung der Depression bei Herzpatienten wird eine Zweistufen-Diagnostik empfohlen (71).

Zweistufen-Diagnostik

Hierfür werden in einem ersten Schritt Screening-Fragen verwendet und in einem zweiten Schritt standardisierte Selbstbeurteilungsfragebögen eingesetzt.

Die zwei Screening-Fragen werden im Rahmen des Anamnesegespräches genutzt und richten sich an den beiden Kernsymptomen der Depression, d. h. depressive Verstimmung und vermindertes Interesse oder verminderte Freude an vielen Aktivitäten. Es handelt sich dabei um geschlossene Einzelitem-Fragen.

1) »Haben Sie im letzten Monat oft unter Gefühlen von Niedergeschlagenheit, Schwermut oder Hoffnungslosigkeit gelitten?«
2) »Haben Sie im letzten Monat oft unter Freudlosigkeit oder geringerem Interesse an Ihren Aktivitäten gelitten?«

Werden die beiden Fragen mit »Nein« beantwortet, besteht mit einer Wahrscheinlichkeit von 96 % keine Depression. Werden hingegen eine oder beide Fragen mit Ja beantwortet gilt das Screening als positiv mit einer Sensitivität von 90 % und einer Spezifität von 69 % für eine depressive Störung bei Herzpatienten mit KHK (76).

In einem zweiten Schritt kann ein standardisierter Selbstbeurteilungsfragebogen oder ein klinisches Interview ausgefüllt werden, um das Vorhandensein einer depressiven Störung zu untermauern. Als Selbstbeurteilungsfragebögen für die Erhebung der Depression sind in den vergangenen Jahren mehrere Verfahren entwickelt und an Herzpatienten eingesetzt worden (▶ Tab. 5.7). Als neueres Verfahren wird in den letzten Jahren vermehrt die Kurzform des »Patient Health Questionnaire« (PHQ) eingesetzt. Dieses Verfahren wurde als Screening-Instrument zur Diagnostik der Depressivität für den routinemäßigen Einsatz im somatisch-medizinischen Bereich entwickelt und erfasst depressive Episoden mit neun Items (77–78). Es gilt dabei die Empfehlung der *American Heart Association*, Herzpatienten mit einem PHQ-9-Score von 10 oder mehr einer umfassenden klinischen Abklärung durch eine Fachkraft (u.a. Konsiliar- und Liaisondienst, Psychokardiologen) zu überweisen, um einen geeigneten und individuellen Behandlungsplan zu erarbeiten und festzulegen (71). Darüber hinaus muss eine notfallpsychiatrische Evaluation erfolgen, sollte der Patient die Frage, ob er je daran gedacht habe, sich das Leben zu nehmen, mit »Ja« beantworten.

Tab. 5.7: Unterschiedliche Verfahren zur Erfassung der Depressivität bei Herzpatienten (14;40;76–82)

Verfahren	Item-Anzahl	Erfassung	Cut-off-Werte	Autor(en)	Dauer des Ausfüllens
PHQ-9	9	Schweregrad der Depression	≥ 10	Spitzer et al., 1999	ca. 5 min
HADS/ HADS-D	14	Angst und Depression (ohne somatische Symptome)	≥ 8	Zigmond & Snaith, 1983; Hermann-Lingen et al. 2018	ca. 5–10 min
BDI	21	Schweregrad der Depression (mit somatischen Symptomen)	≥ 18	Beck et al., 1961	ca. 10 min
IDS-SR	33	Atypische Depression	≥ 16	Rush et al., 1996	ca. 15–20 min

Abkürzungen: PHQ = Patient Health Questonnaire; HADS = Hospital Anxiety and Depression Scale – D = deutsche Version, BDI = Beck-Depressions-Inventar, IDS-SR = Inventory of Depressive Symtoms – Self-Rating

Aufgrund der geringen Item-Anzahl und der damit einhergehend der kurzen Bearbeitungs- und Auswertungsdauer eignen sich für den klinischen Alltag besonders die Hospital Anxiety and Depression Scale (HADS-D) (40) und der PHQ-9 (77). Die HADS, resp. HADS-D (deutsche Version) verzichtet bewusst auf die Erfassung von körperlichen Symptomen psychischer Störungen, um eine Diagnoseverzerrung zu reduzieren, und erhebt darüber hinaus auch leichtere Störungsformen (u.a. Anpassungsstörung). Der PHQ-9 erlaubt im Gegensatz zum HADS/HADS-D eine genauere Erfassung depressiver Episoden, jedoch mit einer geringeren Sensitivität (40;77).

Merke

Ein Screening-Verfahren ist nur dann sinnvoll, wenn nachträglich eine adäquate therapeutische Betreuung der depressiven Herzpatienten gewährleistet werden kann.

5.2.7 Interventionen

Eine Metaanalyse von Ski et al. (83) zeigt, dass psychologische Interventionen wie KVT bei Patienten mit KHK, HI oder VHF depressive und ängstliche Symptome signifikant reduzieren können. Zudem deuten die Ergebnisse auf einen möglichen positiven Effekt auf die gesundheitsbezogene Lebensqualität hin, wenngleich die Evidenzlage für langfristige kardiovaskuläre Ergebnisse begrenzt bleibt.

Obwohl die deutsche Depressionsleitlinie für depressive Herzpatienten eine Psychotherapie empfiehlt, ist die Datenlage dahingehend inkonsistent. In der CREATE-Studie erbrachte eine dreimonatig interpersonelle Psychotherapie im Vergleich zu einer unspezifischen wöchentlichen Gesprächstherapie bei der Behandlung von depressiven KHK-Patienten keinen Vorteil (84). Hingegen wies in der ENRICHED-Studie eine KVT zur Behandlung von Depression und niedriger sozialer Unterstützung bei Patienten nach einem MI einen sehr kleinen Therapieeffekt auf depressive Symptome auf (85). Auch in der SPIRR-CAD-Studie konnte für eine gestufte kombiniert psychodynamisch-kognitiv-verhaltenstherapeutische Intervention bei depressiven KHK-Patienten nur in der Untergruppe mit Typ-D-Persönlichkeit ein positiver Trendeffekt gefunden werden (86). Die Metaanalyse von Yu et al. (2020) belegt, dass KVT bei Patienten mit ACS depressive und ängstliche Symptome wirksam lindert. Darüber hinaus zeigte sich eine Reduktion kardiovaskulärer Ereignisse, wohingegen ein eindeutiger Nutzen für die Lebensqualität nicht konsistent nachgewiesen werden konnte (87).

Studien zu Psychotherapie bei Patienten mit kardiovaskulären Erkrankungen umfassen unterschiedlich intensive (1–3 bis > 20 Stunden) Einzel- oder Gruppeninterventionen, die von supportiven Gesprächen über Stressmanagement bis hin zu spezifischen Psychotherapieverfahren reichen. Für den Einsatz internetbasierter Psychotherapie bei depressiven oder ängstlichen Herzpatienten liegen erste vielversprechende, wenn auch bislang heterogene Befunde vor (88).

Bewegungstherapie und Multimodalität

Die Nationale Versorgungsleitlinie »Unipolare Depression« empfiehlt aufgrund wachsender Evidenz, Patienten mit Depressionen zu sportlicher Aktivität zu motivieren, idealerweise in einer Gruppe. In der Kardiologie steht hierfür mit ambulanten Herzgruppen ein etabliertes Versorgungsangebot zur Verfügung (89).

Die Effektivität von Bewegungstherapie lässt sich durch Kombination mit psychologischen Interventionen steigern. In der Rehabilitation und stationären Psychotherapie ist dieses multimodale Vorgehen Standard, in der ambulanten Versorgung besteht jedoch Nachholbedarf.

Psychopharmakotherapie

Gemäß S3-Leitlinie (90) in Bezug auf die Behandlung einer Depression wird eine psychopharmakologische Therapie bei mittelschweren bis schweren depressiven Episoden empfohlen. SSRIs gelten bei KHK-Patienten im Vergleich zu TCAs als bevorzugte Option; Auswahl und Dosierung sollten wegen möglicher Interaktionen und QT-Risiko (v. a. bei Citalopram) individuell erfolgen (71). Zu beachten dabei sind jedoch die psychopharmakologischen Interaktionen (z. B. erhöhte Blutungsneigung) und Nebenwirkungen (z. B. sexuelle Funktionsstörungen), welche die Adhärenz beeinträchtigen. Diese gilt es jeweils mit dem Herzpatienten und Fachkräfte zu besprechen (▶ Kap. 5.5). Der Einsatz von Antidepressiva ist bei Patienten mit HI aufgrund der erhöhten Mortalität nicht empfohlen.

5.2.8 Therapie

Fallbeispiel

Herr M. ist 58 Jahre alt, verheiratet, beruflich erfolgreich als Finanzberater eines mittelständischen Unternehmens im Finanzsektor tätig und lebt in einem Einfamilienhaus. Er kommt aus einem akademischen Elternhaus, sein Vater war Ingenieur, seine Mutter Gymnasiallehrerin. Er wuchs als Einzelkind auf.

Seine medizinische Vorgeschichte umfasst eine arterielle Hypertonie, die er lange nicht ernst nahm, sowie eine familiäre Vorbelastung für KHK: Sein Vater verstarb im Alter von 49 Jahren unerwartet an einem MI, was Herr M. zwar als Warnsignal sah, es sich jedoch in der Praxis wenig zu Herzen nahm. Er pflegte einen leistungsorientierten Lebensstil mit langen Arbeitszeiten, wenig Schlaf und ungesunder Ernährung. Sport trieb er nur sporadisch.

Vor drei Monaten erlitt Herr M. einen akuten MI (STEMI), der notfallmäßig mit einer Koronarangioplastie und Stentimplantation behandelt wurde. Aktuell ist er in der ambulanten Rehabilitation und bekundet eine hohe Unzufriedenheit mit dem Trainingserfolg.

Seit dem MI ist Herr M. deutlich verändert. Obwohl die körperliche Genesung laut den Kardiologen gut verläuft, fühlt er sich ständig müde und erschöpft. Er berichtet von einem Gefühl der Leistungsunfähigkeit und inneren Leere und dass er keine Freude mehr an Aktivitäten habe, die ihm früher Spaß gemacht hätten, wie Golfen oder Theaterbesuche mit seiner Frau. Stattdessen zieht er sich zunehmend zurück, verbringt viel Zeit allein und zeigt wenig Interesse an sozialen Kontakten, auch nicht an seinen erwachsenen Söhnen, die beide erfolgreich im Berufsleben stehen.

Sein Beruf war stets zentral für seine Identität – er sah sich als Macher, als jemanden, der Leistung bringt und Verantwortung trägt. Der MI hat ihn schwer getroffen, nicht nur körperlich, sondern auch psychisch. Er empfindet es als

Schwäche, dass sein Körper ihn »im Stich gelassen« hat, und fühlt sich gedemütigt durch seine Abhängigkeit von ärztlicher Hilfe und Medikamenten. Er vermeidet es, mit Kollegen über seinen Gesundheitszustand zu sprechen, aus Angst, als nicht mehr belastbar wahrgenommen zu werden.

Im Alltag zeigt sich eine deutliche Reizbarkeit: Wenn seine Frau ihn an eine gesunde Ernährung erinnert, reagiert er gereizt und empfindet gut gemeinte Ratschläge als Bevormundung. Seine Mitarbeiter erleben ihn als ungeduldiger und schneller genervt. Er selbst nimmt diese Veränderungen kaum wahr, sieht sich aber zunehmend als Außenseiter im eigenen Unternehmen, weil er weniger Energie hat als früher.

Seine Frau und seine Söhne machen sich Sorgen, da er sich sozial zurückzieht, wenig Interesse zeigt und oft gereizt ist. Seine Frau versucht, ihn zu Spaziergängen oder einem Urlaub zu motivieren, doch er blockt ab mit der Begründung, er sei »zu erschöpft« oder »habe keine Zeit«.

Psychoedukation

Die Psychoedukation zur Depression ist eine systematisch didaktisch-psychotherapeutische Intervention, die Herzpatienten über Depression und Behandlung informiert, Krankheitsverständnis und -akzeptanz fördert, bei der Bewältigung unterstützt und so Selbstmanagement und Empowerment stärkt. Letzteres zielt darauf ab, die Fähigkeit zur aktiven Lebensgestaltung durch internale und soziale Ressourcen zu fördern. Damit ist Psychoedukation ein zentraler Bestandteil psychokardiologischer Behandlung. In der KVT stehen inzwischen verschiedene Erklärungsmodelle der Depression zur Verfügung (z. B. das Verstärkerdefizit-, das Emotionsregulations- und das schematherapeutische Modus-Modell, sowie das Cognitive Behavioral Analysis System of Psychotherapy [CBASP]) (91–94). Diese können gemeinsam mit dem Patienten psychoedukativ erarbeitet werden.

Ein wissenschaftlich konsentiertes Modell zur Entstehung und Aufrechterhaltung der Depression speziell bei Herzpatienten liegt bislang nicht vor. In der Praxis hat sich jedoch eine adaptierte Form des Vulnerabilitäts-Stress-Modells (41) mit der sogenannten Depressionsspirale bewährt (► Abb. 5.2). Dieses störungsunspezifische Modell geht davon aus, dass die Kombination aus individueller Vulnerabilität und belastendem Lebensereignis die Wahrscheinlichkeit für eine Depression erhöht. Bei Erkrankung setzt eine abwärtsgerichtete Spirale ein (z. B. Niedergeschlagenheit, Antriebslosigkeit, sozialer Rückzug), deren Elemente sich gegenseitig verstärken.

Im Rahmen der Therapie soll im Gespräch mit den Herzpatienten wie auch deren Angehörigen das adaptierte Modell erarbeitet werden. Zur Hilfestellung kann dabei das *Arbeitsblatt »Psychoedukation: Depression bei Herzpatienten«* verwendet werden (abrufbar unter Kap. »Zusatzmaterial zum Download«). Bei dem Stressor gilt es zu beachten, dass neben dem kardialen Ereignis, welches bei den Herzpatienten als Hauptstressor angesehen werden kann, auch weitere Stressoren (u. a. Verlust einer nahestehenden Person) erfragt und im therapeutischen Prozess mitberücksichtigt werden sollen. In Bezug auf die Depression werden mit den

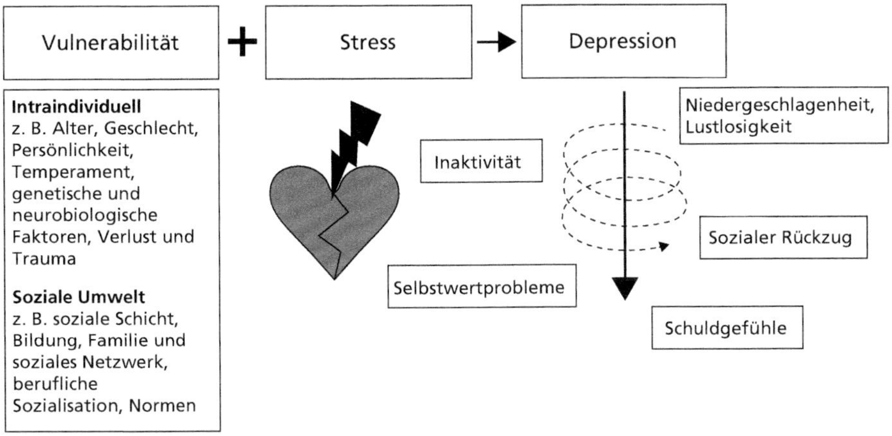

Abb. 5.2: Adaptiertes Vulnerabilitäts-Stress-Modell der Depression bei Herzpatienten (41)

Herzpatienten die individuellen depressiven Symptome erarbeitet und erläutert, wie sich die jeweiligen Symptome gegenseitig bedingen und verstärken, sodass die Depressionsspirale abwärts verläuft. Aufbauend auf dem gemeinsam erarbeiteten Erklärungsmodell, wird das Behandlungsmodell abgeleitet und mit dem Herzpatienten besprochen.

Therapeutische Empfehlungen

Im Allgemeinen zielt eine antidepressive Therapie bei Herzpatienten mit einer Herzerkrankung darauf ab, die depressiven Symptome zu vermindern, die Lebensqualität zu erhöhen und das Funktionsniveau im Alltag zu verbessern, um dadurch die kardiale Morbidität und Mortalität zu reduzieren (71). Dennoch gilt es zu erwähnen, dass die Ziele der Herzpatienten individuell unterschiedlich sind und diese gemeinsam mit dem Herzpatienten definiert werden müssen.

Verhaltensaktivierung

Der Aufbau von Aktivitäten zählt zu den zentralen und evidenzbasierten verhaltenstherapeutischen Methoden zur Depressionsbewältigung und sollte bei allen depressiven Herzpatienten integriert werden. Eine aktuelle Übersichtsarbeit zeigt, dass körperliche Aktivität bei Herzpatienten sowohl depressive Symptome als auch die damit assoziierte Mortalität reduziert (95).

Nach einem MI verlieren viele Patienten den Zugang zu früheren, belohnenden Aktivitäten, was zu Rückzug und Vermeidung auch von weniger belastenden Aktivitäten führt. Dieser Teufelskreis verstärkt die depressive Symptomatik und beeinträchtigt die Motivation sowie den Verlauf der Herzerkrankung.

Der Aufbau positiver Aktivitäten, auch wenn sie nicht sofort Freude bereiten, kann diesen Kreislauf durchbrechen und zu einer »Aufwärtsspirale der Depression«

führen. Es ist wichtig, realistische Erwartungen zu setzen und Geduld zu fördern, da schnelle Effekte oft ausbleiben.

Da Aktivitäten individuell variieren, sollte im ersten Schritt gemeinsam mit dem Patienten herausgearbeitet werden, welche Aktivitäten antidepressiv wirken. Dazu eignen sich die folgenden Fragen:

1) »Welche Aktivitäten waren Ihnen vor der Herzerkrankung und der darauffolgenden Depression wichtig?«
2) »Welche Aktivitäten haben Ihnen früher einmal Freude bereitet?«

Werteorientierte Aktivitäten

Die Arbeit mit Werten in der Therapie findet ihren Ursprung in der ACT, die 1999 von Steven Hayes (96) ins Leben gerufen wurde. ACT definiert Werte als frei gewählte, verbal konstruierte Konsequenzen von Verhaltensmustern, welche dem Leben einen Sinn und eine Richtung geben. Verhaltensweisen, die im Dienst eines Wertes stehen, werden selbst zu Verstärkern und werden folglich vermehrt ausgeführt. Im Gegensatz zu Zielen können Werte nicht erreicht werden.

Fallbeispiel

Ein Patient mit einer Herzerkrankung hat sich den Wert »Gesund leben« gesetzt. Ausgehend von diesem Wert können konkrete Ziele gesetzt werden, die mit diesem Wert übereinstimmen und erreichbar sind (z. B. »Dreimal wöchentlich für 30 Minuten Sport treiben« oder »Das Rauchen aufgeben«). Nach dieser Zielerreichung ergeben sich weitere Ziele, die mit diesem Wert im Zusammenhang stehen.

Bevor gemeinsam mit dem Herzpatienten werteorientierte Aktivitäten erarbeitet werden, gilt es in einem ersten Schritt die Werte des Herzpatienten zu klären (► Kap. 4.1). Werte lassen sich durch verschiedene Methoden bestimmen, beispielsweise auf direkte Weise durch Fragen:

- »Wofür wollen Sie stehen?«
- »Worum soll es in ihrem Leben gehen?«
- »Was haben sie durch die Herzerkrankung gewonnen?«
- »Worauf wären Sie stolz, wenn Sie am Ende Ihres Lebens nochmals zurückblicken? Was wäre Ihnen dann vor allem wichtig?«

Zur Orientierung und Strukturierung kann es hilfreich sein, verschiedene inhaltliche Bereiche vorzugeben (z. B. Arbeit, Familie, Paarbeziehung, Gesundheit).

Es gilt zu beachten, dass körperliche Bewegung als Aktivität vorgesehen werden sollte (z. B. regelmäßige physische Aktivität im Ausdauerbereich bei moderater Intensität, d. h. 3 × 30 Minuten pro Woche bei 70–85 % der maximalen HF); dies vor dem Hintergrund, dass Bewegungsmangel ein RF für HKEs darstellt und damit eine negative Auswirkung auf den Verlauf der Herzerkrankung haben kann. Zudem wirkt Bewegung stimmungsaufhellend. Darüber hinaus ist es unabdingbar, die jeweiligen Aktivitäten der individuellen Herzleistung des Herzpatienten anzupassen. Bei Unsicherheit diesbezüglich sollte mit dem behandelnden Kardiologen Rücksprache genommen werden.

Erfolgreiche Planung und Durchführung von Aktivitäten

Bei der Planung der Aktivitäten ist es wichtig, darauf zu achten, dass eine Balance zwischen Pflichten, allgemeinen und werteorientierten Aktivitäten wie auch Ruhephasen erreicht wird. Für eine erfolgreiche Planung und Durchführung der Aktivitäten sollten folgende Punkte beachtet werden:

- Der Patient sucht sich zwei bis drei Aktivitäten heraus und formuliert diese positiv als Ziele (z. B. »Ich möchte mich mehr bewegen«).
- Die Ziele sollen in Teilziele zerlegt werden, die realistisch, operationalisierbar und messbar sind (z. B. »Ich gehe 1 × in der Woche 30 min im Wald spazieren«). Dafür eignet sich die *Goal Attainment Scale (GAS)* nach Kiresuk und Herrmann (97) (s. *Arbeitsblatt »Goal Attainment Scale«*, abrufbar unter Kap. »Zusatzmaterial zum Download«), wobei »0« die aktuelle Situation und »+2« die Teilschritte bis zur Zielerreichung bei »+4« bedeuten. »–2« wäre die Verschlimmerung der aktuellen Situation.
- Die Aktivität kann mithilfe eines Wochenplans detailliert vorbereitet werden. Der Wochenplan soll neben der Aktivität auch die Stimmung erheben (»– –« = sehr schlechte Stimmung, »–« = schlechte Stimmung, »+/–« = mittelmäßige Stimmung, »+« = gute Stimmung, »++« = sehr gute Stimmung). Dadurch sollen bei Herzpatienten die Selbstbeobachtung und das Verständnis für den Zusammenhang von Aktivität und Stimmung gefördert werden. Darüber hinaus soll der Herzpatient damit lernen, die unterschiedliche Bedeutsamkeit der Aktivitäten auf die Stimmung einzuschätzen.
- Belohnung für erreichte Ziele oder Schritte in diese Richtung sollten integriert werden. Dafür soll einerseits mit natürlichen, und andererseits mit geplanten Belohnungen gearbeitet werden. Natürliche Belohnungen erfolgen auf Aktivitäten, deren alleinige Durchführung bereits zu einem belohnenden Erlebnis führt (z. B. einen alten Freund anrufen, der sich über den Anruf freut, oder das zufriedene Gefühl, wenn eine wichtige Sache erledigt wurde). Eine geplante Belohnung erfolgt meist auf Aktivitäten, die nicht automatisch belohnt werden, aber deren Durchführung wichtig ist (z. B. Rechnungen bezahlen). Bei solchen Aktivitäten kann es hilfreich sein, sich hinterher zu belohnen (z. B. ein warmes Bad nehmen).

Bei der Verhaltensaktivierung soll zudem beachtet werden, dass der Patient dem gemachten Plan und nicht seiner Stimmung folgt, da depressive Herzpatienten selten in der Stimmung für Aktivitäten sind.

Teilweise sehen sich Herzpatienten mit der Situation konfrontiert, dass sie mit Leidenschaft ausgeübte Aktivitäten oder berufliche Tätigkeiten aufgrund der eingeschränkten Leistungsfähigkeit des Herzens nicht mehr ausüben können. Dieser Verlust kann mitunter ein aufrechterhaltender Faktor der Depression sein und sollte in diesem Fall therapeutisch angegangen werden. Dabei ist es wichtig der Emotion *Trauer* Raum zu geben und im gemeinsamen Gespräch herauszufinden, welche Funktion diese Aktivität im Leben des Herzpatienten gehabt hat und welche Bedürfnisse damit befriedigt worden sind. Durch ein verbessertes Verständnis über die Bedeutung des Verlustes kann der Trauerprozess in einen Anpassungsprozess überführt werden, sodass gemeinsam die Beziehung zur verlorenen Aktivität transformiert und alternative Aktivitäten erarbeitet werden können.
Beispiel: Ein Herzpatient musste das Skifahren aufgeben. Die Schneeberge bedeuteten für den Patienten jedoch das Gefühl von Freiheit und Weite, die ihm ein positives Lebensgefühl vermittelten. In diesem Fall ist es hilfreich, dieses Gefühl von Freiheit und Weite in einer anderen Aktivität zu finden wie z. B. in kleinen Schneewanderungen.

Selbstwertarbeit

Selbstwertprobleme treten bei verschiedenen psychischen Störungen auf, etwa bei Essstörungen, sozialer Phobie oder Persönlichkeitsstörungen – auch depressive Herzpatienten leiden häufig darunter. Selbstwert bezeichnet den Wert, den sich eine Person selbst zuschreibt, und ist mit positiven (z. B. Stolz, Freude) oder negativen Gefühlen (z. B. Scham, Schuld) verbunden. Diese Bewertung wird durch Faktoren wie Erziehung, Lebenserfahrungen und kulturelle Einflüsse geprägt.

Herzbedingte Einschränkungen (z. B. Verlust des Arbeitsplatzes, finanzielle Sorgen, Abhängigkeit im Alltag) können das Selbstwertgefühl stark beeinträchtigen. Wenn Patienten sich in ihren Rollen als Partner, Elternteil oder Berufstätige nicht mehr als vollwertig erleben, wirkt sich das negativ auf den Selbstwert und die depressive Symptomatik aus. Ein niedriger Selbstwert erschwert zudem soziale Beziehungen und schränkt den Handlungsspielraum ein.

Ein gesundes Selbstwertgefühl beinhaltet die Annahme eigener Schwächen und die Wertschätzung von Stärken. Diese Fähigkeit ist bei depressiven Herzpatienten oft durch ständige Selbstkritik und Minderwertigkeitsgefühle beeinträchtigt. Ziel der Therapie ist daher ein konstruktiver Umgang mit Selbstkritik, die Förderung von Selbstakzeptanz und das Stärken des Selbstvertrauens durch bewusstes Erkennen eigener Ressourcen.

Einführung zum Thema Selbstwert

In einem ersten Schritt soll der Herzpatient darin eingeführt werden, was aus unserer psychotherapeutischen Sicht einen Menschen mit einem gesunden oder angemessen ausgeprägten Selbstwert auszeichnet. Dafür kann zur Unterstützung die Patienteninformation »Die vier Säulen des Selbstwertes« in Anlehnung an Potreck-Rose und Jacob (2016) (98) herangezogen werden. Dabei ist es wichtig dem

Herzpatienten aufzuzeigen, dass der Selbstwert aus einer intra- und interpersonellen Dimension besteht. Die intrapersonelle Dimension bildet sich aus den Säulen der Selbstakzeptanz und des Selbstvertrauens, während die interpersonelle Dimension aus den Säulen der sozialen Kompetenz und dem sozialen Netz besteht.

- *Selbstakzeptanz* meint das Annehmen der eigenen Person, was auch die Akzeptanz der eigenen Schwächen und körperlichen Einschränkungen miteinschließt.
- *Selbstvertrauen* bedeutet, eine positive Einstellung zu den eigenen Fähigkeiten und Leistungen zu haben. Das beinhaltet auch den Aspekt, eigene Grenzen zu kennen und zu respektieren.
- *Soziale Kompetenz* meint das Erleben von Kontaktfähigkeit und die Fähigkeit von Menschen, sich in sozialen Beziehungen zu verhalten, Kontakt mit anderen Personen aufzunehmen sowie Nähe und Distanz zu regulieren.
- *Soziales Netz* bedeutet, in positive und verlässliche soziale Beziehungen eingebunden zu sein, auf welche in schwierigen Situationen zurückgegriffen werden kann.

In der Therapie wird allen vier Säulen Rechnung getragen. In diesem Kapitel werden wir uns jedoch hauptsächlich auf Interventionen konzentrieren, deren Fokus auf der intrapersonellen Dimension liegt.

Biografie des Selbstwertes

Nach der Einführung zum Thema Selbstwert kann eine Selbstwertbiografie erstellt werden. Gemeinsam mit dem Herzpatienten wird ausgehend von dem Herzereignis die Lebensgeschichte durchleuchtet und der Fokus darauf gelegt, welche weiteren Lebensereignisse zu einem positiven oder negativen Selbstwert beigetragen haben, um so mögliche Rückschlüsse darauf ziehen zu können, welche Eigenschaften den Selbstwert des Herzpatienten ausmachen und mit welchem Maßstäben diese Eigenschaften gemessen werden (z. B. »Seit ich nach dem MI nicht mehr finanziell für meine Familie sorgen kann, fühle ich mich minderwertig und wertlos.«). Diese Übung hilft dabei, das Selbstwertsystem des Herzpatienten besser zu verstehen und, wenn möglich, erste Hypothesen über bestehende Selbstwertregeln des Herzpatienten zu generieren.

Umgang mit dem inneren Kritiker und Glaubenssätzen

Bevor ein förderlicher Umgang mit der inneren kritischen Stimme erarbeitet werden kann, ist es notwendig, diese kritische Stimme und die dazugehörigen Glaubenssätze zu identifizieren und biografisch einzubetten, damit Bezüge zum gegenwärtigen Problem hergestellt werden können. Beispielsweise könnte ein Glaubenssatz sein »Ich muss erfolgreich sein und für meine Familie sorgen«. Folglich ist es in einem nächsten Schritt wichtig herauszufinden, von wem der Patient diesen Standardsatz gelernt hat (z. B. »Mein Vater hat immer nur gearbeitet und uns Kindern damit alles ermöglicht«), welche Vor- und Nachteile diese mit sich bringen und ob sie weiterhin angewendet werden sollen. Falls es dem Herzpatienten nicht möglich ist, zu eruieren, woher er diesen Glaubenssatz gelernt hat, eignen sich auch Imaginationsübungen aus der schematherapeutischen Arbeit. Diese haben das Ziel, lebensgeschichtliche entscheidende Situationen zu identifizieren, indem eine gegenwärtige problematische Situation aktiviert und diese als Brücke zur Vergangenheit genutzt wird.

Nachdem der innere Kritiker mit seinen Glaubenssätzen identifiziert worden ist, geht es darum, diese Glaubenssätze zu hinterfragen, eine wohlwollendere und liebevollere Grundhaltung sich selbst gegenüber zu erlernen und diese im Alltag zu trainieren.

Förderung der Selbstakzeptanz und dem Selbstvertrauen

Das Selbstbild von depressiven Herzpatienten ist aufgrund der Herzerkrankung und der damit verbundenen körperlichen Einschränkungen wie auch dem zerrütteten eigenen Rollenverständnis oft negativ verzerrt. Das therapeutische Ziel besteht darin, ein realistisches Selbstbild zu erarbeiten, in dem sowohl positive als auch negative Eigenschaften abgebildet werden. Ziel ist es, die Selbstakzeptanz und das Selbstvertrauen von Herzpatienten zu stärken. Dazu eignen sich gemeinsam erarbeitete Selbstwertlisten, die positive und negative Selbst- sowie Fremdsichten erfassen. Die Positivliste hebt Eigenschaften hervor, die trotz der Erkrankung geschätzt werden, während die Negativliste belastende Merkmale benennt und zur Reflexion sowie Veränderung anregen soll. Die Fremdsicht fördert den Perspektivwechsel und kann durch Rückmeldungen aus dem sozialen Umfeld ergänzt werden. Nach der ausführlichen Bearbeitung der Listen sollen diese gemeinsam reflektiert werden. Der Herzpatient soll bei der Reflektion (Einleitungsfrage: »Wenn Sie diese Listen betrachten, was halten Sie davon?«) zu der Einsicht gelangen, dass er auch nach dem Herzereignis bzw. mit der Herzerkrankung und den verbundenen Einschränkungen und Änderungen über zahlreiche Eigenschaften, Fähigkeiten und Persönlichkeitsfacetten verfügt. Durch die Betrachtung der positiven wie auch negativen Seite der eigenen Person soll ein realistisches Selbstbild erarbeitet werden, indem Negatives akzeptiert und integriert wird.

Um der negativen Verzerrung im Selbstbild zusätzlich entgegenzuwirken und die eigenen Stärken vermehrt in den Vordergrund zu stellen, ist es hilfreich, dem Herzpatienten positive Ereignisse, die selbstwertdienlich sind, bewusst erlebbar zu machen. Durch das bewusste Wahrnehmen solcher Ereignisse können korrigierende Erfahrungen gemacht und die negative Verzerrung reduziert werden. Dafür eignet sich ein *Positivtagebuch*. Dabei soll der Herzpatient täglich einmal (z. B. vor dem Schlafengehen) den Tag Revue passieren lassen und in einem Notizbuch folgende Fragen beantworten: »Welches positive Ereignis habe ich heute erlebt? Welche Eigenschaften und Fähigkeiten meinerseits haben dazu beigetragen, dass dieses Ereignis so positiv eingetreten ist?«. Ziel dieses Tagebuch ist es, dass der Herzpatient dieses Notizbuch an Tagen, an denen die inneren kritischen Stimmen laut sind, lesen und sich so auf seine Stärken fokussieren kann.

Einführung zum Thema Emotion

Ein weiterer wichtiger Aspekt ist, dass Störungen in der Emotionswahrnehmung und -regulation bei Herzpatienten besonders häufig auftreten. Viele Betroffene zeigen alexithyme Tendenzen, also Schwierigkeiten, eigene Gefühle zu erkennen, zu beschreiben und auszudrücken. Auch die sogenannte Typ-D-Persönlichkeit, die durch negative Affektivität und soziale Inhibition geprägt ist, findet sich überdurchschnittlich oft in dieser Patientengruppe und ist mit ungünstigen Krankheitsverläufen assoziiert (99–100). Diese Besonderheiten im Umgang mit Emotionen bilden eine wesentliche Schnittstelle zum Thema Depression, da eingeschränkte Emotionsregulation und negative Affektivität sowohl die Entstehung depressiver Symptome begünstigen als auch deren Aufrechterhaltung fördern können (92). Im Rahmen der Psychoedukation lernen Patienten zunächst, Emotionen als normale und universelle Reaktionen des Organismus zu verstehen, die sich aus körperlichen, kognitiven und verhaltensbezogenen Komponenten zusammensetzen. Darauf aufbauend werden adaptive von maladaptiven Emotionen unterschieden und deren jeweilige Funktionen verdeutlicht, um eine realistische Einordnung eigener Gefühle zu ermöglichen. Im nächsten Schritt wird der Fokus auf die Emotionswahrnehmung und -benennung gelegt. Mithilfe von Übungen wie dem Führen von Gefühlstagebüchern, der Arbeit mit Emotionslisten oder der Reflexion konkreter Alltagssituationen trainieren Patienten, ihre Gefühle differenzierter wahrzunehmen und sprachlich auszudrücken. Ein weiterer Lernschritt betrifft die Emotionsregulation. Hier werden Strategien vermittelt, wie Emotionen akzeptiert, moduliert oder konstruktiv genutzt werden können. Dazu gehören Atem- und Achtsamkeitsübungen, kognitive Umstrukturierung sowie verhaltensorientierte Ansätze, etwa der gezielte Einsatz von Aktivitäten, die positive Emotionen fördern. Eine besondere Rolle spielt hierbei die Förderung von Ambiguitätstoleranz, also der Fähigkeit, widersprüchliche Informationen oder Gefühle gleichzeitig zuzulassen. Für Herzpatienten bedeutet dies, trotz Unsicherheit oder depressiver Verstimmung an einer Rehabilitation teilzunehmen und sich körperlich zu aktivieren.

Ziel ist es, die Patienten in die Lage zu versetzen, Emotionen nicht als bedrohlich oder belastend zu erleben, sondern als wertvolle Signale für Bedürfnisse und Handlungsnotwendigkeiten zu begreifen. Auf diese Weise kann der Teufelskreis aus emotionaler Überforderung, Rückzug und depressiver Symptomatik durchbrochen werden, während gleichzeitig das Vertrauen in die eigene Selbstwirksamkeit und die Fähigkeit zur Bewältigung von Unsicherheit gestärkt wird.

Die Patienteninformation »Psychoedukation Emotionen« in Anlehnung an Eisenmann und Lammers (2017) (93) soll dabei als Unterstützung dienen.

Schuld

Im Gegensatz zu den Basisemotionen wie Freude oder Trauer gilt Schuld als eine komplexe Emotion, da es aus den Erfahrungen mit dem sozialen Umfeld erlernt wurde. Schuld resultiert in den häufigsten Fällen als Konsequenz der negativen Selbstbewertung und ist daher nicht gänzlich unabhängig vom Selbstwert.

Nicht selten fühlen sich Herzpatienten schuldig, weil sie glauben, dass das Herzereignis bzw. die Herzerkrankung mit all den negativ erlebten Konsequenzen allein durch ihr alleiniges Zutun verursacht worden sei. Die Emotion Schuld hat durch die unangemessene Bewertung des Ereignisses einen maladaptiven Charakter und wird dadurch als intensiv und lähmend erlebt. Darüber hinaus wirkt sich destruktiv und destabilisierend auf soziale Kontakte aus. Daher ist es notwendig, das Schuldgefühl des Herzpatienten korrigierend, folglich verändernd, bearbeitet werden.

Praxistipp

Fragen Sie Ihre Patienten beim Umgang mit Schuld, was ihre ursprüngliche Absicht dahinter war. Diese Perspektive hilft, das eigene Verhalten differenzierter zu sehen, Verantwortung realistisch einzuschätzen und Mitgefühl mit sich selbst zu entwickeln.

Umgang mit der Emotion Schuld

Eine weitere therapeutische Möglichkeit im Umgang mit Schuld ist die *Therapie des selbstbezogenen Mitgefühls*. Diese fördert eine verständnisvolle, nachsichtige und fürsorgliche Einstellung des Herzpatienten gegenüber der eigenen Person, da maladaptive Emotionen wie Schuld häufig die Folge von negativen Selbstbewertungen (z. B. »Du hättest besser auf dich Acht geben müssen, dann wäre es nie zu dieser Herzerkrankung gekommen«) sind. Das selbstbezogene Mitgefühl besteht aus drei Komponenten:

1) *Die selbstbezogene Freundlichkeit:* Die Herzpatienten lernen ihren Fehler und Schwächen in einer verständnisvollen, geduldigen und fürsorglichen Art zu begegnen.
2) *Die Wahrnehmung der verbindenden Humanität:* Negative Erfahrungen, Fehler und Schwächen werden als etwas allgemein Menschliches betrachtet, sodass die Herzpatienten mit allen anderen Menschen verbunden sind.
3) *Akzeptanz von negativen Gedanken und Emotionen:* Negative Gedanken und Emotionen werden mit einer offenen und akzeptierenden Haltung wahrgenommen, ohne sie zu bewerten.

Das Ziel beim Erlernen des selbstbezogenen Mitgefühls (▶ Kap. 4.1) liegt darin, dass die Herzpatienten lernen ihre negativen Emotionen selbstständig zu regulieren und das Erleben positiver Emotionen zu fördern. Daher ist es ratsam mit den Herzpatienten das Selbstmitgefühl zu trainieren. Dafür müssen zunächst die negativen Gedanken erfasst werden, die zu einem Schuldgefühl führen (z. B. »Nur, weil ich mich nicht um meine Gesundheit gekümmert habe, ist es zu diesem Herzereignis gekommen«). Nachdem die negativen, meist selbstabwertenden Gedanken mit dem Herzpatienten herausgearbeitet wurden, soll in einem nächsten Schritt zu jedem negativen Gedanken ein selbstmitfühlender Gedanken, der sich an den drei oben beschriebenen Komponenten orientiert, formuliert werden (z. B. »Es gibt viele Faktoren, die zu einem Herzereignis führen können und die nicht unter meiner Kontrolle sind. Es ist nicht meine Schuld«). Hierzu kann das *Arbeitsblatt »Selbstmitgefühl trainieren«* verwendet werden (abrufbar unter Kap. »Zusatzmaterial zum Download«). Im letzten Schritt soll sich diese selbstmitfühlende Haltung durch ein selbstfürsorgliches Handeln zum Ausdruck gebracht werden, indem auf die eigenen Bedürfnisse eingegangen wird. Für die Übung im Alltag kann sich der Herzpatient beispielsweise drei wohlwollende und fürsorgliche Gedanken auf ein Kärtchen schreiben, welche sie bei sich tragen und bei einer wiederkehrenden selbstabwertenden Haltung lesen können. Hierbei soll angeführt werden, dass diese Übung nicht nur mit der Emotion Schuld, sondern gleichwohl mit anderen negativen Gefühlen wie beispielsweise Ärger oder Wut durchgeführt werden kann.

Um eine realistischere Sicht auf das Schuldgefühl des Herzpatienten zu erarbeiten und dieses abzuschwächen, eignet sich der *Schuldkuchen*, eine KVT-Methode (*Arbeitsblatt »Schuldkuchen«*, abrufbar unter Kap. »Zusatzmaterial zum Download«). Dabei soll der Patient gemeinsam mit dem Therapeuten im Kreisdiagramm alle möglichen Faktoren eintragen, die einen Einfluss auf das Auftreten das Herzereignis bzw. der Herzerkrankung gehabt haben können (z. B. genetische Veranlagung, Alter, Stress am Arbeitsplatz, Schicksal). In einem nächsten Schritt soll der Herzpatient jedem der aufgeführten Faktoren einen prozentualen Anteil der Schuld zuweisen und zuletzt den eigenen prozentualen Anteil bestimmen. Diese realistische Sichtweise soll der Patient dann mit der bis anhin erlebten meist unrealistischen Sicht auf sein Schuldgefühl vergleichen und beschreiben, was dieser Vergleich in ihm auslöst. Die meisten Herzpatienten empfinden diese Übung als eine Erleichterung und können sich allmählich von ihrem Schuldgefühl distanzieren.

Merke

Für die Therapie von depressiven Herzpatienten haben sich in der Praxis therapeutische Methoden unterschiedlicher Therapierichtungen bewährt. Die Therapiebausteine beinhalten dabei die Verhaltensaktivierung, die Verbesserung des Selbstwertes und ein funktionaler Umgang mit negativen Emotionen. Eine psychopharmakologische Therapie bei einer mittelschweren bis schweren depressiven Episode wird, außer bei HI-Patienten, ergänzend empfohlen.

Fallbeispiel – Therapieverlauf (Herr M.)

In der therapeutischen Begleitung wurden zunächst Psychoedukation, kognitive Verhaltenstherapie und eine strukturierte Aktivierung eingesetzt, um die depressive Symptomatik zu mildern und sein Selbstbild zu stabilisieren.

Ein wichtiger Bestandteil der Therapie war die Psychoedukation über den Zusammenhang von Herzkrankheiten und Depression. Herr M. verstand zunehmend, dass seine Erschöpfung und sein Rückzug nicht nur eine Frage der Willenskraft, sondern Teil einer depressiven Erkrankung waren. Dies half ihm, sich selbst weniger zu verurteilen und erste Schritte zur Veränderung zuzulassen.

In der KVT wurde gezielt an seinen selbstkritischen Gedanken gearbeitet. Beispielsweise empfand er es als »Scheitern«, dass er nach dem Infarkt nicht mehr so leistungsfähig war wie zuvor. In der Therapie wurde dies durch realistischere und weniger selbstabwertende Gedanken ersetzt, z. B.: »Ich bin nicht gescheitert, sondern mein Körper signalisiert mir, dass ich für langfristige Gesundheit meine Belastung anpassen muss«.

Da Herr M. sich zunehmend zurückgezogen hatte, wurde eine strukturierte Verhaltensaktivierung durchgeführt. Zunächst wurden kleine, realistische Aktivitäten geplant, die für ihn positiv sein könnten. Ein Beispiel: Er begann zunächst mit kurzen Spaziergängen mit seiner Frau, was ihm half, aus der Isolation herauszukommen. Später nahm er wieder an beruflichen Netzwerktreffen teil – allerdings mit klaren Pausen und ohne den früheren Perfektionismus. Dies half ihm, sich sozial wieder eingebunden zu fühlen.

Auch die Einbeziehung seiner Familie war zentral. Seine Frau hatte sich zunehmend hilflos gefühlt, weil Herr M. gereizt und ablehnend auf ihre Unterstützung reagierte. In gemeinsamen Gesprächen lernte sie, wie sie ihn unterstützen konnte, ohne dass er dies als Bevormundung empfand. Gleichzeitig wurde Herr M. ermutigt, offener über seine Emotionen zu sprechen, um Missverständnisse zu vermeiden.

Aufgrund anhaltender Schlafprobleme und Antriebslosigkeit wurde eine medikamentöse Therapie mit einem SSRI (Sertralin) begonnen. Nach einigen Wochen berichtete Herr M. über eine Stabilisierung seiner Stimmung und weniger Erschöpfung. Er konnte die Rehabilitation bis zum Ende durchführen und die Anbindung an eine Herzgruppe half ihm, sich mit anderen Betroffenen auszutauschen.

5.3 Somatische Belastungsstörung

Unter Mitarbeit von Katharina Ledermann

Kernaussagen

- Häufige Symptome wie Herzrasen und Brustschmerzen ohne organische Ursache führen zu vielen Untersuchungen und stellen eine Herausforderung für Behandler dar.
- Symptome wie Herzrasen oder Schwindel werden als Zeichen einer Herzerkrankung wahrgenommen und beeinträchtigen die Lebensqualität.

- Mit mehr Symptomen steigt das Risiko der Chronifizierung, insbesondere bei Frauen, psychischen Komorbiditäten und Krankheitsängsten. Viele bleiben unbehandelt und leiden jahrelang.

5.3.1 Grundlagen

Rund 80 % der Bevölkerung berichten wöchentlich über körperliche Symptome, 20 % leiden stark darunter – oft ohne klare medizinische Ursache (102). Viele Beschwerden stehen im Zusammenhang mit psychischen Störungen oder sind funktioneller Natur (103). Diese unspezifischen Symptome treten in verschiedenen Fachrichtungen auf, verursachen hohe Gesundheitskosten und stellen eine diagnostische Herausforderung dar. Betroffene klagen häufig über Schmerzen, Müdigkeit oder Fehlfunktionen des Herz-Kreislauf-, Magen-Darm- oder Atmungssystems.

5.3.2 Prävalenz von somatischer Belastungsstörungen nach Herzereignissen

Unspezifische Körperbeschwerden sind im kardiologischen Kontext häufig. Insgesamt 10–25 % der Erwachsenen berichten gelegentlich über Herzklopfen oder Brustschmerzen, wobei in etwa 30 % der diagnostischen Abklärungen keine organische Ursache gefunden wird (103–104). Rund 34 % der kardiologischen Patienten zeigen unerklärliche Beschwerden (105).

Die Prävalenz der somatischen Belastungsstörung ist aufgrund ihrer erst mit DSM-5 eingeführten Klassifikation nicht genau bekannt. Viele zuvor als somatoforme Störung diagnostizierte Patienten erfüllen nun die Kriterien der somatischen Belastungsstörung, die besonders in der Primärversorgung verbreitet ist (106). Studien zeigen, dass mehr als 25 % der Fibromyalgie-Patienten diese Diagnose erhalten (107), während bei Patienten mit medizinisch unerklärten Beschwerden 45,5 % die DSM-5-Kriterien erfüllen (108). Nicht kardialer Brustschmerz tritt häufig in kardiologischen Abteilungen (27,2 %) sowie in anderen Fachrichtungen wie Pneumologie, Neurologie und Gastroenterologie auf (109).

5.3.3 Symptome und Verlauf von somatischer Belastungsstörungen nach Herzereignissen

Unspezifische kardiovaskuläre Beschwerden äußern sich durch Brustschmerzen, Herzklopfen, Herzstolpern, Herzrasen oder Schwindel, oft ohne nachweisbare organische Ursache (110). Die Symptome variieren in Art, Schwere und Verlauf – sie können episodisch oder chronisch auftreten und die Lebensqualität erheblich beeinträchtigen (111).

Das Chronifizierungsrisiko steigt mit der Anzahl der Symptome. Frauen und Personen mit psychischer Komorbidität sind besonders gefährdet (112). Ängste und Sorgen sind häufige Gründe für medizinische Konsultationen (113). Trotz möglicher Heilung der zugrunde liegenden Ursache bleiben Beschwerden oft bestehen, verstärkt durch Gesundheitsängste und vermehrtes Arztbesuchsverhalten, was die Unzufriedenheit mit der medizinischen Versorgung erhöht (114).

5.3.4 Pathomechanismen somatischer Belastungsstörungen

Die Ätiologie und die Pathogenese somatischer Belastungsstörungen sind noch nicht abschließend geklärt (115). Ein Erklärungsansatz sieht belastende Körperbeschwerden als Wahrnehmungsstörung, bei der Erwartungen die sensorischen Eindrücke verzerren (116). Genetische Faktoren könnten eine Prädisposition fördern, jedoch sind bisher keine spezifischen Gene identifiziert (117). Epigenetische Mechanismen könnten erklären, warum negative Kindheitserfahrungen eine Rolle spielen (118). Alexithymie, folglich Schwierigkeiten in der Emotionserkennung und -regulation, ist ebenfalls mit somatischen Beschwerden assoziiert (119).

Im kardiologischen Kontext spielen physiologische Erregung, psychosoziale Faktoren und somatosensorische Amplifizierung eine Rolle. Letztere verstärkt Beschwerden über einen Teufelskreis aus erhöhter Selbstaufmerksamkeit, Angst und Dekonditionierung (120–121).

Das multifaktorielle bio-psycho-soziale Modell beschreibt prädisponierende, auslösende und aufrechterhaltende Faktoren (115):

- *Vulnerabilitätsfaktoren:* weibliches Geschlecht, niedriger sozioökonomischer Status, negative Lebensereignisse, Persönlichkeitseigenschaften, bestehende somatische Erkrankungen und körperliche Dekonditionierung
- *Auslösende Faktoren:* Infarkte, Infektionen (z. B. AP), traumatische Ereignisse
- *Aufrechterhaltende Faktoren:* selektive Aufmerksamkeit, katastrophisierende Gedanken, übermäßige Diagnostik und Verlegenheitsmedikation (103;120)

Merke

Vulnerabilitätsfaktoren für die Entstehung sind weibliches Geschlecht, niedriger sozioökonomischer Status, negative Lebensereignisse, Persönlichkeitseigenschaften, vorangegangene oder bestehende somatische Erkrankungen sowie körperliche Dekonditionierung. Auslösende Faktoren sind oft Infarkte, Infektionen oder traumatische Ereignisse, die zu Beschwerden im Herz- und Brustraum geführt haben. Aufrechterhaltende Faktoren sind vor allem selektive Aufmerksamkeitsprozesse, katastrophisierende Gedanken, unkritische Mehrfachdiagnostik und kardiologische Verlegenheitsmedikation.

Im Folgenden soll auf das kognitiv-verhaltenstherapeutische Störungskonzept somatoformer Störungen eingegangen werden. Eine ausführliche Übersicht zu lerntheoretischen, psychoanalytischen, tiefenpsychologischen Konzepten kann bei Toussaint und Herzog (115) gefunden werden.

5.3.5 Kognitiv-verhaltenstherapeutische Störungskonzepte

Das kognitiv-behaviorale Störungsmodell für somatoforme Störungen, beschrieben von Rief und Hiller (106), geht davon aus, dass eine verstärkte Aufmerksamkeitsfokussierung auf körperliche Veränderungen zu erhöhter physiologischer Erregung führt. Diese Fokussierung, auch als somatosensorische Verstärkung nach Barsky et al. (122) bezeichnet, tritt insbesondere bei Stress oder allgemeiner Ängstlichkeit auf. Menschen neigen dazu, ihren Körper intensiver zu beobachten, was zu einer Verstärkung der wahrgenommenen Beschwerden führt. Dadurch kommt es zu Fehlinterpretationen, bei denen harmlose Symptome als bedrohlicher wahrgenommen werden, z. B. Brustschmerzen als MI (▶ Abb. 5.3).

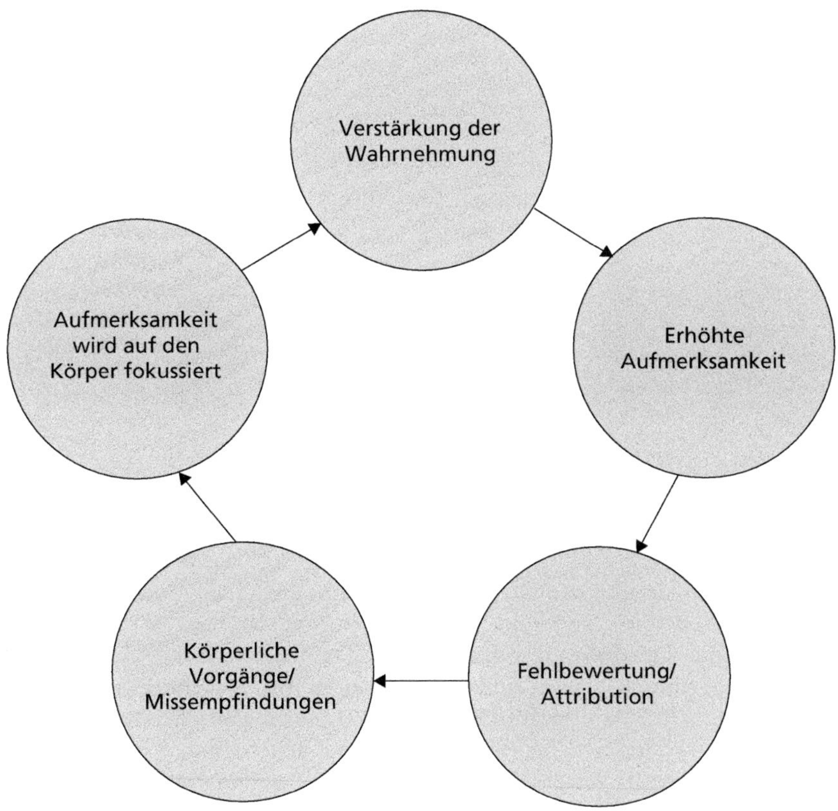

Abb. 5.3: Missinterpretation körperlicher Symptome (122)

Verhaltenskomponenten

Patienten mit anhaltenden Körperbeschwerden zeigen häufig dysfunktionales Verhalten wie Schon- oder Vermeidungsverhalten (121). Im koronaren Kontext vermeiden sie oft körperliche Aktivitäten wie Treppensteigen oder Sport, um das Herz zu »schonen«. Dies kann zu einer Abnahme der körperlichen Belastbarkeit und einer zunehmenden Sensibilisierung führen, was die Wahrscheinlichkeit für Missempfindungen erhöht. Zudem verstärkt sich das Selbstbild als körperlich schwach. Weitere typische Verhaltensweisen sind wiederholtes Arztaufsuchen, Hilfesuchen bei Angehörigen und exzessives Überprüfen von Körperbereichen (z. B. BD messen). Diese Verhaltensweisen, oft durch Krankheitsängste getriggert, verstärken die Symptomatik. Manche Patienten meiden jedoch auch den Kontakt mit dem medizinischen System (95). Hinweise aus der Kindheit, wie das Erleben von Zuneigung durch körperliche Symptome oder das Vermeiden anderer Konflikte durch Krankheitsverhalten, können das dysfunktionale Verhalten verstärken (123). Frühkindliche Erlebnisse wie eine mangelnde elterliche Fürsorge oder schwere Krankheiten sind wichtige Prädiktoren für die Entwicklung somatoformer Störungen im Erwachsenenalter (121).

Merke

Versuchen Sie bereits im Gespräch, Hinweise über mögliches Schonungs- oder Vermeidungsverhalten des Patienten zu erhalten.

Praxistipp

Fragen Sie aktiv nach Vermeidungsverhalten, z. B. »Vermeiden Sie oft das Treppensteigen? Wenn ja, was führt dazu, dass Sie das vermeiden?«.

5.3.6 Diagnostik

Die diagnostische Absicherung stellt in diesen Kontexten keine große Herausforderung dar, doch die Etablierung einer stabilen Arzt-Patient-Beziehung ist oft schwierig. Besonders bei der Diagnose einer somatischen Belastungsstörung im kardiologischen Bereich wird zunächst eine organische Ursache gesucht. Daher ist es entscheidend, somatoforme oder funktionelle Beschwerden frühzeitig zu erkennen (110). Hinweise darauf sind, dass Patienten ihre Sorgen ausführlich schildern und sich hilflos oder überfordert fühlen (121). Viele Patienten haben negative Erfahrungen mit früheren Behandlern gemacht und gehen mit hohen Erwartungen in den ersten Kontakt. Wenn der Arzt jedoch keine organische Diagnose liefern kann, führt dies zu Enttäuschung. Daher ist es wichtig, beim ersten Kontakt ein Gefühl des Verstandenseins und einer guten medizinischen Versorgung zu vermitteln. Behandler sollten empathisch und wertschätzend agieren und ein patientenzentriertes Gespräch auf Augenhöhe führen, ohne voreilige Versprechungen zu machen. Dabei sollte die subjektive Krankheitswahrnehmung des Patienten erfragt und anerkannt werden. Eine breite diagnostische Perspektive im Sinne eines bio-psycho-sozialen Modells ist wichtig, und invasive Untersuchungen sollten zurückhaltend eingesetzt werden. Zudem sollten Patienten frühzeitig über bio-psycho-soziale Erklärungsmodelle informiert werden. Zur Erfragung medizinischer Fakten sollten problemorientierte Fragen genutzt werden, z. B. »Wann hatten Sie zum ersten Mal Brustschmerzen?« oder »Wie stark sind die Schmerzen?«.

Praxistipps

Zusammengefasst können die folgenden Praxisempfehlungen für die Diagnostik von Patienten mit somatischer Belastungsstörung formuliert werden (124–125):

1) Bei Patienten mit anhaltenden körperlichen Symptomen sollte die Möglichkeit einer somatischen Belastungsstörung so früh wie möglich in Betracht gezogen werden. Dies ist jedoch nicht gleichzusetzen mit Simulation.
2) Wiederholte, besonders riskante Untersuchungen, die nur dazu dienen, den Patienten oder den Behandler zu beruhigen, sollten möglichst vermieden werden.
3) Es sollte auf Hinweise des Patienten geachtet werden, die auf körperliche oder psychische Belastungen jenseits des aktuellen Hauptsymptoms und außerhalb des kardiologischen Kontexts hinweisen. Das Ernstnehmen der körperlichen Beschwerden ist eine typische Ausdrucksmöglichkeit seelischer Not.
4) Viel Geduld, Beschwerdeschilderung aushalten, Leid explizit anerkennen
5) Patienten sollten auf andere körperliche Symptome, Angstzustände und Depressionen untersucht werden.
6) Eventueller Medikamenten- oder Alkoholmissbrauch sollte abgeklärt werden.
7) Abklärung von Suizidgedanken
8) Die Erfahrungen, Erwartungen, Funktionsweisen, Überzeugungen und das Krankheitsverhalten des Patienten sollten beurteilt werden, insbesondere in Bezug auf Katastrophisierung, Body-Checking, Vermeidung und dysfunktionale Inanspruchnahme von Gesundheitsleistungen.
9) Erläuterung eines alternativen Krankheitsmodells (z. B. allgemeines Stressmodell)
10) Vorsichtige Verknüpfung von Symptomen und Lebenssituation/-gestaltung
11) Ermutigung zum Abbau von Schon- und Vermeidungsverhalten inklusive moderatem körperlichem Training
12) Durch planmäßige, nicht an Symptome gebundene Kontrolltermine wird der Zusammenhang zwischen Beschwerden und ärztlicher Aufmerksamkeit aufgelöst. Patienten sollen so erfahren, dass ein kontinuierlicher Kontakt auch ohne das Vorbringen von Symptomen gewährleistet ist.
13) Motivation zur Psychotherapie

Anamnese anhaltender Körperbeschwerden

Die Anamnese sollte eine detaillierte Erfassung der körperlichen Beschwerden, Funktionsfähigkeit, psychosozialer Belastungen und dysfunktionaler Einstellungen sowie Verhaltensweisen beinhalten. Wichtige Punkte gemäß der S3-Leitlinie für unerklärte Körperbeschwerden sind folgende (125):

1) Ausführliche Beschwerdeanamnese unter Berücksichtigung psychosozialer Auslöser
2) Anamnese zu körperbezogenen Erfahrungen und Gewohnheiten (z. B. Vorerkrankungen, Lebensgewohnheiten)
3) Erfragung biografischer Faktoren (z. B. prägende Lebensereignisse, Aufwachsen, Partnerschaften)
4) Erfragung psychosozialer Belastungen (z. B. Beziehungen, Arbeit, Finanzen
5) Schilderung des Tagesablaufs zur Erfassung der Funktionalität.
6) Gegebenenfalls Fremdeinschätzungen durch Familie oder Partner

Interviewleitfaden für das Erstgespräch

Im Folgenden sind wichtige Fragen und zu klärende Punkte für das Erstgespräch aufgelistet:

- Grund des Aufsuchens der Therapie
- Aktueller Anlass und Zuweisungskontext
- Störungsanalyse und Vorbehandlungen
- Aktuelle körperliche/koronare Beschwerden
- Vorliegen medizinischer Befunde (z. B. EKG, Angiografie)
- Dauer und Verlauf der Beschwerden.
- Beeinträchtigungen im beruflichen und privaten Kontext
- Soziale Reaktionen auf die Beschwerden.
- Verhaltensweisen wie Schonung oder Vermeidung
- Bisherige Behandlungsversuche und deren Erfolg
- Medikamente und Grunderkrankungen
- Eigene Erklärung für die Beschwerden
- Hinweise auf komorbide psychische Störungen
- Lebenssituation des Patienten
- Belastungsereignisse, die mit den Beschwerden zusammenhängen könnten
- Erwartungen des Patienten an die Therapie

Anamnese

Es existieren verschiedene Instrumente zur Erfassung somatoformer Symptomatik, die die affektiven, kognitiven und Verhaltensaspekte der Patienten ergänzend untersuchen können. Im psychokardiologischen Bereich sind speziell auf diese Zielgruppe abgestimmte Instrumente hilfreich.

Strukturierte und teilstrukturierte Interviews

Strukturierte Interviews gelten als Goldstandard für eine objektive, valide Diagnosestellung (126). Das *Strukturierte klinische Interview* (SCID; 127) basiert auf den DSM-Klassifikationskriterien. Die DSM-5-Version enthält auch einen Abschnitt zu somatischen Belastungsstörungen. Das halbstrukturierte *Diagnostische Interview bei psychischen Störungen* (DIPS) umfasst ebenfalls einen Abschnitt zur somatischen Belastungsstörung (128).

Selbstbeurteilungsinstrumente

Selbstbeurteilungsinstrumente können die Diagnosestellung erleichtern, jedoch sind sie anfälliger für falsch-positive Diagnosen als strukturierte Interviews und sollten nie als alleinige Grundlage dienen. Sie sind besonders hilfreich zur Erhebung von Schweregrad, Verlauf und Behandlungsplanung. Einige Instrumente zur Abbildung der Intensität und Beeinträchtigung der Beschwerden sind:

- Körperskizzen zur Einzeichnung von Schmerz- und Symptomlokalisationen
- Visuelle Analogskalen (VAS) zur Angabe der Intensität der Beschwerden

Standardisierte Fragebögen

- PHQ-15
  Der *Patient Health Questionnaire-15* (PHQ-15; 129) misst die Schwere somatischer Symptome anhand von 15 Fragen. Der Score reicht von 0 bis 30, wobei ein Wert über 10 eine mittlere Symptomstärke anzeigt.
- SSD-12
  Der *Somatic Symptom Disorder B-Criteria Scale (SSD-12)* (121) erfasst übermäßige Gedanken, Sorgen oder Verhaltensweisen im Zusammenhang mit somatischen Symptomen. Die Skala hat gute bis ausgezeichnete psychometrische Eigenschaften und umfasst zwölf Fragen, die psychologische Aspekte der somatischen Belastungsstörung nach DSM-5 (61) bewerten.
- Instrumente zur Lebensqualität
  Zur Erfassung der Lebensqualität können zusätzlich Instrumente wie der *SF-36* (130) oder die *Illness Attitude Scale (IAS)* (131) verwendet werden. Hypochondrische Merkmale und dysfunktionale Kognitionen können ebenfalls mit der *Illness Attitude Scale* oder dem *Fragebogen zu Körper und Gesundheit* (FKG) (132) erfasst werden.

5.3.7 Klassifikation

Im psychiatrischen Kontext werden diese anhaltenden unspezifischen Körperbeschwerden gemäß den neuen Diagnosekriterien des DSM-5 und der ICD-11 als somatische Belastungsstörung (somatic symptom disorder, SSD) oder Bodily Distress Disorder (ICD-11) klassifiziert (133).

► Tab. 5.8 fasst die Kriterien der Somatischen Belastungsstörung (ICD-10: F45.1, DSM-5: 300.82) (5;61) zusammen

Tab. 5.8: Kriterien der Somatischen Belastungsstörung (ICD-10; F45.1; DSM-5: 300.82)

Kriterium	Beschreibung
A. Vorhandensein von somatischen Beschwerden	Anhaltende, belastende körperliche Symptome, die über einen längeren Zeitraum bestehen (z. B. Schmerzen, Müdigkeit, Atemnot)
B. Exzessive Gedanken, Gefühle oder Verhaltensweisen im Zusammenhang mit den Symptomen	Mindestens eines der folgenden Kriterien muss erfüllt sein: 1. Unangemessene und anhaltende Gedanken über die Schwere der Beschwerden 2. Hohe Ängste bezüglich der Gesundheit oder der Symptome 3. Exzessiver Zeit- und Energieaufwand für die Symptome oder gesundheitliche Belange
C. Chronischer Verlauf	Die Symptome bestehen über mehr als sechs Monate hinweg, wobei die Intensität variieren kann.
D. Keine ausreichende organische Erklärung	Obwohl die Symptome real und belastend sind, lässt sich keine oder nur eine unzureichende medizinische Ursache finden.
E. Beeinträchtigung im Alltag	Die Beschwerden führen zu erheblichen Einschränkungen im sozialen, beruflichen oder persönlichen Leben.
F. Nicht besser durch andere psychische Störungen erklärbar	Die Symptome dürfen nicht ausschließlich durch andere psychische Erkrankungen wie Panikstörung, generalisierte Angststörung oder depressive Störung erklärbar sein.

Merke

Psychische Komorbiditäten werden als RFs für einen chronischen Verlauf von Körperbeschwerden angesehen, was eine sorgfältige Abklärung von vorliegenden depressiven und Angstsymptomen unerlässlich macht.

5.3.8 Besonderheiten im koronaren Kontext

Nach der ICD-10 (5) können funktionelle Herzbeschwerden als somatoforme autonome Funktionsstörung des kardiovaskulären Systems (F45.30) diagnostiziert werden. Zu den Symptomen gehören Herzklopfen, Brustschmerzen, Atemnot und eine intensive Beschäftigung mit der Möglichkeit einer organischen Herzerkrankung trotz negativer diagnostischer Befunde.

Im DSM-IV wurden funktionelle Herzbeschwerden meist als hypochondrische Störung (F45.2), undifferenzierte Somatisierungsstörung (F45.0), somatoforme Schmerzstörung (F45.4) oder Panikstörung diagnostiziert (120).

Aktuell ersetzt das DSM-5 (57) sowie die ICD-11 (133) diese Diagnosen durch die somatische Belastungsstörung (DSM-5 300.82), Bodily Distress Disorder (ICD-11) und Illness Anxiety Disorder (IAD, DSM-5 300.7).

Die neuen Klassifikationskriterien für die somatische Belastungsstörung nach DSM-5 enthalten zwei wesentliche Änderungen zu den somatoformen Störungen im DSM-IV: nämlich die Voraussetzung, dass körperliche Symptome vorhanden sein müssen, die belastend sind oder zu erheblichen Einschränkungen im Alltag führen, und dass diese Symptome von übermäßigen Gedanken, Gefühlen oder Verhaltensweisen in Bezug auf die Beschwerden begleitet werden, unabhängig davon, ob eine medizinische Erklärung vorliegt.

Tab. 5.9: Änderungen der Symptome im DSM-5

Symptom	Beschreibung
1	Die körperlichen Symptome müssen organisch unerklärbar sein und es müssen ein oder mehrere körperliche Symptome, die sehr belastend sind oder zu starken Einschränkungen in wichtigen Lebensbereichen führen, vorhanden sein.
2	Unverhältnismäßige Gedanken, Gefühle und/oder Verhalten bezogen auf die Körperbeschwerden oder damit assoziierten Gesundheitssorgen I Vorhandensein von unverhältnismäßigen und anhaltenden Sorgen über die Ernsthaftigkeit der Körperbeschwerden Vorhandensein von anhaltender großer Angst über die Gesundheit oder die Symptome III Unverhältnismäßig viel Zeitbeanspruchung durch die Symptome oder Gesundheitssorgen
3	Obwohl nicht alle Körperbeschwerden konstant vorhanden sein müssen, sollten die Beschwerden insgesamt mehr als sechs Monate bestehen.

Schweregrad

- Leichte somatische Belastungsstörung: ein Verhaltensaspekt
- Mittelgradige somatische Belastungsstörung: zwei oder mehr Verhaltensaspekte
- Schwere somatische Belastungsstörung: zwei oder mehr der Verhaltensaspekte erfüllt und mehrere Körpersymptome vorhanden

Die neue Terminologie für somatische Belastungsstörungen reflektiert das aktuelle Verständnis von Pathogenese und Prognose subjektiv belastender Körpersymptome und soll eine frühzeitige Abwendung von Chronifizierung und unbefriedigenden Behandlungsverläufen ermöglichen (134). Bereits ein chronisches körperliches Symptom (z. B. Brustschmerzen, Müdigkeit) mit erheblicher Funktionseinschränkung und übermäßiger gedanklicher, emotionaler oder verhaltensmäßiger Beschäftigung kann die Diagnose rechtfertigen. Diese Symptome führen zu einer erheblichen Belastung im Alltag (135). Die Diagnose kann auch bei somatischen Grunderkrankungen gestellt werden, wenn anhaltende Ängste und Sorgen bestehen. Die Unterscheidung zwischen somatoformen und somatischen Symptomen entfällt (135;61). Für die Diagnose nach DSM-5 müssen die Kriterien A, B (mindestens eine der psychologischen Dimensionen) und C (► Tab. 5.10) erfüllt sein.

Tab. 5.10: Klassifikationskriterien der somatischen Belastungsstörung (SBS) (300.82) nach DSM-5 (61)

A	Somatische Symptome	Eines oder mehrere somatische Symptome, die als belastend erlebt werden oder zu einer signifikanten Beeinträchtigung im Alltag führen
B	Gedanken, Gefühle oder Verhaltensweisen, die bezogen auf die somatischen Symptome oder damit zusammenhängenden gesundheitlichen Sorgen übertrieben sind	Mindestens eines der folgenden Kriterien muss zutreffen: 1) Unverhältnismäßige und beständige Gedanken über die Ernsthaftigkeit der eigenen Symptome 2) Beständig hohes Ausmaß an Angst bezogen auf die Gesundheit oder die Symptome 3) Übermäßig viel Zeit und Energie, die den Symptomen oder gesundheitlichen Sorgen gewidmet wird
C	Chronifizierung	Auch wenn einzelne Symptome nicht kontinuierlich auftreten müssen, muss die Gesamtsymptomatik über einen Zeitraum von wenigstens 6 Monaten persistieren.

Einteilung der SBS nach aktuellem Schweregrad

- Leicht: nur ein Symptom aus Kriterium B
- Mittel: mindestens zwei Symptome aus Kriterium B
- Schwer: mindestens zwei Symptome aus Kriterium B plus multiple somatische Beschwerden (oder ein sehr ausgeprägtes somatisches Symptom)

Spezifizierung/Ergänzung:

- Mit überwiegendem Schmerz (vormalig »Schmerzstörung«)
- Andauernd: schwergradige Symptome, deutliche Beeinträchtigung, lange Dauer (> sechs Monate)

Die diagnostischen Kriterien werden in der ICD-11 aktuell wie folgt beschrieben:

> »Die somatische Belastungsstörung ist gekennzeichnet durch das Vorhandensein belastender körperlicher Symptome, auf die eine übermäßige Aufmerksamkeit gerichtet ist, was sich in wiederholtem Kontakt mit medizinischen Leistungserbringern manifestiert. Wenn eine andere Erkrankung die Symptome verursacht oder dazu beiträgt, dass der Grad der Aufmerksamkeit auf die Natur und den Verlauf der Symptome eindeutig übertrieben. Die übermäßige Aufmerksamkeit wird auch nicht durch klinische Untersuchungen und angemessene Beruhigung gemindert. Die körperlichen Symptome sind andauernd, d. h. sie sind die meisten Tage mindestens über mehrere Monate vorhanden. Typischerweise treten mehrere körperliche Symptome auf, die mit der Zeit variieren können. Möglicherweise liegt auch nur ein einzelnes Symptom vor – oftmals Schmerzen oder Müdigkeit, die mit den Merkmalen der Störung assoziiert sind.«
> (ICD-11:6C40 Bodily Distress Disorder [somatische Belastungsstörung, übersetzt nach WHO, 2018])

5.3.9 Differenzialdiagnostik

Die somatische Belastungsstörung muss differenzialdiagnostisch vor allem von Angststörungen abgegrenzt werden, da herzbezogene Symptome auch als Angstkorrelate auftreten können. Symptome wie Herzrasen oder Brustschmerzen, die nur bei Panikattacken oder phobischen Störungen auftreten, gehören nicht zur somatischen Belastungsstörung. Bei kontinuierlichen Herzbeschwerden ohne Panikattacken liegt eine funktionelle Störung vor. Tritt beides zusammen auf, kann eine Komorbidität angenommen werden. Wenn die Angst vor einer Herzerkrankung dominiert, sollte auch an Angststörungen gedacht werden. Eine Abgrenzung zur Krankheitsangststörung erfolgt, wenn die Ängste vor einer ernsten Krankheit bestehen, ohne dass Symptome vorliegen (61).

Die Unterscheidung zur GAD ist schwieriger, da hier Ängste auf mehrere Lebensbereiche abzielen, während bei funktionellen Störungen die Angst auf die Gesundheit gerichtet ist. Auch eine Komorbidität beider Störungen ist möglich. Bei multiplen, wechselnden Beschwerden kann eine funktionelle Störung eher sicher diagnostiziert werden. Zudem muss eine mögliche depressive Störung abgeklärt werden, da diese Körperbeschwerden verstärken oder auslösen kann.

Psychische Komorbiditäten

Studien belegen die hohe Komorbidität von somatoformen Körperbeschwerden mit anderen psychischen Erkrankungen, insbesondere Angst- und Depressionssymptomen (136). Eine »reine« somatoforme Störung ist selten, und oft erfüllen Patienten nicht vollständig die Diagnosekriterien für Angst oder Depression (137). Komorbide Angst- und Depressionssymptome führen zu größerer Funktionseinschränkung und häufigerem Gebrauch von Gesundheitsdiensten (138). Bei kardiologischen Patienten können sie zusätzliche Symptome wie Brustschmerzen oder Herzklopfen verursachen (139).

Mit den neuen DSM-5- und ICD-11-Diagnosen der somatischen Belastungsstörung ist eine Komorbidität mit organischen Erkrankungen möglich. Beispielsweise kann ein Patient mit HI auch eine somatische Belastungsstörung haben. Zudem erhöht sich das Suizidrisiko bei Patienten mit anhaltenden funktionellen und somatoformen Beschwerden, besonders bei Depressionen (140).

Praxistipp

Eine somatische Belastungsstörung tritt oft zusammen mit psychischen Komorbiditäten auf.

Verlauf und Prognose

Körperliche Beschwerden im koronaren Kontext sind vielfältig (z. B. Brustschmerzen, Herzrasen, Schwindel, Müdigkeit). Die Symptome reichen von leichten Befindlichkeitsstörungen bis zu schweren Beschwerden und können episodisch oder chronisch verlaufen (110). Die Symptomatik ist variabel hinsichtlich Art, Lokalisation, Schweregrad und Auswirkungen auf Lebensqualität (111). Viele Patienten bleiben jahrelang unbehandelt und leiden bis zu 25 Jahre, bevor eine adäquate Behandlung gemäß aktuellen Leitlinien erfolgt (141).

5.3.10 Therapie

Die Behandlung der somatischen Belastungsstörung fokussiert sich auf die Integration von kognitiv-behavioralen Therapieansätzen, die darauf abzielen, die Patienten zu befähigen, ihre körperlichen Symptome in einem psychosozialen Kontext zu verstehen. Ein zentraler Bestandteil ist die Psychoedukation, bei der den Patienten die Wechselwirkungen zwischen körperlichen Beschwerden, psychischen Belastungen und Umweltfaktoren vermittelt werden. Ziel ist es, das subjektive Krankheitsmodell zu erweitern und die Akzeptanz für psychische Einflussfaktoren zu fördern. Weiterhin werden spezifische Interventionsstrategien wie Achtsamkeit, Entspannungsübungen und kognitive Umstrukturierungen eingesetzt, um dysfunktionale Denkmuster und Verhaltensweisen zu verändern. Ein wichtiger Bestandteil ist die Selbstbeobachtung der Beschwerden und die gezielte Identifikation von Auslösern und verstärkenden Faktoren. In vielen Fällen wird auch eine Rückfallprophylaxe entwickelt, die den Patienten hilft, auf neue Beschwerden flexibel und ohne übermäßige Besorgnis zu reagieren.

Behandlung im kardiologischen Kontext

Im kardiologischen Kontext wird die Behandlung der somatischen Belastungsstörung besonders herausfordernd, da die Patienten häufig von der Überzeugung geprägt sind, ihre Symptome seien organisch bedingt, insbesondere im Hinblick auf das HKS. Daher ist eine eingehende Diagnostik und Aufklärung über die psychosomatischen Aspekte der Beschwerden notwendig. Kardiologische Untersuchungen wie EKGs, Herzultraschall und Belastungstests sind in der Regel unauffällig, was bei den Patienten zu Frustration und der Suche nach weiteren organischen Ursachen führen kann. Hier setzt die KVT an, indem sie den Patienten hilft, ihre körperlichen Symptome als Resultat von stress- und angstbedingten Mechanismen zu erkennen. Achtsamkeitsübungen und Entspannungstechniken wie die PMR oder Atemübungen tragen dazu bei, die körperliche Anspannung zu reduzieren und den Patienten eine verbesserte Kontrolle über ihre Symptome zu ermöglichen. Zudem wird der Fokus auf die Verbesserung der Lebensqualität gelegt, indem psychische Faktoren wie Ängste und stressvolle Lebensumstände in der Therapie bearbeitet werden. Ziel ist es, den Patienten zu zeigen, wie sie ihre Symptome durch verändertes Verhalten und eine verbesserte Stressbewältigung selbst regulieren können, ohne dass sie von ständig wiederholten medizinischen Abklärungen abhängig bleiben.

Fallbeispiel

Frau M., 44 Jahre alt, leidet seit mehr als sechs Jahren an chronischen Schmerzen im linken Brustbereich, begleitet von Ziehen, Stechen, Herzklopfen, Atemnot und Schwindel. Die Beschwerden traten nach einem schweren grippalen Infekt erstmals auf und sind seither konstant in wechselnder Intensität vorhanden. Trotz umfassender kardiologischer Abklärung ohne organischen Befund bleiben die Beschwerden bestehen. Frau M. ist zudem sehr niedergeschlagen, leidet unter Versagensängsten und Konzentrationsstörungen. Sie hat in der Vergangenheit tiefenpsychologisch orientierte Behandlungen erhalten, die jedoch keine Besserung brachten. Sie steht der Aufnahme einer ambulanten Psychotherapie skeptisch gegenüber.

Frau M. wuchs in einer schwierigen familiären Situation auf, nach dem plötzlichen Tod ihres Vaters übernahm sie früh Verantwortung für ihre Familie. Sie heiratete jung, doch die Ehe war unglücklich und endete in Scheidung. Nach dem Abschluss eines Lehramtsstudiums arbeitete sie zunächst in der Schule, wurde jedoch aufgrund häufiger Ausfälle gekündigt. Derzeit bietet sie Nachhilfeunterricht und arbeitet in einer Dorfbäckerei. Die Schmerzsymptomatik im Brust- und Herzbereich steht im Vordergrund. Frau M. ist überzeugt, dass eine organische Ursache vorliegt, schont sich jedoch aus Angst vor den Missempfindungen. Sie leidet unter depressiver Stimmung und Versagensängsten, die durch berufliche und familiäre Stresssituationen verstärkt werden. Konflikte mit ihrer Kollegin in der Bäckerei sowie schwerwiegende Erziehungsprobleme mit ihren Söhnen (22 und 19 Jahre) verschärfen die Beschwerden. Frau M. fühlt sich als Mutter gescheitert und hat die Hoffnung auf eine stabile Beziehung verloren.

Die wiederholte ärztliche Betreuung trägt zur Aufrechterhaltung der Beschwerden bei.

Psychiatrische Diagnose nach ICD-10:

- Autonome somatoforme Funktionsstörung (ICD-10: F45.3): Herz- und Kreislaufsystem
- Depressive Störung: Aktuell mittelgradige Episode (ICD-10: F32.1)

Therapeutische Empfehlungen:

Die Therapie folgte einem kognitiv-behavioralen Ansatz bei medizinisch unerklärten Körperbeschwerden (119). Der Behandlungsplan umfasste die folgenden Phasen:

- Klinisch-psychologische Diagnostik (mit psychometrischen Instrumenten wie BDI, PDI, SOMS-2)
- Psychoedukation und das Vermitteln eines bio-psycho-sozialen Störungsmodells
- Erarbeitung von Bewältigungskompetenzen (z. B. Selbstbeobachtung, Entspannungstechniken, Kognitionsmodifikation)
- Transfer und Rückfallprophylaxe: Flexibles und angstfreies Reagieren auf neue Körperbeschwerden

Merke

Dem Patienten soll ein bio-psycho-soziales Störungsmodell nähergebracht werden, um die Akzeptanz psychischer Einflussfaktoren auf die Beschwerdesymptomatik zu fördern.

Fallbeispiel – Therapieverlauf (Frau M.)

In den ersten Sitzungen wurden psychoedukative Inhalte zu Schmerz und medizinisch unerklärten Körperbeschwerden vermittelt. Ein Beschwerdetagebuch wurde eingeführt, um Regelmäßigkeiten und Stressfaktoren zu erkennen. Frau M. konnte feststellen, dass ihre Beschwerden oft mit Stress und Ärger in Verbindung standen. Zur Verbesserung der Entspannungsfähigkeit wurde die *PMR* eingeführt. Diese halfen ihr, besser mit Stress umzugehen und Emotionen besser zu kontrollieren. Sie berichtete, dass ihr regelmäßige Übungen halfen, ihre Reaktionen bei Konflikten mit ihren Söhnen zu kontrollieren.

In weiteren Sitzungen wurde die *Aufmerksamkeit* auf angenehme Aktivitäten gelenkt. Frau M. entdeckte ihre Freude am Tanzen wieder und besuchte ein Probetraining. Achtsamkeitsübungen zur Selbstregulation wurden eingeführt, und es folgten *kognitive Methoden* zur Veränderung negativer Denkmuster. Negative Überzeugungen wurden durch hilfreiche, positive Gedanken ersetzt.

Die Therapie umfasste 20 Sitzungen und wurde auf Wunsch der Patientin beendet. Eine leichte Reduktion der Beschwerden sowie eine Akzeptanz der Funktionalität der Symptome wurden erzielt. Leider gab es keine katamnestischen Daten, da die Patientin nicht zu einer Nachfolgesitzung erschien.

Die *Information »Somatische Belastungsstörung«* (abrufbar unter Kap. »Zusatzmaterial zum Download«) umfasst die Psychoedukation für Patienten und ein möglicher Behandlungsablauf.

5.4 Kardial-induzierte PTBS bei Herzerkrankungen

Unter Mitarbeit von Rebecca Langraf-Meister

Kernaussagen

- Die kardial-induzierte PTBS unterscheidet sich von der klassischen PTBS insbesondere dadurch, dass die Bedrohungserfahrung primär aus dem eigenen Körper resultiert und anhaltend ist, körperliche Symptome eine zentrale Triggerfunktion einnehmen, Intrusionen häufig zukunftsgerichtet sind und medizinisch notwendige Verhaltensweisen wie Nachsorgeuntersuchungen oder körperliche Aktivität durch Vermeidungsverhalten beeinträchtigt werden können.
- Interventionen mit Berücksichtigung von zukunftsgerichteten Befürchtungen und Intrusionen durch traumafokussierte Verfahren werden bei kardial induzierter PTBS empfohlen.
- Auf die Gabe von Benzodiazepinen in der Akutphase nach einem kardialen Ereignis sollte verzichtet werden.
- Die Erfassung erlebter Schmerzen sowie von Angst- und Hilflosigkeitsgefühlen kann zur Vorhersage einer kardial induzierter PTBS beitragen.

5.4.1 Grundlagen

Lange Zeit wurde die Posttraumatische Belastungsstörung (PTBS), deren Lebenszeitprävalenz in Deutschland je nach Studie bei etwa 1–3 % liegt, vor allem als Folge extremer Bedrohungssituationen wie Krieg, Folter oder sexueller Gewalt gesehen. Heute ist sie auch nach lebensbedrohlichen medizinischen Ereignissen gut belegt (142). Es wird dabei von einer kardial-induzierten PTBS (KI-PTBS) gesprochen. Ein kardiales Ereignis kann aus verschiedenen Gründen traumatisch sein. Besonders schwer wiegen oftmals die begleitenden körperlichen Symptome wie Atemnot, starke Brustschmerzen oder Bewusstseinsverlust (142). Zudem erleben die betroffenen Personen teilweise eine vollständige Abhängigkeit von medizinischer Versorgung und der Hilfe anderer Personen, was die Belastung verstärken kann. Auch die Umgebung spielt eine bedeutende Rolle: Der Lärm von Sirenen, die hektische Atmosphäre in der Notaufnahme, lange Wartezeiten oder der Zeitdruck des medizinischen Personals können später zu Intrusionen führen (143).

5.4.2 Prävalenz

Bei Patienten mit einem ACS liegt die Prävalenz einer KI-PTBS zwischen 4 und 12 % (144), während sie nach einer Reanimation mit bis zu 38 % deutlich höher ausfällt (145). Patienten, die einen Schlaganfall oder eine transitorische ischämische Attacke (TIA) erlitten haben, entwickeln in 13 bis 23 % der Fälle signifikante PTBS-Symptome (146). Besonders hoch ist die Prävalenz nach einer spontanen Koronararteriendissektion, bei der etwa 28 % der Betroffenen klinisch relevanten posttraumatischen Stress entwickeln (147). Nach einer koronaren Bypass-Operation zeigen 8 bis 44 % der Patienten PTBS-Symptome (148), während nach einer Herztransplantation die Rate bei etwa 13,5 % liegt (149). Bei Patienten mit einem ICD liegt die Prävalenz zwischen 13 und 20 % (150). Auch Angehörige von Patienten, die einen Herzstillstand oder eine Herztransplantation erlitten haben, können betroffen sein – bei ihnen beträgt die Prävalenz der PTBS-Symptome bis zu 35 % (151).

Merke

Auch Angehörige entwickeln häufig posttraumatische Symptome und können sogar teilweise höhere Prävalenzraten aufweisen als die Betroffenen.

5.4.3 Symptome

Die Kernsymptome der KI-PTBS nach ICD-10 (61) können der ▶ Tab. 5.11 entnommen werden.

Tab. 5.11: Kernsymptome der KI-PTBS (61)

Symptome	PTBS (F43.1)
Intrusionen	Anhaltende Flashbacks, intrusive Gedanken oder Albträume über einen längeren Zeitraum
Vermeidung	Starkes Vermeidungsverhalten von traumaassoziierten Reizen oder Aktivitäten
Emotionale Symptome	Anhaltende emotionale Betäubung, depressive Verstimmung, Schuldgefühle
Erhöhte Erregbarkeit	Chronische Hypervigilanz, Schlafstörungen, Reizbarkeit, übermäßige Wachsamkeit

Tab. 5.11: Kernsymptome der KI-PTBS (61) – Fortsetzung

Symptome	PTBS (F43.1)
Dauer	Symptome bestehen über mindestens einen Monat, oft chronischer Verlauf

Differenzierung zur ICD-11

Die PTBS wurde mit der Einführung der ICD-11 weiterentwickelt und in ihrer Diagnose präzisiert. Die ICD-11 fokussiert sich auf ein reduziertes, aber klar definiertes Symptombild bestehend aus Intrusionen, Vermeidung und Hypererregung. Neu ist die Betonung eines anhaltenden Bedrohungsgefühls, das die betroffenen Personen in ihrem Alltag belastet. Besonders im kardialen Rahmen sind Patienten häufig mit einem persistierenden Gefühl von Bedrohung konfrontiert.

Eine weitere Änderung in der ICD-11 ist die Einführung der komplexen PTBS, die über die klassische PTBS hinausgeht. Sie berücksichtigt zusätzlich tiefgreifende emotionale Dysregulation, Beziehungsprobleme und ein gestörtes Selbstbild, die häufig bei langanhaltenden oder extrem belastenden Traumata auftreten. Bislang existieren noch keine Studien im Zusammenhang mit kardialen Erkrankungen (152).

Besonderheiten im kardialen Kontext

In der Praxis zeigt sich, dass die Symptomatik der PTBS nach somatischen im Gegensatz zu anderen belastenden Ereignissen einige Besonderheiten aufweist (► Tab. 5.12). Patienten präsentieren oftmals körperbetonte Symptome (z. B. Herzklopfen), Somatisierungstendenzen und ein dysfunktionales Gesundheitsverhalten im Vergleich zu sonst eher kognitiven und affektiven Symptomen (153). Edmondson (154) beschreibt in seinem *Enduring Somatic Threat* (EST)-Modell den Unterschied in der posttraumatischen Symptomatik nach klassischen (z. B. einer Naturkatastrophe) und nach somatischen Traumata (z. B. einem MI).

Tab. 5.12: Unterschiede in der PTBS-Symptomatik zwischen somatischen und externen traumatischen Ereignissen (154)

Merkmal	Somatische (interne) Traumata (z. B. Myokardinfarkt, ICD-Schock)	Externe Traumata (z. B. Unfall, Naturkatastrophe)
Ursache	Intern (körperliche Erkrankung oder Funktionsstörung)	Extern (plötzliche, einmalige oder langanhaltende Bedrohung)
Andauernde Bedrohung	Ja, da die zugrunde liegende Erkrankung fortbesteht und eine erneute Episode möglich ist	Häufiger weniger ausgeprägt, die Bedrohung ist meist abgeschlossen

Tab. 5.12: Unterschiede in der PTBS-Symptomatik zwischen somatischen und externen traumatischen Ereignissen (154) – Fortsetzung

Merkmal	Somatische (interne) Traumata (z. B. Myokardinfarkt, ICD-Schock)	Externe Traumata (z. B. Unfall, Naturkatastrophe)
Trigger	Häufig internale Reize (z. B. Herzklopfen, Atemnot, Schwindel)	Meist externe Reize (z. B. laute Geräusche, bestimmte Orte oder Personen)
Vermeidungsverhalten	Schwierig, da interne Körperempfindungen nicht vermieden werden können	Einfacher, da spezifische Orte, Situationen oder Reize gemieden werden können
Flashbacks	Häufig vermehrt zukunftsgerichtete Intrusionen (Flashforwards), z. B. Vorstellung, wie man beim Joggen zusammenbricht und stirbt	Klassische Flashbacks, oft auf das erlebte Trauma bezogen, z. B. Wiedererleben eines Unfalls oder eines Übergriffs
Reaktion auf Symptome	Körperliche Symptome (z. B. schneller Puls) werden als Bedrohung wahrgenommen und verstärken Angst.	Externe Auslöser (z. B. Geräusche, Bilder) rufen Erinnerungen hervor, aber verstärken nicht zwingend körperliche Symptome.
Hyperarousal (Übererregung)	Führt zu einem Angstkreislauf: Angst verstärkt Symptome, Symptome verstärken Angst.	Starke Reaktion auf spezifische äußere Reize, aber weniger direkte Verstärkung durch körperliche Wahrnehmungen
Paradoxe Vermeidung	Patienten meiden Bewegung oder medizinische Untersuchungen aus Angst, erhöhen dadurch aber ihr Risiko.	Vermeidung führt meist zu kurzfristiger Erleichterung, ohne direkte körperliche Konsequenzen.
Therapeutische Ansätze	Förderung von Sicherheitsgefühl, Reduktion von körperbezogener Angst, Exposition gegenüber internen Reizen, Verarbeitung zukunftsgerichteter Intrusionen	Konfrontation mit Triggern (z. B. Orte aufsuchen, in sensu), kognitive Umstrukturierung von Angstgedanken

5.4.4 Risikofaktoren

Verschiedene Faktoren können das Risiko einer KI-PTBS erhöhen. Die Datenlage ist nicht konsistent, weist jedoch mehrheitlich auf die in ► Tab. 5.13 zusammengefassten RFs hin (155). Wiederholt hat sich in Studien bestätigt, dass nicht die Schwere der Erkrankung (z. B. Einschränkung der kardialen Pumpfunktion oder Troponin-Wert bei einem MI), sondern die subjektive Einschätzung und Bewertung des Ereignisses mit den psychischen Folgen zusammenhängen (156). Das Risikoprofil für die Entwicklung von KI-PTBS zu kennen, ist in der Praxis wichtig, um vulnerable Patienten frühzeitig erkennen und entsprechend behandeln zu können. Wie bei den anderen Störungsbilder auch, ist der Mehrwert nur dann gegeben, wenn nach einem positiven Screening eine Behandlung auch erfolgen kann (156).

Tab. 5.13: Risikofaktoren für eine KI-PTBS (155–162)

Risikofaktoren für eine KI-PTBS	
Faktoren der Herzerkrankung	• Subjektive Wahrnehmung der Krankheit, insbesondere subjektive Einschätzung der Beeinträchtigung durch die Herzerkrankung • Peritraumatischer Stress • Schmerz
Soziodemografische Faktoren	• Jüngeres Alter • Frauen
Psychiatrische Komorbiditäten und Anamnese	• Depressionen • Angststörung • Akute Belastungsreaktion • Dissoziative Symptome • Frühere Traumatisierungen
Körperliche Krankheitsanamnese	• Frühere Herzerkrankung
Persönlichkeit	• Typ-D-Persönlichkeit • Alexithymie • Neurotizismus • Feindseligkeit
Weitere Faktoren	• Fehlende soziale Unterstützung • Benzodiazepine während der Hospitalisation nach einem akuten MI

5.4.5 Mechanismen

Die Wechselwirkungen zwischen einer PTBS und der kardiovaskulären Gesundheit sind komplex. Prospektive Kohorten zeigen ein moderat erhöhtes Risiko (≈ 1,3–2,0-fach) für ischämische Herzkrankheit und Schlaganfall bei Personen mit PTBS (163). Studien zeigen aber auch, dass PTBS mit höheren Rehospitalisierungsraten und mehr kardiovaskulären Komplikationen assoziiert sind: Eine Metaanalyse fand ein ~ 1,5-fach erhöhtes Risiko für rezidivierende kardiovaskuläre Ereignisse oder Mortalität (164). Pathophysiologisch konnten verschiedene Mechanismen identifiziert werden, die diese Beziehung erklären, wie beispielsweise entzündliche Prozesse oder eine erhöhte Thromboseneigung (165–166). Neurobiologische Untersuchungen belegen auch, dass PTBS mit einer veränderten emotionalen Verarbeitung und einer dysregulierten Stressantwort einhergeht (167). Strukturelle und funktionelle Veränderungen in der Amygdala, der Insula, dem dorsalen anterioren cingulären Kortex und dem ventromedialen präfrontalen Kortex begünstigen eine verstärkte Bedrohungswahrnehmung und übersteigerte physiologische Reaktionen auf Stressreize (168).

Neben den biologischen Faktoren spielen auch verhaltensbezogene Aspekte eine entscheidende Rolle. Ungünstige Bewältigungsstrategien wie Bewegungsmangel, Rauchen, übermäßiger Alkoholkonsum sowie der Abbruch von Rehabilitationsmaßnahmen und mangelnde Therapieadhärenz tragen zu einer Verschlechterung der kardiovaskulären Prognose bei (169–170).

5.4.6 Diagnostik

Oftmals fallen die Beschwerden des Patienten zunächst wenig auf und die Patienten selbst sprechen ihre Probleme nicht an, unter anderem aufgrund von Schamgefühlen und mangelnder Aufklärung (43). Daher ist es äußerst wichtig, dass kardiologische Pflegekräfte und Ärzte in der Wahrnehmung von psychischen Erkrankungen geschult sind. Jegliches Vermeidungsverhalten (bspw. das Absetzen von Medikamenten, unregelmäßige ärztliche Vorstellung etc.), Schwierigkeiten in der Umsetzung von Lebensstiländerungen, ein erhöhtes Rückversichern/Sicherheitsbedürfnis sowie allgemein starke Ängste können Warnzeichen sein (43). Bezüglich eines erhöhten Stresslevels während des kardialen Ereignisses, was ein starker Prädiktor für die Entwicklung von posttraumatischem Stress ist, hat sich, zumindest bei akutem MI, folgende Einschätzung bewährt: Als Hochrisikopatienten eingestuft werden Patienten, die auf einer Skala mindestens 5 von 10 Punkten für Schmerz plus mindestens 5 von 10 Punkten für Todesangst und/oder Hilflosigkeit angeben (171) (► Tab. 5.14).

Für die Identifikation einer PTBS wurde ein spezifisches Screening mit vier Fragen entwickelt (172). Werden drei oder mehr Fragen mit »Ja« beantwortet, ist die Wahrscheinlichkeit hoch, dass eine PTBS vorliegt. Spezifische Instrumente zur Diagnosestellung können im Anschluss beigezogen werden. Auf kardiale Erkrankungen eigens zugeschnittene Diagnoseinstrumente sind aktuell noch nicht verfügbar. Bei verschiedenen Traumatisierungen hat sich als Fragebogen zur Selbstbeurteilung die Checklist für PTBS bewährt (20 Items) (173). Zur Fremdbeurteilung kann die *Clinician-administered PTSD Scale* (*CAPS*) angewendet werden. Dies ist ein Interview, welches die Häufigkeit von 17 PTSD-Symptomen zwischen 0 (»nie«) und 4 (»fast immer«) einschätzt (174–177). Die validierte deutsche Version zeigt gute internale Konsistenz.

Tab. 5.14: Fragen zur Erfassung von Stress während des Ereignisses (171).

1. »Wie stark waren Ihre Schmerzen während des Infarkts maximal?«	0 = gar keine, 10 = unaushaltbar	mind. 5 von 10 *plus*
2a. »Während des Infarkts hatte ich Angst zu sterben.«	0 = gar nicht, 10 = stimmt genau	mind. 5 von 10 *und/oder*
2b. »Der Infarkt machte mir Sorgen oder ich fühlte mich hilflos.«	0 = stimmt gar nicht, 10 = stimmt genau	mind. 5 von 10

5.4.7 Therapie

Fallbeispiel

Herr L. ist 38 Jahre alt, verheiratet und arbeitet in Teilzeit (30 %) als Hauswart. Er hat einen dreijährigen Sohn und lebt mit seiner Familie in einem Einfamilienhaus, welches ländlich gelegen ist. Vor zwei Jahren wurde ihm wegen HRST ein ICD eingesetzt. Vor zwei Monaten lief er mit seinem Sohn nach dem Einkaufen nach Hause und bemerkte, dass sein Herz stolperte. Er bekam Angst, fühlte sich hilflos und konnte mit seinem Sohn, der fröhlich voraus rannte, kaum noch Schritt halten. Gerade noch rechtzeitig konnte er den Rettungsdienst kontaktieren und bis zu seinem Hauseingang gehen, bevor er zusammenbrach: Der ICD hatte einen Schock ausgelöst.

Seit dem Ereignis vermeidet Herr L. es, längere Zeit allein mit seinem Sohn zu sein, aus Angst, dass er erneut einen Schock erleiden und nicht in der Lage sein könnte, sich um ihn zu kümmern. Auch das Autofahren bereite ihm große Sorgen, da er befürchte, während der Fahrt eine erneute Schockabgabe zu erleben und einen Unfall zu verursachen. Er stelle sich vor, wie er das Bewusstsein verliert, während sein Kind weinend und hilflos neben ihm steht. Diese Gedanken verfolgen ihn auch in Albträumen. Zudem berichtet er von Konzentrationseinbußen und hoher Reizbarkeit. Er schimpfe häufiger mit seiner Familie und fühle sich dünnhäutiger. Er erkenne sich in diesen Momenten selbst nicht mehr und fühle sich in der Folge schuldig.

Darüber hinaus vermeide er körperliche Anstrengung, weil er Angst habe, dass diese eine erneute Schockabgabe auslösen könnten. Die Arbeit strenge ihn zunehmend an und er überlege, seine Stundenzahl weiter zu reduzieren, da er sich oft erschöpft und überfordert fühle. Seine Ehefrau unterstütze ihn zwar, doch sie verstehe nicht, warum er solche starken Ängste habe, da der ICD doch eigentlich sein Leben schützen sollte. Dies führe vermehrt zu Spannungen in der Ehe, da Herr L. sich nicht ernst genommen fühle und sich weiter zurückziehe. Kleinste Veränderungen im Herzrhythmus lösen Ängste und Erinnerungen aus.

Psychoedukation

Grundsätzlich lässt sich die Symptomatik der KI-PTBS durch das Prinzip der Konditionierung veranschaulichen. Während des Ereignisses werden verschiedene, oftmals eigentlich neutrale Reize (z. B. Ambulanzsirene, Herzklopfen) mit dem traumatischen Erleben durch klassische Konditionierung gekoppelt. Später lernt der Patient operant, dass er durch Vermeidung dieser Reize unangenehme Emotionen reduzieren kann. Jeder Mensch reagiert aber aufgrund seiner Prädisposition, Entwicklungserfahrungen sowie weiterer Einflussfaktoren verschieden auf traumatische Ereignisse. Ein bekanntes Modell der PTBS, welches vor allem die intrusive Symptomatik beschreibt, stammt von Ehlers und Clark (178). Sie postulieren, dass langfristiger posttraumatischer Stress dadurch entsteht, dass die Patienten auch nach Ende des eigentlichen Ereignisses weiterhin eine hohe Bedrohung wahrnehmen, und das Ereignis fragmentiert im autobiografischen Gedächtnis abgespeichert ist. Oftmals bleibt bei Herzerkrankungen eine gewisse reale Bedrohung bestehen. Diese ist insbesondere anhaltend, da sie den eigenen Körper betrifft und eine Flucht verunmöglicht.

Die Definition eines Traumas und die Symptomatik einer PTBS lassen sich metaphorisch anhand der Schrank-Metapher erklären (179). Dabei wird das Gedächtnis als Kleiderschrank dargestellt, in dem die traumatischen Erinnerungen als Kleider wild durcheinander abgelegt wurden und dessen Türen mit viel Kraft zugehalten werden müssen. Ziel der Therapie ist es, sich mit jedem einzelnen Kleidungsstück auseinanderzusetzen und jedes ordentlich im Schrank zu verstauen – das Geschehene als Geschichte mit einem klaren Anfang und Ende zu verarbeiten und in das autobiografische Gedächtnis abzuspeichern (s. *Arbeitsblatt »Metaphern«*, abrufbar unter Kap. »Zusatzmaterial zum Download«).

Bei Herzpatienten präsentieren sich die Hyperarousal-Symptome meist sehr körperbezogen. Die dadurch ausgelöste Angst manifestiert sich häufig anhand ähnlicher körperlicher Beschwerden, wodurch es zu einem gegenseitigen Aufschaukeln von körperlichen Beschwerden, Gedanken und Emotionen kommt. Dieser Prozess kann anhand des Teufelskreismodells der Angst nach Margraf und Schneider (29) beschrieben werden.

Vermeidungsverhalten trägt dazu bei, die Störung aufrechtzuerhalten und führt insbesondere bei kardialen Patienten zu erhöhter Kardiotoxizität. Zur Erklärung kann die Wasserball-Metapher hinzugezogen werden (179). Ein Ball, der auf der Meeresoberfläche schwimmt, repräsentiert dabei einen unangenehmen Gedanken, eine Erinnerung oder eine Begegnung. Soll diese Wahrnehmung verdrängt werden, wird der Ball unter Wasser gedrückt, was anstrengend und ablenkend ist. Wird der Ball losgelassen, jagt er mit hoher Wucht aus dem Wasser. Die Erinnerungen oder Gedanken treten dann unkontrolliert, plötzlich und mit hoher Intensität wieder in den Vordergrund (s. *Arbeitsblatt »Metaphern«*). Ziel ist es, »mit dem Ball im Wasser zu schwimmen« und den Fokus auf das eigene Wertesystem zu legen.

Therapeutische Empfehlungen

Grundsätzlich kann man die Therapie nach einer somatischen Traumatisierung in verschiedene Phasen einteilen (► Abb. 5.4). In der akuten Phasen nach dem Trauma (z. B. in der Zeit der Hospitalisierung) ist es primär wichtig, dem Patienten Sicherheit zu vermitteln und körperliche Bedürfnisse zu berücksichtigen. Dazu gehört beispielsweise ein adäquates Schmerzmanagement oder der Einbezug der Angehörigen. Das niederschwellige Angebot für Gespräche kann dem Patienten Raum geben, seine Sorgen und Ängste zu verbalisieren oder konkrete Bedürfnisse zu äußern. Allerdings sollte gleich nach einem Ereignis auf ein sogenanntes Debriefing, welches auf die Reaktivierung der Emotionen abzielt, verzichtet werden, weil dadurch gemäß Studien eher eine Zunahme der Beschwerden droht (180). In einer Studie mit MI-Patienten hat sich ein frühes traumafokussiertes Beratungsgespräch nicht als hilfreich in der Prävention von posttraumatischen Symptomen erwiesen. Die grundsätzliche Kontaktaufnahme scheint aber durchaus hilfreich zu sein (181). Wichtig ist auch, dass den Risikopatienten früh entsprechende Behandlungsangebote unterbreitet werden. Sollten weiterhin psychische Beschwerden bestehen, nachdem die körperliche Stabilität wiederhergestellt und die unmittelbare Bedrohung vorüber ist, kann in die nächste Behandlungsphase übergetreten werden. Hierbei stehen die Erklärung der psychosomatischen Zusammenhänge im Vordergrund, die Erlangung von körperlichen Fortschritten und das Erarbeiten von Notfallplänen. Ebenfalls können hier sogenannte Stabilisierungsübungen erlernt werden, welche dem Patienten helfen sollen, eine gewisse Kontrolle über die Symptome zu erlangen. Zeigt sich eine ausreichende psychische Stabilisierung, können dann spezifische traumafokussierte Verfahren angewandt werden. Parallel dazu können je nach Bedarf und Symptomatik des Patienten noch weitere ergänzende Themen bearbeitet werden.

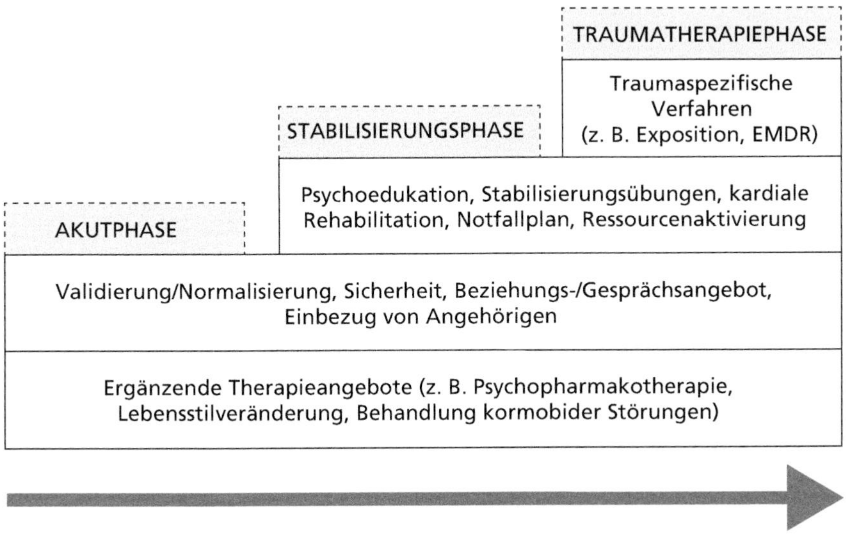

Abb. 5.4: Möglicher Therapieablauf bei traumatisierten Herzpatienten (180–181)

Akutphase

Sicherheit

Patienten, welche durch eine kardiale Erkrankung oder Intervention traumatisiert werden, empfinden neben (Todes-)Angst häufig ein hohes Maß an Kontrollverlust und Unsicherheit. Ist die unmittelbare Gefahr vorüber, ist es primär wichtig, dies dem Patienten auch spürbar zu machen. Äußerungen wie »Wären Sie 10 Minuten später ins Krankenhaus gekommen, hätten wir nichts mehr für Sie tun können« sind hierbei nicht hilfreich und können das Bedrohungsgefühl noch verstärken. Eine transparente Aufklärung über das somatische Geschehen und das weitere Prozedere verschaffen dem Patienten Klarheit. Gegebenenfalls kann auch eine pflegerische und ärztliche Überwachung dem Patienten eine gewisse Sicherheit bieten. Allerdings kann das Monitoring auch Angst auslösen, wenn z. B. aufgrund von Unregelmäßigkeiten in der Herzfrequenz wiederholt Alarmsignale ausgelöst werden. Das Lindern von Schmerzen oder anderen körperlichen Beschwerden sind ebenfalls wichtige Aspekte, um den Patienten zu unterstützen. Zudem kann es für Sicherheit sorgen, wenn vor dem Austritt aus der Spitalpflege das weitere Prozedere aufgegleist und der Patient diesbezüglich informiert ist. Dies beinhaltet beispielsweise, dass der Patient für ein Rehabilitationsprogramm angemeldet ist, Broschüren zur weiterführenden Informationsgewinnung und Kontaktdaten erhält, gegebenenfalls eine externe Pflege/Unterstützung für den Haushalt installiert ist, das Medikamentenmanagement erklärt wird und allgemein Fragen des Patienten geklärt werden.

Praxistipp

Um verständlich zu machen, was nach einem Herzereignis im Nervensystem geschieht, kann folgende Metapher hilfreich sein: »Stellen Sie sich Ihr Nervensystem wie einen Wachhund vor, der Ihren Hof bewacht. Normalerweise liegt er ruhig da und bellt nur, wenn wirklich ein Einbrecher kommt. Wenn aber tatsächlich einmal ein Überfall stattgefunden hat – wie ein Herzereignis für Ihren Körper –, verändert sich sein Verhalten: Er ist nun überwachsam und schlägt schon bei jeder Kleinigkeit Alarm – auch wenn es nur ein Schmetterling ist, der vorbeifliegt.

Das ist keine Schwäche, sondern eine sinnvolle Schutzreaktion des Körpers. Ein Bereich im Gehirn, die Amygdala, sorgt dafür, dass wir nach einer Bedrohung besonders aufmerksam sind. So möchte der Körper verhindern, dass erneut etwas Gefährliches passiert. Doch dabei kann das ANS »aus dem Gleichgewicht« geraten – es reagiert nun auch auf Dinge, die zwar unangenehm spürbar, aber körperlich harmlos sind.

In der Therapie geht es deshalb darum, dass Ihr innerer Wachhund wieder lernt zu unterscheiden: Wann ist wirklich ein Einbrecher da, und wann handelt es sich um etwas, das zwar bemerkbar, aber nicht gefährlich ist. Absolute Sicherheit gibt es nie – aber Sie können Schritt für Schritt lernen, Ihrem Körper wieder zu vertrauen. Dann findet der innere Wachhund zurück zu seiner eigentlichen Aufgabe: zuverlässig schützen, ohne ständig Fehlalarm auszulösen.«

Gesprächsangebot und therapeutische Beziehung

In der Akutphase ist es hilfreich, dem Patienten ein unverbindliches Gesprächsangebot zu unterbreiten (182). Es zeigt sich, dass das alleinige Beziehungsangebot und ein Raum zum wertfreien Reden sehr hilfreich im Genesungsprozess sein können (43). Viele Patienten befürchten nach einem kardialen Ereignis weitere körperliche Erkrankungen oder Ereignisse; diese Sorge ist vor dem Hintergrund teils fortbestehender somatischer Risiken nachvollziehbar. Daher sollte klar kommuniziert werden, dass psychotherapeutische Interventionen die somatische Behandlung *ergänzen* (z. B. Diagnostik, Pharmako-/Interventionstherapie, Sekundärprävention), sie aber *nicht ersetzen.* Eine enge interdisziplinäre Abstimmung stellt sicher, dass psychotherapeutische Maßnahmen an die medizinische Betreuung angebunden sind.

Soziale Unterstützung

Bereits die räumliche Situation – über Tage im Krankenhausbett – begünstigt soziale Isolation. Trotz enger somatischer Betreuung bleiben Sorgen und Ängste vieler Patienten oft unadressiert; zugleich fühlen sich Angehörige häufig hilflos und überfordert. Daher sollte, sofern gewünscht und nach Einwilligung, eine frühzeitige Einbindung der Angehörigen erfolgen. Dabei sind konkrete Unterstützungsaufgaben festzulegen (z. B. Begleitung zu Aufklärungsgesprächen, Hilfe bei Alltagsaufgaben und Administrativem, Entlastung in der täglichen Pflege) sowie Zuständigkeiten und Kommunikationswege klar zu definieren. Dies fördert Sicherheit, Adhärenz und Entlastung auf beiden Seiten.

Stabilisierungsphase

Befindet sich der Patient nicht mehr in der Akutphase, leidet aber weiterhin an psychischen Folgebeschwerden, kann die therapeutische Arbeit fortgesetzt und vertieft werden.

Zur Erlangung affektiver Stabilität werden mit Traumapatienten in der Regel verschiedene Techniken zur Selbstregulation eingeübt (183). Die *»5-4-3-2-1«*-Übung hilft dem Patienten bei der Reorientierung im Hier und Jetzt, reduziert starke affektive Zustände und erhöht dadurch die Selbstwirksamkeit. Die Übung nutzt gezielt die Sinneswahrnehmungen. Zunächst benennt die betroffene Person fünf Dinge, die sie sehen kann, fünf Dinge, die sie hört, und fünf Dinge, die sie auf der Haut spürt. Danach folgen jeweils vier, drei, zwei und schließlich ein Wahrnehmungsreiz pro Sinn. Dabei ist wichtig, dass nur äußere Reize benannt werden, wie zum Beispiel die Uhr am Handgelenk oder ein Geräusch im Raum, während unangenehme innere Körperwahrnehmungen ausgespart werden. Wiederholungen sind erlaubt, wenn nur wenige Reize verfügbar sind. Ziel der Übung ist es, die Aufmerksamkeit vom belastenden Erleben wegzulenken, den Fokus auf die Gegenwart zu richten und so Stabilität und Beruhigung zu fördern. Bei der Übung *»Der sichere Ort«* wird der Patient angeleitet, sich einen realen oder frei erfundenen Ort vorzustellen, an dem er sich geschützt und sicher fühlt. Werden die Erinnerungen an das kardiale Ereignis oder die Sorgen vor weiteren körperlichen Bedrohungen zu mächtig, kann der Patient durch den Rückzug an seinen sicheren Ort so viel emotionale Distanz gewinnen, dass er wieder zum selbstbestimmten Handeln und zur interpersonellen Kontaktaufnahme fähig ist. Die *Tresorübung* kann helfen durch die imaginative Vorstellung eines Tresors, überfordernde Inhalte des Traumas einzuschließen, bis der Patient bereit ist, sich mit diesen auseinanderzusetzen. Der Patient verdrängt dabei die emotionalen Inhalte nicht in einem dysfunktionalen Sinne, sondern im Wissen um deren Präsenz. Er erhält mehr

Selbstbestimmtheit. Auch die kardiale Rehabilitation leistet einen wichtigen Beitrag zur Stabilisierung kardial-traumatisch erlebter Erfahrungen, da regelmäßige Bewegung die körperbezogene Selbstwirksamkeit und das Vertrauen in den eigenen Körper stärkt, der bei KI-PTBS zugleich häufig als somatischer Trigger fungiert. Durch eine enge interdisziplinäre Zusammenarbeit werden dabei nicht nur die körperliche Genesung, sondern ebenso die psychische Verarbeitung, das Wiedererlangen von Vertrauen sowie die soziale Reintegration der Patienten gefördert (184).

Traumatherapiephase

In der Behandlung psychischer Traumafolgestörungen, insbesondere bei der Anwendung traumafokussierter Verfahren, sind Kontraindikationen zu berücksichtigen, wie sie in den aktuellen S3-Leitlinien zur PTBS formuliert sind. Diese unterscheiden zwischen relativen und absoluten Kontraindikationen (185). Zu den relativen Kontraindikationen (Empfehlung 12 der Leitlinie) zählen unter anderem eine mangelnde Affekttoleranz, akuter Substanzkonsum, eine anhaltend stark ausgeprägte Disposition zur Dissoziation, unkontrolliertes autoaggressives Verhalten, eine fehlende Fähigkeit zur inneren Distanzierung vom traumatischen Ereignis sowie eine hohe psychosoziale und körperliche Belastung im akuten Stadium. Absolute Kontraindikationen (Empfehlung 13) umfassen hingegen Zustände, bei denen eine Traumatherapie unter keinen Umständen durchgeführt werden sollte. Dazu gehören akute Psychosen, akute Suizidalität, schwere Störungen der Verhaltenskontrolle sowie ein fortbestehender Täterkontakt mit Re-Traumatisierungsgefahr (185). Auch wenn die Forschung zu traumaspezifischen Behandlungsansätzen bei PTBS nach einem medizinischen Ereignis noch klein ist, gibt es Hinweise, dass die gängigen Verfahren zur Behandlung einer PTBS auch im medizinischen Kontext wirksam sind.

Studien zeigen beispielsweise den erfolgreichen Einsatz von Eye Movement Desensitization and Reprocessing (EMDR) bei Patienten mit posttraumatischem Stress nach einer Schockabgabe eines ICDs oder nach lebensgefährlichen Herzerkrankungen mit anschließender Herzoperation (186–187). EMDR ist ein wissenschaftlich anerkanntes, psychotherapeutisches Verfahren zur Behandlung traumatischer Erfahrungen. Dabei wird der Patient vom Therapeuten angeleitet, sich an die belastende Situation zu erinnern und dabei gleichzeitig auf aufkommende Gedanken, Gefühle und Körperempfindungen zu achten. Währenddessen folgt der Patient mit den Augen den pendelnden Bewegungen des Fingers der Therapeutin – eine Form der sogenannten bilateralen Stimulation (BLS), die die Verarbeitung der Erinnerung unterstützen soll. Dabei zielt EMDR nicht nur auf die Verarbeitung belastender Erinnerungen, sondern bezieht auch körperliche Reaktionen und zukunftsbezogene Ängste (z. B. Flashbacks, Katastrophenfantasien) mit ein, was besonders bei Patienten mit kardiovaskulären Traumata eine hohe Relevanz aufweist. Bei Patienten mit kardiovaskulären Traumata, etwa nach einem MI oder ICD-Schock, hat sich EMDR in Studien als sicher und gut verträglich erwiesen (188–190). Zudem zeigt die Forschung, dass EMDR klassischen Expositionsverfahren leicht überlegen sein kann, insbesondere bei der Reduktion von PTBS-Symptomen in dieser Patientengruppe (188–190). Weiterführende Informationen finden sich z. B. im EMDR-Handbuch von Shapiro (191). Das Behandlungsmanual von Jordan et al. (186) richtet sich an Psychotherapeuten und beschreibt ein strukturiertes Behandlungsprogramm für PTBS, die infolge mehrfacher Schocks durch ICDs auftreten können. Es basiert auf psychodynamischen und kognitiv-verhaltenstherapeutischen Methoden, inklusive EMDR, und ist modular aufgebaut, sodass es flexibel an die individuellen Bedürfnisse der Patienten angepasst werden kann. Von den 18 Patienten, die an der Nachuntersuchung an ihrer Studie teilnahmen, berichtete keiner mehr über PTBS-Symptome (186).

Weiter zeigen Irvine et al. (188) in einer randomisierten kontrollierten Studie (RCT) die Abnahme von posttraumatischem Stress durch eine KVT bestehend aus acht Sitzungen bei Patienten nach einer ICD-Implantation. Zudem erwies sich in einer RCT von Shemesh und Kollegen (189) die imaginative Expositionstherapie als erfolgreich bei Patienten mit PTBS nach lebensgefährlichen kardiovaskulären Ereignissen.

Ergänzende Therapieangebote

Achtsamkeits- und Entspannungsübungen

Achtsamkeitsübungen sollen den Patienten helfen, im Hier und Jetzt zu sein, die Gedanken flexibel zu lenken und nicht auf Sorgen und Ängste eingeengt zu bleiben. Entspannungsverfahren können insbesondere dazu beitragen, Hyperarousal zu reduzieren und den Patienten wieder handlungsfähig werden zu lassen. Problematisch ist bei Herzpatienten, dass vor allem zu Beginn Körperbeobachtungen vermehrt Ängste und Nervosität auslösen (z. B. bei Atemübungen). Es bietet sich daher an, eher auf Achtsamkeitsübungen mit externen Beobachtungen (z. B. achtsames Hören oder Sehen) oder konkreten Anweisungen (z. B. PMR) zurückzugreifen.

> **Merke**
>
> Patienten mit KI-PTBS reagieren durch die erhöhte Wahrnehmung auf Veränderungen des Herzschlags oft besser auf PMR als auf z. B. das Autogene Training.

Defusionsübungen

In Anlehnung an die ACT (96) meint Defusion die Aufhebung der Verschmelzung der Person mit den eigenen Gedanken und Gefühlen. Der Patient lernt, dass er einen Gedanken oder ein Gefühl auf der Metaebene beobachten, sich aber auf der Handlungsebene dennoch flexibel bewegen kann. Beispielsweise kann eine Defusionsübung bei Schuldgefühlen, welche oft bei Herzpatienten auftreten, angewendet werden. Eine konkrete Übung könnte darin bestehen, den belastenden Gedanken (z. B. »Ich bin selbst schuld, dass ich krank bin«) laut auszusprechen und dabei sprachlich zu »entkleben«, z. B. durch das Voranstellen von »Ich bemerke gerade den Gedanken, dass…« oder »Mein Verstand erzählt mir gerade…«. Dadurch wird der Gedanke nicht unterdrückt, sondern entmachtet und der Patient erhält die Möglichkeit, trotz dieser Gedanken handlungsfähig zu bleiben. Auf dieser Grundlage kann im nächsten Schritt eine werteorientierte Verhaltensaktivierung erfolgen: Der Patient wird ermutigt, sich auf Handlungen auszurichten, die mit seinen persönlichen Werten im Einklang stehen (»Ich gehe in eine Rehabilitation, weil mir meine Gesundheit wichtig ist«), auch wenn schwierige Gefühle oder Gedanken dabei weiterhin präsent sind. Auf diese Weise kann Blockierung durch Schuld in Richtung von Selbstwirksamkeit und Lebensqualität transformiert werden.

Medikamentöse Behandlung

Teilweise kann zusätzlich der Bedarf einer Pharmakotherapie bestehen. Diese wird eingesetzt, um bestimmte Symptome zu lindern, nicht aber die PTBS per se zu behandeln. Antidepressiva (insbesondere SSRI) zeigen eine gute Wirkung in Bezug auf die emotionale Stabilisierung, die Reduktion des Vermeidungsverhaltens und die Behandlung von Schlafstörungen (160). Auf den längerfristigen Einsatz von Beruhigungsmitteln (z. B. Benzodiazepinen) sollte aufgrund des hohen Abhängigkeitsrisikos sowie der störungsaufrechterhaltenden Effekte verzichtet werden. Es zeigte sich, dass der Einsatz von Benzodiazepinen in der Akutphase trotz der kurzen angstlösenden Wirkung den posttraumatischen Stress in der Folge erhöht (162).

Erarbeiten einer klaren Tagesstruktur

Patienten mit einer KI-PTBS kann es aufgrund der Symptomatik oft schwerfallen, einen geregelten Tagesablauf aufrechtzuerhalten. Dadurch drohen ein starker sozialer Rückzug, vermehrte Antriebslosigkeit und Insuffizienzerleben. Durch einen geregelten Tagesablauf erhält der Patient wieder Orientierung, verfällt weniger in exzessives Grübeln, kann die Selbstwirksamkeit erhöhen und den Selbstwert stärken (▶ Kap. 5.2). Das *Arbeitsblatt »Aufbau einer Tagesstruktur«* kann Patienten in diesem Prozess unterstützten (abrufbar unter Kap. »Zusatzmaterial unter Download«).

Posttraumatisches Wachstum

Posttraumatisches Wachstum (Posttraumatic Growth, PTG) beschreibt positive psychologische Veränderungen, die infolge der Bewältigung eines traumatischen Ereignisses entstehen können (192). In der Studie von Garnefski et al. (193) wurde eine signifikante positive Korrelation zwischen PTG und dem Erleben von Lebenssinn bei MI-Patienten festgestellt (193). Zunächst gilt es, emotionale Verarbeitung ohne Forcierung zu ermöglichen und affektive Reaktionen wie Angst, Ohnmacht, Schuld oder Trauer im therapeutischen Prozess zu validieren. PTG setzt nicht die Abwesenheit von Leid voraus, sondern vollzieht sich häufig parallel dazu. Darauf aufbauend kann eine kognitive Neubewertung initiiert werden, bei der Patienten neue Perspektiven auf das Erlebte entwickeln und veränderte Werte sowie Prioritäten identifizieren. Dieser Prozess des »Meaning Making« stellt ein zentrales Element von PTG dar.

Narrative und biografische Interventionen wie narrative Exposition, Reflexion biografischer Wendepunkte oder therapeutisch angeleitete Lebenslinienarbeit fördern die Integration traumatischer Erfahrungen in kohärente Selbst- und Lebensentwürfe. Die Klärung individueller Wertorientierungen sowie die Förderung zukunftsgerichteter Handlungskompetenz, etwa durch ACT oder Ansätze der Positiven Psychologie, unterstützen kognitive Umbewertungsprozesse. Als protektive Faktoren für PTG wirken zudem soziale Unterstützung und die therapeutische Beziehung als Modell für Sicherheit und Verbundenheit. Psychoedukation über das Konzept des PTG kann Hoffnung und Entlastung vermitteln, indem sie Wachstum als Möglichkeit, jedoch nicht als normative Anforderung verdeutlicht (192).

Zur Erhebung von PTG kann der Posttraumatic Growth Inventory (PTGI) verwendet werden – ein validiertes Instrument, das Veränderungen in Bereichen wie Wertschätzung des Lebens, zwischenmenschliche Beziehungen, persönliche Stärke und neue Lebensmöglichkeiten mit 21 oder 10 Items (Kurzfassung) erfasst (194;195).

Merke

- Bei der PTBS kann die Behandlung in verschiedene Phasen untergeteilt werden: Akutphase, Stabilisierungsphase, Traumatherapiephase.
- Ergänzende Therapieangebote sind zudem sinnvoll, um beispielsweise Komorbiditäten zu behandeln oder Lebensstilveränderungen (insbesondere regelmäßige physische Aktivität) zu fördern. Dies wiederum kann die Kardiotoxizität einer KI-PTBS deutlich reduzieren.

Ausblick

Kurzzeitinterventionen zur Prävention von KI-PTBS erscheinen vielversprechend; hierfür könnten auch adaptierte EMDR-Protokolle Anwendung finden. Zentrale Bedeutung kommt der sozialen Einbindung zu, da sie dysfunktionale Muster und mangelnde Adhärenz abmildern kann. Erforderlich sind zudem spezifische diagnostische Instrumente zur frühzeitigen Erfassung von KI- PTBS. Forschung sollte verstärkt protektive Faktoren wie soziale Unterstützung, Resilienz, hedonisches Wohlbefinden und Optimismus berücksichtigen. Ebenso wichtig ist die Einbindung von Familien und Angehörigen sowie die Untersuchung langfristiger Effekte traumaspezifischer Interventionen auf die somatische und psychische Gesundheit.

Fallbeispiel – Therapieverlauf (Herr L.)

Gemäß der diagnostischen Abklärung erfüllte Herr L. Kriterien für eine PTBS. Eine Psychoedukation zur Einordnung der Symptome half ihm und seiner Frau, die auch zu einem Gespräch eingeladen wurde, die somatischen und psychischen Zusammenhänge seiner Beschwerden zu verstehen. Stabilisierungsübungen, wie die Tresor- und die 5–4–3–2–1-Übung halfen ihm, belastende Gedanken und überflutende Gefühle zu regulieren. Das traumatische Ereignis konnte mittels EMDR gezielt verarbeitet werden. Da sich Herr L. oft als hilflos erlebte, wurde gezielt an der Stärkung seiner Ressourcen gearbeitet: Er erinnerte sich an frühere Bewältigungserfolge, in denen er mit Unsicherheit oder gesundheitlichen Problemen umgegangen war. Er entwickelte mit Unterstützung des Therapeuten ein Bild seines »inneren Helfers« – eine stärkere, ruhigere Version seiner selbst, die ihm in herausfordernden Situationen unterstützend zur Seite stehen konnte. Durch diese Ressourcenarbeit wurde Herr L. zunehmend selbstsicherer im Umgang mit zukünftigen Herausforderungen. Um das in der Therapie Gelernte auf den Alltag zu übertragen, übte Herr L. kurze Spaziergänge mit seinem Sohn, begleitet von Achtsamkeitsübungen zur Beruhigung. Später machte er Autofahrten mit seiner Frau als Beifahrerin, um sich an das Gefühl der Kontrolle zu gewöhnen. Als Nächstes folgten kurze Autofahrten allein, während er aktiv seine erlernten Techniken anwandte. Durch diese systematische Herangehensweise konnte Herr L. sein Vermeidungsverhalten abbauen, sich zunehmend sicherer fühlen und die Kontrolle über seine Ängste zurückgewinnen. Ein Notfallplan half ihm, Strategien für zukünftige Angstsituationen zu entwickeln, wodurch er wieder Vertrauen in seinen Körper und Alltag gewann.

5.5 Psychopharmaka des Herzens

Unter Mitarbeit von Rahel Diethelm

5.5.1 Definition

Psychopharmaka sind Substanzen, die einen psychotropen Effekt aufweisen und dadurch zur therapeutischen Unterstützung von psychischen Erkrankungen beitragen können (195). Die Anzahl und die Diversität an verfügbaren Psychopharmaka haben seit der Mitte des 19. Jahrhunderts stark zugenommen. Inzwischen ist eine Vielzahl verschiedener Substanzen für unterschiedliche Indikationen auf dem Markt, wobei das Nebenwirkungsprofil der Medikamente konstant verbessert wurde (195).

5.5.2 Wirkstoffklassen

Ein einheitlich geltendes Unterteilungsschema gibt es nicht. Häufig werden psychotrope Arzneimittel in folgende Gruppen klassifiziert:

- Antidepressiva
- Antipsychotika (Neuroleptika)
- Stimmungsstabilisatoren (Phasenprophylaktika)
- Psychostimulanzien
- Hypnotika, Sedativa und Tranquilizer
- Antidementiva
- Entzugs- und Entwöhnungsmittel

5.5.3 Wirkmechanismus

Nicht bei allen Psychopharmaka ist der Wirkmechanismus vollends verstanden. Ein Großteil entfaltet seine Wirkung durch Interaktionen mit Zielproteinen wie z. B. Rezeptoren und Ionenkanälen auf zellulärer Ebene an den Synapsen im Zentralnervensystem (195).

Exkurs: Synapse und Reizweiterleitung

Synapsen finden sich im ganzen Körper und dienen zur Weiterleitung und Koordination von Reizen resp. Informationen von Nervenzelle zu Nervenzelle oder von Nervenzelle zu einer anderen Effektorzelle (z. B. Muskel oder Drüse) (195–196). Man unterscheidet zwischen elektrischen und chemischen Synapsen, wobei die chemischen einen deutlich größeren Anteil ausmachen (196). Eine chemische Synapse ist immer identisch aufgebaut und besteht aus:

- einer präsynaptischen Nervenzelle mit vielen Neurotransmitter-gefüllten Vesikeln,
- dem synaptischen Spalt und
- einer postsynaptischen Nerven- oder Effektorzelle.

Trifft ein elektrischer Reiz im präsynaptischen Neuron ein, verbinden sich die Vesikel mit der Membran und der Neurotransmitter wird in den synaptischen Spalt ausgeschüttet. Danach bindet dieser an unterschiedliche Rezeptoren an der postsynaptischen wie auch an der präsynaptischen Membran. Dies führt in der postsynaptischen Zelle zu einem Ionenstrom, der je nach Neurotransmitter eine Hemmung oder Erregung dieser Zelle bewirkt. In der präsynaptischen Zelle kann über eine Autoinhibition (d. h. der Transmitter hemmt seine eigene Ausschüttung) die weitere Transmitterausschüttung, insbesondere bei intensiver Transmitterausschüttung, verhindert werden. Anschließend werden die Neurotransmitter entweder im synaptischen Spalt abgebaut oder zurück in die Präsynapse aufgenommen und dort wiederum recycelt oder abgebaut (196).

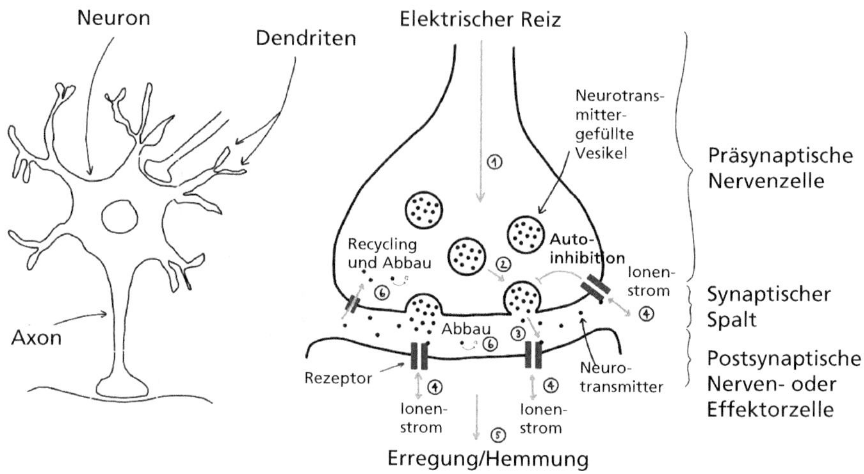

Abb. 5.5: Synapse; die Nummern in der Abbildung entsprechen der Reizabfolge (196; erstellt von Rahel Diethelm)

Arzneimittel können an unterschiedlichen Punkten an den Synapsen in die Reizweiterleitung eingreifen und diese somit beeinflussen (195).

5.5.4 Unerwünschte Arzneimittelwirkungen von Psychopharmaka

Die Rezeptoren und Ionenkanäle, an welchen die Psychopharmaka ansetzen, befinden sich nicht ausschließlich an den Synapsen des Zentralnervensystems, wo die Wirkung gewünscht wäre, sondern an einer Vielzahl von anderen Geweben im menschlichen Körper, wie z. B. im Bronchial- oder Gefäßsystem und im Reizleitungssystem des Herzens. Dadurch kann es zu unerwünschten peripheren, speziell auch kardiovaskulären (Neben-)Wirkungen kommen. Die Entstehung dieser Nebenwirkungen kann akut sein, z. B., wenn sich aufgrund von einer QTc-Zeit-Verlängerung lebensbedrohliche ventrikuläre Arrhythmien ausbilden, aber auch chronisch, beispielsweise durch eine Zunahme des Körpergewichts mit Risikoerhöhung für Stoffwechselstörungen und kardiovaskuläre Erkrankungen (196).

5.5.5 Kardiovaskuläre unerwünschte Arzneimittelwirkungen

Kardiovaskuläre Nebenwirkungen können bei vielen Arzneimitteln auftreten. Bei den Psychopharmaka stehen vor allem die nicht selektiven Substanzen, wie die trizyklischen Antidepressiva, mit ihrer breiten Wirkungsweise im Zentrum (197).

Meistens ergibt sich das Risiko erst bei entsprechender kardialer Vorerkrankung, folglich wenn ein pathophysiologisches Substrat (z. B. Rhythmusstörung), das auch latent sein kann, auf ein Arzneimittel mit potenziell kardiovaskulären Nebenwirkungen stößt (198).

Merke

Patienten mit RFs haben ein deutlich gesteigertes Risiko für unerwünschte Nebenwirkungen, insbesondere bei mehreren RFs. Es ist daher wichtig, nicht ausschließlich das Risikoprofil des Medikaments, sondern auch das Risikoprofil des Patienten abzuwägen (197–198). Folgende RFs können genannt werden:

- Alter über 65 Jahre
- Kardiovaskuläre Vorerkrankung
- Elektrolytstörungen (z. B. Hypo- oder Hyperkaliämie)
- Hohe Wirkstoffkonzentration (Überdosierung, eingeschränkte Clearance)
- Kardiotoxische Begleitmedikation (Interaktionen)

Praxistipp

Folgende Fragen können für die Nutzen-Risiko-Abwägung bei Verschreibung eines Psychopharmakons hilfreich sein (195–198).

- Wie alt ist der Patient? (eingeschränkte Clearance, verändertes Verteilungsvolumen, EKG-Veränderungen)
- Sind Leber- oder Nierenerkrankungen bekannt? (eingeschränkte Clearance)
- Ist ein kardiovaskuläre Vorerkrankung bekannt? (pathophysiologisches Substrat)
- Weist der Patient kardiovaskuläre RFs, wie arterielle Hypertonie, Übergewicht, Diabetes mellitus, Fettstoffwechselstörungen oder Rauchen, in der Anamnese auf?
- Welche anderen Medikamente nimmt der Patient zusätzlich ein? (Interaktionen)
- Traten bereits kardiovaskuläre Nebenwirkungen unter medikamentöser Therapie (z. B. eine Synkope) auf?
- Gibt es EKG-Veränderungen?
- Sind die Elektrolyte, insbesondere Kalium, im Normbereich?

Merke

Bei einem kardial vor erkrankten Patienten wäre ein kardiologisches Monitoring während der Therapie zu empfehlen, was die enge Zusammenarbeit von Kardiologen und Psychiater voraussetzt (198).

Praxistipp

Bei Therapiebeginn mit einem neuen Arzneimittel kann es hilfreich sein, die ersten Wochen eine Art von Tagebuch (s. *Arbeitsblatt »Tagebuch Medikamenteneinnahme«*, abrufbar unter Kap. »Zusatzmaterial zum Download«) zu führen und Symptome, Gefühle und Vitalwerte im Kontext mit der Medikamenteneinnahme zu dokumentieren. Dies kann helfen, frühzeitig potenziell schwerwiegende unerwünschte Arzneimittelwirkungen (UAW) zu erkennen sowie bei der Nutzen-Risiko-Abwägung unterstützend sein.

Orthostatische Hypotension mit reflexartiger Erhöhung der Herzfrequenz

Hierbei handelt es sich um einen Blutdruckabfall (systolisch um > 20 mmHg oder unter 90 mmHg) beim Aufstehen aus liegender Position mit einhergehenden Symptomen wie z. B. Blässe, Schwindel etc.

Etwa bei 75 % der Patienten tritt unter Psychopharmaka-Therapie eine orthostatische Hypotension auf und ist somit eine der häufigsten kardiovaskulären Nebenwirkungen (199). Bei der Mehrheit der Patienten ist diese Wirkung aber vorübergehend und nach einiger Zeit adaptiert sich die Kreislaufregulation (195;199).

Pathophysiologisch kommt es durch die inhibitorische Bindung an $alpha_1$-adrenerge Rezeptoren über eine gefäßerweiternde Wirkung zur Vasodilatation und dadurch zum Blutdruckabfall mit einer Reflextachykardie (195).

Unter orthostatischen Voraussetzungen (z. B. beim Aufstehen, bei langem Stehen) kann sich der Blutdruckabfall durch die zerebrale Minderperfusion symptomatisch präsentieren und zu Schwindel, Sehstörungen, kognitiven Beeinträchtigungen und seltener neuro-kardiogenen Synkopen mit Sturzgefahr führen. Bei Patienten mit einer reduzierten Herz- oder Nierenfunktion kann es zudem zu einer Mangeldurchblutung (Ischämie) und einer akuten Verschlechterung der Endorganfunktion kommen (199).

Merke

Besonders gefährdet für eine orthostatische Hypotension sind ältere Patienten, insbesondere mit Diabetes mellitus, Patienten mit vorbestehender kardiovaskulärer Erkrankung, darunter v. a. die HI (Auswurffraktion < 50 %), und Patienten mit vorbestehender Bluthochdruck-Behandlung. Diese Patienten brauchen, insbesondere zu Beginn der Therapie, eine gute Überwachung.

Praxistipp

Um eine Hypotension zu verhindern, empfiehlt es sich, langsam über einige Tage aufzudosieren und bei Auftreten einer Hypotension die Dosis vorübergehend zu reduzieren. Bei einer Persistenz der Hypotension muss die Dosis ggf.

permanent reduziert werden. Bei Risikopatienten sollte generell nur mit der halben Dosis gestartet werden. Weiter kann dem Patienten geraten werden, abrupte Haltungsänderungen, längeres Stehen und starke Anstrengung im Allgemeinen zu vermeiden, um Hypotonien vorzubeugen.

Zudem können genügend Flüssigkeitszufuhr sowie Stützstrümpfe für gewisse Patienten hilfreich sein.

Tab. 5.15: Risiko für eine orthostatische Hypotension mit reflexartiger Erhöhung der Herzfrequenz (in Anlehnung an Wenzel-Seifert et al. [200])

Erhöhtes Risiko	Geringes bis kein Risiko	
• Beinahe alle klassischen Antipsychotika	• Agomelatin	• Valproinsäure
• Clozapin (9 %)[1]	• SSRI	• Fluspirilen
• Quetiapin (7 %)[1]	• Bupropion	
• Risperidon (5 %)[1]	• Venlafaxin	
• Olanzapin (5 %)[1]	• Duloxetin	
• TZA	• Carbamazepin	
• Reboxetin	• Lamotrigin	

[1]Vorkommenshäufigkeit der UAW in Bezug auf die Gesamtzahl der behandelten Patienten (200)

Sinustachykardie und Abnahme der Herzfrequenzvariabilität

Exkurs: Sinustachykardie

Dabei handelt es sich um eine Erhöhung der HF (> 100 Schläge/min) bei regelrechtem Sinusrhythmus (195;199).

Eine Vielzahl der Psychopharmaka, vor allem Substanzen mit trizyklischer Struktur, wirken anticholinerg und hemmen dadurch den Parasympathikus. Der Sympathikus agiert damit im Überschuss und die kardioprotektive Wirkung des Parasympathikus nimmt ab. Als Folge kommt es zu einer Sinustachykardie mit erhöhtem myokardialen Sauerstoffbedarf. Zudem nimmt die HRV ab, die als Maß für gewisse kardial-adaptive Eigenschaften gilt, was ab einer gewissen Intensität klinisch relevant werden kann (195).

Merke

Bei der gleichzeitigen Gabe von mehreren anticholinerg wirksamen Substanzen kann sich die Wirkung dieser addieren/potenzieren und so können auch schon schwach anticholinerg wirksame Arzneimittel zu klinisch relevanten Nebenwirkungen führen. Bei Arzneimitteln, die neben der anticholinergen Wirkung auch eine hemmende Wirkung auf die $alpha_1$-adrenergen Rezeptoren haben, ist das Risiko für das Auftreten einer Tachykardie besonders deutlich erhöht.

Weiter können auch Substanzen, welche die Wiederaufnahme oder den Abbau von NA im synaptischen Spalt hemmen, zu Sinustachykardien führen (195).

Praxistipp

Es ist sinnvoll, die Patienten über das Auftreten von einer Steigerung der HF im Rahmen der medikamentösen Therapie aufzuklären. Gerade bei Patienten mit gewissen psychiatrischen oder kardialen Störungen kann es zu einer Fehlwahrnehmung des Symptoms »schneller Herzschlag« kommen und so z. B. Panikattacken hervorrufen.

Tab. 5.16: Risiko für eine Sinustachykardie (in Anlehnung an Wenzel-Seifert et al. [200])

Erhöhtes Risiko	Geringes bis kein Risiko
• TZA (v. a. Amitriptylin, Clomipramin, Doxepin, Imipramin, Maprotilin, Nortriptylin, Opipramol, Trimipramin) • Niedrig potente Antipsychotika (Chloprothixen, Levomepromazin, Perphenazin, Promethazin, Thioridazin, Trifluoperazin) • Biperiden • SSRI • Bupropion • Venlafaxin • Reboxetin • Clozapin (25 %)[1] • Quetiapin (7 %)[1] • Risperidon (5 %)[1] • Olanzapin (3 %)[1] • Methylphenidat • Atomoxetin • Tranylcypromin	• Agomelatin • Lamotrigin • Potente klassische Antipsychotika • Carbamazepin • Lamotrigin • Valproinsäure • Ziprasidon (1 %)[1]

[1]Vorkommenshäufigkeit der UAW in Bezug auf die Gesamtzahl der behandelten Patienten

Arterielle Hypertonie

Generell lösen Psychopharmaka eher seltener Anstiege des BD aus. Arzneimittel, welche die NA- und Dopaminwiederaufnahme hemmen, können aber potenziell dazu führen. Dabei liegt pathophysiologisch eine Aktivierung des Sympathikus durch die NA-Erhöhung zugrunde (195).

Praxistipp

Für Psychopharmaka, die arterielle Hypertonie auslösen können, ist zu empfehlen, diesen vor Therapiebeginn und auch während der Therapie regelmäßig zu kontrollieren, insbesondere bei einer Dosisanpassung. Allfälliges Protokollieren, beispielsweise in Form eines BD-Tagebuchs, ist anzuraten (200).

Tab. 5.17: Risiko für arterielle Hypertonie (in Anlehnung an Wenzel-Seifert et al. [200])

Erhöhtes Risiko	Geringes bis kein Risiko	
• Bupropion • Duloxetin • Venlafaxin • Atomoxetin • Methylphenidat • Tranylcypromin	• Agomelatin • SSRI • TZA • Alle Antipsychotika • Carbamazepin	• Lamotrigin • Valproinsäure

Störungen der Depolarisation – Reizleitungsstörungen

Gewisse Psychopharmaka haben eine erhöhte Affinität zu bestimmten Ionenkanälen, die entscheidend an der Reizleitung im Herzen beteiligt sind. Durch die psychotrope Hemmung dieser Kanäle kann es zu einer Stabilisierung des Membranpotenzials und so zu einer Verzögerung der Erregungsleitung kommen. Insbesondere die trizyklischen Substanzen, welche eine vergleichbare Wirkung mit den Klasse-I-Antiarrhythmika haben, können diesen Effekt auslösen (195).

Merke

Bei Patienten mit schwerer KHK, bei sehr hohen Dosierungen (supratherapeutisch) und vor allem bei Patienten, welche bereits vor Behandlungsbeginn Reizleitungsstörungen (z. B. AV- oder Schenkelblockbilder) im EKG aufweisen, sollte auf trizyklische Substanzen verzichtet werden (199). Bei älteren Patienten ist Vorsicht geboten (200).

Tab. 5.18: Risiko für eine Störung der Depolarisation (in Anlehnung an Wenzel-Seifert et al. [200])

Erhöhtes Risiko	Geringes bis kein Risiko
• Amisulprid • TZA • SSRI • Carbamazepin • Lithium	• Agomelatin • Bupropion • Duloxetin • Venlafaxin • Maprotilin • Mirtazapin • Moclobemid • Lamotrigin • Valproinsäure

Störung der Repolarisation – QTc-Zeitverlängerung

Seit vielen Jahren ist bekannt, dass verschiedene Erkrankungen, angeboren oder erworben, zu einer Störung der Repolarisation des Herzens führen können. Eine dieser Erkrankungen, das erworbene Long-QT-Syndrom, kann durch diverse Arzneistoffe wie Antiarrhythmika, Antihistaminika und Antibiotika, aber auch durch unterschiedliche Psychopharmaka verursacht werden (195–200).

Exkurs: QT im EKG

Das QT-Intervall wird definiert als Abschnitt zwischen der Q-Zacke und der T-Welle im EKG. Die QT-Zeit ändert sich je nach HF und muss daher für die klinische Anwendung frequenzkorrigiert (QTc-Zeit) werden.

Bei Gesunden beträgt die mittlere QTc-Zeit ca. 400 ms, ab einer QTc-Zeit > 440 ms muss von einem pathologisch erhöhten Wert ausgegangen werden (195–199).

Exkurs: Erworbenes Long-QT-Syndrom

Dabei handelt es sich um eine Verlängerung des QT-Intervalls im EKG durch eine bekannte Ursache (z. B. medikamenteninduziert). Durch diese Verlängerung der QT-Zeit kann es in einigen Fällen zum Auftreten von schweren Herzrhythmusstörungen, speziell ventrikulären Tachyarrhythmien, sog. »Torsade de pointes«, kommen. Diese können lange asymptomatisch verlaufen und sind oft selbstlimitierend, manchmal äußern sie sich klinisch durch Schwindel und Synkopen. In seltenen Fällen kann es auch durch den Übergang der »Torsade de pointes« in ein Kammerflimmern zu einem Herzstillstand respektive zum plötzlichen Herztod kommen (195–200).

Einen direkten Zusammenhang zwischen dem Grad der QTc-Verlängerung, der je nach Psychopharmakon unterschiedlich sein kann, und der Wahrscheinlichkeit für das Auftreten von »Torsade de pointes« (TdP) gibt es nicht. Diese können auch ohne signifikante Verlängerung des QT-Intervalls auftreten. Sobald aber das QTc-Intervall über 500 ms beträgt, ist das Risiko für das Auftreten von TdP stark erhöht. Zudem gibt es gewisse unabhängige Faktoren, die das Risiko für das Auftreten von TdP bei einer QTc-Verlängerung noch erhöhen (► Tab 5.19) (195–199).

Tab. 5.19: Risikofaktoren für das Auftreten von ventrikulären Arrhythmien bei QTc-Verlängerung (199)

Kategorie	Risikofaktoren
Epidemiologisch	• Weibliches Geschlecht • Lebensalter (über 65 Jahre)
Anamnestisch	• Kardiovaskuläre Vorerkrankungen • AV-Blockbilder • Bradykardie • Langsame Substanzelimination durch Leber-/Niereninsuffizienz oder bei Slow-Metabolizer • Elektrolytstörungen (insbesondere Hypokaliämie und Hypomagnesiämie)

Tab. 5.19: Risikofaktoren für das Auftreten von ventrikulären Arrhythmien bei QTc-Verlängerung (199) – Fortsetzung

Kategorie	Risikofaktoren
	• Arrhythmien/unklaren Synkopen in Vergangenheit • Genetische Disposition (z. B. Long-QT-Syndrom) • Hypothyreose
Iatrogen	• Begleitmedikation (QTc-verlängernd, anticholinerg oder CYP-450-Enzymsystem-Inhibitoren)

Zu beachten gilt, dass nicht alle Psychopharmaka die QT-Zeit zur gleichen Zeit nach Therapiebeginn zu beeinflussen scheinen. Bei manchen tritt die Wirkung bereits nach Minuten bis Stunden auf, bei anderen erst nach Monaten bis Jahren (195).

Merke

Besonders bei Patienten, die einen oder mehrere zusätzliche RFs für das Auftreten von TdP (► Tab 5.6.) bei einer QTc-Verlängerung aufweisen, sollte Vorsicht geboten werden. Das individuelle Risiko des Patienten sollte gut abgewogen werden und alle RFs (z. B. Hypokaliämie, Hypomagnesiämie), die durch eine Therapie eliminiert werden können, sollten behandelt werden (198).

Praxistipps

Vor Therapiebeginn mit einem potenziell QT-Zeit-verlängerndem Psychopharmakon sollte unter Steady-State-Bedingungen ein EKG geschrieben und auf Zeichen einer gestörten Repolarisation oder linksventrikulären Hypertrophie untersucht werden. Bei Patienten mit einer kardiovaskulären Komorbidität oder anderen RFs sollte auch nach Dosiserhöhung oder Änderung der Begleitmedikation (z. B. von Herzmedikamenten), wenn möglich, ein EKG gemacht werden.

Eine langsame Aufdosierung mit allfälligem therapeutischem Drug-Monitoring, folglich mit Kontrolle der Wirkstoffkonzentration im Blut, ist insbesondere bei Risikopatienten zu erwägen.

Die Blutelektrolytwerte, speziell der Serumspielgel von Kalium und Magnesium, sollten überprüft und gegebenenfalls korrigiert werden. Falls eine kalium- und magnesiumreiche Ernährung dafür nicht ausreicht, kann auch eine medikamentöse Korrektur erfolgen (198).

Eine Kaliumkonzentration im unteren Referenzbereich erhöht bereits das Risiko für das Auftreten von TdP. Das Kalium sollte daher in einem hochnormalen Bereich (4,5–5 mmol/l) gehalten werden. Bei Situationen mit möglichem Kaliumverlust (z. B. Emesis, Diarrhö, Mangelernährung, Diuretika, starkes Schwitzen) sollte die Kaliumkonzentration monitorisiert werden und ggf. eine Defizitkorrektur erfolgen. Bei der Kaliumdefizitkorrektur muss aber darauf geachtet werden, dass Hyperkaliämien verhindert werden, da es bereits ab Werten > 6 mmol/l auch zu Rhythmusstörungen kommen kann. Eine normale Magnesiumkonzentration schließt einen Mangel nicht aus, daher ist eine Magnesiumsubstitution bei Patienten mit RFs auch ohne Hypomagnesiämie zu erwägen. Bei Patienten mit einem QT-Intervall, das bereits über dem Grenzwert liegt, sollte eine Substitution auf jedem Fall erfolgen (198).

Falls nach Therapiebeginn mit einem neuen Arzneimittel neu Schwindel, Synkopen oder Palpationen auftreten sollten, muss an eine Rhythmusstörung gedacht werden (197–198).

Tab. 5.20: Risiko für eine Störung der Repolarisation (in Anlehnung an Wenzel-Seifert et al. [200])

Erhöhtes Risiko	**Geringes bis kein Risiko**
• Klassische Antipsychotika (Thioridazin, Pimozid, Droperidol, Haloperidol, Chlorpromazin, Levomepromazin) • Ziprasidon • Amitriptylin • Citalopram, Escitalopram • Methadon	• Aripiprazol • Olanzapin • Prisperidon • Agomelatin • Sertralin • Bupropion

Metabolisches Syndrom

Durch eine Langzeitbehandlung mit bestimmten Antipsychotika kann es, über eine zentrale Appetitsteigerung, zum Auftreten eines metabolischen Syndroms kommen. Dieses definiert sich als gemeinsames Vorkommen von RFs, welche für die Entstehung von kardiovaskulären Erkrankungen und DMT2 gelten. Dazu zählt eine abdominell betonte Adipositas, arterielle Hypertonie, erhöhter Blutzucker und Dyslipidämie (195).

Es ist zu beachten, dass neben den Antipsychotika auch andere Klassen von Psychopharmaka, wie beispielsweise Antidepressiva, Stimmungsstabilisatoren und Antikonvulsiva, mit Stoffwechselstörungen in Zusammenhang gebracht werden (195).

Merke

Bei Patienten mit zusätzlichen RFs für die Entstehung eines metabolischen Syndroms (z. B. Fehlernährung, wenig Bewegung, genetische Prädisposition) sollte die Indikationsstellung bedacht geschehen (195).

Praxistipp

Ein regelmäßiges Diabetes-Screening sollte primär bei Therapie mit Clozapin und Olanzapin erfolgen (200).

Tab. 5.21: Risiko für ein metabolisches Syndrom bei Antipsychotika (195)

Erhöhtes Risiko	Geringes Risiko
• Clozapin • Olanzapin • Risperidon • Quetiapin	• Amisulprid • Aripiprazol • Ziprasidon

Kardiomyopathie und Myokarditis

Bei einer Therapie mit Clozapin besteht ein erhöhtes Risiko für die Entwicklung einer Myokarditis sowie einer Kardiomyopathie. Die Myokarditis entwickelt sich dabei meistens innerhalb von 16 Tagen nach Start der Clozapintherapie, die Kardiomyopathie manifestiert sich innerhalb von zwölf Monaten (mit einer Spannbreite von 2 bis zu 36 Monaten). Außerdem kann sich aus einer subklinisch verlaufenden Myokarditis eine dilatative Kardiomyopathie entwickeln.

Pathophysiologisch geht man davon aus, dass es zu einer Typ-1-IgE-vermittelten Hypersensitivitätsreaktion kommt, welche mit einer simultan auftretenden peripheren Eosinophilie einhergeht. Zudem kommt es kardial zu eosinophilen Infiltraten (195).

Merke

Die Therapie mit Clozapin sollte bei einem Anstieg der eosinophilen Granulozyten über $3.0 \times 10^9/l$ abgebrochen werden.

Die Symptome und Befunde einer Myokarditis sind sehr unspezifisch. Es können Fieber, eine Tachykardie, Dyspnoe, Thoraxschmerzen, grippeähnliche Symptome, eine erhöhte Creatin-Kinase und EKG-Veränderungen auftreten, allerdings ist keines dieser Symptome oder Befunde pathognomonisch. Einige der Symptome, wie Fieber und Tachykardie, kommen auch häufig als UAW der Clozapintherapie, insbesondere bei Therapiebeginn, vor.

Merke

Fieber kann ein Vorbote für den Beginn einer Myokarditis sein, daher ist bei Patienten, welche insbesondere in den ersten zwei bis drei Wochen Fieber entwickeln, eine sorgfältige Überwachung erforderlich; allenfalls müssen weitere Untersuchungen durchgeführt werden.

Tab. 5.22: Risiko für eine Myokarditis (in Anlehnung an Wenzel-Seifert et al. [200])

Erhöhtes Risiko	Geringes bis kein Risiko
• Clozapin • Lithium[1] • Chlorpromazin[1] • Fluphenazin[1] • Haloperidol[1] • Risperidon[1]	Alle weiteren

[1]Ein erhöhtes Risiko wird vermutet, jedoch gibt es nur begrenzte Hinweise. Diese Assoziationen müssen noch genauer untersucht werden (195).

5.5.6 Antidepressiva

Indikation

Die Hauptindikation von Antidepressiva stellen affektive Störungen, wie z. B. die unipolare Depression, dar. Eine antidepressive Therapie ist vor allem bei mittelschwerer bis schwerer Depression und in Kombination mit einem regelmäßigem Gesprächsangebot bzw. einer Psychotherapie indiziert (9;70–71). Weiter werden gewisse Wirkstoffgruppen der Antidepressiva auch bei Panik-, Angst- und Zwangsstörungen sowie bei Schlafstörungen und chronischen Schmerzsyndromen eingesetzt (195).

Einteilung

Die Antidepressiva werden nach ihrem dominierenden Wirkmechanismus in verschiedene Gruppen eingeteilt.

- Nichtselektive Monoamin-Wiederaufnahmehemmer/trizyklische Antidepressiva
- α_2-Antagonisten
- Selektive Monoamin-Wiederaufnahmehemmer (z. B. SSRI und SNRI)
- MAO-Hemmer (Monoaminooxidase-Hemmer)
- Weitere Antidepressiva (z. B. Melatonin-Rezeptor-Agonist, Johanniskraut)

Wirkmechanismus

Die unterschiedlichen Wirkungsmechanismen der Antidepressiva sind bis heute nicht abschließend verstanden. Grundsätzlich wird bei allen Mechanismen die Verfügbarkeit von einem oder mehreren Neurotransmittern (Serotonin, NA und z. T. Dopamin) im synaptischen Spalt erhöht. Eine Ausnahme stellt das neuere Antidepressivum Agomelatin, ein Melatoninrezeptoragonist, dar (195).

Da der antidepressive Effekt meistens erst zwei Wochen nach Beginn der Einnahme und nicht direkt einsetzt, liegt die Überlegung nahe, dass vor allem die nachgeschalteten Faktoren eine wichtige Rolle haben (195). Durch diese Wirkungseintrittverzögerung treten die (unerwünschten) Nebenwirkungen vor der gewünschten Wirkung auf, was als sogenannte Wirkungslatenz bezeichnet wird. Nach einiger Zeit nehmen die Nebenwirkungen meistens durch eine Toleranzentwicklung wieder ab (195).

Praxistipp

Dem Patienten die Wirkungsweise (s. *Information »Psychoedukation: Psychopharmaka«*, abrufbar unter Kap. »Zusatzmaterial zum Download«), die Latenz und die eventuelle Toleranzentwicklung zu erklären, kann helfen, die Adhärenz des Patienten mit der Medikamenteneinnahme zu steigern.

Unerwünschte Arzneimittelwirkungen

Antidepressiva weisen eine Bandbreite unerwünschter Wirkungen auf. Vor allem die trizyklischen Substanzen haben aufgrund ihrer nicht selektiven Bindung an unterschiedliche Rezeptoren viele UAWs. Nebst den bereits oben erwähnten Nebenwirkungen kommt es durch die Blockade von cholinergen, histaminergen und adrenergen Rezeptoren sowie dem erhöhten Neurotransmitterangebot zu Nebenwirkungen wie Mundtrockenheit, Miktions- und Defäkationsstörungen, sexuellen Funktionsstörungen, Sehstörungen, starkem Schwitzen, Verwirrung bis zum Delir, Sedierung und Gewichtszunahme (195).

Antidepressiva bei kardiovaskulärer Komorbidität

Die trizyklischen Antidepressiva sind aufgrund ihres ungünstigen Nebenwirkungsprofils bei kardialer Komorbidität zu vermeiden. Das gilt insbesondere bei einer KHK, sowie in der Folge eines akuten HI und bei Herzinsuffizienz (207–209). Auch der irreversible und nicht selektive MAO-Hemmer Tranylcypromin sollte in solchen Fällen nicht eingesetzt werden (207–209). Ein günstigeres Nebenwirkungsprofil weisen die selektiven Serotonin-Wiederaufnahmehemmer auf und werden deshalb bevorzugt eingesetzt. Vor allem Substanzen (z. B. Sertralin und Citalopram), die ein geringeres Interaktionspotenzial mit anderen Substanzen, die für die kardiovaskuläre Behandlung wichtig sind, aufweisen, sind favorisiert (203–204). Die zusätzliche Hemmung der Thrombozytenaggregation durch SSRI kann womöglich unabhängig von der antidepressiven Wirkung einen günstigen kardialen Effekt aufweisen (203–204). Dabei ist jedoch zu beachten, dass bei gleichzeitiger Einnahme von Thrombozytenaggregationshemmern (z. B. Clopidogrel, Efient) oder Antikoagulantien (z. B. Xarelto, Eliquis, Heparin) ein erhöhtes Blutungsrisiko bestehen könnte (71). Sertralin wird nach den neuesten Studienergebnissen als SSRI der ersten Wahl für Patienten mit kardiovaskulärer Vorerkrankung, aber auch bei Patienten nach einem ACS angesehen (203). Vor allem bei schweren und wiederkehrenden Depressionen zeigt Sertralin eine gute Wirkung. Auch das SSRI Citalopram (204) konnte im Vergleich zu einem Placebo im chronischen Stadium der KHK einen antidepressiven Effekt nachweisen. Da es bei Citalopram aber vermehrt zu QTc-Zeit-Verlängerungen (204) und damit verbundenen lebensbedrohlichen Arrhythmien kommen kann (TdP), ist Vorsicht geboten und die Hinweise zu Höchstdosen sollten beachtet werden (70–71). Neben den SSRI bietet sich auch der schlafanstoßende a2-Rezeptorantagonist Mirtazapin bei gutem kardiovaskulären Risikoprofil und guter klinischer Erfahrung an. Generell scheint es von Patienten mit kardiovaskulärer Komorbidität gut vertragen zu werden, führt aber v.a. bei Frauen zu häufiger zu Appetit- und Gewichtszunahme (203).

Das neuere Antidepressivum Agomelatin wäre aufgrund des günstigen kardiovaskulären Risikoprofil und den nur selten geschilderten und theoretisch nicht zu erwartenden kardialen Nebenwirkungen eine interessante Alternative. Für Agomelatin, wie auch für viele andere Antidepressiva, liegen zum jetzigen Zeitpunkt keine RCTs vor, sodass kein abschließendes Fazit gezogen werden kann. Auch für die oben genannten Antidepressiva konnte aufgrund methodischer Einschränkungen die langfristige Auswirkung der Depressionsbehandlung auf die kardiovaskuläre Prognose noch nicht untersucht werden und es sind weitere RCTs notwendig.

Als Antidepressiva der ersten Wahl für Patienten mit einer kardiovaskulären Komorbidität gilt das SSRI Sertralin. Das neuere Antidepressivum Agomelatin wäre bei günstigem kardiovaskulären Risikoprofil eine interessante Alternative.

Trizyklische Antidepressiva sowie Tranylcypromin sollten bei Herzpatienten nicht verwendet werden. Die ESC-Leitlinie zur kardiovaskulären Prävention rät ausdrücklich vom Einsatz von Antidepressiva bei HI ab, da deren Wirksamkeit als nicht gesichert gilt und Studien auf ein potenziell erhöhtes Mortalitätsrisiko hinweist (71;207–209).

5.5.7 Weitere Psychopharmaka bei kardiovaskulärer Komorbidität

Tab. 5.23: Risikoeinschätzung[1] von Psychopharmaka bei kardiovaskulären Erkrankungen (in Anlehnung an 71;203–210)

Erhöhtes Risiko	Mäßiges Risiko	Geringes Risiko
Antidepressiva		
Maprotilin, Tranylcypromin, Trazodon, trizyklische Antidepressiva	Duloxetin, Fluoxetin, Milnacipran, Moclobemid, Paroxetin, Reboxetin, Venlafaxin Esketamin[3], Ketamin[3], Vortioxetin[3]	Agomelatin[4], Bupropion, Hypericum, Mianserin, Mirtazapin, SSRI (Citalopram[2], Escitalopram[2], Fluvoxamin, Sertralin), Tianeptin
Antipsychotika		
Clozapin, Haloperidol[2; 6], Pimozid[2], Phenothiazine (v.a. Thioridazin[2]) Loxapin[3], Lurasidon[3]	Asenapin, Butyrophenone (z.B. Haloperidol[5]), Fluspirilen, Paliperidon, Quetiapin,	Amisulprid, Aripiprazol, Melperon, Pipamperon, Sulpirid Cariprazin[3]

Tab. 5.23: Risikoeinschätzung[1] von Psychopharmaka bei kardiovaskulären Erkrankungen (in Anlehnung an 71;203–210) – Fortsetzung

Erhöhtes Risiko	Mäßiges Risiko	Geringes Risiko
	Olanzapin, Risperidon, Ziprasidon[2], Zuclopenthixol	
Anxiolytika/Hypnotika		
Hydroxyzin[5]	Opipramol, Pitolisant	Buspiron, Benzodiazepine, Chloralhydrat, Diphenhydramin[2], Melatonin, Pregabalin, Tasimelteon, L-Tryptophan, Zolpidem, Zopiclon
Antidementiva		
	Donepezil, Galantamin[2], Rivastigmin	Memantin
Stimmungsstabilisierer		
Lithium	Carbamazepin	Lamotrigin, Valproat
Weitere Psychopharmaka		
Amfetamin, Atomoxetin, Avanafil, Buprenorphin[2], Dapoxetin, Disulfiram, Methylphenidat, Levomethadon, Lisdexamfetamin, Methadon, Modafinil, Morphinsulfat, Nikotin, Sildenafil, Tadalafil, Vardenafil, Vareniclin Guanfacin[3]	Buprenorphin, Clomethiazol, Clonidin, L-Dopa/Benserazid, Liraglutid, Nalmefen, Natriumoxybat, Oxycodon/Naltrexon, Pramipexol, Ropinirol, Rotigotin Solriamfetol[3]	Acamprosat, Bupropion, Naltrexon, Orlistat, Topiramat

[1] Auf dem aktuellen Literaturstand und den Empfehlungen der Hersteller basierend (Einteilung geltend bei therapeutischen Dosisbereichen)
[2] Häufigkeit von QTc-Zeit-Verlängerung erhöht beschrieben, daher nicht bei weiteren Risikofaktoren für QTc-Zeit-Verlängerung anwenden
[3] In Anbetracht der begrenzten Datenbasis ist nur eine provisorische Einteilung möglich.
[4] Bislang kaum Daten vorhanden, jedoch vom Wirkungsmechanismus her kein Risiko zu erwarten
[5] Bei oraler Gabe und in niedrigen Dosierungen
[6] Bei intravenöser Gabe

Antipsychotika (Neuroleptika)

Aripiprazol scheint insgesamt ein geringes Risiko für QTc-Zeit-Verlängerungen und Gewichtszunahme bei guter Wirksamkeit verschiedener Indikationen aufzuweisen (195).

Benzodiazepine

Benzodiazepine scheinen vorteilhafte Effekte auf das kardiovaskuläre System zu haben, wie z. B. Vasodilatation, antiischämische und antiarrhythmische Eigenschaften, Thrombozytenhemmung und Senkung des Katecholaminspiegels (210). In der Akutphase eines MI können Benzodiazepine Ängste und Schmerzen reduzieren, sollten aber aufgrund des erhöhten Risikos für ein Auftreten von ACS-induzierter PTSD zurückhaltend eingesetzt werden (162).

Praxistipp

Anstatt der Behandlung mit Benzodiazepinen ist die Beruhigung ängstlicher Patienten, die mit einem Verdacht auf MI eingeliefert werden, und ihrer Bezugspersonen, eine mögliche Alternative (162).

5.6 Literatur

1. Roest AM, Martens EJ, de Jonge P, Denollet J. Anxiety and risk of incident coronary heart disease: a meta-analysis. J Am Coll Cardiol. 2010 Jun 29;56(1):38–46. doi: 10.1016/j.jacc.2010.03.034. PMID: 20620715.
2. Celano CM, Millstein RA, Bedoya CA, Healy BC, Roest AM, Huffman JC. Association between anxiety and mortality in patients with coronary artery disease: A meta-analysis. Am Heart J. 2015 Dec;170(6):1105–15. doi: 10.1016/j.ahj.2015.09.013. Epub 2015 Sep 21. PMID: 26678632; PMCID: PMC4684590.
3. Easton K, Coventry P, Lovell K, Carter LA, Deaton C. Prevalence and Measurement of Anxiety in Samples of Patients With Heart Failure: Meta-analysis. J Cardiovasc Nurs. 2016 Jul-Aug;31(4):367–79. doi: 10.1097/JCN.0000000000000265. PMID: 25930162; PMCID: PMC4915759.
4. Moffitt TE, Caspi A, Harrington H, Milne BJ, Melchior M, Goldberg D, Poulton R. Generalized anxiety disorder and depression: childhood risk factors in a birth cohort followed to age 32. Psychol Med. 2007 Mar;37(3):441–52. doi: 10.1017/S0033291706009640. PMID: 17201999.
5. World Health Organization. *International statistical classification of diseases and related health problems.* 10th rev. 2nd ed. Geneva: World Health Organization; 2004. 3 vols.
6. Farquhar JM, Stonerock GL, Blumenthal JA. Treatment of Anxiety in Patients With Coronary Heart Disease: A Systematic Review. Psychosomatics. 2018 Jul-Aug;59(4):318–332. doi: 10.1016/j.psym.2018.03.008. Epub 2018 Mar 27. PMID: 29735242; PMCID: PMC6015539.
7. Celano CM, Daunis DJ, Lokko HN, Campbell KA, Huffman JC. Anxiety Disorders and Cardiovascular Disease. Curr Psychiatry Rep. 2016 Nov;18(11):101. doi: 10.1007/s11920-016-0739-5. PMID: 27671918; PMCID: PMC5149447.
8. Tully PJ, Cosh SM, Baune BT. A review of the affects of worry and generalized anxiety disorder upon cardiovascular health and coronary heart disease. Psychol Health Med. 2013;18(6):627–644. doi:10.1080/13548506.2012.749355.
9. Kindermann I, Köllner V, Albus C, Boer J, Dannberg G, Fritzsche K, Gunold H, Herrmann-Lingen C, Leithäuser B, Meesmann M, Ronel J, Sadlonova M, Weber CS, Waller C,

Ladwig KH. Bedeutung von psychosozialen Faktoren in der Kardiologie – Update 2024. Kardiologie. 2024;18:412–443. doi:10.1007/s12181–024–00708–6.

10. Deutsche Gesellschaft für Prävention und Rehabilitation von Herz-Kreislauferkrankungen (DGPR). S3-Leitlinie: Kardiologische Rehabilitation im deutschsprachigen Raum Europas (Deutschland, Österreich, Schweiz; D-A-CH). [Internet]. Düsseldorf: Deutsche Gesellschaft für Kardiologie – Herz- und Kreislaufforschung e.V.; 2020 [cited 2025 Aug 31]. Available from: https://leitlinien.dgk.org/2020/awmf-s3-leitlinie-kardiologische-rehabilitation-im-deutschsprachigen-raum-europas-deutschland-oesterreich-schweiz-d-a-ch/
11. Kroenke K, Spitzer RL, Williams JB, Monahan PO, Löwe B. Anxiety disorders in primary care: prevalence, impairment, comorbidity, and detection. Ann Intern Med. 2007 Mar 6;146(5):317–25. doi: 10.7326/0003–4819–146–5–200703060–00004.
12. Plummer F, Manea L, Trepel D, McMillan D. Screening for anxiety disorders with the GAD-7 and GAD-2: a systematic review and diagnostic metaanalysis. Gen Hosp Psychiatry. 2016 Mar-Apr;39:24–31. doi: 10.1016/j.genhosppsych.2015.11.005. Epub 2015 Nov 18. PMID: 26719105.
13. Spitzer RL, Kroenke K, Williams JB, Löwe B. A brief measure for assessing generalized anxiety disorder: the GAD-7. Arch Intern Med. 2006 May 22;166(10):1092–7. doi: 10.1001/archinte.166.10.1092. PMID: 16717171.
14. Zigmond AS, Snaith RP. The hospital anxiety and depression scale. Acta Psychiatr Scand. 1983 Jun;67(6):361–70. doi: 10.1111/j.1600–0447.1983.tb09716.x. PMID: 6880820.
15. Julian LJ. Measures of anxiety: State-Trait Anxiety Inventory (STAI), Beck Anxiety Inventory (BAI), and Hospital Anxiety and Depression Scale-Anxiety (HADS-A). Arthritis Care Res (Hoboken). 2011 Nov;63 Suppl 11(0 11):S467–72. doi: 10.1002/acr.20561. PMID: 22588767; PMCID: PMC3879951.
16. Sheehan DV, Lecrubier Y, Sheehan KH, Amorim P, Janavs J, Weiller E, Hergueta T, Baker R, Dunbar GC. The Mini-International Neuropsychiatric Interview (M.I.N.I.): the development and validation of a structured diagnostic psychiatric interview for DSM-IV and ICD-10. J Clin Psychiatry. 1998;59 Suppl 20:22–33;quiz 34–57. PMID: 9881538.
17. Rozanski A, Blumenthal JA, Kaplan J. Impact of psychological factors on the pathogenesis of cardiovascular disease and implications for therapy. Circulation. 1999 Apr 27;99(16):2192–217. doi: 10.1161/01.cir.99.16.2192. PMID: 10217662.
18. Gorman JM, Liebowitz MR, Fyer AJ, Stein J. A neuroanatomical hypothesis for panic disorder. Am J Psychiatry. 1989 Feb;146(2):148–61. doi: 10.1176/ajp.146.2.148. PMID: 2643361.
19. Pedersen SS, von Känel R, Tully PJ, Denollet J. Psychosocial perspectives in cardiovascular disease. Eur J Prev Cardiol. 2017 Jun;24(3_suppl):108–115. doi: 10.1177/2047487317703827. PMID: 28618908.
20. Cohen BE, Edmondson D, Kronish IM. State of the Art Review: Depression, Stress, Anxiety, and Cardiovascular Disease. Am J Hypertens. 2015 Nov;28(11):1295–302. doi: 10.1093/ajh/hpv047. Epub 2015 Apr 24. PMID: 25911639; PMCID: PMC4612342.
21. Veskovic J, Cvetkovic M, Tahirovic E, Zdravkovic M, Apostolovic S, Kosevic D, Loncar G, Obradovic D, Matic D, Ignjatovic A, Cvetkovic T, Posch MG, Radenovic S, Ristić AD, Dokic D, Milošević N, Panic N, Düngen HD. Depression, anxiety, and quality of life as predictors of rehospitalization in patients with chronic heart failure. BMC Cardiovasc Disord. 2023 Oct 27;23(1):525. doi: 10.1186/s12872–023–03500–8. PMID: 37891464; PMCID: PMC10612261.
22. Zhou H, Ji Y, Sun L, Wang Z, Jin S, Wang S, Yang C, Yin D, Li J. Exploring the causal relationships and mediating factors between depression, anxiety, panic, and atrial fibrillation: A multivariable Mendelian randomization study. J Affect Disord. 2024 Mar 15;349:635–645. doi: 10.1016/j.jad.2024.01.061. Epub 2024 Jan 9. PMID: 38211754.
23. Batelaan NM, Seldenrijk A, Bot M, van Balkom AJ, Penninx BW. Anxiety and new onset of cardiovascular disease: critical review and meta-analysis. Br J Psychiatry. 2016 Mar;208(3):223–31. doi: 10.1192/bjp.bp.114.156554. PMID: 26932485.

24. Wändell P, Carlsson AC, Gasevic D, Wahlström L, Sundquist J, Sundquist K. Depression or anxiety and all-cause mortality in adults with atrial fibrillation–A cohort study in Swedish primary care. Ann Med. 2016;48(1–2):59–66. doi: 10.3109/07853890.2015.1132842. Epub 2016 Jan 13. PMID: 26758363; PMCID: PMC4790080.
25. Ladwig KH, Goette A, Atasoy S, Johar H. Psychological aspects of atrial fibrillation: A systematic narrative review : Impact on incidence, cognition, prognosis, and symptom perception. Curr Cardiol Rep. 2020 Sep 10;22(11):137. doi: 10.1007/s11886-020-01396-w. PMID: 32910300; PMCID: PMC7496063.
26. Lindekilde N, Skov O, Skovbakke SJ, Johansen JB, Nielsen JC, Pedersen SS. Anxiety and depression as risk factors for ICD shocks and mortality in patients with an implantable cardioverter defibrillator – A systematic review. Gen Hosp Psychiatry. 2022 Sep-Oct;78:96–107. doi: 10.1016/j.genhosppsych.2022.07.008. Epub 2022 Jul 22. PMID: 35933929.
27. Walters K, Rait G, Petersen I, Williams R, Nazareth I. Panic disorder and risk of new onset coronary heart disease, acute myocardial infarction, and cardiac mortality: cohort study using the general practice research database. Eur Heart J. 2008 Dec;29(24):2981–8. doi: 10.1093/eurheartj/ehn477. Epub 2008 Oct 23. PMID: 18948354.
28. Cannon WB. *The wisdom of the body.* New York (NY): W. W. Norton; 1932.
29. Margraf J, Schneider S. *Panik: Angstanfälle und ihre Behandlung.* Berlin (Germany): Springer; 1990.
30. Orth-Gomér K, Schneiderman N, Wang HX, Walldin C, Blom M, Jernberg T. Stress reduction prolongs life in women with coronary disease: the Stockholm Women's Intervention Trial for Coronary Heart Disease (SWITCHD). Circ Cardiovasc Qual Outcomes. 2009 Jan;2(1):25–32. doi: 10.1161/CIRCOUTCOMES.108.812859. Epub 2009 Jan 6. PMID: 20031809.
31. Tully PJ, Turnbull DA, Horowitz JD, Beltrame JF, Baune BT, Sauer-Zavala S, Baumeister H, Bean CG, Pinto RB, Cosh S, Wittert GA. Transdiagnostic Cognitive-Behavioral Therapy for Depression and Anxiety Disorders in Cardiovascular Disease Patients: Results From the CHAMPS Pilot-Feasibility Trial. Front Psychiatry. 2022 Apr 14;13:741039. doi: 10.3389/fpsyt.2022.741039. PMID: 35492726; PMCID: PMC9050199.
32. Reavell J, Hopkinson M, Clarkesmith D, Lane DA. Effectiveness of Cognitive Behavioral Therapy for Depression and Anxiety in Patients With Cardiovascular Disease: A Systematic Review and Meta-Analysis. Psychosom Med. 2018 Oct;80(8):742–753. doi: 10.1097/PSY.0000000000000626. PMID: 30281027.
33. Wang S, Gao L, Wang C, Bai J, Shen M, Zhao X, Lin M. Effects of internet-based cognitive behavioral therapy on anxiety and depressive symptoms among patients with cardiovascular and cerebrovascular diseases: a systematic review and meta-analysis. Front Psychiatry. 2025 Jan 16;15:1433558. doi: 10.3389/fpsyt.2024.1433558. PMID: 39886052; PMCID: PMC11779714.
34. Fattahi A, Mazini F, Jaberghaderi N, Rajabi F, Derakhshani M, Laki M. Effectiveness of acceptance and commitment therapy for distress, emotion regulation, and self-compassion in patients with cardiovascular disease: a randomized clinical trial. Trends Psychiatry Psychother. 2025;47:e20230685. doi: 10.47626/2237-6089-2023-0685. Epub 2023 Sep 17. PMID: 37717274.
35. Pedersen SS, Andersen CM, Ahm R, Skovbakke SJ, Kok R, Helmark C, Wiil UK, Schmidt T, Olsen KR, Hjelmborg J, Zwisler AD, Frostholm L. Efficacy and cost-effectiveness of a therapist-assisted web-based intervention for depression and anxiety in patients with ischemic heart disease attending cardiac rehabilitation [eMindYourHeart trial]: a randomised controlled trial protocol. BMC Cardiovasc Disord. 2021 Jan 7;21(1):20. doi: 10.1186/s12872-020-01801-w. PMID: 33413109; PMCID: PMC7788554.
36. Aldcroft SA, Taylor NF, Blackstock FC, O'Halloran PD. Psychoeducational rehabilitation for health behavior change in coronary artery disease: a systematic review of controlled trials. J Cardiopulm Rehabil Prev. 2011 Sep-Oct;31(5):273–81. doi: 10.1097/HCR.0b013e318220a7c9. PMID: 21734590.

37. Eifert GH, Thompson RN, Zvolensky MJ, Edwards K, Frazer NL, Haddad JW, Davig J. The cardiac anxiety questionnaire: development and preliminary validity. Behav Res Ther. 2000 Oct;38(10):1039–53. doi: 10.1016/s0005-7967(99)00132-1. PMID: 11004742.
38. Taylor S, Zvolensky MJ, Cox BJ, Deacon B, Heimberg RG, Ledley DR, Abramowitz JS, Holaway RM, Sandin B, Stewart SH, Coles M, Eng W, Daly ES, Arrindell WA, Bouvard M, Cardenas SJ. Robust dimensions of anxiety sensitivity: development and initial validation of the Anxiety Sensitivity Index-3. Psychol Assess. 2007 Jun;19(2):176–88. doi: 10.1037/1040-3590.19.2.176. PMID: 17563199.
39. Kroenke K, Spitzer RL, Williams JB, Löwe B. An ultra-brief screening scale for anxiety and depression: the PHQ-4. Psychosomatics. 2009 Nov-Dec;50(6):613–21. doi: 10.1176/appi.psy.50.6.613. PMID: 19996233.
40. Herrmann-Lingen C, Buss U, Snaith RP. Hospital Anxiety and Depression Scale – Deutsche Version (HADS-D): Deutschsprachige Adaptation der Hospital Anxiety and Depression Scale (HADS) von R P Snaith und A S Zigmond. 4., aktualisierte und neu normierte Auflage. Bern: Hogrefe; 2018.
41. Hankin BL, Abela JRZ, editors. *Development of psychopathology: a vulnerability–stress perspective.* Thousand Oaks (CA): SAGE Publications, Inc.; 2005. doi:10.4135/9781452231655.
42. Huff C. Understanding anticipatory anxiety during key life transitions: Psychologists help people create and reinforce healthy patterns of thinking for coping with fears involving uncertainty. *APA Monitor on Psychology.* 2025 Jan 16 [updated 2025 Jun 1];56(4). https://www.apa.org/monitor/2025/06/anticipatory-anxiety
43. Herrmann-Lingen C, Albus C, Titscher G, editors. *Psychokardiologie: Ein Praxisleitfaden für Ärzte und Psychologen.* 3rd ed. Berlin: Springer; 2020. DOI: 10.1007/978-3-662-58899-4.
44. Hiller TS, Freytag A, Breitbart J, Teismann T, Schöne E, Blank W, Schelle M, Vollmar HC, Margraf J, Gensichen J; für die Jena-PARADISE Study Group. Die Jena Angst-Monitoring-Liste (JAMoL) – ein Instrument zur evidenzbasierten Behandlung von Panikstörung mit oder ohne Agoraphobie in der Hausarztpraxis [The Jena Anxiety Monitoring List (JAMoL) – a tool for the evidence-based treatment of panic disorder with or without agoraphobia in primary care]. Z Evid Fortbild Qual Gesundhwes. 2018 Apr;131–132:28–37. German. doi: 10.1016/j.zefq.2018.02.003. Epub 2018 Mar 13. PMID: 29544715.
45. Dryden W, Bond FW. Reason and emotion in psychotherapy: Albert Ellis. Br J Psychiatry. 1994 Jul;165(1):131–5. doi: 10.1192/bjp.165.1.131. PMID: 7953024.
46. Mathers CD, Loncar D. Projections of global mortality and burden of disease from 2002 to 2030. PLoS Med. 2006 Nov;3(11):e442. doi: 10.1371/journal.pmed.0030442. PMID: 17132052; PMCID: PMC1664601.
47. Zeng J, Qiu Y, Yang C, Fan X, Zhou X, Zhang C, Zhu S, Long Y, Hashimoto K, Chang L, Wei Y. Cardiovascular diseases and depression: A meta-analysis and Mendelian randomization analysis. Mol Psychiatry. 2025 Sep;30(9):4234–4246. doi: 10.1038/s41380-025-03003-2. Epub 2025 Apr 17. Erratum in: Mol Psychiatry. 2025 Sep;30(9):4444. doi: 10.1038/s41380-025-03049-2. PMID: 40247128; PMCID: PMC12339367.
48. Thombs BD, Bass EB, Ford DE, Stewart KJ, Tsilidis KK, Patel U, Fauerbach JA, Bush DE, Ziegelstein RC. Prevalence of depression in survivors of acute myocardial infarction. J Gen Intern Med. 2006 Jan;21(1):30–8. doi: 10.1111/j.1525-1497.2005.00269.x. PMID: 16423120; PMCID: PMC1484630.
49. Feng L, Li L, Liu W, Yang J, Wang Q, Shi L, Luo M. Prevalence of depression in myocardial infarction: A PRISMA-compliant meta-analysis. Medicine (Baltimore). 2019 Feb;98(8):e14596. doi: 10.1097/MD.0000000000014596. PMID: 30813183; PMCID: PMC6407970.
50. Moradi M, Doostkami M, Behnamfar N, Rafiemanesh H, Behzadmehr R. Global Prevalence of Depression among Heart Failure Patients: A Systematic Review and Meta-Analysis. Curr Probl Cardiol. 2022 Jun;47(6):100848. doi: 10.1016/j.cpcardiol.2021.100848. Epub 2021 Mar 30. PMID: 34006389.
51. Wittchen HU, Jacobi F, Rehm J, Gustavsson A, Svensson M, Jönsson B, Olesen J, Allgulander C, Alonso J, Faravelli C, Fratiglioni L, Jennum P, Lieb R, Maercker A, van Os J,

Preisig M, Salvador-Carulla L, Simon R, Steinhausen HC. The size and burden of mental disorders and other disorders of the brain in Europe 2010. Eur Neuropsychopharmacol. 2011 Sep;21(9):655–79. doi:10.1016/j.euroneuro.2011.07.018. PMID: 21896369.
52. Oshvandi K, Khatiban M, Ghanei Gheshlagh R, Razavi M. The prevalence of depression in patients living with implantable cardioverter defibrillator: a systematic review and meta-analysis. Ir J Med Sci. 2020 Nov;189(4):1243–1252. doi: 10.1007/s11845-020-02208-4. Epub 2020 Mar 14. PMID: 32172313.
53. Stanicki P, Szarpak J, Wieteska M, Kaczyńska A, Milanowska J. Postoperative depression in patients after coronary artery bypass grafting (CABG) – a review of the literature. Pol Przegl Chir. 2020 Aug 4;92(6):32–38. doi: 10.5604/01.3001.0014.3431. PMID: 33408263.
54. Mallik S, Spertus JA, Reid KJ, Krumholz HM, Rumsfeld JS, Weintraub WS, Agarwal P, Santra M, Bidyasar S, Lichtman JH, Wenger NK, Vaccarino V; PREMIER Registry Investigators. Depressive symptoms after acute myocardial infarction: evidence for highest rates in younger women. Arch Intern Med. 2006 Apr 24;166(8):876–83. doi:10.1001/archinte.166.8.876. PMID: 16636212.
55. Vaccarino V, Badimon L, Corti R, de Wit C, Dorobantu M, Hall A, Koller A, Marzilli M, Pries A, Bugiardini R; Working Group on Coronary Pathophysiology and Microcirculation. Ischaemic heart disease in women: are there sex differences in pathophysiology and risk factors? Position paper from the working group on coronary pathophysiology and microcirculation of the European Society of Cardiology. Cardiovasc Res. 2011 Apr 1;90(1):9–17. doi: 10.1093/cvr/cvq394. Epub 2010 Dec 14. PMID: 21159671; PMCID: PMC3058737.
56. Khan Z, Musa K, Abumedian M, Ibekwe M. Prevalence of Depression in Patients With Post-Acute Coronary Syndrome and the Role of Cardiac Rehabilitation in Reducing the Risk of Depression: A Systematic Review. Cureus. 2021 Dec 31;13(12):e20851. doi: 10.7759/cureus.20851. PMID: 35141096; PMCID: PMC8802655.
57. Parashar S, Rumsfeld JS, Spertus JA, Reid KJ, Wenger NK, Krumholz HM, Amin A, Weintraub WS, Lichtman J, Dawood N, Vaccarino V. Time course of depression and outcome of myocardial infarction. Arch Intern Med. 2006 Oct 9;166(18):2035–43. doi: 10.1001/archinte.166.18.2035. PMID: 17030839.
58. von Känel R. Neues aus der Psychokardiologie: Depression und koronare Herzkrankheit. *Praxis (Bern 1994)*. 2014;103(2):85–93. doi:10.1024/1661-8157/a001515.
59. de Miranda Azevedo R, Roest AM, Hoen PW, de Jonge P. Cognitive/affective and somatic/affective symptoms of depression in patients with heart disease and their association with cardiovascular prognosis: a meta-analysis. Psychol Med. 2014 Oct;44(13):2689–2703. doi: 10.1017/S0033291714000063.
60. Füller D, Andresen-Bundus H, Pagonas N, Jaehn P, Ukena C, Gödde K, Holmberg C, Ritter O, Sasko B. Adverse socioeconomic factors are associated with a widening gap in one-year health-related quality of life after acute myocardial infarction. Sci Rep. 2025 Jun 5;15(1):19791. doi: 10.1038/s41598-025-04604-1. PMID: 40473769; PMCID: PMC12141657.
61. American Psychiatric Association. *Diagnostisches und statistisches Manual psychischer Störungen – DSM-5*. Göttingen: Hogrefe; 2015.
62. de Jonge P, Ormel J, van den Brink RH, van Melle JP, Spijkerman TA, Kuijper A, van Veldhuisen DJ, van den Berg MP, Honig A, Crijns HJ, Schene AH. Symptom dimensions of depression following myocardial infarction and their relationship with somatic health status and cardiovascular prognosis. Am J Psychiatry. 2006 Jan;163(1):138–44. doi: 10.1176/appi.ajp.163.1.138. PMID: 16390901.
63. Seiler A, von Känel R, Slavich GM. The Psychobiology of Bereavement and Health: A Conceptual Review From the Perspective of Social Signal Transduction Theory of Depression. Front Psychiatry. 2020 Dec 3;11:565239. doi: 10.3389/fpsyt.2020.565239. PMID: 33343412; PMCID: PMC7744468.
64. Maes M, Kubera M, Obuchowiczwa E, Goehler L, Brzeszcz J.
Depression's multiple comorbidities explained by (neuro)inflammatory and oxidative & nitrosative stress pathways.
Neuro Endocrinol Lett. 2011;32(1):7–24. PMID: 21407167.

65. Lu X, Liu C, Lu H, Qian X, Wang C, Jia C, Jia F. Eight-year total, cognitive-affective, and somatic depressive symptoms trajectories and risks of cardiac events. Transl Psychiatry. 2024 Sep 4;14(1):356. doi: 10.1038/s41398-024-03063-y. PMID: 39231933; PMCID: PMC11374896.
66. Case SM, Sawhney M, Stewart JC. Atypical depression and double depression predict new-onset cardiovascular disease in U.S. adults. Depress Anxiety. 2018 Jan;35(1):10–17. doi: 10.1002/da.22666. Epub 2017 Jun 22. PMID: 28640965; PMCID: PMC5741545.
67. Leung et al., 2012: Leung YW, Flora DB, Gravely S, Irvine J, Carney RM, Grace SL. The impact of premorbid and postmorbid depression onset on mortality and cardiac morbidity among patients with coronary heart disease: meta-analysis. Psychosom Med. 2012 Oct;74(8):786–801. doi: 10.1097/PSY.0b013e31826ddbed. PMID: 23001393.
68. Carney RM, Freedland KE, Rich MW. Treating Depression to Improve Survival in Coronary Heart Disease: What Have We Learned? J Am Coll Cardiol. 2024 Jul 30;84(5):482–489. doi: 10.1016/j.jacc.2024.05.038. PMID: 39048281.
69. Ormel J, Von Korff M, Burger H, Scott K, Demyttenaere K, Huang YQ, Posada-Villa J, Pierre Lepine J, Angermeyer MC, Levinson D, de Girolamo G, Kawakami N, Karam E, Medina-Mora ME, Gureje O, Williams D, Haro JM, Bromet EJ, Alonso J, Kessler R. Mental disorders among persons with heart disease – results from World Mental Health surveys. Gen Hosp Psychiatry. 2007 Jul-Aug;29(4):325–34. doi: 10.1016/j.genhosppsych.2007.03.009. PMID: 17591509; PMCID: PMC2048744.
70. Frasure-Smith N, Lespérance F. Depression and cardiac risk: present status and future directions. Heart. 2010 Feb;96(3):173–6. doi: 10.1136/hrt.2009.186957. Epub 2009 Oct 26. PMID: 19861300.
71. Bueno H, Deaton C, Farrero M, Forsyth F, Braunschweig F, Buccheri S, Dragan S, Gevaert S, Held C, Kurpas D, Ladwig KH, Lionis CD, Maas AHEM, Merşa CO, Mindham R, Pedersen SS, Rojnic Kuzman M, Szmit S, Taylor RS, Uchmanowicz I, Vilchinsky N; ESC Scientific Document Group. 2025 ESC Clinical Consensus Statement on mental health and cardiovascular disease: developed under the auspices of the ESC Clinical Practice Guidelines Committee. Eur Heart J. 2025 Aug 29:ehaf191. doi: 10.1093/eurheartj/ehaf191. Epub ahead of print. PMID: 40878270.
72. Huffman JC, Smith FA, Blais MA, Beiser ME, Januzzi JL, Fricchione GL. Recognition and treatment of depression and anxiety in patients with acute myocardial infarction. Am J Cardiol. 2006 Aug 1;98(3):319–24. doi: 10.1016/j.amjcard.2006.02.033. Epub 2006 Jun 12. PMID: 16860016.
73. Guck TP, Kavan MG, Elsasser GN, Barone EJ. Assessment and treatment of depression following myocardial infarction. Am Fam Physician. 2001 Aug 15;64(4):641–8. PMID: 11529263.
74. Ambrosetti M, Abreu A, Corrà U, Davos CH, Hansen D, Frederix I, Iliou MC, Pedretti RFE, Schmid JP, Vigorito C, Voller H, Wilhelm M, Piepoli MF, Bjarnason-Wehrens B, Berger T, Cohen-Solal A, Cornelissen V, Dendale P, Doehner W, Gaita D, Gevaert AB, Kemps H, Kraenkel N, Laukkanen J, Mendes M, Niebauer J, Simonenko M, Zwisler AO. Secondary prevention through comprehensive cardiovascular rehabilitation: From knowledge to implementation. 2020 update. A position paper from the Secondary Prevention and Rehabilitation Section of the European Association of Preventive Cardiology. Eur J Prev Cardiol. 2021 May 14;28(5):460–495. doi: 10.1177/2047487320913379. PMID: 33611446.
75. Visseren FLJ, Mach F, Smulders YM, Carballo D, Koskinas KC, Bäck M, Benetos A, Biffi A, Boavida JM, Capodanno D, Cosyns B, Crawford C, Davos CH, Desormais I, Di Angelantonio E, Franco OH, Halvorsen S, Hobbs FDR, Hollander M, Jankowska EA, Michal M, Sacco S, Sattar N, Tokgozoglu L, Tonstad S, Tsioufis KP, van Dis I, van Gelder IC, Wanner C, Williams B; ESC National Cardiac Societies; ESC Scientific Document Group. 2021 ESC Guidelines on cardiovascular disease prevention in clinical practice. Eur Heart J. 2021 Sep 7;42(34):3227–3337. doi: 10.1093/eurheartj/ehab484. Erratum in: Eur Heart J. 2022 Nov 7;43(42):4468. doi: 10.1093/eurheartj/ehac458. PMID: 34458905.
76. McManus D, Pipkin SS, Whooley MA. Screening for depression in patients with coronary heart disease (data from the Heart and Soul Study). Am J Cardiol. 2005 Oct

15;96(8):1076–81. doi: 10.1016/j.amjcard.2005.06.037. Epub 2005 Aug 30. PMID: 16214441; PMCID: PMC2776683.

77. Kroenke K, Spitzer RL, Williams JB. The PHQ-9: validity of a brief depression severity measure. J Gen Intern Med. 2001 Sep;16(9):606–13. doi: 10.1046/j.1525-1497.2001.016009606.x. PMID: 11556941; PMCID: PMC1495268.
78. Löwe B, Spitzer RL, Gräfe K, Kroenke K, Quenter A, Zipfel S, Buchholz C, Witte S, Herzog W. Comparative validity of three screening questionnaires for DSM-IV depressive disorders and physicians' diagnoses. J Affect Disord. 2004 Feb;78(2):131–40. doi: 10.1016/s0165-0327(02)00237-9. PMID: 14706723.
79. Lichtman JH, Bigger JT Jr, Blumenthal JA, Frasure-Smith N, Kaufmann PG, Lespérance F, Mark DB, Sheps DS, Taylor CB, Froelicher ES; American Heart Association Prevention Committee of the Council on Cardiovascular Nursing; American Heart Association Council on Clinical Cardiology; American Heart Association Council on Epidemiology and Prevention; American Heart Association Interdisciplinary Council on Quality of Care and Outcomes Research; American Psychiatric Association. Depression and coronary heart disease: recommendations for screening, referral, and treatment: a science advisory from the American Heart Association Prevention Committee of the Council on Cardiovascular Nursing, Council on Clinical Cardiology, Council on Epidemiology and Prevention, and Interdisciplinary Council on Quality of Care and Outcomes Research: endorsed by the American Psychiatric Association. Circulation. 2008 Oct 21;118(17):1768–75. doi: 10.1161/CIRCULATIONAHA.108.190769. Epub 2008 Sep 29. PMID: 18824640.
80. Spitzer RL, Kroenke K, Williams JB. Validation and utility of a self-report version of PRIME-MD: the PHQ primary care study. Primary Care Evaluation of Mental Disorders. Patient Health Questionnaire. JAMA. 1999 Nov 10;282(18):1737–44. doi: 10.1001/jama.282.18.1737. PMID: 10568646.
81. Beck AT, Ward CH, Mendelson Mock J, Erbaugh J. An inventory for measuring depression. Arch Gen Psychiatry. 1961 Jun;4:561–71. doi: 10.1001/archpsyc.1961.01710120031004. PMID: 13688369.
82. Rush AJ, Gullion CM, Basco MR, Jarrett RB, Trivedi MH. The Inventory of Depressive Symptomatology (IDS): psychometric properties. Psychol Med. 1996 May;26(3):477–86. doi: 10.1017/s0033291700035558. PMID: 8733206.
83. Ski CF, Taylor RS, McGuigan K, Long L, Lambert JD, Richards SH, Thompson DR. Psychological interventions for depression and anxiety in patients with coronary heart disease, heart failure or atrial fibrillation. Cochrane Database Syst Rev. 2024 Apr 5;4(4): CD013508. doi: 10.1002/14651858.CD013508.pub3. PMID: 38577875; PMCID: PMC10996021.
84. Lespérance F, Frasure-Smith N, Koszycki D, Laliberté MA, van Zyl LT, Baker B, Swenson JR, Ghatavi K, Abramson BL, Dorian P, Guertin MC; CREATE Investigators. Effects of citalopram and interpersonal psychotherapy on depression in patients with coronary artery disease: the Canadian Cardiac Randomized Evaluation of Antidepressant and Psychotherapy Efficacy (CREATE) trial. JAMA. 2007 Jan 24;297(4):367–79. doi: 10.1001/jama.297.4.367. Erratum in: JAMA. 2007 Jul 4;298(1):40. PMID: 17244833.
85. Berkman LF, Blumenthal J, Burg M, Carney RM, Catellier D, Cowan MJ, Czajkowski SM, DeBusk R, Hosking J, Jaffe A, Kaufmann PG, Mitchell P, Norman J, Powell LH, Raczynski JM, Schneiderman N; Enhancing Recovery in Coronary Heart Disease Patients Investigators (ENRICHD). Effects of treating depression and low perceived social support on clinical events after myocardial infarction: the Enhancing Recovery in Coronary Heart Disease Patients (ENRICHD) Randomized Trial. JAMA. 2003 Jun 18;289(23):3106–16. doi: 10.1001/jama.289.23.3106. PMID: 12813116.
86. Herrmann-Lingen C, Beutel ME, Bosbach A, Deter HC, Fritzsche K, Hellmich M, Jordan J, Jünger J, Ladwig KH, Michal M, Petrowski K, Pieske B, Ronel J, Söllner W, Stöhr A, Weber C, de Zwaan M, Albus C; SPIRR-CAD Study Group. A Stepwise Psychotherapy Intervention for Reducing Risk in Coronary Artery Disease (SPIRR-CAD): Results of an Observer-Blinded, Multicenter, Randomized Trial in Depressed Patients With Coronary

Artery Disease. Psychosom Med. 2016 Jul-Aug;78(6):704–15. doi: 10.1097/PSY.0000000000000332. PMID: 27187851.
87. Yu H, Ma Y, Lei R, Xu D. A meta-analysis of clinical efficacy and quality of life of cognitive-behavioral therapy in acute coronary syndrome patients with anxiety and depression. Ann Palliat Med. 2020 Jul;9(4):1886–1895. doi: 10.21037/apm-20–974. Epub 2020 Jun 10. PMID: 32576008.
88. Humphries SM, Wallert J, Norlund F, Wallin E, Burell G, von Essen L, Held C, Olsson EMG. Internet-Based Cognitive Behavioral Therapy for Patients Reporting Symptoms of Anxiety and Depression After Myocardial Infarction: U-CARE Heart Randomized Controlled Trial Twelve-Month Follow-up. J Med Internet Res. 2021 May 24;23(5): e25465. doi: 10.2196/25465. PMID: 34028358; PMCID: PMC8185614.
89. Härter M, Prien P; NVL Guideline Group. Clinical Practice Guideline: The Diagnosis and Treatment of Unipolar Depression—National Disease Management Guideline. Dtsch Arztebl Int. 2023 May 19;120(20):355–361. doi: 10.3238/arztebl.m2023.0074. PMID: 37070271; PMCID: PMC10412920.
90. Bundesärztekammer (BÄK), Kassenärztliche Bundesvereinigung (KBV), Arbeitsgemeinschaft der Wissenschaftlichen Medizinischen Fachgesellschaften (AWMF). Nationale VersorgungsLeitlinie Unipolare Depression – Langfassung Version 3.2 [Internet]. Berlin: ÄZQ; 2022 [cited 2025–09–06]. Available from: https://register.awmf.org/assets/guidelines/nvl-005l_S3_Unipolare-Depression_2023-07.pdf
91. Hautzinger M. Kognitive Verhaltenstherapie bei Depressionen. 8. Aufl. Weinheim: Beltz; 2021.
92. Joormann J, Stanton CH. Examining emotion regulation in depression: A review and future directions. Behav Res Ther. 2016 Nov;86:35–49. doi: 10.1016/j.brat.2016.07.007. Epub 2016 Jul 28. PMID: 27492851.
93. Negt P, Brakemeier EL, Michalak J, Winter L, Bleich S, Kahl KG. The treatment of chronic depression with cognitive behavioral analysis system of psychotherapy: a systematic review and meta-analysis of randomized-controlled clinical trials. Brain Behav. 2016 May 3;6(8):e00486. doi: 10.1002/brb3.486. PMID: 27247856; PMCID: PMC4864084.
94. Kopf-Beck J, Zimmermann P, Egli S, Rein M, Kappelmann N, Fietz J, Tamm J, Rek K, Lucae S, Brem AK, Sämann P, Schilbach L, Keck ME. Schema therapy versus cognitive behavioral therapy versus individual supportive therapy for depression in an inpatient and day clinic setting: study protocol of the OPTIMA-RCT. BMC Psychiatry. 2020 Oct 14;20(1):506. doi: 10.1186/s12888–020–02880-x. PMID: 33054737; PMCID: PMC7557007.
95. Chen C, Beaunoyer E, Guitton MJ, Wang J. Physical Activity as a Clinical Tool against Depression: *Opportunities and Challenges.* J Integr Neurosci. 2022 Jul 22;21(5):132. doi: 10.31083/j.jin2105132. PMID: 36137954.
96. Hayes SC, Luoma JB, Bond FW, Masuda A, Lillis J. Acceptance and commitment therapy: model, processes and outcomes. Behav Res Ther. 2006 Jan;44(1):1–25. doi: 10.1016/j.brat.2005.06.006. PMID: 16300724.
97. Kiresuk TJ, Sherman RE. Goal attainment scaling: A general method for evaluating comprehensive community mental health programs. Community Ment Health J. 1968 Dec;4(6):443–53. doi: 10.1007/BF01530764. PMID: 24185570.
98. Potreck-Rose F, Jacob G. Selbstzuwendung, Selbstakzeptanz, Selbstvertrauen: psychotherapeutische Interventionen zum Aufbau von Selbstwertgefühl. Stuttgart: Klett-Cotta; 2016.
99. Nekouei ZK, Doost HT, Yousefy A, Manshaee G, Sadeghei M. The relationship of Alexithymia with anxiety-depression-stress, quality of life, and social support in Coronary Heart Disease (A psychological model). J Educ Health Promot. 2014 Jun 23;3:68. doi: 10.4103/2277–9531.134816. PMID: 25077161; PMCID: PMC4113983.
100. Tunheim K, Dammen T, Baardstu S, Moum T, Munkhaugen J, Papageorgiou C. Relationships between depression, anxiety, type D personality, and worry and rumination in patients with coronary heart disease. Front Psychol. 2022 Sep 14;13:929410. doi: 10.3389/fpsyg.2022.929410. PMID: 36186321; PMCID: PMC9517376.

101. Eismann G, Lammers C-H. Therapie-Tools Emotionsregulation. Weinheim: Beltz; 2017.
102. Kop WJ, Toussaint A, Mols F, Löwe B. Somatic symptom disorder in the general population: Associations with medical status and health care utilization using the SSD-12. Gen Hosp Psychiatry. 2019 Jan-Feb;56:36–41. doi: 10.1016/j.genhosppsych.2018.10.004. Epub 2018 Oct 21. PMID: 30578985.
103. Rief W, Martin A. How to use the new DSM-5 somatic symptom disorder diagnosis in research and practice: a critical evaluation and a proposal for modifications. Annu Rev Clin Psychol. 2014;10:339–67. doi: 10.1146/annurev-clinpsy-032813–153745. Epub 2014 Jan 2. PMID: 24387234.
104. Kroenke K, Price RK. Symptoms in the community. Prevalence, classification, and psychiatric comorbidity. Arch Intern Med. 1993 Nov 8;153(21):2474–80. PMID: 8215752.
105. Kroenke K. Patients presenting with somatic complaints: epidemiology, psychiatric comorbidity and management. Int J Methods Psychiatr Res. 2003;12(1):34–43. doi: 10.1002/mpr.140. PMID: 12830308; PMCID: PMC6878426.
106. Rief W, Hiller W. Somatisierungsstörung. 2nd ed. Göttingen: Hogrefe; 2010.
107. Häuser W, Bialas P, Welsch K, Wolfe F. Construct validity and clinical utility of current research criteria of DSM-5 somatic symptom disorder diagnosis in patients with fibromyalgia syndrome. J Psychosom Res. 2015 Jun;78(6):546–52. doi: 10.1016/j.jpsychores.2015.03.151. Epub 2015 Mar 30. PMID: 25864805.
108. Claassen-van Dessel N, van der Wouden JC, Dekker J, van der Horst HE. Clinical value of DSM IV and DSM 5 criteria for diagnosing the most prevalent somatoform disorders in patients with medically unexplained physical symptoms (MUPS). J Psychosom Res. 2016 Mar;82:4–10. doi: 10.1016/j.jpsychores.2016.01.004. Epub 2016 Jan 12. PMID: 26944392.
109. Nimnuan C, Hotopf M, Wessely S. Medically unexplained symptoms: an epidemiological study in seven specialities. J Psychosom Res. 2001 Jul;51(1):361–7. doi: 10.1016/s0022–3999(01)00223–9. PMID: 11448704.
110. Henningsen P, Gündel H, Kop WJ, Löwe B, Martin A, Rief W, Rosmalen JGM, Schröder A, van der Feltz-Cornelis C, Van den Bergh O; EURONET-SOMA Group. Persistent Physical Symptoms as Perceptual Dysregulation: A Neuropsychobehavioral Model and Its Clinical Implications. Psychosom Med. 2018 Jun;80(5):422–431. doi: 10.1097/PSY.0000000000000588. PMID: 29621046.
111. Kurlansik SL, Maffei MS. Somatic Symptom Disorder. Am Fam Physician. 2016 Jan 1;93(1):49–54. PMID: 26760840.
112. Leiknes KA, Finset A, Moum T, Sandanger I. Course and predictors of medically unexplained pain symptoms in the general population. J Psychosom Res. 2007 Feb;62(2):119–28. doi: 10.1016/j.jpsychores.2006.08.009. PMID: 17270569.
113. Joustra ML, Janssens KA, Bültmann U, Rosmalen JG. Functional limitations in functional somatic syndromes and well-defined medical diseases. Results from the general population cohort LifeLines. J Psychosom Res. 2015 Aug;79(2):94–9. doi: 10.1016/j.jpsychores.2015.05.004. Epub 2015 May 16. PMID: 26026696.
114. Creed F, Henningsen P, Fink P. (2011): Medically unexplained symptoms, somatization and bodily distress. Cambridge Medicine: University Press.
115. Toussaint A, Herzog A. (2020). Einführung Somatoforme Störungen, somatische Belastungsstörungen. Ernst Reinhardt Verlag: München.
116. Van den Bergh O, Witthöft M, Petersen S, Brown RJ. Symptoms and the body: Taking the inferential leap. Neurosci Biobehav Rev. 2017 Mar;74(Pt A):185–203. doi: 10.1016/j.neubiorev.2017.01.015. Epub 2017 Jan 17. PMID: 28108416.
117. Denk F, McMahon SB, Tracey I. Pain vulnerability: a neurobiological perspective. Nat Neurosci. 2014 Feb;17(2):192–200. doi: 10.1038/nn.3628. Epub 2014 Jan 28. PMID: 24473267.
118. Afari N, Ahumada SM, Wright LJ, Mostoufi S, Golnari G, Reis V, Cuneo JG. Psychological trauma and functional somatic syndromes: a systematic review and meta-analysis. Psychosom Med. 2014 Jan;76(1):2–11. doi: 10.1097/PSY.0000000000000010. Epub 2013 Dec 12. PMID: 24336429; PMCID: PMC3894419.

119. Kleinstäuber M, Gottschalk J, Berking M, Rau J, Rief W. Enriching Cognitive Behavior Therapy with Emotion Regulation Training for Patients with Multiple Medically Unexplained Symptoms (ENCERT): Design and implementation of a multicenter, randomized, active-controlled trial. Contemp Clin Trials. 2016 Mar;47:54–63. doi: 10.1016/j.cct.2015.12.003. Epub 2015 Dec 4. PMID: 26655432.
120. Albus C, Herrmann-Lingen C. Funktionelle Störungen in der Kardiologie. *Psychosom Konsiliarpsychiatr* 1, 118–122 (2007). https://doi.org/10.1007/s11800-007-0024-x
121. Toussaint A, Murray AM, Voigt K, Herzog A, Gierk B, Kroenke K, Rief W, Henningsen P, Löwe B. Development and Validation of the Somatic Symptom Disorder-B Criteria Scale (SSD-12). Psychosom Med. 2016 Jan;78(1):5–12. doi: 10.1097/PSY.0000000000000240. PMID: 26461855.
122. Barsky AJ, Wyshak G, Klerman GL. The somatosensory amplification scale and its relationship to hypochondriasis. J Psychiatr Res. 1990;24(4):323–34. doi: 10.1016/0022–3956(90)90004-a. PMID: 2090830.
123. Mullins, LL, Olson RA. (1990). Familial factors in the etiology, maintenance, and treatment of somatoform disorders in children. *Family Systems Medicine, 8*(2), 159–175. https://doi.org/10.1037/h0089230
124. Henningsen, P. (2018). Management of somatic symptom disorder. *Dialogues in Clinical Neuroscience, 20*(1), 23–31. https://doi.org/10.31887/DCNS.2018.20.1/phenningsen
125. Hausteiner-Wiehle C, Henningsen P, Häuser W, Herrmann, M, Ronel J, Sattel H, Schäfert R, (Hrsg.) (2013) Umgang mit Patienten mit nicht-spezifischen, funktionnellen und somatoformen Körperbeschwerden. S3-Leitlinien mit Quellentexten, Praxismaterialien und Oatientenleitlinie, Stuttgart: Schattauer-Verlag.
126. Hiller W, Janca A. Assessment of somatoform disorders: a review of strategies and instruments. Acta Neuropsychiatr. 2003 Aug;15(4):167–79. doi: 10.1034/j.1601–5215.2003.00031.x. PMID: 26983564.
127. Wittchen HU, Zaudig M, Frydrich T. (1997): SKID Strukturiertes Klinisches Interview für DSM-IV. Achse I und II. Hogrefe, Göttingen.
128. Margraf J, Cwik JC, Suppiger A, Scheider S. (2017): DIPS Open Access: Diagnostisches Interview bei psychischen Störungen (5. Überarbeitete Aufl.). Bochum: Ruhr Universität.
129. Kroenke K, Spitzer RL, Williams JB. The PHQ-15: validity of a new measure for evaluating the severity of somatic symptoms. Psychosom Med. 2002 Mar-Apr;64(2):258–66. doi: 10.1097/00006842–200203000–00008. PMID: 11914441.
130. Tarlov AR, Ware JE Jr, Greenfield S, Nelson EC, Perrin E, Zubkoff M. The Medical Outcomes Study. An application of methods for monitoring the results of medical care. JAMA. 1989 Aug 18;262(7):925–30. doi: 10.1001/jama.262.7.925. PMID: 2754793.
131. Hiller W, Rief W. (2004). Internationale Skalen für Hypochondrie. Deutsch-sprachige Adaptation des Whiteley-Index (WI) und der Illness Attitude Scales (IAS) (Manual). Bern: Huber.
132. Hiller W, Rief W, Elefant S, Margraf J, Kroymann R, Leibbrand R, & Fichter M M. (1997). Dysfunktionale Kognitionen bei Patienten mit Somatisierungssyndrom [Dysfunctional cognitions in patients with somatozation syndrome]. Zeitschrift für Klinische Psychologie, 26(3), 226–234.
133. Harrison JE, Weber S, Jakob R, Chute CG. ICD-11: an international classification of diseases for the twenty-first century. BMC Med Inform Decis Mak. 2021 Nov 9;21(Suppl 6):206. doi: 10.1186/s12911–021–01534–6. PMID: 34753471; PMCID: PMC8577172.
134. Von Känel R, Georgia A, Eglia D, Ackermann D. (2016): Die somatische Belastungsstörung: Stress durch Körpersymptome. Primary and Hospital Care – Allgemeine Innere Medizin 16, 192–195.
135. Dimsdale JE, Creed F, Escobar J, Sharpe M, Wulsin L, Barsky A, Lee S, Irwin MR, Levenson J. Somatic symptom disorder: an important change in DSM. J Psychosom Res. 2013 Sep;75(3):223–8. doi: 10.1016/j.jpsychores.2013.06.033. Epub 2013 Jul 25. PMID: 23972410.
136. Fröhlich C, Jacobi F, Wittchen HU. DSM-IV pain disorder in the general population. An exploration of the structure and threshold of medically unexplained pain symptoms. Eur

Arch Psychiatry Clin Neurosci. 2006 Apr;256(3):187–96. doi: 10.1007/s00406-005-0625-3. Epub 2005 Nov 18. PMID: 16328107.
137. Kohlmann S, Gierk B, Murray AM, Scholl A, Lehmann M, Löwe B. Base Rates of Depressive Symptoms in Patients with Coronary Heart Disease: An Individual Symptom Analysis. PLoS One. 2016 May 26;11(5):e0156167. doi: 10.1371/journal.pone.0156167. PMID: 27228158; PMCID: PMC4881911.
138. van der Leeuw G, Gerrits MJ, Terluin B, Numans ME, van der Feltz-Cornelis CM, van der Horst HE, Penninx BW, van Marwijk HW. The association between somatization and disability in primary care patients. J Psychosom Res. 2015 Aug;79(2):117–22. doi: 10.1016/j.jpsychores.2015.03.001. Epub 2015 Mar 11. PMID: 25824596.
139. Tavel ME. Somatic symptom disorders without known physical causes: one disease with many names? Am J Med. 2015 Oct;128(10):1054–8. doi: 10.1016/j.amjmed.2015.04.041. Epub 2015 May 30. PMID: 26031885.
140. Fishbain DA, Bruns D, Disorbio JM, Lewis JE. Risk for five forms of suicidality in acute pain patients and chronic pain patients vs pain-free community controls. Pain Med. 2009 Sep;10(6):1095–105. doi: 10.1111/j.1526-4637.2009.00682.x. Epub 2009 Aug 7. PMID: 19671084.
141. Herzog A, Shedden-Mora MC, Jordan P, Löwe B. Duration of untreated illness in patients with somatoform disorders. J Psychosom Res. 2018 Apr;107:1–6. doi: 10.1016/j.jpsychores.2018.01.011. Epub 2018 Jan 31. PMID: 29502757.
142. Mundy E, Baum A. (2004). Medical disorders as a cause of psychological trauma and posttraumatic stress disorder [Editorial]. *Current Opinion in Psychiatry, 17*(2), 123–127. https://doi.org/10.1097/00001504-200403000-00009
143. O'Malley PG. The Environment of Health Care: Primum Non Nocere
Comment on »The Association of Emergency Department Crowding During Treatment for Acute Coronary Syndrome With Subsequent Posttraumatic Stress Disorder Symptoms«. *JAMA Intern Med.* 2013;173(6):474. doi:10.1001/jamainternmed.2013.3384
144. Vilchinsky N, Ginzburg K, Fait K, Foa EB. Cardiac-disease-induced PTSD (CDI-PTSD): A systematic review. Clin Psychol Rev. 2017 Jul;55:92–106. doi: 10.1016/j.cpr.2017.04.009. Epub 2017 Apr 25. PMID: 28575815.
145. Agarwal S, Birk JL, Abukhadra SL, Rojas DA, Cornelius TM, Bergman M, Chang BP, Edmondson DE, Kronish IM. Psychological distress after sudden cardiac arrest and its impact on recovery. Curr Cardiol Rep. 2022;24(10):1351–60. https://doi.org/10.1007/s11886-022-01747-9.
146. Edmondson D, Richardson S, Fausett JK, Falzon L, Howard VJ, Kronish IM. Prevalence of PTSD in survivors of stroke and transient ischemic attack: a meta-analytic review. PLoS One. 2013 Jun 19;8(6):e66435. https://doi.org/10.1371/journal.pone.0066435.
147. Sumner JA, Kim ESH, Wood MJ, Chi G, Nolen J, Grodzinsky A, Gornik HL, Kadian-Dodov D, Wells BJ, Hess CN, Lewey J, Tam L, Henkin S, Orford J, Wells G, Kumbhani DJ, Lindley KJ, Gibson CM, Leon KK, Naderi S. Posttraumatic stress disorder after spontaneous coronary artery dissection: a report of the international spontaneous coronary artery dissection registry. J Am Heart Assoc. 2024;13(7):e032819. doi:10.1161/JAHA.123.032819
148. Rawashdeh R, Al Qadire M, Alshraideh J, Al Omari O. Prevalence of post-traumatic stress disorder and its predictors following coronary artery bypass graft surgery. Br J Nurs. 2021 Jul 8;30(13):794–800. https://doi.org/10.12968/bjon.2021.30.13.794.
149. Rosson S, Monaco F, Miola A, Cascino G, Stubbs B, Correll CU, Firth J, Ermis C, Perrotti A, Marciello F, Carvalho AF, Brunoni AR, Fusar-Poli P, Fornaro M, Gentile G, Granziol U, Pigato G, Favaro A, Solmi M. Longitudinal course of depressive, anxiety, and posttraumatic stress disorder symptoms after heart surgery: a meta-analysis of 94 studies. Psychosom Med. 2021;83(1):85–93. doi:10.1097/PSY.0000000000000872
150. Weerahandi H, Goldstein N, Gelfman LP, Jorde U, Kirkpatrick JN, Meyerson E, Marble J, Naka Y, Pinney S, Slaughter MS, Bagiella E, Ascheim DD. The relationship between psychological symptoms and ventricular assist device implantation. J Pain
151. Symptom Manage. 2017;54(6):870–876.e1. https://doi.org/10.1016/j.jpainsymman.2017.05.002

152. Farley LM, DeMaso DR, D'Angelo E, Kinnamon C, Bastardi H, Hill CE, Blume ED, Logan DE. Parenting stress and parental post-traumatic stress disorder in families after pediatric heart transplantation. J Heart Lung Transplant. 2007;26(2):120–6. doi:10.1016/j.healun.2006.11.013
153. World Health Organization. International Classification of Diseases 11th Revision (ICD-11). Geneva: World Health Organization; 2020. Available from: https://icd.who.int/browse/2024-01/mms/en
154. Edmondson D. An Enduring Somatic Threat Model of Posttraumatic Stress Disorder Due to Acute Life-Threatening Medical Events. Soc Personal Psychol Compass. 2014 Mar 5;8(3):118–134. doi: 10.1111/spc3.12089. PMID: 24920956; PMCID: PMC4048720.
155. Spindler H, Pedersen SS. Posttraumatic stress disorder in the wake of heart disease: prevalence, risk factors, and future research directions. Psychosom Med. 2005 Sep-Oct;67(5):715–23. doi: 10.1097/01.psy.0000174995.96183.9b. PMID: 16204429.
156. Wiedemar L, Schmid JP, Müller J, Wittmann L, Schnyder U, Saner H, von Känel R. Prevalence and predictors of posttraumatic stress disorder in patients with acute myocardial infarction. Heart Lung. 2008 Mar-Apr;37(2):113–21. doi: 10.1016/j.hrtlng.2007.03.005. PMID: 18371504.
157. Princip M, Koemeda M, Meister RE, Barth J, Schnyder U, Znoj H, Schmid JP, von Känel R. A picture paints a thousand words: Heart drawings reflect acute distress and illness perception and predict posttraumatic stress symptoms after acute myocardial infarction. Health Psychol Open. 2015 Jun 29;2(1):2055102915592091. doi: 10.1177/2055102915592091. PMID: 28070360; PMCID: PMC5193314.
158. Princip M, Gattlen C, Meister-Langraf RE, Schnyder U, Znoj H, Barth J, Schmid JP, von Känel R. The Role of Illness Perception and Its Association With Posttraumatic Stress at 3 Months Following Acute Myocardial Infarction. Front Psychol. 2018 Jun 7;9:941. doi: 10.3389/fpsyg.2018.00941. PMID: 29930529; PMCID: PMC5999791.
159. von Känel R, Barth J, Princip M, Meister-Langraf RE, Schmid JP, Znoj H, Herbert C, Schnyder U. Early Psychological Counseling for the Prevention of Posttraumatic Stress Induced by Acute Coronary Syndrome: The MI-SPRINT Randomized Controlled Trial. Psychother Psychosom. 2018;87(2):75–84. doi: 10.1159/000486099. Epub 2018 Feb 21. PMID: 29462823.
160. Wikman A, Bhattacharyya M, Perkins-Porras L, Steptoe A. Persistence of posttraumatic stress symptoms 12 and 36 months after acute coronary syndrome. Psychosom Med. 2008 Sep;70(7):764–72. doi: 10.1097/PSY.0b013e3181835c07. Epub 2008 Aug 25. PMID: 18725431.
161. Princip M, Ledermann K, von Känel R. Posttraumatic Stress Disorder as a Consequence of Acute Cardiovascular Disease. Curr Cardiol Rep. 2023 Jun;25(6):455–465. doi: 10.1007/s11886–023–01870–1. Epub 2023 May 2. PMID: 37129760; PMCID: PMC10188382.
162. Princip M, Ledermann K, Altwegg R, von Känel R. Cardiac disease-induced trauma and stress-related disorders. Kardial induzierte Traumata und stressbedingte Störungen. Herz. 2024;49(4):254–60. doi:10.1007/s00059–024–05255–0
163. von Känel R, Schmid JP, Meister-Langraf RE, Barth J, Znoj H, Schnyder U, Princip M, Pazhenkottil AP. Pharmacotherapy in the Management of Anxiety and Pain During Acute Coronary Syndromes and the Risk of Developing Symptoms of Posttraumatic Stress Disorder. J Am Heart Assoc. 2021 Jan 19;10(2):e018762. doi: 10.1161/JAHA.120.018762. Epub 2021 Jan 12. PMID: 33432839; PMCID: PMC7955310.
164. Edmondson D, von Känel R. Post-traumatic stress disorder and cardiovascular disease. Lancet Psychiatry. 2017 Apr;4(4):320–329. doi: 10.1016/S2215–0366(16)30377–7. Epub 2017 Jan 19. PMID: 28109646; PMCID: PMC5499153.
165. Guler E, Schmid JP, Wiedemar L, Saner H, Schnyder U, von Känel R. Clinical diagnosis of posttraumatic stress disorder after myocardial infarction. Clin Cardiol. 2009 Mar;32(3):125–9. doi: 10.1002/clc.20384. PMID: 19301284; PMCID: PMC6653086.
166. von Känel R, Begré S, Abbas CC, Saner H, Gander ML, Schmid JP. Inflammatory biomarkers in patients with posttraumatic stress disorder caused by myocardial infarc-

tion and the role of depressive symptoms. Neuroimmunomodulation. 2010;17(1):39–46. doi: 10.1159/000243084. Epub 2009 Oct 5. PMID: 19816056.

167. Krantz DS, Shank LM, Goodie JL. Post-traumatic stress disorder (PTSD) as a systemic disorder: Pathways to cardiovascular disease. Health Psychol. 2022 Oct;41(10):651–662. doi: 10.1037/hea0001127. Epub 2021 Nov 22. PMID: 34807673; PMCID: PMC9124241.
168. Seligowski AV, Webber TK, Marvar PJ, Ressler KJ, Philip NS. Involvement of the brain-heart axis in the link between PTSD and cardiovascular disease. Depress Anxiety. 2022 Oct;39(10–11):663–674. doi: 10.1002/da.23271. Epub 2022 Jun 16. PMID: 35708302; PMCID: PMC9588548.
169. Wilson MA, Liberzon I, Lindsey ML, Lokshina Y, Risbrough VB, Sah R, Wood SK, Williamson JB, Spinale FG. Common pathways and communication between the brain and heart: connecting post-traumatic stress disorder and heart failure. Stress. 2019 Sep;22(5):530–547. doi: 10.1080/10253890.2019.1621283. Epub 2019 Jun 4. PMID: 31161843; PMCID: PMC6690762.
170. Schnurr PP, Wachen JS, Green BL, Kaltman S. Trauma exposure, PTSD, and physical health. In: Friedman MJ, Keane TM, Resick PA, editors. Handbook of PTSD: science and practice. 2nd ed. New York: Guilford Press; 2014. p. 502–21.
171. Edmondson D, Richardson S, Falzon L, Davidson KW, Mills MA, Neria Y. Posttraumatic stress disorder prevalence and risk of recurrence in acute coronary syndrome patients: a meta-analytic review. PLoS One. 2012;7(6):e38915. doi: 10.1371/journal.pone.0038915. Epub 2012 Jun 20. Erratum in: PLoS One. 2019 Mar 6;14(3):e0213635. doi: 10.1371/journal.pone.0213635. PMID: 22745687; PMCID: PMC3380054.
172. Whitehead DL, Strike P, Perkins-Porras L, Steptoe A. Frequency of distress and fear of dying during acute coronary syndromes and consequences for adaptation. Am J Cardiol. 2005 Dec 1;96(11):1512–6. doi: 10.1016/j.amjcard.2005.07.070. Epub 2005 Oct 19. PMID: 16310432.
173. Prins A, Bovin MJ, Smolenski DJ, Marx BP, Kimerling R, Jenkins-Guarnieri MA, Kaloupek DG, Schnurr PP, Kaiser AP, Leyva YE, Tiet QQ. The Primary Care PTSD Screen for DSM-5 (PC-PTSD-5): Development and Evaluation Within a Veteran Primary Care Sample. J Gen Intern Med. 2016 Oct;31(10):1206–11. doi: 10.1007/s11606-016-3703-5. Epub 2016 May 11. PMID: 27170304; PMCID: PMC5023594.
174. Blevins CA, Weathers FW, Davis MT, Witte TK, Domino JL. The Posttraumatic Stress Disorder Checklist for DSM-5 (PCL-5): Development and Initial Psychometric Evaluation. J Trauma Stress. 2015 Dec;28(6):489–98. doi: 10.1002/jts.22059. Epub 2015 Nov 25. PMID: 26606250.
175. Weathers, FW, Litz BT, Keane TM, Palmieri PA, Marx BP, Schnurr PP. The PTSD checklist for DSM-5 (PCL-5). 2013. Scale available from the National Center for PTSD at Primary Care PTSD Screen for DSM-5 (PC-PTSD-5) – PTSD: National Center for PTSD
176. Blake DD, Weathers FW, Nagy LM, Kaloupek DG, Gusman FD, Charney DS, Keane TM. The development of a Clinician-Administered PTSD Scale. J Trauma Stress. 1995 Jan;8(1):75–90. doi: 10.1007/BF02105408. PMID: 7712061.
177. Schnyder U, Moergeli H. German version of Clinician-Administered PTSD Scale. J Trauma Stress. 2002 Dec;15(6):487–92. doi: 10.1023/A:1020922023090. PMID: 12482188.
178. Spies JP, Woud ML, Kessler H, Rau H, Willmund GD, Köhler K, Herpertz S, Blackwell SE, Bovin M, Marx BP, Cwik JC. Psychometric properties of the German version of the Clinician-Administered PTSD Scale for DSM-5 (CAPS-5) in clinical routine settings: study design and protocol of a multitrait-multimethod study. BMJ Open. 2020 Jun 22;10(6):e036078. doi: 10.1136/bmjopen-2019-036078. PMID: 32571861; PMCID: PMC7311000.
179. Ehlers A, Clark DM. A cognitive model of posttraumatic stress disorder. Behav Res Ther. 2000 Apr;38(4):319–45. doi: 10.1016/s0005-7967(99)00123-0. PMID: 10761279.
180. Priebe K, Dyer A, editors. *Metaphern, Geschichten und Symbole in der Traumatherapie.* Stuttgart: Klett-Cotta; 2014.

181. Rose S, Bisson J, Churchill R, Wessely S. Psychological debriefing for preventing post traumatic stress disorder (PTSD). Cochrane Database Syst Rev. 2002;(2):CD000560. doi: 10.1002/14651858.CD000560. PMID: 12076399.
182. von Känel R, Meister-Langraf RE, Barth J, Znoj H, Schmid JP, Schnyder U, Princip M. Early Trauma-Focused Counseling for the Prevention of Acute Coronary Syndrome-Induced Posttraumatic Stress: Social and Health Care Resources Matter. J Clin Med. 2022 Apr 2;11(7):1993. doi: 10.3390/jcm11071993. PMID: 35407601; PMCID: PMC8999513.
183. Grawe K. Psychological therapy. 2nd rev ed. Cambridge (MA): Hogrefe & Huber Publishers; 2004.
184. Reddemann L, Dehner-Rau C. Trauma verstehen, bearbeiten, überwinden: Ein Übungsbuch für Körper und Seele. 6. Aufl. Stuttgart: Trias; 2020.
185. Schubmann R, Köllner V, Bongarth C, Salzwedel A, Witt T, Langheim E. Psychokardiologische Rehabilitation: unbedingt interdisziplinär. Dtsch Arztebl. 2021;118(15):31. doi:10.3238/PersKardio.2021.04.16.08
186. Arbeitsgemeinschaft der Wissenschaftlichen Medizinischen Fachgesellschaften (AWMF). S3-Leitlinie Posttraumatische Belastungsstörung. Langfassung. AWMF-Registernr. 051–010; 2019. verfügbar unter: https://www.awmf.org/service/awmf-aktuell/posttraumatische-belastungsstoerung
187. Jordan J, Titscher G, Peregrinova L, Kirsch H. Manual for the psychotherapeutic treatment of acute and post-traumatic stress disorders following multiple shocks from implantable cardioverter defibrillator (ICD). Psycho-social Med. 2013;10:Doc09. doi:10.3205/psm000099
188. Haerizadeh M, Sumner JA, Birk JL, Gonzalez C, Heyman-Kantor R, Falzon L, Gershengoren L, Shapiro P, Kronish IM. Interventions for posttraumatic stress disorder symptoms induced by medical events: a systematic review. J Psychosom Res. 2020;129:109908. doi:10.1016/j.jpsychores.2019.109908
189. Irvine J, Firestone J, Ong L, Cribbie R, Dorian P, Harris L, Ritvo P, Katz J, Newman D, Cameron D, Johnson S, Bilanovic A, Hill A, O'Donnell S, Sears S Jr. A randomized controlled trial of cognitive behavior therapy tailored to psychological adaptation to an implantable cardioverter defibrillator. Psychosom Med. 2011 Apr;73(3):226–33. doi: 10.1097/PSY.0b013e31820afc63. Epub 2011 Feb 14. PMID: 21321256.
190. Shemesh E, Annunziato RA, Weatherley BD, Cotter G, Feaganes JR, Santra M, Yehuda R, Rubinstein D. A randomized controlled trial of the safety and promise of cognitive-behavioral therapy using imaginal exposure in patients with posttraumatic stress disorder resulting from cardiovascular illness. J Clin Psychiatry. 2011 Feb;72(2):168–74. doi: 10.4088/JCP.09 m05116blu. Epub 2010 Apr 6. PMID: 20441725.
191. Arabia E, Manca M, Solomon R. EMDR for survivors of life-threatening cardiac events: results of a pilot study. J EMDR Pract Res. 2011;5(1):2–13. doi:10.1891/1933–3196.5.1.2
192. Shapiro F. Eye movement desensitization and reprocessing (EMDR) therapy: basic principles, protocols, and procedures. 3rd ed. New York: Guilford Press; 2018.
193. Tedeschi RG, Calhoun LG. The Posttraumatic Growth Inventory: measuring the positive legacy of trauma. J Trauma Stress. 1996 Jul;9(3):455–71. doi: 10.1007/BF02103658. PMID: 8827649.
194. Garnefski N, Kraaij V, Schroevers MJ, Somsen GA. Post-traumatic growth after a myocardial infarction: a matter of personality, psychological health, or cognitive coping? J Clin Psychol Med Settings. 2008 Dec;15(4):270–7. doi: 10.1007/s10880–008–9136–5. Epub 2008 Dec 9. PMID: 19104983.
195. Cann A, Calhoun LG, Tedeschi RG, Taku K, Vishnevsky T, Triplett KN, Danhauer SC. A short form of the Posttraumatic Growth Inventory. Anxiety Stress Coping. 2010;23(2):127–37. doi: 10.1080/10615800903094273. PMID: 19582640.
196. Benkert O, Hippius H, editors. Kompendium der Psychiatrischen Pharmakotherapie [Internet]. 14th ed. Berlin, Heidelberg: Springer; 2023 [cited 2025 Sep 6]. Available from: https://link.springer.com/book/10.1007/978-3-662-67685-1. doi:10.1007/978–3–662–67685
197. Benkert O. Psychopharmakologischer Leitfaden für Psychologen und Psychotherapeuten. 3th ed. Berlin: Springer; 2016.

198. Jang HY, Kim JH, Song YK, Shin JY, Lee HY, Ahn YM, Oh JM, Kim IW. Antidepressant Use and the Risk of Major Adverse Cardiovascular Events in Patients Without Known Cardiovascular Disease: A Retrospective Cohort Study. Front Pharmacol. 2020 Dec 10;11:594474. doi: 10.3389/fphar.2020.594474. PMID: 33362548; PMCID: PMC7758770
199. Lange-Asschenfeldt C. Psychopharmakotherapie bei kardialen Erkrankungen. J Kardiol. 2010;17(7–8):300–6.
200. Mackin P. Cardiac side effects of psychiatric drugs. Hum Psychopharmacol. 2008 Jan;23 Suppl 1:3–14. doi: 10.1002/hup.915. PMID: 18098218.
201. Wenzel-Seifert K, Ostermeier CP, Ben Omar N, Haen E. Unerwünschte kardiovaskuläre Wirkungen von Psychopharmaka: Pathophysiologie und Risikominimierung. Arzneimitteltherapie. 2013;31(11):295–304.
202. Agarwal SM, Stogios N, Ahsan ZA, Lockwood JT, Duncan MJ, Takeuchi H, Cohn T, Taylor VH, Remington G, Faulkner GEJ, Hahn M. Pharmacological interventions for prevention of weight gain in people with schizophrenia. Cochrane Database Syst Rev. 2022 Oct 3;10(10):CD013337. doi: 10.1002/14651858.CD013337.pub2. PMID: 36190739; PMCID: PMC9528976.
203. Deutsche Gesellschaft für Psychiatrie und Psychotherapie, Psychosomatik und Nervenheilkunde (DGPPN), Bundesärztekammer (BÄK), Kassenärztliche Bundesvereinigung (KBV), Arbeitsgemeinschaft der Wissenschaftlichen Medizinischen Fachgesellschaften (AWMF). S3-Leitlinie/Nationale VersorgungsLeitlinie Unipolare Depression. 3rd ed. Version 3.2. Berlin: ÄZQ; 2022. Available from: https://www.awmf.org/leitlinien/detail/ll/nvl-005.html
204. Jiang W, O'Connor C, Silva SG, Kuchibhatla M, Cuffe MS, Callwood DD, Zakhary B, Henke E, Arias RM, Krishnan R; SADHART-CHF Investigators. Safety and efficacy of sertraline for depression in patients with CHF (SADHART-CHF): a randomized, double-blind, placebo-controlled trial of sertraline for major depression with congestive heart failure. Am Heart J. 2008 Sep;156(3):437–44. doi:10.1016/j.ahj.2008.05.003. PMID:18760123; PMCID:PMC2659472.
205. Lespérance F, Frasure-Smith N, Koszycki D, Laliberté MA, van Zyl LT, Baker B, Swenson JR, Ghatavi K, Abramson BL, Dorian P, Guertin MC; CREATE Investigators. Effects of citalopram and interpersonal psychotherapy on depression in patients with coronary artery disease: the Canadian Cardiac Randomized Evaluation of Antidepressant and Psychotherapy Efficacy (CREATE) trial. JAMA. 2007 Jan 24;297(4):367–79. doi:10.1001/jama.297.4.367. Erratum in: JAMA. 2007 Jul 4;298(1):40. PMID:17244833.
206. Beach SR, Kostis WJ, Celano CM, Januzzi JL, Ruskin JN, Noseworthy PA, Huffman JC. Meta-analysis of selective serotonin reuptake inhibitor-associated QTc prolongation. J Clin Psychiatry. 2014 May;75(5):e441–9. doi:10.4088/JCP.13r08672. PMID:24922496.
207. Honig A, Kuyper AM, Schene AH, van Melle JP, de Jonge P, Tulner DM, Schins A, Crijns HJ, Kuijpers PM, Vossen H, Lousberg R, Ormel J; MIND-IT investigators. Treatment of post-myocardial infarction depressive disorder: a randomized, placebo-controlled trial with mirtazapine. Psychosom Med. 2007 Sep-Oct;69(7):606–13. doi:10.1097/PSY.0b013e31814b260d. PMID:17846258.
208. Hedrick R, Korouri S, Tadros E, Darwish T, Cortez V, Triay D, Pasini M, Olanisa L, Herrera N, Hanna S, Kimchi A, Hamilton M, Danovitch I, IsHak WW. The impact of antidepressants on depressive symptom severity, quality of life, morbidity, and mortality in heart failure: a systematic review. Drugs Context. 2020 Jul 29;9:2020–5–4. doi:10.7573/dic.2020–5–4. PMID:32788920; PMCID:PMC7398616.
209. He W, Zhou Y, Ma J, Wei B, Fu Y. Effect of antidepressants on death in patients with heart failure: a systematic review and meta-analysis. Heart Fail Rev. 2020;25:919–26.
210. McDonagh TA, Metra M, Adamo M, Gardner RS, Baumbach A, Böhm M, et al. 2021 ESC Guidelines for the diagnosis and treatment of acute and chronic heart failure. Eur Heart J. 2021 Sep 21;42(36):3599–3726. doi:10.1093/eurheartj/ehab368.
211. Huffman JC, Stern TA. The use of benzodiazepines in the treatment of chest pain: a review of the literature. J Emerg Med. 2003 Nov;25(4):427–37. doi:10.1016/j.jemermed.2003.01.001. PMID:14654185.

6 Stress und Burnout

Unter Mitarbeit von Kathleen Schwarzkopf

– Wenn zu viel Stress das Herz aus dem Takt bringt

Kernaussagen

- Chronischer Stress zählt neben Dyslipidämie und Nikotinkonsum zu den bedeutendsten RFs für eine KHK.
- Individuelle Coping-Strategien und eine gelungene Work-Life-Integration sind zentrale protektive und kurative Faktoren zur langfristigen Gesundheitsförderung.
- Die effektivste kardiovaskuläre Prävention basiert auf einer Kombination aus Bewegung, Entspannungsverfahren sowie psychosozialer Unterstützung.

6.1 Grundlagen

»Hey, wie läuft's bei Dir denn so?« – »Hervorragend. Ich bin entspannt, voller Energie und voll leistungsfähig!«

Kommt Ihnen das bekannt vor? Nein? Keine Sorge, dann geht es Ihnen wie dem Großteil der Bevölkerung. In einer primär leistungsorientierten Gesellschaft gehört Stress zunehmend zum »guten Ton«. Hier und da noch *schnell* ein paar Sachen erledigen, möglichst effizient und gleichzeitig. Denn gestresst zu sein, vermittelt heute oft eine implizite Botschaft: Ich bin wichtig. Ich bin leistungsfähig. Ich bin unverzichtbar. Ich bin wertvoll. Dass chronischer Stress gravierende gesundheitliche Folgen haben kann, wird dabei häufig bagatellisiert, toleriert oder ignoriert.

Doch wie entsteht Stress eigentlich – und ab wann macht er tatsächlich krank? In geringer Intensität ist Stress nicht nur erträglich, sondern im ursprünglichen Sinn funktional: Er mobilisiert Körper und Psyche für eine kurzfristige Anpassungsleistung im Sinne der evolutionsbiologisch verankerten Kampf- oder Fluchtreaktion. Die dadurch bereitgestellte Energie führt zu einer Vasokonstriktion, beschleunigter Herzfrequenz und einer verbesserten peripheren Durchblutung. Im Arbeitskontext kann sich dies in gesteigerter Konzentrationsfähigkeit und erhöhter Leistungsbereitschaft zeigen. Die Kehrseite dieser physiologischen Stressreaktion manifestiert sich jedoch in Form von chronischer Anspannung, Erschöpfung, Druck, Angst vor Konflikten und Frustration.

Prinzipiell ist Stress also keine pathologische Erscheinung, sondern – im Sinne von Schandry (1) – jede natürliche Reaktion auf eine Belastung, die den Organismus zu einer Anpassungsleistung zwingt. Es handelt sich um ein Kurzzeit-Notfallprogramm, bspw., um die Leistungsfähigkeit zu steigern Während die ursprüngliche, überlebenssichernde Funktion zunehmend nicht mehr funktional ist, besteht in modernen gesellschaftlichen Kontexten häufig chronischer Stress. Der Organismus befindet sich dadurch nahezu permanent in einem Zustand erhöhter Alarmbereitschaft. Erst anhaltender Stress wirkt sich ungünstig auf unsere Gesundheit aus. Entscheidend ist dabei nicht nur die tatsächliche Belastung, sondern vor allem, wie sie individuell wahrgenommen und bewertet wird.

Hans Selye, ein Pionier der Stressforschung, unterschied die physiologische Reaktion auf langanhaltende Belastung in drei Phasen: *Alarmreaktion* (Ausschüttung von Stresshormonen), *Resistenzstadium* (Versuch des Körpers, die Stressoren und die aktivierte Energie zu kompensieren) und *Stadium der Erschöpfung* (Auftreten kognitiver, emotionaler, muskulärer und hormoneller Störungen (2). Erstmal wurde durch Selye der Zusammenhang von Stress und den im Nebennierenmark produzierten Katecholaminen (Adrenalin und Noradrenalin), der Hypophysen-Nebennierenrinden-Achse und der Glucocorticoide, wie Cortisol, festgestellt. Eine bedeutsame Weiterentwicklung erfuhr das Stressverständnis durch das transaktionale Stressmodell von Lazarus (3). Gemäß diesem entsteht Stress nicht allein durch die objektive Situation, sondern durch deren subjektive Bewertung und Interpretation. Das bloße Vorhandensein potenzieller Belastungsfaktoren (Stressoren) führt demnach nicht zwingend zu einer Stressreaktion. Stressoren unterscheiden sich hinsichtlich ihrer Dauer (z. B. »ein kurzer Knall« versus »eine wochenlang bestehende Baustelle«), ihrer Valenz bzw. Erwünschtheit (bspw. kann Druck kurzzeitig zu erwünschter Leistungssteigerung führen) und ihrer Intensität (z. B. leiser versus lauter Umgebungslärm).

Stress ist somit das Resultat einer Wechselwirkung zwischen situativen Umweltbedingungen und individuellen kognitiven, emotionalen sowie physiologischen Faktoren. Dies zeigt sich exemplarisch daran, dass nicht alle Mitarbeitenden eines Teams gleich belastet auf identische Anforderungen reagieren. Während einige sich durch Termin- und Leistungsdruck emotional überfordert fühlen oder »sich schwer zu Herzen nehmen«, bleiben andere gelassen. Entscheidend ist demnach nicht der Reiz selbst, sondern die subjektive psycho-physische Reaktion darauf. Um eine kognitive Bewertung einer potenziell stressigen Situation durchzuführen, muss die Situation sowohl in Bezug auf das eigene Wohlbefinden und Selbstwertgefühl als auch in Bezug auf den zur Verfügung stehenden Bewältigungsmöglichkeiten beurteilt werden.

6.1.1 Stress und Burnout

Vorübergehende arbeitsbezogene Belastungen – etwa durch erhöhten Leistungsdruck, enge Terminpläne oder interpersonelle Konflikte – können bereits initiale

Stresssymptome wie Tachykardie, vermehrtes Schwitzen, Tremor oder Schlafstörungen auslösen. In der Regel klingen diese Beschwerden nach Wegfall der Stressoren oder durch kompensatorische Erholungsphasen (z. B. am Wochenende oder im Urlaub) wieder ab. Chronifizieren sich jedoch diese Stresssymptome, reichen solche Regenerationsintervalle häufig nicht mehr aus, um eine vollständige Erholung herbeizuführen. Ätiologisch wirksam sind hierbei sowohl personenbezogene Merkmale – etwa ein hoher Perfektionismus, das Streben nach Anerkennung, ein vulnerabler Selbstwert oder narzisstisch-kompensatorische Muster (4) – als auch umweltbedingte Einflussfaktoren wie hohe Arbeitslast, chronischer Zeitdruck, strukturelle Ineffizienz oder fehlende Kontrollmöglichkeiten (5). In der Folge treten die drei zentralen Merkmale eines Burnout-Syndroms auf: *emotionale Erschöpfung, Depersonalisation* bzw. *emotionale Distanzierung* sowie eine *subjektiv reduzierte Leistungsfähigkeit.* Burnout gilt gemäß der DGPPN (2012) als Risikozustand, der die Entwicklung psychischer und somatischer Folgeerkrankungen begünstigt (6). In der Fachliteratur herrscht weitgehender Konsens darüber, dass chronisch berufsbezogene Stressbelastungen einen zentralen RF für das Entstehen eines Burnouts darstellen und unter bestimmten Bedingungen auch als Auslöser einer Burnout-Symptomatik wirken können (6).

Im Rahmen der Diagnostik und Beurteilung kardiovaskulärer Erkrankungen hat sich insbesondere das bio-psycho-soziale Modell bewährt. Während bei anderen psychischen Erkrankungen, wie bei einer depressiven Episode, die genetische Prädisposition belegt ist, gibt es für den genetischen Zusammenhang von Burnout im kardiovaskulären Kontext aktuell noch keine eindeutigen wissenschaftlichen Belege. Daten deuten eher auf epigenetische und stressphysiologische Anpassungen hin (7). Gleichwohl ist anzunehmen, dass individuelle Unterschiede in Stressresilienz und physiologischen Stressreaktionen zumindest teilweise genetisch mitbestimmt sind und damit als biologische RFs in Betracht gezogen werden können (8). Burisch (9) sowie Hillert und Marwitz (10) betonen, dass psychologisch-individuelle Faktoren, u. a. überhöhte Erwartung und Bedeutung des eigenen Arbeitsplatzes, auch in Bezug auf die eigene Leistung, Überstunden sowie Nachlässigkeit gegenüber Freunden, Familie und der eigenen Freizeit, das persönliche Burnout-Risiko erhöhen. Empirisch am besten belegt sind arbeitsplatzbezogene Faktoren, welche die Entwicklung eines Burnouts fördern, u. a. Arbeitsbelastung, Mangel an Kontrolle, fehlende Wertschätzung oder Rollenambiguität (9–10). Als weiterer sozialer Faktor kann die Entwicklung hin zu einer primär leistungsorientierten Gesellschaft betrachtet werden, welche den Einzelnen zu mehr Effizienz und Druck zu Optimierung und Maximierung anspornt (11) (s. *Arbeitsblatt »Belastungsfaktoren«*, abrufbar unter Kap. »Zusatzmaterial zum Download«)

6.1.2 Stress und kardiovaskuläres Risiko

Chronischer bzw. psychosozialer Stress gilt als einer der bedeutendsten RFs für die KHK und rangiert an dritter Position (12; ▶ Kap. 2). Zu den psychosozialen Belastungen, die mit HKEs in Beziehung stehen, zählen neben dem besonders relevanten Arbeitsstress auch Arbeitsplatzmobbing und Gewalt am Arbeitsplatz, Arbeitslosigkeit, ein niedriger sozioökonomischer und subjektiver sozialer Status, Diskriminierungserfahrungen sowie belastende soziale Beziehungen wie Einsamkeit, soziale Isolation, Gewalt in Partnerschaften oder negative Kindheitserfahrungen (13).

Stress wirkt sich auf das kardiovaskuläre System sowohl *direkt* über verschiedene Vermittlungswege als auch *indirekt* über das gesundheitsrelevante Verhalten aus. ► Tab. 6.1 illustriert die direkten pathophysiologischen Vermittlungswege.

Tab. 6.1: Pathophysiologische Vermittlungswege von Stress auf das kardiovaskuläre Risiko (14)

Vermittlungssystem	Mechanismus	Auswirkungen auf das kardiovaskuläre System
ANS	Dysregulation mit erhöhter Sympathikus-Aktivierung (»Fight-or-Flight«) und reduzierter Parasympathikus-Aktivität	Erhöhte Herzfrequenz, reduzierte HRV, eingeschränkte Baroreflexsensitivität, verstärkte Herzfrequenzreaktionen auf Stress
	Emotionale Suppression (Unterdrückung von Gefühlen) verstärkt Stressreaktionen	Erhöhte kardiovaskuläre Belastung, erhöhtes Risiko für kardiovaskuläre Ereignisse
Endokrines System – HPA-Achse	Aktivierung der HHPA-Achse mit verstärkter Cortisol-Ausschüttung	Anhaltend erhöhte Cortisolkonzentrationen wirken proinflammatorisch, beeinflussen den Glukosestoffwechsel und erhöhen die Wahrscheinlichkeit für kardiovaskuläre Komplikationen.
	Zwei mögliche Reaktionsmuster: hyperreaktive Cortisol-Antwort (dauerhaft erhöhter Cortisolspiegel) oder erschöpfte Cortisol-Reaktion (»Blunted Response«)	Vor einem MI erhöhte Cortisolwerte gelten als Marker für eine schlechtere Prognose. Eine abgeschwächte Stressantwort (»blunted response«) wird zudem oft bei länger andauernder Belastung beobachtet.
Immunsystem und Entzündungsreaktionen	Stress induziert eine proinflammatorische Immunantwort mit verstärkter Zytokinausschüttung	Chronische niedriggradige systemische Inflammation erhöht das Risiko für Atherosklerose und koronare Herzerkrankungen
	Erhöhte Amygdala-Aktivierung führt zu inflammatorischer Gefäßreaktion	Verstärkte Gefäßentzündung und endothelialer Dysfunktion, erhöhtes Risiko für kardiovaskuläre Ereignisse

Wie ► Tab. 6.1 zeigt, spielen das ANS, das endokrine System und inflammatorische Faktoren eine zentrale Rolle in der Regulation von Stress. Langfristig kann dies zur endothelialen Dysfunktion, Arteriosklerose und einem erhöhten Risiko für akute kardiovaskuläre Ereignisse wie MI oder Schlaganfall führen.

Indirekt beeinflusst chronischer Stress das Gesundheitsverhalten negativ. Viele Betroffene greifen zur Stressbewältigung auf gesundheitsschädigende dysfunktionale Bewältigungsstrategien zurück, wie Rauchen, übermäßigen Alkoholkonsum, ungesunde Ernährung oder Bewegungsmangel. Eine Metaanalyse mit über 118.000 Arbeitnehmenden belegte, dass chronischer Arbeitsstress eng assoziiert ist mit mehreren gesundheitskompromittierenden Lebensstilfaktoren, darunter Adipositas, körperliche Inaktivität und Nikotinkonsum. Darüber hinaus kann Stress den Schlaf beeinträchtigen, was sich zusätzlich ungünstig auf den BD und den Glukosestoffwechsel auswirkt (15). Die Evidenzlage unterstreicht somit die Relevanz psychischer Belastungsfaktoren als eigenständige Determinanten kardiovaskulärer Gesundheit und macht deren systematische Berücksichtigung im Rahmen kardiovaskulärer Prävention und Versorgung unabdingbar (14) (▶ Kap. 2).

Arbeitsstress und kardiovaskuläres Risiko

Arbeitsstress – insbesondere in Form hoher beruflicher Anforderungen bei gleichzeitig geringen Entscheidungsspielräumen (Job-Demand-Control-Modell; 16) oder bei einem Missverhältnis zwischen Arbeitsaufwand und Belohnung (ERI-Modell) (17) – ist ein relevanter RF für kardiovaskuläre Erkrankungen und stellt eine ernstzunehmende gesundheitsökonomische Belastung dar. Beide Modelle veranschaulichen die gesundheitsgefährdende Wirkung eines Missverhältnisses zwischen Anforderung und Bewältigungsressourcen bzw. zwischen erbrachtem Aufwand und erlebter Belohnung.

Empirische Studien belegen, dass chronischer arbeitsbezogener Stress mit einer erhöhten Inzidenz von arterieller Hypertonie, einem metabolischen Syndrom und Diabetes mellitus assoziiert ist – allesamt bedeutsame kardiovaskuläre RFs (18–20). Zusätzlich zeigen Untersuchungen, dass psychosoziale Faktoren am Arbeitsplatz wie Arbeitsplatzunsicherheit, Überforderung oder interpersonelle Konflikte (z. B. Mobbing) zu einer erheblichen psychischen Belastung führen und mit einem erhöhten Risiko für die Entwicklung einer KHK einhergehen (21).

Ähnliche Befunde ergeben sich für den Zusammenhang zwischen Burnout und kardiovaskulären Erkrankungen. In einer prospektiven Langzeitstudie mit über 8.000 Erwerbstätigen konnte gezeigt werden, dass Burnout das Risiko für koronare Herzkrankheiten um bis zu 79 % erhöht – unabhängig von klassischen RFs wie Nikotinkonsum, arterielle Hypertonie oder Diabetes mellitus (22). Ein weiterer relevanter Befund stammt aus einer finnischen Kohortenstudie von Ahola et al. (23). Betroffene zeigten vermehrt Zeichen einer Insulinresistenz, viszeralen Adipositas sowie pathologischer Blutfettwerte – Parameter, die in ihrer Kombination als starke Prädiktoren kardiovaskulärer Morbidität und Mortalität gelten. Auch hier wird deutlich, dass Burnout nicht nur ein psychologisches, sondern auch ein somatisches und somit öffentliches Gesundheitsproblem darstellt.

Besonders bedeutsam erscheint, dass bestehende kardiovaskuläre Erkrankungen selbst als zusätzliche chronische Stressoren wirken können. Dies kann einen ungünstigen Rückkopplungseffekt erzeugen, der den subjektiven Leidensdruck erhöht, die Lebensqualität beeinträchtigt und die Prognose weiter verschlechtert – insbesondere bei unzureichender psychokardiologischer Begleitung.

6.1.3 Diagnostik

Herzrasen, Arrhythmien und Engegefühl im Brustkorb sind nicht zwangsläufig Symptome einer organisch bedingten Herzerkrankung, sondern treten häufig als somatische Begleiterscheinungen bei Stress auf. Bei einer Chronifizierung können die zu Beginn vorübergehenden Beschwerden jedoch zu manifesten kardiovaskulären Symptomen führen. Eine international einheitliche Definition von Burnout liegt bislang nicht vor. Im ICD-10 sowie ICD-11 wird Burnout nicht als eigenständige psychische oder somatische Erkrankung gelistet, sondern als arbeitsbezogenes Phänomen klassifiziert und unter der Kategorie »Faktoren, die den Gesundheitszustand beeinflussen oder zur Inanspruchnahme des Gesundheitswesens führen« mit dem Code QD85 (ICD-11) beschrieben. Burnout wird ein Krankheitswert im Kontext behandlungsrelevanter Beeinträchtigungen zugesprochen, ohne es als eigenständige Diagnose zu klassifizieren (5;24–26). Freudenberger definierte Burnout als »Zustand der Ermüdung oder Frustration, herbeigeführt durch eine Sache, einen Lebensstil oder eine Beziehung, die nicht die erwartete Belohnung mit sich brachte« (27).

In der wissenschaftlichen Literatur wird Burnout klassischerweise anhand dreier Dimensionen beschrieben (28):

1) *Emotionale Erschöpfung:* Gefühle der anhaltenden Überforderung, der Leere und des Ausgelaugtseins mangels psychischer und körperlicher Ressourcen, charakterisiert u. a. durch Energiemangel, Müdigkeit, Anspannungszuständen, die Unfähigkeit sich zu entspannen und Schlafstörungen
2) *Zynismus/Distanzierung:* Gefühle von Selbstentfremdung und steigender Frustration sowie Distanzierung von der Arbeit, charakterisiert u. a. durch Schuldzuweisungen und -gefühlen, Gefühlsverlust und Verbitterung gegenüber der Arbeit
3) *Subjektiv reduzierte Leistungsfähigkeit:* Kognitive, psychovegetative und körperlich verminderte Leistung, charakterisiert u. a. durch Konzentrationsstörungen, Unzufriedenheit sowie subjektiven Kreativitäts- und Kompetenzverlust

Die diagnostische Herausforderung liegt insbesondere in der differenzialdiagnostischen Abgrenzung zu affektiven Störungen (v. a. Depressionen), Angststörungen, somatoformen Belastungsreaktionen sowie Anpassungsstörungen. Eine differenzierte Betrachtung der Burnout-Symptomatik ist insbesondere im klinischen Alltag essenziell, um diagnostische Unschärfen – etwa die Gleichsetzung mit depressiven Störungen – zu vermeiden. In einer multizentrischen Studie an stationären Patienten mit arbeitsbezogenen Belastungsstörungen konnte gezeigt werden, dass die Burnout-Symptomatik nicht primär durch depressive Symptomatik determiniert ist. Vielmehr erwiesen sich Merkmale wie arbeitsbezogene Überforderung, fehlende erlebte Wirksamkeit und Persönlichkeitsfaktoren (z. B. narzisstische Vulnerabilität) als bedeutsame Prädiktoren (29). Die Ergebnisse unterstreichen die Notwendigkeit, Burnout als eigenständiges klinisches Syndrom ernst zu nehmen – auch wenn es nosologisch bislang nicht eindeutig verankert ist. Ursächlich werden neuroendokrine, hämostatische und inflammatorische Veränderungen (5), eine verstärkte entzündliche Aktivität und eine erhöhte Gerinnungsneigung des Blutes sowie eine Störung der Stresshormonkonzentration in Betracht gezogen (30–32). Es gibt jedoch noch keinen validen physiobiologischen Biomarker, welcher ein Burnout klar diagnostizieren könnte (32).

Praxistipp

Zur klinischen Orientierung kann es hilfreich sein, Patienten offene Fragen zu stellen und die Antworten zu vergleichen. Beispielsweise: »Was würden Sie tun, wenn Sie nicht so erschöpft wären?« – Menschen mit Burnout antworten häufig mit »Ich hätte 100 Pläne«, während Patienten mit Depression eher Unsicherheit äußern oder angeben, keine Vorstellung davon zu haben. Auf die Frage »Warum gehen Sie nicht mehr unter die Leute?« geben Burnout-Betroffene oft an, dass sie aufgrund starker Ermüdung und der Leistungseinbußen Kontakte meiden, wohingegen Menschen mit Depressionen typischerweise fehlendes Interesse, Lustlosigkeit oder Schamgefühle schildern. Auch bei der körperlichen Aktivität finden sich Unterschiede: Burnout-Betroffene betonen, sie würden gerne aktiv sein, seien aber zu schnell erschöpft; depressive Patienten äußern dagegen, dass ihnen »alles zu viel« sei und es an Motivation fehlt.

Zur standardisierten Erhebung Burnout-assoziierter Symptomatiken stehen diverse validierte psychometrische Instrumente zur Verfügung, wenngleich diese nicht zur Diagnosestellung im engeren Sinne, sondern zur Einschätzung des Schweregrads und zur Prozessdokumentation eingesetzt werden. In der Regel handelt es sich um Selbstbeurteilungsinstrumente. Am weitesten verbreitet ist das Maslach Burnout Inventory (MBI) (33), welches international als Referenzinstrument gilt und das subjektive Ausmaß der Burnout-Beschwerden misst. Weitere gebräuchliche Instrumente sind das Shirom-Melamed Burnout Measure (SMBM) (34) sowie das Oldenburg Burnout Inventory (OLBI) (35) oder der Copenhagen Burnout Inventory (CBI) (36). Ergänzend können stressbezogene Messinstrumente wie die Perceived Stress Scale (PSS) (37), der Trierer Inventar zum chronischen Stress (TICS) (38) oder der Fragebogen zur Erfassung von Stressverarbeitung (SVF) (39) eingesetzt werden.

Da die Diskussion um eine einheitliche Burnout-Definition weiterhin andauert, mangelt es auch an Inventaren zur Diagnosestellung mit valider Gültigkeit. In die klinische Entscheidungsfindung sollte neben der Selbsteinschätzung auch eine strukturierte Fremdanamnese sowie eine medizinisch-psychosomatische Abklärung integriert werden. Hierzu zählen: eine kardiologische Basisdiagnostik (z. B. Ruhe-/Belastungs-EKG, Echokardiografie), vegetative Parameter (z. B. HRV-Messung) sowie psychodiagnostische Interviews zur Einschätzung komorbider psychischer Störungen (z. B. Mini International Neuropsychiatric Interview [M.I.N.I]) (40). Die Entscheidung über das weitere diagnostische und therapeutische Vorgehen sollte in ein interdisziplinäres Setting eingebettet werden.

Die folgende ► Tab. 6.2 fasst einige Instrumente zur Erhebung von Stress und Burnout zusammen.

Tab. 6.2: Instrumente zur Erhebung von Burnout und chronischem Stress (33–39)

Instrument	Autor(en)	Item-Anzahl	Zielgruppe
Maslach Burnout Inventory (MBI)	Maslach & Jackson (1981; 3. Aufl. 1997)	22	Ärzte, Psychologen, allgemeine Berufstätige
Perceived Stress Scale (PSS)	Cohen et al. (1983)	4, 10 oder 14	Allgemeine Population, Gesundheitsberufe
Trierer Inventar zum chronischen Stress (TICS)	Schulz & Schlotz (1999/ 2004)	57	Medizinisches Fachpersonal, Allgemeinbevölkerung
Copenhagen Burnout Inventory (CBI)	Kristensen et al. (2005)	19	Ärzte, Pflegepersonal, Berufstätige
Oldenburg Burnout Inventory (OLBI)	Demerouti & Bakker (2008)	16	Allgemeine Berufstätige, u. a. im Gesundheitswesen
Stressverarbeitungsfragebogen (SVF)	Erdmann & Janke (2008, 4. Aufl.)	ca. 114 (verschiedene Subskalen)	Allgemeine Bevölkerung, klinische Gruppen
Online-Tool Stressnostress	www.stressnostress.ch	26 (Stress-Signale, 24 (Stress-Ursachen und 3 (Stressfolgen	Individuelle Stressbewertung mit Bewältigungsstrategien und Subskalen

Praxistipp

Zwei einfache Standardfragen können helfen, arbeitsbezogener Stress zu ermitteln (41):

- Leiden Sie unter besonderen beruflichen Belastungen (z. B. Zeitdruck, Überforderung etc.)?
- Können Sie auf Ihre Arbeitsaufgaben Einfluss nehmen?

6.1.4 Psychoedukation

Da ein Stressor – wie zuvor beschrieben – erst durch die individuelle physische und psychische Reaktion auf einen Reiz entsteht, ist eine individualisierte Perspektive auf Stress essenziell. Die Bewertung einer Belastungssituation erfolgt subjektiv und orientiert sich am Erleben, der Interpretation sowie den verfügbaren Bewältigungskompetenzen der betroffenen Person. Aus klinischer Sicht ist hierbei eine diagnostische und therapeutische Haltung unterstützend, die non-direktiv, prozessorientiert, bedürfniszentriert, ressourcenorientiert und multidimensional gestaltet ist.

Burnout-Betroffene erleben ihre Arbeit häufig als zentrale Ursache für ihre Beschwerden. Auch wenn die neuen Arbeitsbedingungen anfangs häufig als positiv erlebt werden, geraten viele Betroffene früher oder später wieder in ihre eigene »Stressspirale« und damit in eine Reaktivierung ihrer Stresssymptome – oft durch unveränderte innere Muster und Belastungserleben.

Das Positionspapier der DGPPN (6) bietet eine Grundlage, auf deren Basis eine Systematik (▶ Abb. 6.1) zur Differenzierung arbeitsbezogener Gesundheitsbeschwerden im Zusammenhang mit der ICD-10 und der ICD-11 entwickelt werden kann. Bei der Betrachtung von Burnout-Symptomen im kardiovaskulären Kontext ist es sinnvoll, individuelle und berufliche Aspekte gleichermaßen einzubeziehen und die drei Kategorien:

1) Burnout *ohne* gleichzeitig bestehende kardiovaskuläre Erkrankung,
2) kardiovaskuläre Erkrankung als Folge eines Burnouts und
3) kardiovaskuläre Erkrankungen als Ursache für Burnout-imitierende Symptome

zu differenzieren.

Burnout *ohne* gleichzeitig bestehende kardiovaskuläre Erkrankung

Akuter Stress am Arbeitsplatz ist üblich und verbunden mit vegetativen Stresssymptomen wie Schlafstörungen, Gefühlen von Überforderung Erschöpfung, Lustlosigkeit, Frustration, Herzrasen, Schweißausbrüche u. v. m. Diese Stresssymptome verschwinden jedoch in der Regel innerhalb kurzer Entspannungsphasen. In diesem Zusammenhang wird noch nicht von einem Burnout gesprochen, sondern von akuter Arbeitsüberforderung. Falls die Überforderungsgefühle jedoch persistieren, Entspannungsphasen nicht mehr den gewünschten Effekt erbringen und ein Ende der Überlastung nicht absehbar ist, führt dies zu einem Andauern der Stresssymptomatik und zu Gefühlen nahezu permanenter emotionaler Erschöpfung, Zynismus/Distanzierung und subjektiv reduzierter Leistungsfähigkeit – es entsteht ein Burnout. Auch wenn überdauernde Erschöpfungsgefühle verbunden mit kardiovaskulären Stresssymptomen vorliegen, wie bspw. HRST oder Kurzatmigkeit, bedeutet dies nicht automatisch das Vorliegen einer kardiovaskulärer Grunderkrankung nach ICD-10 oder ICD-11 (▶ Abb. 6.1, (A)). Die DGPPN empfiehlt hier systematisch die Zusatzcodierung des ICD-10 F 73.0

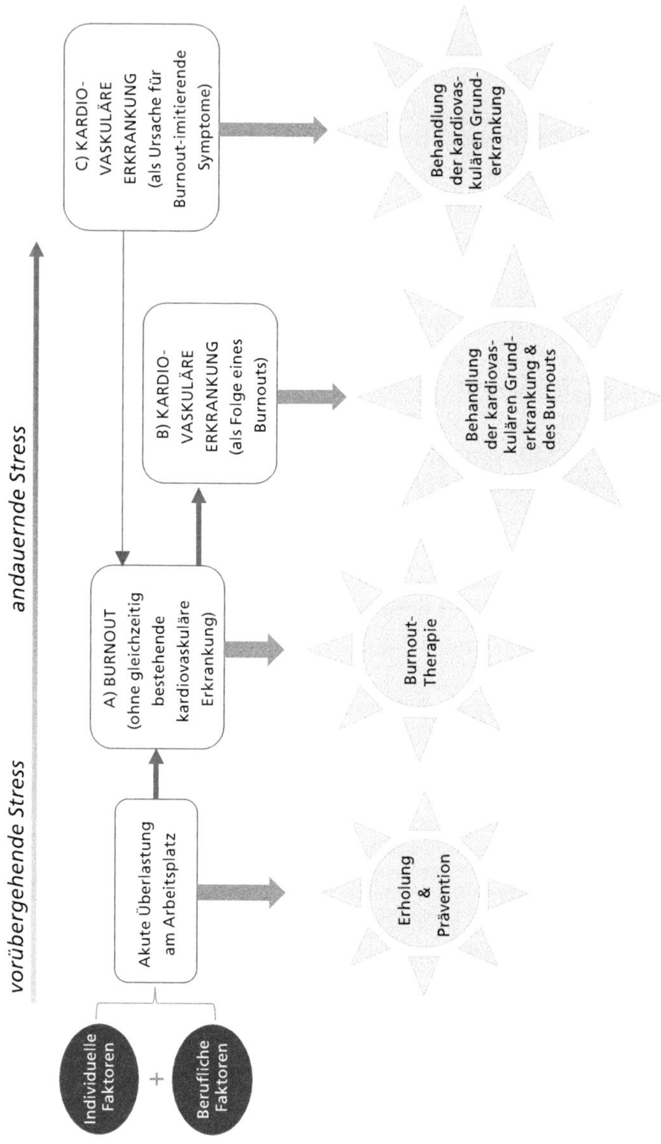

Abb. 6.1: Differenzierung zur Entstehung und Behandlung von Burnout im kardiovaskulären Kontext (erstellt von Kathleen Schwarzkopf)

»Burnout gleichbedeutend mit Zustand der totalen Erschöpfung« zu vergeben (6). Burnout ist in diesem Zusammenhang als Risikozustand für eine spätere kardiovaskuläre oder andere psychische oder somatische Erkrankung zu betrachten (▸ Abb. 6.1, (B)), gleichzeitig trägt Stress zur Aufrechterhaltung und zur Prognose des kardiovaskulären Ereignisses bei.

Kardiovaskuläre Erkrankung als *Folge* eines Burnouts

Wenn die Burnout-Symptomatik der folgenden kardiovaskulären Erkrankung im zeitlichen Erleben voraus geht und die Arbeitsbelastung als kausale Ursache für kardiovaskuläre Beschwerden vorhanden ist, kann davon ausgegangen werden, dass die Burnout-Beschwerden wesentlich zur Entstehung und Aufrechterhaltung des Krankheitszustandes beitragen. Die DGPPN empfiehlt in diesem Zusammenhang die Grunderkrankung entsprechend der ICD-10/ICD-11 zu kodieren, ergänzt durch die Zusatzcodierung Z 73.0.

Kardiovaskuläre Erkrankungen als *Ursache* für Burnout-imitierende Symptome

Kardiovaskuläre (und andere) Erkrankungen, die Burnout-ähnliche Symptome hervorrufen können, sind klar davon zu unterscheiden. Dazu zählen beispielsweise HI, KHK oder HRST. In diesen Fällen liegt eine organisch begründbare Grunderkrankung vor, deren Symptomatik mit Burnout verwechselt werden kann (z. B. emotionale Erschöpfung, eingeschränkte Belastbarkeit, Frustration, Rückzug oder Überforderungsgefühle). Diese Beschwerden sind jedoch als Folge der kardiovaskulären Erkrankung zu verstehen und nicht Ausdruck einer primären beruflichen Überlastung. Typischerweise klingen die Burnout-ähnlichen Symptome nach erfolgreicher Behandlung der zugrunde liegenden Herz-Kreislauf-Erkrankung ab. Daher ist eine sorgfältige medizinische Abklärung und differenzialdiagnostische Beurteilung entscheidend (6;42). Ein integrativer klinischer Zugang erfordert hierbei eine enge Verbindung zwischen pathophysiologischen Prozessen und psychotherapeutischer Haltung. Die therapeutische Beziehung bildet das Fundament für Veränderung: eine Haltung von Echtheit, Empathie und Respekt ermöglicht es, Belastungsmuster verstehbar zu machen und emotionale Resonanzräume zu eröffnen. Die Verbindung zwischen kardiovaskulärer Dysregulation und innerpsychischem Erleben – etwa chronischem Leistungsdruck oder erlernten Coping-Mustern – kann so erfahrbar gemacht werden.

Für Betroffene bedeutet dies, dass konkrete Handlungsimpulse nicht in Form von Vorgaben, sondern durch achtsamkeits- und ressourcenbasierte Zugänge entwickelt werden sollten. Elemente wie achtsames Innehalten, körperfokussierte Übungen zur Selbstwahrnehmung, journalingbasierte Reflexion oder das (Wieder-)Entdecken von Freude, Leichtigkeit und Sinn im Alltag können therapeutisch wirksam und präventiv relevant sein. Es geht nicht primär darum, Symptome zu bekämpfen, sondern in Beziehung zu treten – mit sich selbst, mit der eigenen Geschichte und dem eigenen Körper.

Fallbeispiel – Ausgangssituation

Frau S., 46 Jahre alt, Teamleiterin in einem Finanzdienstleistungsunternehmen, ist verantwortlich für 22 Mitarbeitende. Sie lebt mit ihrem Ehemann und zwei schulpflichtigen Kindern in einer Eigentumswohnung am Stadtrand. Ihre früheren Interessen – Lesen, Sport und Reisen – beschreibt sie als derzeit unerreichbar.

Im beruflichen Kontext sieht sie sich seit Monaten mit einer stetig wachsenden Arbeitslast konfrontiert: Durch Umstrukturierungen und erhöhten Wettbewerbsdruck hat sich ihr Verantwortungsbereich deutlich erweitert. Über 800 Überstunden haben sich angesammelt – ein zeitlicher Ausgleich ist nicht in Sicht. Frau S. beschreibt das Gefühl, »ständig funktionieren zu müssen, ohne Raum für sich selbst zu haben«. Die berufliche Situation erlebe sie als kontrollverlustbehaftet, emotional entkoppelt und zunehmend sinnentleert.

Seit etwa acht Wochen treten vielfältige Beschwerden auf: Ein- und Durchschlafstörungen, kognitive Einbußen, Reizbarkeit, emotionale Labilität, Migräneanfälle sowie wiederkehrende stechende Schmerzen im Brustbereich und HRSTs. Die internistische Abklärung ergab keinen pathologischen Befund. In der ersten Sitzung erscheint Frau S. sichtlich erschöpft, ihr Blick ist gesenkt, ihre Schultern hängen. Sie berichtet von Schuldgefühlen, beruflichen Enttäuschungen und einem wachsenden Gefühl der Entfremdung innerhalb ihrer Familie.

6.1.5 Therapie

Stress- und Burnout-Symptome zu reduzieren kann bedeuten, dass es sich für Betroffene anfühlt, als ob das gesamte Leben neu ausgerichtet werden müsste – und in manchen Fällen ist genau das notwendig. Dies führt neben der Belastung durch das psychokardiale Ereignis zusätzlich zu einer emotionalen Achterbahnfahrt sowie zu einem tiefgreifenden emotionalen Erleben von Kontrollverlust, Überforderung und Orientierungslosigkeit. Viele Belastungsfaktoren – wie Termindruck, familiäre Anforderungen, zwischenmenschliche Spannungen oder strukturelle Arbeitsbedingungen – lassen sich nicht kurzfristig verändern. Umso wichtiger wird die therapeutische Begleitung als stabilisierender, integrativer Erfahrungsraum. Dabei ist es zentral, Burnout nicht als isoliertes Phänomen zu behandeln, sondern im bio-psycho-sozialen Zusammenhang zu verstehen.

Ein integrativer therapeutischer Ansatz kombiniert körperzentrierte Verfahren (z. B. Focusing, Somatic Experiencing), achtsamkeitsbasierte Strategien (z. B. MBSR, ACT), systemische Reflexion (Rollen- und Kontextarbeit) sowie psychodynamische und verhaltenstherapeutische Elemente. Ziel ist es, Ressourcen zu aktivieren, Selbstwahrnehmung zu schärfen, emotionale Resonanz zu ermöglichen und strukturelle Einflussfaktoren mit in die Analyse einzubeziehen. Dabei bildet die therapeutische Beziehung das zentrale Wirkfeld: Sie bietet Sicherheit, Spiegelung, und erlaubt einen Zugang zur Selbstwirksamkeit. Für Betroffene ergeben sich daraus konkrete Handlungsimpulse: achtsames Innehalten, Etablierung von neuen Routinen zur Selbstfürsorge, Üben innerer Grenzwahrnehmung, bewusstes Erleben von Körperempfindungen, sowie die systematische Erkundung eigener Werte und Bedürfnisse. Die therapeutische Haltung bleibt dabei nicht-direktiv, zugewandt, resonanzfähig und bedürfniszentriert.

Die Behandlung von Stressfolgeerkrankungen und Burnout verlangt wissenschaftlich fundierte sowie individuell passgenaue Interventionen. Durch die hohe Prävalenz stressassoziierter Erkrankungen sind wirkungsvolle Therapien und präventive Strategien von gesellschaftlicher Relevanz (43). Von Känel (44) betont die Bedeutung frühzeitiger Intervention und die Notwendigkeit, unspezifische Symptome als mögliche Warnsignale zu deuten und rechtzeitig Veränderungen im privaten und beruflichen Umfeld zu implementieren. Burnout-Prävention umfasst unter anderem KVT-Trainings, adaptive Skills-Trainings, Schulungen sozialer Kompetenzen und den gezielten Einsatz von Entspannungsverfahren (43;38). Salutogene Faktoren wie erholsamer Schlaf, Achtsamkeit, positive Affekte und soziale Eingebundenheit wirken präventiv und stärken die Resilienz gegenüber stressbedingten Belastungen (24).

Prävention von Burnout und Burnout-Folgen im kardiovaskulären Kontext

Während lange Zeit der Fokus auf der Behandlung bereits manifester kardiovaskulärer Erkrankungen lag, gewinnt die Prävention zunehmend an Bedeutung – sowohl im Sinne der Vermeidung der Entwicklung eines Burnouts als Risikozustand für spätere kardiovaskuläre Ereignisse als auch zur Verhinderung kardiovaskulärer Folgeerkrankungen im Rahmen einer bereits bestehenden Burnout-Symptomatik. Ein wirksamer Schutz vor gesundheitsgefährdendem psychischem Stress beinhaltet neben der bewussten Förderung von körperlich-emotionaler Selbstregulation, Beziehungsgestaltung und Sinnorientierung auch die strukturelle Veränderung der Lebensbedingungen und -gewohnheiten im arbeitsplatzbezogenen Rahmen sowie in der Freizeit. Darüber hinaus sollte Burnout-Prävention immer auch die existenzielle Ebene berühren: Fragen nach Sinn, Identität jenseits von Leistung, Zugehörigkeit und innerer Stimmigkeit gehören ebenso dazu wie konkrete alltagspraktische Maßnahmen. Ein präventiver Lebensstil integriert Bewegung, ausgewogene Ernährung, gute Schlafhygiene, erlebte Selbstwirksamkeit und soziale Eingebundenheit. Auch das gezielte Etablieren von Mikropraktiken – wie bewusste Pausen, Atemfokus, achtsame Übergänge zwischen Rollen – trägt zur Resilienz bei (44). Awa et al. (43) zeigen in einem systematischen Review, dass insbesondere kombinierte Interventionen langfristig wirksam sind. Entsprechend gehören auch strukturelle Maßnahmen wie die Umgestaltung von Arbeitsabläufen, transparente Kommunikation, klare Verantwortlichkeiten und gesundheitsförderliche Organisationskultur zur erweiterten Prävention.

Spezifische Resilienzfaktoren wie Selbstwirksamkeit, tragfähige Beziehungen und ein unterstützendes soziales Umfeld zeigen sich protektiv in Bezug auf die Entwicklung von Burnout und stressbedingten Erkrankungen (43). Letztlich ist Prävention nicht ein einmaliger Akt, sondern ein Prozess der bewussten Lebensgestaltung – achtsam, körperverbunden, beziehungsorientiert und sinnerfüllt. Zu einer adäquaten Prävention gehören zum einen die Stressfaktoren rechtzeitig wahrzunehmen, zum anderen diese so weit wie möglich zu reduzieren. Bei letzterem sind Betroffene häufig damit konfrontiert, dass die Umsetzung in die Realität nicht immer möglich ist. Das Veränderungspotenzial von arbeitsplatzbezogenen

Faktoren (u. a. Umstrukturierung von Arbeitsabläufen, Reduzierung von Leistungs- oder Zeitdruck, Schaffung neuer Organisationsstrukturen) ist in der Regel begrenzt. Ein systematisches Review zeigt, dass primär personenzentrierte Präventionsprogramme zwar kurzfristig eine signifikante Reduktion der Burnout-Symptomatik erreichen, nachhaltige Effekte jedoch erst durch die Kombination mit arbeitsplatzbezogenen Maßnahmen erzielt werden konnten (43). Hier kommen weitere protektive Faktoren zum Tragen, u. a. einen Lebensstil zu führen, welcher zu einem gesunden Herzen beiträgt, sowie persönlichkeitsimmanente Faktoren, wie das Etablieren von Gelassenheit im Alltag.

Zur Umsetzung im therapeutischen Alltag bietet sich eine integrative Kombination aus psychoedukativen Elementen, körperfokussierten Übungen, wertebasierter Reflexion, ressourcenstärkender Beziehungsarbeit und konkreten Alltagsstrategien an. Dabei gilt es, individuelle Lebensrealitäten ebenso zu würdigen wie gesellschaftliche Rahmenbedingungen, und beides in die Begleitung einzubeziehen – stets mit dem Blick auf das, was nährt, stabilisiert und verbindet.

- *Herzstärkender Lebensstil:* Körperliche Aktivität reduziert Stress signifikant und ist ein protektiver Faktor. Weiterhin gehören ein ausgewogenes Ernährungs- sowie Adhärenzverhalten (Einnahme der kardialen Medikation, Teilnahme an Reha-Programmen etc.) zu den herzstärkenden protektiven Faktoren.
- *Persönlichkeitsstrategien auf individueller Ebene:* Etablierung von sinnstiftenden und emotional distanzierenden Tätigkeiten, Förderung von sozialen Kontakten, Reduzierung der bisherigen Aktivitäten, allgemeine Erholung und Schonung, konkrete Entspannungs- und Erholungstechniken, Wahrnehmen von individuellen Stress- und Erschöpfungswarnsignalen, Optimierung der Ernährungs- und Schlafhygiene (s. *Arbeitsblätter »Belastungsfaktoren«* und *»Checkliste Präventionsstrategien«*, abrufbar unter Kap. »Zusatzmaterial zum Download«)
- *Strategien auf arbeitsorganisatorischer Ebene:* Die Möglichkeiten auf arbeitsorganisatorischer Ebene sind divers und von der spezifischen Arbeitstätigkeit abhängig. Strategien wären Arbeitsumverteilung, Integration von häufigeren Pausen, effektivere Pausengestaltung im Hinblick auf Erholung, Verbesserung der Kommunikationsabläufe, Etablierung gezielter Rückzugsorte, Arbeitszeitenkontrolle, Gestaltung von konstruktiven Feedbackmöglichkeiten, Möglichkeiten von informellem Austausch, Reduzierung von medizinischen Risiken wie Lärm, Licht, Vibration, Toxinen etc.

Gezielte Ressourcenstärkung

Indikation: Burnout-Betroffene ohne gleichzeitig bestehende kardiovaskuläre Erkrankung

Die gezielte Stärkung individueller Ressourcen fördert die Belastbarkeit in Stresssituationen und erweitert die Verfügbarkeit wirksamer, insbesondere bedürfnisorientierter Bewältigungsstrategien. Bewährt haben sich achtsamkeitsbasierte Programme wie MBSR, die darauf abzielen, innere Ausgeglichenheit, Gelassenheit und eine gesteigerte Stresskompetenz zu etablieren. Diese Verfahren stärken das Selbstgewahrsein und fördern die Fähigkeit, auch in herausfordernden Kontexten in Kontakt mit eigenen Bedürfnissen und Grenzen zu bleiben.

Das vielfach zitierte Konzept der Work-Life-Balance greift dabei zu kurz – zeitgemäßer erscheint die Idee einer Work-Life-Integration (▶ Abb. 6.2). Ziel ist es, eine ganzheitliche Balance zwischen Entspannung/Erholung und Leistung/Anstrengung zu etablieren – nicht nur im Sinne eines Ausgleichs zwischen Arbeit und Freizeit, sondern auch als stimmige Integration von Erholung, Regeneration, Anstrengung und Wirksamkeit innerhalb der verschiedenen Lebensbereiche. Dies umfasst die Integration von Regenerationsphasen in den Arbeitsalltag ebenso wie die achtsame Gestaltung von Übergängen zwischen beruflichen, familiären und persönlichen Rollen.

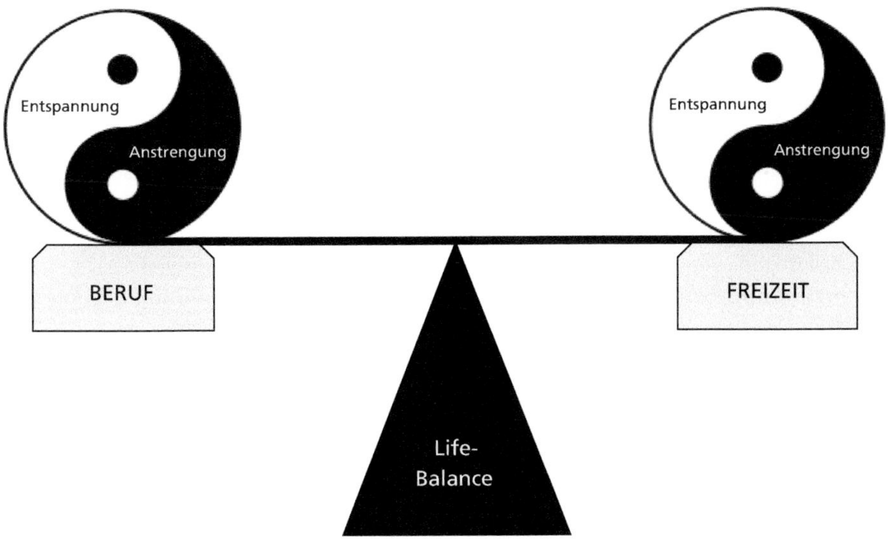

Abb. 6.2: Work-Life-Integration-Modell (erstellt von Kathleen Schwarzkopf)

Zur Umsetzung im therapeutischen Alltag bietet sich eine integrative Kombination aus psychoedukativen Elementen, körperfokussierten Übungen, wertebasierter Reflexion, ressourcenstärkender Beziehungsarbeit und konkreten, individuell angepassten Alltagsstrategien an. Dabei gilt es, sowohl individuelle Lebensrealitäten als auch gesellschaftliche Rahmenbedingungen achtsam zu berücksichtigen. Hierzu gehört die Etablierung eines individuellen Entspannungsverfahrens, welches zum eigenen Lebensstil passt sowie (nach mehreren Übungseinheiten) einen spürbaren Effekt erzielt. Dies ist möglich über klassische, eher beruhigende Verfahren wie bspw. Autogenes Training oder Yin Yoga, jedoch können Betroffene auch über eine körperliche Aktivierung, bspw. durch Joggen oder »Green Exercise« (Aktivitäten in der Natur), ihre physische und psychische Stressreaktion positiv beeinflussen. Sportliche Aktivität ist mit einer Reduzierung der Burnout-Symptomatik assoziiert und wäre daher sowohl als protektiver Faktor als auch als Indikation bei einem Burnout zu berücksichtigen (32). Auf psychischer Ebene reduziert körperliche Aktivität Stress durch die Verbesserung der Stimmung, der Selbstwirksamkeit und des Selbstwertgefühls. Weiter findet durch Sport eine Strukturierung des Alltags statt, die körperliche Aktivität dient zur positiven Ablenkung, sie stärkt die soziale Integration und fördert den Schlaf. Körperliche Aktivitäten im Ausdauerbereich oder zur physischen Rekonditionierung in Kombination mit Entspannungstechniken zur Regulierung des vegetativen Nervensystems, sowie soziale Aktivitäten sind essenzielle Faktoren in der Burnout-Behandlung (44). Nicht außer Acht zu lassen ist jedoch, dass auch körperliche Aktivität dysfunktional genutzt werden kann – etwa als Fluchtmechanismus oder kompensatorische Überkompensation. In solchen Fällen kann Sport selbst zum Stressfaktor werden. Umso wichtiger ist eine bewusste Reflexion der Motivation hinter dem Bewegungsverhalten.

Regelmäßige körperliche Aktivität wirkt kardioprotektiv und senkt nachweislich das Risiko für HKEs, da sie verschiedene Schutzmechanismen aktiviert:

- BD-Senkung: Bewegung reduziert den systolischen und diastolischen BD, besonders bei arterieller Hypertonie (45).
- Endotheliale Funktion: Sport steigert die NO[6]-Produktion, verbessert die Gefäßweite und schützt vor Atherosklerose (46).
- Cholesterinprofil: Körperliche Aktivität senkt das LDL- und erhöht das HDL-Cholesterin, was arteriosklerotischen Veränderungen entgegenwirkt (47).
- Entzündungshemmung: Regelmäßige Bewegung senkt Entzündungsmarker wie CRP (48).
- HRV: Eine gesteigerte HRV verbessert die Regulation durch das ANS und senkt das Risiko des plötzlichen Herztods (48).
- Insulinsensitivität: Bewegung verbessert den Glukosestoffwechsel und senkt das Risiko für Typ-2-Diabetes (49–50).
- Reduktion des Ruhepulses: Ein niedrigerer Ruhepuls steigert die Effizienz des Herzens (51).
- Die positiven Effekte sind dosisabhängig: Schon moderate Bewegung, wie zügiges Gehen oder Radfahren, für 150 Minuten pro Woche hat nachweislich signifikante gesundheitliche Vorteile (61).

Allen ressourcenstärkenden Interventionen ist gemein, dass sie auf Entlastung von arbeitsplatz- und alltagsbezogenen Stressoren zielen – durch Erholung, Regeneration und/oder konstruktive Aktivierung. Entscheidend ist die Passung zur individuellen Lebenssituation, zum körperlichen Zustand und zur inneren Bereitschaft, neue Formen von Selbstfürsorge und Regulation zu erproben.

---

6 Mit »NO« ist Stickstoffmonoxid (Nitric Oxide) gemeint, ein gasförmiges Signalmolekül, das in den Endothelzellen gebildet wird. Es wirkt gefäßerweiternd, indem es die glatte Gefäßmuskulatur entspannt, verbessert dadurch die Durchblutung, senkt den Gefäßwiderstand und entlastet das Herz. Zudem hemmt NO die Thrombozytenaggregation und wirkt antiinflammatorisch, was es zu einem wichtigen Schutzfaktor gegen Atherosklerose macht. Körperliche Aktivität steigert die Aktivität der endothelialen NO-Synthase (eNOS) und somit die NO-Produktion.

Indikation: Betroffene mit kardiovaskulären Erkrankungen als *Folge* eines Burnouts

Zu Beginn der psychotherapeutischen Begleitung steht die differenzialdiagnostische Abklärung durch Ärzte und psychologische Psychotherapeuten, um einen gezielten, gegebenenfalls interdisziplinären Behandlungsplan zu entwickeln. Dabei ist eine multidimensionale und multifaktorielle Betrachtung essenziell – eine Reduktion auf ausschließlich arbeitsplatzbezogene Ursachen wäre fahrlässig (4). Auch Burisch (9) betont den engen Zusammenhang zwischen hohem Arbeitsstress, körperlichen Symptomen – etwa Erschöpfung und kardiovaskulären Beschwerden – sowie psychischen Auswirkungen wie verminderter Selbstwirksamkeit und emotionaler Dysregulation. Treten kardiovaskuläre Erkrankungen infolge eines Burnouts auf, ist eine evidenzbasierte, störungsspezifische Behandlung indiziert.

Im weiteren Therapieverlauf kann gezielt an dysfunktionalen inneren Mustern gearbeitet werden, etwa an perfektionistischen Tendenzen, narzisstischen Regulationsmechanismen, überhöhten Selbstansprüchen und vulnerablen Selbstwertanteilen. Betroffene werden darin unterstützt, adaptive Bewältigungsstrategien zu entwickeln und eine differenzierte, bedürfnisorientierte Selbstwahrnehmung zu fördern. Ein zentraler Baustein für einen nachhaltigen Therapieerfolg ist die präzise Erfassung arbeitsbezogener Belastungen sowie die Integration des funktionalen Zusammenhangs mit der Entstehung und Aufrechterhaltung der Burnout-Symptomatik und der kardiovaskulären Beschwerden. Bei erhöhter Stressachsenaktivität kann laut von Känel (24) eine medikamentöse Begleitung mit sedierenden Antidepressiva, atypischen Neuroleptika oder Benzodiazepinen angezeigt sein.

Auf individueller Ebene steht jedoch nicht eine Leistungswiederherstellung bzw. -optimierung im Zentrum, sondern die Wiederherstellung von Selbstkontakt und Lebensqualität. Ziel ist es, persönliche Stressauslöser zu erkennen, Bedürfnisse zu identifizieren und achtsam zu befriedigen. Menschen mit chronifizierter Stressbelastung haben häufig verlernt, sich selbst jenseits der Leistung zu spüren und für die eigenen körperlichen Signale einzustehen. Vielmehr sind sie es gewohnt, ihren Beruf zu priorisieren und kardiovaskuläre oder andere Erkrankungen und Einschränkungen in Kauf zu nehmen. Umso bedeutsamer ist es, diesen Kontakt im therapeutischen Raum zu rekonstruieren.

Gleichzeitig bedarf es eines strukturell angepassten Rahmens, der das berufsspezifische Risiko einer Wiedererkrankung reduziert (6). Als entscheidendes therapeutisches Ziel können die positiven Effekte von Arbeit auf das eigene Wohlbefinden, die Selbstentfaltung und die Stärkung der eigenen Kompetenz wieder vermehrt in den Vordergrund treten (53). In der Therapie kann die Verknüpfung zwischen biografischen Erfahrungen, aktuellen Herausforderungen und beruflicher Identität bewusst gemacht werden (4).

Zentrale therapeutische Strategien umfassen:

- Zentrierung auf die Kommunikation im Hier und Jetzt
- Integration kardiovaskulärer (und anderer) körperlicher Symptome in die psychotherapeutische Arbeit
- Förderung von Selbstverantwortung und Mitgestaltung

- Stärkung von Autonomie, Kohärenz und Selbstverwirklichung

Die multidimensionale und multifaktorielle Betrachtung erweitert das bio-psycho-soziale Modell und versteht das Individuum als Einheit von Körper (*bio*), Geist (*psycho*) und Seele, welches in permanenter Wechselwirkung mit der sozialen und ökologischen Umwelt (*sozial*) steht. Das humanistische körperzentrierte Betrachtungsmodell verdeutlicht das stetige Zusammenspiel zwischen der körperlichen und der psychisch-geistigen Lebensdimension und ergänzt diese um die soziale Lebensdimension, die spirituell-sinnstiftende Lebensdimension und die Lebensdimensionen des Raumes und der Zeit (4). Da viele Symptome situationsabhängig sind, d. h. nur oder erstmals in spezifischen Situationen auftreten, ist eine ausführliche Anamnese aller Lebensdimensionen zielführend (s. *Arbeitsblatt »Anamnese: Lebensdimensionen«*, abrufbar unter Kap. »Zusatzmaterial zum Download«). Gesundheit ist im Sinne einer multidimensionalen und multifaktoriellen Betrachtung viel mehr als die Abwesenheit von Krankheit – sie ergibt sich aus dem Zusammenspiel körperlicher, psychischer, sozialer und spirituell-sinnstiftender Faktoren im Kontext von Raum und Zeit (54).

Anhand dieses multidimensionalen Konzepts (▶ Tab. 6.3) der integrativen körperzentrierten Psychotherapie wird folgend veranschaulicht, wie sich die Symptomatik von Frau S. in den unterschiedlichen Lebensdimensionen manifestieren kann:

Tab. 6.3: Lebensdimensionen von Frau S.

	Stressoren	Ressourcen
Körperliche Lebensdimension	Schlafstörungen, körperliche Erschöpfung, Schwindel, stechende Schmerzen in der Brust, Herzarrhythmien, Antrieb wechselhaft	Sport, Reisen, regelmäßige Erholungsphasen
Psychische Lebensdimension	Psychische Erschöpfung, emotionale Tiefs, Vergesslichkeit, Wutausbrüche, Insuffizienzgefühle, Konzentrations- und Aufmerksamkeitsstörungen	Lesen, Reisen, Durchhaltewillen, Selbstwirksamkeit, fachliche Qualifikation, Selbstwertgefühl
Soziale Lebensdimension	Interpersonelle Konflikte am Arbeitsplatz und familiäre Schwierigkeiten	Familie und Freunde, Arbeitskollegen, Verantwortung als Führungskraft
Spirituell-sinnstiftende Lebensdimension	Lebensmüdigkeit, keine Hoffnung auf Veränderung, Gefühl von Sinnlosigkeit des eigenen Handelns	Sinnhaftigkeit als Familienmutter und Ehefrau, Selbstbestimmung durch Karriere
Raum als Lebensdimension	Hektischer Arbeitsplatz, Lärm, überwiegend am Arbeitsplatz, Arbeitsthemen »nehmen überwiegend Raum ein«	Wohnen in Eigentumswohnung in ländlichem Gebiet

Tab. 6.3: Lebensdimensionen von Frau S. – Fortsetzung

	Stressoren	Ressourcen
Zeitliche Lebensdimension	Termindruck, Stress, fühlt sich permanent »gejagt«	Gemeinsame Zeit mit der Familie

Die Erschöpfung von Frau S. verweist auf Symptomebene auf Disharmonien in verschiedenen Lebensdimensionen. Aus körperzentrierter psychotherapeutischer Perspektive richtet sich der ressourcenorientierte Fokus darauf, wie Stress so verarbeitet werden kann, dass Gesundheit erhalten bleibt.

Fallbeispiel – Fortführung (Frau S.)

Zu Beginn der therapeutischen Arbeit wird eine Verbindung zwischen emotionaler Erschöpfung und Wutausbrüchen einerseits sowie kardiovaskulären Symptomen wie stechenden Brustschmerzen und HRST andererseits hergestellt. Frau S. wird eingeladen, Wut körperlich auszudrücken und in einem geschützten therapeutischen Setting zu verstärken, abzuschwächen und erneut zu verstärken. Dieses Oszillieren zwischen Ausdruck und Regulation aktiviert die mit der Emotion verknüpfte Körpererfahrung. Frau S. beschreibt im Prozess Herzrasen, Atemnot und ein »stolperndes Gefühl im Herz«, begleitet von Schmerzen im Brustbereich. Begleitend wird ein inneres Bild erkundet: Frau S. sieht sich selbst in einem Auto, das unkontrolliert einen Abhang hinunter*rast* – ein Bild intensiven Kontrollverlustes. Im weiteren explorativen Gespräch wird deutlich, dass sie sowohl beruflich als auch privat oft ungeduldig, hart und emotionsabgeschnitten kommuniziert. Ihr überhöhtes Sicherheitsbedürfnis wird als Schutzstrategie gegen die Angst vor Kontrollverlust sichtbar – eine Angst, die im Erleben des rasenden Fahrzeugs ebenso wie im körperlichen Herz*rasen* ihren Ausdruck findet. Deutlich wird auch ihr unbewusstes Streben, dieser Angst durch überdurchschnittliche Leistung entgegenzuwirken – ein Versuch, Kontrolle über das eigene System zurückzugewinnen.

Im nächsten Schritt wird eine körperliche Ressource gesucht, die Frau S. in diesem inneren Erleben von »*Rasen*« Stabilität bietet. Das Sitzen im Schneidersitz mit nach oben geöffneten Händen im Schoss löst bei ihr ein Gefühl von Ruhe, Losgelassenheit und innerer Stärke aus. Sie erlebt so im therapeutischen Raum, wie unterschiedliche Körperhaltungen (Wut vs. Ruhe) mit unterschiedlichen Gefühlsqualitäten (verletzlich, hilflos, ungeduldig vs. gelassen, stark, zuversichtlich) verknüpft sind. Darüber hinaus macht Frau S. die Erfahrung, dass sie aktiv Einfluss auf ihre Wut und Erschöpfung nehmen kann – und erlebt dies als einen ersten Schritt zu mehr Selbstwirksamkeit und innerer Stabilität.

Im psychotherapeutischen Prozess hat sich ein kombiniertes Vorgehen mit gekoppelter Ressourcenaktivierung und Problembearbeitung als komplementäre psychotherapeutische Wirkfaktoren bewährt. Im vorliegenden Fallbeispiel wird deutlich, dass Frau S. lernt, Erholungspausen besser zu gestalten, sich abzugrenzen,

Quellen von Freude und Leichtigkeit zu identifizieren und ihre Körperwahrnehmung als verlässliches »Frühwarnsystem« zu nutzen. Parallel werden konkrete lösungsorientierte Kommunikationsstrategien sowie alltagsnahe Coping-Mechanismen entwickelt, um Konflikte frühzeitig zu deeskalieren und den zwischenmenschlichen Kontakt zu erleichtern. Arbeits- und familienspezifische Belastungen können so bewusster reguliert, berufliche Stressoren reduziert, Arbeitsstrukturen optimiert und eine wertschätzende und unterstützende Arbeitskultur etabliert werden.

Körperliche Gesprächsinhalte werden kontinuierlich in körperliche Erfahrungen übersetzt – und umgekehrt: Somatische kardiovaskulären Symptome wie Herzrasen und alles, was dabei wahrgenommen und erlebt wird, werden sprachlich bearbeitet und in einen ganzheitlichen Bedeutungszusammenhang gestellt. Auf diese Weise wird psychisches und körperliches Erleben integriert, das Erleben im Hier und Jetzt aktualisiert und neue Erfahrungen so im Körpergedächtnis verankert. Nachdem die mit dem Kontrollverlust verbundenen Ängste und Selbstwertthemen bearbeitet wurden, berichtet Frau S. von einer spürbaren Entlastung im Brustbereich, nachlassendem Herzrasen und wachsendem Vertrauen in den eigenen Körper.

Veränderung von problematischem Verhalten und Erfahrungen geschieht im ständigen Wechsel zwischen Erleben und sprachlicher Reflexion (Verbalisieren). Das Unternehmenswachstum und die damit verbundene Zunahme an Verantwortung durch die Führung ihrer Mitarbeiter war für Frau S. ein selbstwertsteigernder, beruflicher Karriereschritt. Dieser verliert jedoch an Bedeutung, als Frau S. erkennt, wie stark der chronische Stress ihr kardiovaskuläres Risiko erhöht.

Insbesondere Frauen berichten bei kardiovaskulären Erkrankungen häufig über unspezifische Symptome wie Übelkeit, Schwindel oder diffuse Müdigkeit – weit über die klassischen Brustschmerzen hinaus. Daher ist es essenziell, diese leisen Signale vor allem bei Frauen ernst zu nehmen, zumal ein MI nur medizinisch diagnostiziert werden kann (55).

Somatische Therapien

Viele kardiovaskuläre Erkrankungen sind durch Symptome gekennzeichnet, welche auch bei einem Burnout beobachtet werden können: emotionale und physische Erschöpfung, Energiemangel, Antriebslosigkeit sowie subjektiv empfundene Leistungsfähigkeit. Diese Überschneidungen erschweren häufig die diagnostische Einordnung, weshalb eine gründliche somatische Abklärung unerlässlich ist. Standardisierte Verfahren wie BD-Messungen, Laboranalysen, EKG, Echokardiografie, CT und MRT liefern hier differenzierte Befunde (56).

Die kardiologische Behandlung erfolgt leitlinienbasiert und umfasst in der Regel medikamentöse Maßnahmen, wie die Gabe von Antihypertensiva, Antiarrhythmika oder Lipidsenkern. Bei strukturellen Herzerkrankungen oder akuten Gefäßverschlüssen kommen je nach Indikation auch invasive oder operative Verfahren zum Einsatz, etwa Koronarinterventionen oder Bypass-Operationen. Die medikamentöse Einstellung zielt auf die Senkung des kardiovaskulären Risikoprofils, die Stabilisierung der Herzfunktion und die Prävention weiterer Ereignisse (56).

Darüber hinaus spielen auch nicht-medikamentöse somatische Interventionen eine zentrale Rolle. Hierzu zählen Bewegungsprogramme unter medizinischer Aufsicht (z. B. Herzsportgruppen), strukturierte kardiologische Rehabilitationsmaßnahmen sowie Schulungsprogramme zu Ernährung, Gewichtskontrolle und medikamentöser Adhärenz. Diese multidisziplinären Ansätze sind evidenzbasiert wirksam in der Reduktion von Morbidität und Mortalität.

Wird die zugrunde liegende kardiovaskuläre Erkrankung erfolgreich behandelt, bilden sich häufig auch sekundäre Beschwerden zurück, die zuvor einer Burnout-Symptomatik ähnelten. Die Differenzierung ist entscheidend, um eine adäquate somatische Versorgung sicherzustellen und unnötige Psychopathologisierung zu vermeiden.

Merke

- Stress ist eine natürliche Reaktion auf Belastung, die den Körper und die Psyche zu einer Anpassungsleistung zwingt.
- Berufsbezogene kardiovaskuläre Symptome und Erkrankungen erfordern eine differenzierte, multimodale, multifaktorielle und interdisziplinäre Diagnostik.
- Burnout kann sowohl mit kardiovaskulären Symptomen einhergehen als auch einen eigenständigen Risikozustand für die Entwicklung kardiovaskulärer Erkrankungen darstellen. Therapeutisch bedarf es einem multidimensionalen Vorgehen, das sowohl ressourcenorientierte Aktivierung als auch gezielte Problembearbeitung integriert.

6.2 Literatur

1. Schandry, R. (2011). Biologische Psychologie. 4. Aufl. Weinheim: Beltz.
2. McCarty R. (2016). The Alarm Phase and the General Adaptation Syndrome: Two Aspects of Selye's Inconsistent Legacy. In G. Fink (Ed.), Stress: Concepts, Cognition, Emotion and Behavior. Handbook of Stress (Vol. 1, pp. 13–19). Sydney: Elsevier. https://doi.org/10.1016/B978-0-12-800951-2.00002-9
3. Lazarus RS. Stress and emotion: a new synthesis. New York: Springer; 1999.
4. Schwarzkopf K, von Känel R. Burnout-Multidimensionalität in der körperzentrierten Psychotherapie. Psychother-Wiss. 2017;(2):63–70.
5. Kaschka WP, Korczak D, Broich K. Modediagnose Burnout. Dtsch Arztebl. 2011;108:781–8.
6. Berger M, Linden M, Schramm E, Hillert A, Voderholzer U, Maier W; on behalf of the DGPPN. Positionspapier der Deutschen Gesellschaft für Psychiatrie, Psychotherapie und Nervenheilkunde (DGPPN) zum Thema Burnout. Nervenarzt. 2012;83(4):537–543.

7. Menke A, Arloth J, Gerber M, Rex-Haffner M, Uhr M, Holsboer F, Binder EB, Holsboer-Trachsler E, Beck J. Dexamethasone stimulated gene expression in peripheral blood indicates glucocorticoid-receptor hypersensitivity in job-related exhaustion. Psychoneuroendocrinology. 2014 Jun;44:35–46. doi: 10.1016/j.psyneuen.2014.02.013. Epub 2014 Mar 3. PMID: 24767618.
8. Niitsu K, Rice MJ, Houfek JF, Stoltenberg SF, Kupzyk KA, Barron CR. A Systematic Review of Genetic Influence on Psychological Resilience. Biol Res Nurs. 2019 Jan;21(1):61–71. doi: 10.1177/1099800418800396. Epub 2018 Sep 17. PMID: 30223673.
9. Burisch M. Das Burnout-Syndrom. Theorie der inneren Erschöpfung. Wien: Springer; 2006.
10. Hillert A, Marwitz M. Die Burnout-Epidemie oder brennt die Leistungsgesellschaft aus? München: C.H. Beck; 2006.
11. Sheng Z, Wang Y, Zhao C, Li Z. The double-edged sword effect of performance pressure on public employees: the mediation role of mission valence. Front Psychol. 2022;13:992071. doi:10.3389/fpsyg.2022.992071.
12. Yusuf S, Hawken S, Ounpuu S, Dans T, Avezum A, Lanas F, McQueen M, Budaj A, Pais P, Varigos J, Lisheng L; INTERHEART Study Investigators. Effect of potentially modifiable risk factors associated with myocardial infarction in 52 countries (the INTERHEART study): case-control study. Lancet. 2004 Sep 11–17;364(9438):937–52. doi: 10.1016/S0140-6736(04)17018-9. PMID: 15364185.
13. European Society of Cardiology (ESC) Clinical Practice Guidelines Committee. 2025 ESC Clinical Consensus Statement on mental health and cardiovascular disease. *Eur Heart J.* 2025;ehaf191. doi:10.1093/eurheartj/ehaf191. Available from: https://academic.oup.com/eurheartj/advance-article/doi/10.1093/eurheartj/ehaf191/8234498
14. Vaccarino V, Bremner JD. Stress and cardiovascular disease: an update. Nat Rev Cardiol. 2024 Sep;21(9):603–616. doi: 10.1038/s41569–024–01024-y. Epub 2024 May 2. PMID: 38698183; PMCID: PMC11872152.
15. Richardson S, Shaffer JA, Falzon L, Krupka D, Davidson KW, Edmondson D. Meta-analysis of perceived stress and its association with incident coronary heart disease. Am J Cardiol. 2012 Dec 15;110(12):1711–6. doi: 10.1016/j.amjcard.2012.08.004. Epub 2012 Sep 10. PMID: 22975465; PMCID: PMC3511594.
16. Karasek R, Theorell T. Healthy work: Stress, productivity, and the reconstruction of working life. New York: Basic Books; 1990.
17. Siegrist J. Adverse health effects of high-effort/low-reward conditions. J Occup Health Psychol. 1996 Jan;1(1):27–41. doi: 10.1037//1076–8998.1.1.27. PMID: 9547031.
18. Liu MY, Li N, Li WA, Khan H. Association between psychosocial stress and hypertension: a systematic review and meta-analysis. Neurol Res. 2017 Jun;39(6):573–580. doi: 10.1080/01616412.2017.1317904. Epub 2017 Apr 17. PMID: 28415916.
19. Chandola T, Brunner E, Marmot M. Chronic stress at work and the metabolic syndrome: prospective study. BMJ. 2006;332(7540):521–5. doi:10.1136/bmj.38693.435301.80.
20. Mehdi S, Wani SUD, Krishna KL, Kinattingal N, Roohi TF. A review on linking stress, depression, and insulin resistance via low-grade chronic inflammation. Biochem Biophys Rep. 2023;36:101571. doi:10.1016/j.bbrep.2023.101571.
21. Moretti Anfossi C, Ahumada Muñoz M, Tobar Fredes C, Pérez Rojas F, Ross J, Head J, Britton A. Work exposures and development of cardiovascular diseases: a systematic review. Ann Work Expo Health. 2022;66(6):698–713. doi:10.1093/annweh/wxac004.
22. Toker S, Melamed S, Berliner S, Zeltser D, Shapira I. Burnout and risk of coronary heart disease: a prospective study of 8838 employees. Psychosom Med. 2012 Oct;74(8):840–7. doi: 10.1097/PSY.0b013e31826c3174. PMID: 23006431.
23. Ahola K, Väänänen A, Koskinen A, Kouvonen A, Shirom A. Burnout as a predictor of all-cause mortality among industrial employees: a 10-year prospective register-linkage study. J Psychosom Res. 2010 Jul;69(1):51–7. doi: 10.1016/j.jpsychores.2010.01.002. Epub 2010 Mar 19. PMID: 20630263.
24. von Känel R. Das Burnout-Syndrom: eine medizinische Perspektive. Praxis (Bern 1994). 2008;97(9):477–87. doi:10.1024/1661–8157.97.9.477.

25. World Health Organization. World health statistics 2019: monitoring health for the SDGs, sustainable development goals [Internet]. Geneva: World Health Organization; 2019 [cited 2025 Sep 4]. Available from: https://iris.who.int/bitstream/handle/10665/324835/9789241565707-eng.pdf
26. Bundesinstitut für Arzneimittel und Medizinprodukte (BfArM). ICD-10-GM: Internationale statistische Klassifikation der Krankheiten und verwandter Gesundheitsprobleme, 10. Revision, German Modification. Aktuell gültige Version: ICD-10-GM 2025 [Internet]. Köln: BfArM; [cited 2025 Sep 04]. Available from: https://www.bfarm.de/DE/Kodiersysteme/Klassifikationen/ICD/ICD-10-GM/_node.html
27. Freudenberger HJ. Staff Burnout. J Soc Issues. 1974;30(1):159–65. doi:10.1111/j.1540-4560.1974.tb00706.x.
28. Maslach C, Schaufeli WB, Leiter MP. Job burnout. Annu Rev Psychol. 2001;52:397–422. doi: 10.1146/annurev.psych.52.1.397. PMID: 11148311.
29. Schwarzkopf K, Straus D, Porschke H, Znoj H, Conrad N, Schmidt-Trucksäss A, von Känel R. Empirical evidence for a relationship between narcissistic personality traits and job burnout. Burn Res. 2016;3(2):25–33.
30. Honkonen T, Ahola K, Pertovaara M, Isometsä E, Kalimo R, Nykyri E, Aromaa A, Lönnqvist J. The association between burnout and physical illness in the general population–results from the Finnish Health 2000 Study. J Psychosom Res. 2006 Jul;61(1):59–66. doi: 10.1016/j.jpsychores.2005.10.002. PMID: 16813846.
31. von Känel R, Princip M, Holzgang SA, Fuchs WJ, van Nuffel M, Pazhenkottil AP, Spiller TR. Relationship between job burnout and somatic diseases: a network analysis. Sci Rep. 2020 Oct 28;10(1):18438. doi: 10.1038/s41598-020-75611-7. PMID: 33116176; PMCID: PMC7595180.
32. Melamed S, Shirom A, Toker S, Berliner S, Shapira I. Burnout and risk of cardiovascular disease: evidence, possible causal paths, and promising research directions. Psychol Bull. 2006 May;132(3):327–53. doi: 10.1037/0033-2909.132.3.327. PMID: 16719565.
33. Maslach C, Jackson SE, Leiter MP. Maslach Burnout Inventory: third edition. In: Zalaquett CP, Wood RJ, editors. Evaluating stress: a book of resources. Lanham (MD): Scarecrow Education; 1997. p. 191–218.
34. Shoman Y, Hostettler R, Canu IG. Psychometric validity of the Shirom-Melamed Burnout Measure and the Burnout Assessment Tool: a systematic review. Arh Hig Rada Toksikol. 2023 Dec 29;74(4):238–245. doi: 10.2478/aiht-2023-74-3769. PMID: 38146759; PMCID: PMC10750325.
35. Demerouti E, Bakker AB. The Oldenburg Burnout Inventory: a good alternative to measure burnout and engagement. In: Halbesleben J, editor. Handbook of stress and burnout in health care. Hauppauge (NY): Nova Science Publishers; 2008. p. 65–78.
36. Kristensen TS, Borritz M, Villadsen E, Christensen KB. The Copenhagen Burnout Inventory: A new tool for the assessment of burnout. Work Stress. 2005;19(3):192–207. doi:10.1080/02678370500297720.
37. Chan SF, La Greca AM. Perceived Stress Scale (PSS). In: Gellman MD, Turner JR, editors. Encyclopedia of behavioral medicine. New York (NY): Springer; 2013. p. 1453–4. doi:10.1007/978-1-4419-1005-9_773.
38. Schulz P, Schlotz W. The Trier Inventory for the Assessment of Chronic Stress (TICS): scale construction, statistical testing, and validation of the scale work overload. Diagnostica. 1999;45(1):8–19.
39. Erdmann G, Janke W. Stress, Stressverarbeitung und ihre Erfassung durch ein mehrdimensionales Testsystem: Stressverarbeitungsfragebogen. 4., überarb. und erw. Aufl. Göttingen: Hogrefe; 2008.
40. Sheehan DV, Lecrubier Y, Sheehan KH, Amorim P, Janavs J, Weiller E, Hergueta T, Baker R, Dunbar GC. The Mini-International Neuropsychiatric Interview (M.I.N.I.): the development and validation of a structured diagnostic psychiatric interview for DSM-IV and ICD-10. J Clin Psychiatry. 1998;59 Suppl 20:22–33;quiz 34–57. PMID: 9881538
41. Albus C, Jordan J, Herrmann-Lingen C. Screening for psychosocial risk factors in patients with coronary heart disease-recommendations for clinical practice. Eur J Cardiovasc Prev

Rehabil. 2004 Feb;11(1):75–9. doi: 10.1097/01.hjr.0000116823.84388.6c. PMID: 15167210.
42. Pavlovic NV, Gilotra NA, Lee CS, Ndumele C, Mammos D, Dennisonhimmelfarb C, AbshireSaylor M. Fatigue in Persons With Heart Failure: A Systematic Literature Review and Meta-Synthesis Using the Biopsychosocial Model of Health. J Card Fail. 2022 Feb;28(2):283–315. doi: 10.1016/j.cardfail.2021.07.005. Epub 2021 Jul 28. PMID: 34329719; PMCID: PMC8795245.42)
43. Awa WL, Plaumann M, Walter U. Burnout prevention: a review of intervention programs. Patient Educ Couns. 2010 Feb;78(2):184–90. doi: 10.1016/j.pec.2009.04.008. Epub 2009 May 20. PMID: 19467822.
44. von Känel R. Burnout und Resilienz bei Ärztinnen und Ärzten. Prim Hosp Care. 2017;13:51–6. doi:10.4414/phc-d.2017.01371.
45. Cornelissen VA, Smart NA. Exercise training for blood pressure: a systematic review and meta-analysis. J Am Heart Assoc. 2013 Feb 1;2(1):e004473. doi: 10.1161/JAHA.112.004473. PMID: 23525435; PMCID: PMC3603230.
46. Ennezat PV, Malendowicz SL, Testa M, Colombo PC, Cohen-Solal A, Evans T, LeJemtel TH. Physical training in patients with chronic heart failure enhances the expression of genes encoding antioxidative enzymes. J Am Coll Cardiol. 2001 Jul;38(1):194–8. doi: 10.1016/s0735–1097(01)01321–3. PMID: 11451274.
47. Kodama S, Tanaka S, Saito K, Shu M, Sone Y, Onitake F, Suzuki E, Shimano H, Yamamoto S, Kondo K, Ohashi Y, Yamada N, Sone H. Effect of aerobic exercise training on serum levels of high-density lipoprotein cholesterol: a meta-analysis. Arch Intern Med. 2007 May 28;167(10):999–1008. doi: 10.1001/archinte.167.10.999. PMID: 17533202.
48. Hamer M, Endrighi R, Poole L. Physical activity, stress reduction, and mood: insight into immunological mechanisms. Methods Mol Biol. 2012;934:89–102. doi: 10.1007/978-1-62703-071-7_5. PMID: 22933142.
49. Sandercock GR, Bromley PD, Brodie DA. Effects of exercise on heart rate variability: inferences from meta-analysis. Med Sci Sports Exerc. 2005 Mar;37(3):433–9. doi: 10.1249/01.mss.0000155388.39002.9d. PMID: 15741842.
50. Colberg SR, Sigal RJ, Yardley JE, Riddell MC, Dunstan DW, Dempsey PC, Horton ES, Castorino K, Tate DF. Physical Activity/Exercise and Diabetes: A Position Statement of the American Diabetes Association. Diabetes Care. 2016 Nov;39(11):2065–2079. doi: 10.2337/dc16–1728. PMID: 27926890; PMCID: PMC6908414.
51. Myers J, Prakash M, Froelicher V, Do D, Partington S, Atwood JE. Exercise capacity and mortality among men referred for exercise testing. N Engl J Med. 2002 Mar 14;346(11):793–801. doi: 10.1056/NEJMoa011858. PMID: 11893790.
52. World Health Organization. WHO guidelines on physical activity and sedentary behaviour. Geneva: World Health Organization; 2020. Available from: https://www.who.int/publications/i/item/9789240015128
53. Berger M. Burnout. Nervenarzt 84, 789–790 (2013). https://doi.org/10.1007/s00115-012-3716-1
54. Maurer Y. Der ganzheitliche Ansatz in der Psychotherapie. Heidelberg: Springer; 2013.
55. Kuhlmann E. Disease-Management und koronare Herzerkrankungen – Bedarf und Nutzen von Gender Mainstreaming. In: Blättner B, et al., editors. Disease-Management-Programme: Behandlung nach Mass. Frankfurt am Main: Mabuse-Verlag; 2005. p. 57–70.
56. Deutsche Gesellschaft für Kardiologie – Herz- und Kreislaufforschung e. V. (DGK). Pocket-Leitlinie: Prävention von Herz-Kreislauf-Erkrankungen (Version 2024). *Leitlinienprogramm der DGK*. 2024. Zuletzt abgerufen am 29.03.2025: https://leitlinien.dgk.org/files/mpll_01_2024_master_pocket_leitlinien_ambulante_versorgung_version_2024.pdf

Verzeichnis der Mitwirkenden

Diethelm, Rahel, pract. med.
Doktorandin Medizin
Universität Luzern
Frohburgstrasse 3, CH 6002 Luzern
rahel.v.diethelm@gmail.com

Gut, Joëlle, lic. phil. Psychologie
Eidgenössisch anerkannte Psychotherapeutin und Geschäftsleitung
Psychologische Praxis Erziehungskosmos.ch
Holzmattweg 37, CH-3274 Merzligen
joelle.gut@psychologie.ch

Hackl-Zuccarella, Claudia, Dr. phil.
Eidgenössisch anerkannte Psychotherapeutin
Leiterin Labor
Universitätsspital Zürich
Klinik für Konsiliarpsychiatrie und Psychosomatik
Haldenbachstrasse 16/18, CH-8091 Zürich
claudia.hackl-zuccarella@usz.ch

Holzgang, Sarah A., Dr. phil.
Eidgenössisch anerkannte Psychotherapeutin
Fachpsychologin für Psychotherapie FSP
Dufourstrasse 155, CH-8008 Zürich
sarah.holzgang@psychologie.ch

Langraf-Meister, Rebecca, Dr. phil.
Eidgenössisch anerkannte Psychotherapeutin
Clienia Schlössli AG, Privatklinik für Psychiatrie und Psychotherapie
Schlösslistrasse 8, CH-8618 Oetwil am See
rebecca.langraf@clienia.ch

Ledermann, Katharina, Dr. phil.
Oberassistentin und eidgenössisch anerkannte Psychotherapeutin
Universitätsspital Zürich
Klinik für Konsiliarpsychiatrie und Psychosomatik
Haldenbachstrasse 16/18, CH-8091 Zürich
katharina.ledermann@usz.ch
und
Oberassistentin und Dozentin
Universität Fribourg, Lehrstuhl für klinische und Gesundheitspsychologie
Rue de Faucigny 2
1700 Fribourg

Princip, Mary, PD Dr. phil.
Eidgenössisch anerkannte Psychotherapeutin
Leiterin Forschung
Universitätsspital Zürich
Klinik für Konsiliarpsychiatrie und Psychosomatik
Haldenbachstrasse 16/18, CH-8091 Zürich
mary.princip@usz.ch

Schwarzkopf, Kathleen, Dr. phil.
Psychologische Psychotherapeutin, Dozentin und Supervisorin
Vita Activa
Rattenholz 46, CH-3087 Niedermuhlern
vita-activa@mail.ch

Stauber, Stefanie, Dr. phil.
Oberpsychologin, Kompetenzbereich für Psychosomatische Medizin
Universitätsklinik für Neurologie
Inselspital
Rosenbühlgasse 25, CH-3010 Bern
stefanie.stauber@gmx.ch

Trachsel, Lukas, PD Dr. med.
Kardiologe
Herzpraxis-Frutigen/Spiez
Adelbodenstrasse 29, CH-3714 Frutigen
herzpraxis.frutigen@hin.ch

von Känel, Roland, Prof. Dr. med.
Klinikdirektor
Universitätsspital Zürich
Klinik für Konsiliarpsychiatrie und Psychosomatik
Haldenbachstrasse 16/18, CH-8091 Zürich
roland.vonkaenel@usz.ch

Wyssen, Fiorenza Angela, Dr. phil.
Fachpsychologin für Psychotherapie / Oberpsychologin
Alter und Konsilien
Psychiatrische Dienste Spitäler fmi AG
Weissenaustrasse 27, CH-3800 Unterseen
fiorenza.meyer@gmx.ch

Zusatzmaterial zum Download

Die Zusatzmaterialien[7] können Sie unter folgendem Link herunterladen:

https://dl.kohlhammer.de/978-3-17-040208-9

7 Wichtiger urheberrechtlicher Hinweis: Alle zusätzlichen Materialien, die im Download-Bereich zur Verfügung gestellt werden, sind urheberrechtlich geschützt. Ihre Verwendung ist nur zum persönlichen und nichtgewerblichen Gebrauch erlaubt. Jede Verwendung außerhalb der engen Grenzen des Urheberrechts ist ohne Zustimmung des Verlags unzulässig und strafbar. Das gilt insbesondere für Vervielfältigungen, Übersetzungen, Mikroverfilmungen und für die Einspeicherung und Verarbeitung in elektronischen Systemen.

Sachwortverzeichnis

A

B

D

E

H

I

K

M

O

P

R

S

T

V

W